21世纪农业经济管理重点学科规划

U0687021

农业生态经济学

主　编　严立冬

副主编　邓远建　屈志光

WUHAN UNIVERSITY PRESS
武汉大学出版社

图书在版编目(CIP)数据

农业生态经济学/严立冬主编 . —武汉：武汉大学出版社,2015.12
21 世纪农业经济管理重点学科规划教材
　ISBN 978-7-307-17493-1

　Ⅰ.农…　Ⅱ.严…　Ⅲ.农业生态经济学—高等学校—教材
Ⅳ.F30

中国版本图书馆 CIP 数据核字(2016)第 006560 号

责任编辑:唐　伟　　　责任校对:李孟潇　　　版式设计:韩闻锦

出版发行:**武汉大学出版社**　　(430072　武昌　珞珈山)
　　　　　(电子邮件:cbs22@ whu.edu.cn　网址:www.wdp.whu.edu.cn)
印刷:湖北恒泰印务有限公司
开本:720×1000　1/16　印张:23.25　　字数:416 千字　插页:1
版次:2015 年 12 月第 1 版　　　2015 年 12 月第 1 次印刷
ISBN 978-7-307-17493-1　　　定价:39.00 元

前　言

党的十八大将生态文明建设纳入"五位一体"总体战略布局，生态文明理念逐渐上升为统筹谋划解决环境与发展问题的重大理论。党的十八届五中全会强调，必须牢固树立并切实贯彻创新、协调、绿色、开放、共享的发展理念。因此，经济社会必须走生态化发展路径，即要实现遵循经济规律的科学发展，遵循自然规律的可持续发展，遵循社会规律的包容性发展。不仅要取得经济增长，而且要实现环境质量的不断改善，满足人们日益增长的生态需求。

我国农业资源短缺，开发过度、污染加重，如何在资源环境硬约束下保障农产品有效供给和质量安全、提升农业可持续发展能力，是必须应对的一个重大挑战。因此，研究农业生态经济问题，就是要用探索农业新的发展模式和新的经营理念来促进农业现代化，提高农产品竞争力，探索如何实现农业的可持续发展和农业的生态系统平衡与良性循环，促进与推动现代农业发展与美丽乡村建设的新举措。当前，发展农业生态经济面临新的良好机遇。党中央提出建设"美丽中国"和"美丽乡村"的重大战略任务，这为发展农业生态经济提供了极为重要的政策环境；国家采取退耕还林、退田还湖、退牧还草以及治理污染、保护环境、生态补偿等重要举措，为发展农业生态经济营造了有利氛围；自党的十七大提出建设生态文明的号召以来，生态文明理念日益深入人心，必将迎来农业生态经济发展的新一轮高潮。我们一定要抓住机遇，总结实践经验，把农业生态经济推向新阶段，扩大覆盖面，造福子孙后代。

本教材运用生态学、农业生态学、农业经济学、生态经济学的基本理论和方法，结合农业经济与农业生态的特点，将农业生态经济系统作为研究对象，深入探讨农业生态经济的理论与实践问题，其研究内容主要包括三个大的部分，即农业生态经济原理、农业生态经济实践和农业生态经济政策。农业生态经济原理包括农业生态经济系统、农业生态经济规律、农业生态经济平衡；农业生态经济实践包括农业生态经济模式、农业生态经济规划、农业生态经济评价、农业生态资本运营、农业生态经济补偿；农业生态经济政策包括农业生态环境治理、农业生态经济安全、农业生态文明建设、农业生态经济管理、农业生态经济制度、农业生态经济发展战略。本教材从根本上确立了农业生态经济可持续发展的生态基础作用，揭示了农业生态经济系统优化过程中，农业发展与农业生态环境建设之间的互动关系，力求解决生态破坏与环境恶化对农业生态经济健康运行与可持续发展带来的影响，以此推动我国农业朝着可持续的绿色、生态化方向发展，为农业生态经济科学研究与实践示范提供理论支撑。

　　本教材的编写出版是团队成员集体智慧的结晶。教材由中南财经政法大学严立冬任主编，邓远建、屈志光任副主编。罗毅民、肖锐、李平衡、刘翔、罗梦丽、周莉、梅怡明等同学参与了部分章节的资料搜集、整理与撰写工作，他们集思广益、献智献力，对教材的编写出版付出了巨大努力。陈胜、罗毅民、肖锐在最后的统稿与定稿中协助做了大量工作。在此，对他们所付出的辛勤劳动表示感谢！

　　在编写过程中，本教材力求做到思路清晰，概念严谨，逻辑流畅，语言简洁易懂，既考虑到教材的可读性，又兼顾了一定的理论高度和深度。因此，本教材适合农林经济管理及相关专业本科生与硕士研究生所开设的农业生态经济学等相近课程参考使用，也可作为农业、环保等部门开展实际工作时的参考用书。

　　本教材借鉴和参考了许多学者的相关研究成果，并尽可能以参考文献和注释的形式注明，在此表示诚挚的谢意！但是，由于时间仓促，难免挂一漏万，也恳请未予注明的作者谅解！限于编者的学识和水平，教材可能还存在些许错误和不足，请广大读者批评指正。

编　者

2015 年 11 月

目　　录

绪　　论

【**学习目标**】农业生态与农业经济协调发展，既是现代农业可持续发展的客观需要，也是由农业在经济和生态方面的基础地位与作用所决定的。通过本章的学习，达到以下学习目标：

（1）了解农业生产的生态经济本质，理解农业生态经济理论对现代农业发展的作用。

（2）了解农业生态经济学的产生与发展过程，掌握农业生态经济学的学科属性和特征。

（3）了解农业生态经济学的研究对象，掌握农业生态经济学的主要研究内容。

第一节　农业生态经济与现代农业发展

经济再生产与自然再生产交织是农业的根本特征，这一特征决定了现代农业的发展必须走农业生态经济协调的可持续发展之路。

一、农业生产的特性

农业是人们利用太阳能和依靠生物的生长发育来获取产品的社会物质生产部门，其生产的对象是生物体，获取的是动植物产品。农业生产中的植物栽培是人们通过绿色植物利用太阳的光、热和生态界的水、空气以及土壤中的各种矿物质养分，合成植物产品的过程；动物饲养则是人们以植物产品为基本饲料，利用动物的消化合成功能，生产动物性产品的过程。因而农业生产是人类利用生物机体的生命力，把外界环境中的物质和能量转化为生物产品，以满足社会需要的一种生产经济活动。换句话说，农业生产既是人类劳动产品、劳动力和生产关系等经济现象的再生产过程，也是生物的生长和繁衍及与生态界进行物质和能量相互转换的生态现象的再生产过程，双方相互交织、密不可分，具有生态制约性和公共产品性等特性。

1

（一）农业生产的生态制约性

尽管从原始农业发展到现代农业，农业生产的工具、技术已大大进步，农业生产方式已日新月异，但农业在本质上仍然是通过加速和改良动植物的生长发育，进而获取人类所需要产品的活动。而这些动植物都要在一定的生态环境中才能生存与发展，它们与其生存环境通过物质、能量、信息的不断流动密切联系，成为有机的整体——农业生态经济系统。在农业生产过程中，动植物的生长发育紧紧依存于生态条件，因此，农业发展必然受到生态条件的制约，这是农业与其他产业的最大区别。

正是生态条件的千差万别与变化无常，才使得农业生产面临着较大的自然风险，并具有显著的区域性差别与特征。农业生产的对象是有生命的动植物，因此人们在利用动植物的生命运动过程获取农产品时，只有遵循与利用动植物的生命运动规律，才能更好地实现农业的生态经济目标。同样，由于受动植物生命运动规律的制约，农业生产又衍生出生产周期长、季节性显著、生产空间分散、产品易腐等特征。

可见，农业与生态环境的密切依存关系决定了农业的生态生产力是农业经济生产力的基础，尽管农业科技的进步已使得农业生产者干预与改造农业生态环境的能力大大增强，但农业生产者只有遵循农业生态规律，才能保持与提高农业生态经济系统的持续性。

（二）农业生产的公共产品性

农业是生态再生产与经济再生产交织的过程。农业生产中经济产品的形成过程，同时也是生态环境的再生产过程。农业活动对生态环境造成的影响并不能像农业经济产品一样由市场价格体现其效益。因此，人类农业活动对农业生态环境质量的改变，通常都表现为一种外部性。例如，作为农业主要生产对象的绿色植物，有净化空气的功能，能为人类及其他生物的生存提供所必需的清新空气，同时，绿色植物还能调节气候，保持水土，降解污染，减少噪音，从而改善人类生存环境。此外，伴随工业化、城镇化的快速推进，农业的旅游休闲效用也在不断提高。因此，农业是一个能够改善人类生存环境，形成外部经济的公益部门，农业生产的这种生态贡献的重要性，将会随着社会发展表现得愈发突出。

就此而言，农业生产中形成的生态效益可以视作农业向全社会提供的公共物品。由于这种公共物品使用的非排他性，以及现有技术还难以对这种生态效益值给予较精确的定量，使得要想通过市场价格体现这种公共物品的价值便需要极高的交易费用。这样必然会导致农业生产者重视农业经济产品，而忽视农业生态产品。如果能将农业生产的外部经济内部化，将有利于激励人们在农业生产中注重生态效益的发挥，并以可持续的方式从事农业生产活动。

可见，农业部门的"私人"收益通常小于其"社会"收益，按照私人收益等于社会收益才能达到资源最优配置的经济原则，就应该从制度层面给农业生产者以激励。事实上，农业生产中形成的外部经济性与外部不经济性，完全是非此即彼的关系，当农业生产能不断形成改善生态环境的外部经济时，也就意味着农业生产破坏生态环境这一外部不经济的消失，而这也是人们追求农业生态经济发展的意义所在。

二、农业发展的生态经济本质

在自然生态系统中，生物要素（植物、动物、微生物）与非生物要素（光、热、水、土、气）相互依存、相互制约、相互影响而结合在一起，形成一个有机整体。在这个整体中，各种生物种群按自己在食物链（网）中所处的位置不同，被区分为生产者、消费者、分解者。从绿色植物的光合作用开始，自然生态系统中的物质和能量就开始沿着食物链，在生产者、消费者、还原者、环境中依次流动，使生态系统中的生物得以生存与发展。然而，人们在探索自然生态系统时，往往只重视环境和生物的相互关系，并不涉及人的地位、作用，更不涉及人与自然的物质交换和其中包含的经济属性、经济关系等。实际上农业生态系统并不单单是一个自然生态系统，而是一个由自然生态系统和社会经济系统复合而成的农业生态经济系统。

在远古时代，原始农业生产体系主要由原始人群、农业生物和生态环境构成。在长期的发展过程中，人类通过劳动和选择使农业生物种群逐渐演变为劳动对象和收获物，以满足人类自身的基本生活需要。

在古代，逐渐形成了传统农业生产体系。这个体系主要依靠手工劳动和精耕细作的种植业、精心饲养的畜牧业和水产养殖业。为了维持这个体系能量和物质的平衡，人们重视农牧结合，使用有机肥。这一时期农业生态系统具有封闭性，是一种自给自足的生产力较低的农业生态系统。其特点一是以自然有机物质为基本构成成分，没有现代石油化学物质的投入和工农产品废弃物的污染，是一种可持续的农业。二是系统生产功能低下，只能满足人类基本生存简单的需要，不可能满足人类社会生活的多种需求，当时由于生产力水平低下，农民为了解决温饱问题，经常毁林开荒，陡坡种植，造成水土流失和土壤沙化。三是农业生产系统脆弱，抗御自然灾害能力低下。

进入20世纪中期以后，逐渐形成了现代开放式农业生产系统，它是由智力高度发达的现代人类、现代人工制造的外源物质、人工选育的农业生物种群、人工干预程度很高的农业资源和环境、高效率的农业机械等多个部分组成。人们既通过使用种子、化肥、农药、电力等向系统输入外源物质和能量，又以粮食、纤维、畜禽、水产品等形式从系统输出物质。系统的输入和输出保持一定的比例关系，以实现高水平的物质平衡。在现代农业生产系统中，人的干预程度越来越高，科技进步的贡献率越来越大，创造了较高的生产力水平，但同时也出现了一系列严重的问题。目前，中国农业资源环境遭受着外源性污染和内源性污染的双重压力，已成为制约农业健康发展的瓶颈。一方面，工业和城市污染向农业农村转移排放，农产品产地环境质量令人担忧；另一方面，化肥、农药等农业投入品过量使用，畜禽粪便、农作物秸秆和农田残膜等农业废弃物不合理处置，导致农业面源污染日益严重，加剧了土壤和水体的污染。

从这个意义上说，现代农业可分为现代石油农业和现代生态农业等多种不同的发展模式。现代石油农业主要是通过过多地施用化肥、农药等化学物质来提高产量和经济收入，大量使用化学物质势必造成农村环境污染和生态失衡，使得农产品质量下降，损害了人类的健康；化肥的大量使用也使得农业对水资源的消耗量增大。中国作为粮食生产大国，化肥施用量大，用于农业灌溉的地表及地下淡水资源需求量大，特别是过度开采地下水，加速了地下蓄水层的枯竭，给农业的后续发展带来了很大威胁；化肥的过度使用，还使一些营养物质流入河流、湖泊和海洋，导致藻类迅速繁殖。藻类分解消耗水中大量氧气，造成鱼类等水生物死亡。这些弊端和局限性使现代石油农业被认为是一种非持续的农业发展模式，而现代生态农业则作为可持续发展农业模式已受到人们的广泛关注。

在中国处于由传统农业向现代农业转型的时期，大力推动农业生态经济发展，既是实现"五位一体"战略布局，建设美丽中国的必然选择，也是中国特色新型农业现代化道路的内在要求。发展现代农业必须遵循农业的生态经济本质，将环境与生态目标融合到现代农业之中，使农业生产的自然生态系统和社会经济系统相互融合良性运行，从而实现农业生态、经济、社会的可持续发展。

三、农业生态经济理论对现代农业发展的作用

（一）现代农业的内涵

现代农业是继原始农业、传统农业之后的一个农业发展新阶段。从世界范围看，传统农业向现代农业的转变，是在封建土地制度废除、资本主义商品经

济和现代工业有了较大发展的基础上逐步形成的。第二次世界大战后，现代农业迅速发展，许多国家实现了农业现代化，农业劳动生产率、土地产出率和商品率达到了前所未有的高度，使农业发展成国民经济中的一个高度发达的现代基础产业。需要指出的是，现代农业是伴随着人类经济社会变革和科学技术进步而不断发展的动态概念，具有相对性、时代性、区域性特点。从当今世界农业发展的趋势来看，现代农业具有明显的时代特征。

（1）现代农业是高效益、多功能的农业。现代农业突破了传统农业主要从事初级农产品供给和原料生产的局限性，而具有原料供给、就业增收、生态保护、观光休闲、文化传承等多功能，不断向农业的广度和深度拓展，实现了种养加、产供销、贸工农一体化的高度组织化、规模化生产，土地产出率、资源利用率和农业生产率都比传统农业大幅度提高。

（2）现代农业是高度科技依存型的农业。科技进步与创新是现代农业发展的根本动力。科学技术进步对农业生产力的贡献度超过了资源依存度，发达国家现代农业的科技贡献率一般在70%以上。现代农业以生物技术和信息技术等高技术为引领，以常规技术升级的效率革命为支撑，用现代科技及装备改造传统农业，用现代农业科技知识培养和造就新型农民。

（3）现代农业是生态环境友好型的农业。现代农业要符合可持续发展理念，将现代农业建立在资源环境可持续性的基础之上。现代农业通过生物技术和信息技术等科学技术的应用，在保护农业生态环境的原则下，减少了化学品（化肥、农药、除草剂等）的使用量，实现了对农业生产的全过程控制，避免或减少了生态环境污染，是生态环境友好型的绿色产业。

（4）现代农业是高投入、高保护的农业。现代农业注重集约投入生产要素，通过增加资本投入、应用现代科技和装备，强化组织管理，改变了农业粗放经营状况，提高了生产要素的配置效率。同时，现代农业是国家高度保护的产业，发达国家现代农业发展历程证明了农业教育科研投入、农业科技推广、补贴、农业保险、法律法规建设等方面的高保护政策是现代农业发展的重要保障。

（二）中国现代农业发展实践依赖于农业生态经济理论的指导

目前，世界农业正处在一个新的探索时期。在世界性的能源危机、生态危机和人口剧增的考验下，依靠廉价石油发展起来的发达国家的"石油农业"和一些发展中国家"绿色革命"的弱点越发暴露出来，使得这些国家不得不重新考虑农业新的发展道路。为此，开展了一系列诸如"有机农业"、"生态农业"、"生物动力农业"、"可持续农业"等"替代农业"的研究。尽管这些新的农业理论有诸多可取之处，但仍然还有一定的局限性，倘若盲目将这些农业理论抬高到不适当的地位，并用以指导中国现代农业的发展实践，则有可能给中国现代农业发展带来反向后果。中国的现代农业发展，必须依靠农业生态经济学的理论指导，真正在中国土地上走出一条适合中国特色的可持续发展道路。

中国农业生产中人与自然之间物质变换的生态基础非常脆弱，同时，中国农业生产的物质技术条件落后，因而农业生产人与自然之间物质变换的经济基础也很脆弱，这两方面决定了中国农业生态经济基础不稳，农业发展后劲不足。按照生态经济学观点，农业越现代化，它与农业生态系统的依存关系越密切，发展现代农业就越要以生态为基础，农业生态经济基础也就越需要加强。农业现代化不仅包括技术、经济、社会的含义，还包括生态环境的含义。实现农业现代化的过程，也是推进生态文明建设的过程，它既是农业现代化的重要内容，也是农业可持续发展的基本条件，否则就不可能有农业可持续发展，也就谈不上农业现代化。然而中国目前的现代农业发展已经陷入生态条件退化和生态赤字严重的困境之中，以耕地为中心的农业自然资源正在衰竭，尤其是中国农业生态环境系统的主要生物资源承载力已经接近超负荷的临界状态，从而形成了以农村为中心的水土流失、土地沙化、地力下降、水质污染、植被破坏等生态环境问题。如果仍然单靠农业自身的剩余求发展，则不但会进一步扩大工业与农业发展速度的差距、城乡居民收入的差距、发达地区与欠发达地区经济发展的差距，而且还会出现生态危机，进而致使农业生态基础走向崩溃。

总之，在现代农业发展过程中加强农业生态经济理论指导，既是实现中国粮食安全和农产品质量安全的现实需要，也是促进农业资源永续利用，改善农业生态环境，实现农业可持续发展的内在要求。用农业生态经济学理论指导中国现代农业发展实践，有助于充分发挥中国农业的生态服务功能，从而把农业建设成为美丽中国的"生态屏障"，进而为加快推进中国生态文明建设作出更大贡献。

第二节　农业生态经济学的产生与发展

人类进入工业社会阶段以后，农业自然资源数量和质量下降、农业生态环境恶化等农业生态经济问题日趋严重，研究和解决农业生态与农业经济问题的交叉学科——农业生态经济学也逐渐产生并迅速发展起来。

一、农业生态经济学的产生

（一）农业生态经济学的思想渊源

农业文明起始于动植物的驯化，动植物的驯化是人与自然共生、亲和的产物，由动植物驯化到农业的发展，人们必须依赖和珍视自然环境与生态资源，依赖地理与气候条件和动植物资源，以维持其生存繁衍。农业文明时期，人与自然趋于"一体"、"共生"和"亲和"的关系，这是人类的共同特征，也是农业生态经济思想的历史渊源。

中国古代农业长盛不衰，在自然农业经济运作模式下，以环境安全、生态保护型的农业生产方法，在有限的土地上维持着众多人口的生计，维系了几千年传统农业社会的绵延发展，铸就了中国的农业文明。"天人合一"思想在中国独特的"土壤"里产生发展，并在传统农业文明中不断强化与提升。中国古代农业的实践，成为中国古代农业生态经济思想的精髓。中国古代的农业生态经济思想可以划分为四个层面：第一个层面是由"天人合一"引导的天地人"三才论"，表现为天、地、人宇宙系统论和天、地、人、物农业生态系统论；第二个层面是元气、阴阳和五行学说，是对"三才论"及其农业生态系统各因素运作机理的理论阐释；第三个层面是农业生态系统的圆道观和尚中观（即循环思想和优化思想），从轮回循环和取中均衡的耕作栽培观阐述农业生态系统及其农业实践；第四个层面是农学理论，即在传统农业生态经济思想引导下的农学思想体系。四个层面融为一体，统一于天、地、人、物系统，在多因素、多层面、多向的整合下，中国传统农业向生态化农业可持续道路迈进。

农业生态化实践的长期积累和发展，导致了各业并举互补、多种生态要素与生产要素组合、物能多级多层次循环利用的农业生态系统的建立。最具代表性的是明清时期嘉湖地区的农牧桑蚕鱼生态系统和珠江三角洲"桑基鱼塘"生态系统。该生态系统在田内种稻、田上栽桑、田外养鱼的基础上，形成了种田养猪、猪粪肥田、种桑养羊（蚕）、羊粪壅桑、水草养鱼、鱼粪肥桑等各业并举互补的农牧桑蚕鱼生态系统模式。这些农业生态系统的建立，使得种植业、畜牧业、养殖业等各业在一个较大的生态圈中有机地结合起来，做到了多业并举、各业齐养，互为条件、互相补充，以较小的投入实现了较大的产出，保证了农业生产稳定持续发展。

当然，中国古代的农业生态经济思想也存在明显的经验性和消极保守性。由于未能深入具体地研究自然界物理、化学、生物的构成和各种运动形式的精确规律，没有按照自然规律去改造自然和建造"人工自然"的思想，中国古代农业始终不能摆脱"天命论"的唯心主义影响。同时，由于过分强调人对自然的顺应和服从，又妨碍了人的主观能动性的发挥。这种经验性的农业生态经济思想仅仅适用于自然形态的农业经济，只能使农业生产力取得较缓慢的进步，若要使中国农业实现现代化，则既要继承古代农业的合理生态观，又要打破传统的小农经济结构，构建农业与工业、商业、知识产业等相互渗透的网络关系，从而形成更大规模的具有自组织与自适应能力的农业生态经济系统。

（二）农业生态经济学的产生条件

随着人类适应性的加强和智能化活动的加剧，人类不断改变着生存环境，各种背景差异导致了民族及区域的不同选择，由此形成了思想文化和社会制度的差别。社会生产力的进步总是以生产工具的变革为主要标志的，一切新的生产工具的发明创造，都是"物化的知识力量"。西方工业社会的发展显示出人类智慧正在越来越大的程度上变成直接的生产力，这正是人类对自然规律的认识的深化，对自然和社会生活的控制能力增强的表现。解决工业社会中人与自然关系的种种不协调的主要因素仍是通过发展科学技术，发挥人的智慧，创造新一代的生产手段，使每一个局部的生产过程与自然界的整体和谐实现有机统一。

工业社会孤立地强调人对自然的征服，强化了人与自然的对立性，致使农业生态环境显著恶化。西方工业文明催生的现代石油农业，是一种将建立在牛顿机械力学基础上的机械的、线性的现代技术运用于农业生产活动中，大量使用高强度耕作系统，并普遍采用高水平无机化学农用制品进行大规模单一品种连续耕种的工厂式规模化农业生产方式。第二次世界大战后，现代石油农业所带来的短期高速增长的生产能力曾令世界惊喜，但由于其竭泽而渔式的生产方式，其发展的局限和蕴含的危机已日益凸显。在美国以农业生产为主的加利福尼亚州，据称在有些地方的居民饮用水中，可以闻到农药的气味，一些居民甚至不得不买水喝。而在美国的另一些地方，空气中的雾滴内所含有的农药量，实际测出的数字比预计的要高得多，科学家称这些雾滴可能会伤害作物和森林。环境污染究其责任，尽管现代工业是罪魁祸首，但现代农业也难辞其咎，因为这是一种工业化的农业。

需要指出的是，农业生态经济学的产生在很大程度上得益于生态经济学的兴起。生态经济学是一门研究和解决生态经济问题、探究生态经济系统运行规律的经济科学，旨在解释错综复杂的自然界的生态系统与人类社会的经济系统相互作用、相互渗透的复合生态经济系统的运行规律，从而实现经济生态化、生态经济化和生态系统与经济系统之间的协调发展并使生态经济效益最大化，通常涉及社会、经济、文化、制度等转型变化而实施的行动。

农业生态环境的恶化诱发了农业生态经济学的产生，而农业社会经济发展也为农业生态经济学的产生提供了客观条件。自 20 世纪中期以来，协调人类经济活动和自然生态系统关系的迫切需求，尤其是如何解决现代农业发展进程中农业生态系统与农业经济系统的协调统一问题，为农业生态经济学学科的形成和发展提供了客观基础。首先，随着农业经济社会的进步与发展，人类农业经济活动的广度和深度在不断加大，人们需要逐步认识和掌握农业生态经济规律，以确保农村经济社会的可持续发展；其次，随着社会经济的发展和物质财富的丰富，人们的生活水平和生活质量也在不断提高，人类对农业生态环境的要求越来越高，对农业生态经济运动规律认识的期望也越来越迫切；最后，随着农业经济学与生态经济学的发展，二者相互交叉的内容越来越多，相互融合的力度越来越大，农业生态经济学便应运而生。

二、农业生态经济学的发展

自 20 世纪 60 年代以来，发达国家的农民和农业科学家、农业经济学家，致力于探索一种新思维去实践农业的新模式，从而导致农业的第三次革命。相对应的第一次革命是从原始农业向传统农业的过渡，第二次革命为传统农业向现代集约农业的过渡。为了系统研究这些新的农业发展模式，农业生态经济学作为一门学科便迅速发展起来，并成立了一系列研究机构。这些研究机构，有的是政府出资兴办的，有的是民间集资兴办的。在美国，大部分州设有农业研究中心，这些中心研究的重点是永久性农业、低投入农业、有机农业等。在研究任务上，国家研究委员会主要是向政府提供决策和宏观管理信息，各级农业研究中心主要是向农民提供生产经营信息，而各私立公司、研究所，除以上研究任务外，主要是向农民提供技术和生态经济模式，多数是非营利性的机构。还有一些农业生态经济学的研究机构，则主要由大学和其他高级研究单位设立，它们直接在农场中试验某些生态农业模式，把生态农业看作在农业生态经济学指导下的实践活动，试验成功后，其成果作为信息资料进一步为农场做咨询活动。

世界各国在探索解决世界范围内、本国范围内和区域范围内的农业生态经济问题时，不断吸收相关学科的新成果，以完善农业生态经济学理论和思想，尤其是 20 世纪 80 年代至 90 年代提出的农业可持续发展思想对农业生态经济学发展起到了积极的指导性作用。例如，美国国家研究委员会于 1989 年发表了长达 430 多页的《替代农业》研究报告，联合国和世界银行有关部门设立了持续农业发展基金，均有力地推进了农业生态经济学的发展。

国内农业生态经济学的发展与国内生态经济学的发展密不可分。1980 年，中国著名经济学家许涤新在全国第二次畜牧业经济理论讨论会上提出要加强生态经济问题研究，直接推动了 1982 年 11 月在南昌召开的"全国第一次生态经济讨论会"；1984 年 2 月，在北京又成立了"中国生态经济学会"；1986 年出版中国第一本《生态经济学》著作，建立了中国生态经济学新学科的初步理论体系；2003 年建立中国第一个民办生态经济研究院，标志着中国生态经济学第一次正式进入社会主义市场，并进入企业家参与、国家和社会共同推动生态经济学发展的新阶段。目前，农业生态经济学课程已在全国各高等院校广泛设立，众多教材已经出版，如邓宏海在 1986 年便出版了《农业生态经济学概论》（中国社会科学出版社），丁举贵、何迺维 1990 年主编了《农村生态经济学》（河南人民出版社），尚杰 2011 年主编了《农业生态经济学（第二版）》（中国农业出版社）。

农业生态经济学是一门正在发展与完善的学科，是介于哲学、决策科学、生态学、系统理论、控制理论、农作制度、生物工程、信息科学、农村能源工程和管理等学科理论范畴的学术思潮、社会思潮和历史思潮。现代农业发展要求农业生态经济学探索协调农业经济发展和农业生态环境保护，实现农业可持续发展的具体路径。农业生态经济系统涉及农业人口、经济、技术、资源和生态环境等众多因素，各因素相互联系和影响的不确定性导致了农业生态经济学研究的复杂性，因此必须开拓新的研究领域，应用新的研究方法，探索农业生态经济新思维，进而推进中国农业生态经济学科的发展。

第三节　农业生态经济学的学科属性与研究对象

一、农业生态经济学的学科属性

农业生态经济学的学科属性问题，目前理论界尚有不少争议：有人认为它属于农业经济学的一个分支，属于农业经济学科；有些人认为它属于现代农业生态学的一个分支，属于农业生态学科；还有人认为它是农业生态学和农业经济学相结合的一门学科，属于边缘学科。事实上，以上争议恰好反映了农业生态经济学是一门典型的自然科学与社会科学相互渗透、相互交织而成的交叉学科，其既不是一门纯粹的自然生态学科，也不是一门纯粹的社会经济学科，而是与生态经济学相类似，兼具自然生态和社会经济的双重属性。

农业生态经济学是生态经济学的基本应用学科之一，在生态经济学体系中具有特殊地位，而生态经济学则是农业生态经济学的重要理论基础。① 生态经济学是从经济学角度来研究由经济系统和生态系统相互结合而成的复合系统，即生态经济系统的结构及其运动规律的学科。这种生态经济系统是按照人类的需要逐步建立起来的，因此，可按照其满足人类需要的不同，将其划分为农业类生态经济系统和城市工矿类生态经济系统。其中，农业类生态经济系统又具体包括狭义农业（主要指种植业）、林业、草原畜牧业和渔业等生态经济系统，相应地，农业（这里是指广义农业）生态经济学可视作从农业经济学角度研究农业生态经济系统的结构和运动规律的学科，是一门协调经济增长与农业生态环境、农业资源之间关系的，解决农业经济与农业生态之间矛盾的科学。

作为一门新学科，农业生态经济学旨在揭示农业生态经济系统内部的矛盾及其发展演替规律，并应用这些规律，建立高效、低耗、优质、高产和无污染的农业生态经济系统，从而实现农业生态经济系统内部及其与国民经济环境之间，在物流、能流和资金流上的生态经济良性循环，进而为农业经济持续、稳定和协调发展提供坚实的农业生态经济依据。农业生产是一项具体的实践活动，使得农业生态经济学研究不能脱离农业生产的实践。在农业生态经济系统中，技术要素是一个有机的组成部分，农业经济活动都是通过技术设备、劳动工具、技术措施等来进行的。

综上所述，农业生态经济学是一门经济科学和自然科学相结合的应用科学，也就是说，农业生态经济学不是一门纯理论科学，而是实践性很强的应用科学，尤其是在研究中要涉及有关农业的自然科学，比如气象学、生物学、土壤学、工程学、栽培学、生态学、育种学等。在农业经济与农业生态的联系中，农业生态经济学更加侧重于研究农业生态经济系统的矛盾运动，并在农业生产实践中遵循经济有利和生态平衡相结合的原则，选择最优的方案、措施和方法，从而达到生态上循环转化高效、经济上优质低耗高产的目标。

二、农业生态经济学的研究对象

正如前文所述，农业生态经济学是农业生态学与农业经济学相互融合的产

---

① 马传栋.论农业生态经济学的几个基本理论问题［J］.农业经济问题，1984（3）：47-52.

物。农业生态学的研究对象是农业生态系统，农业经济学的研究对象是农业生产力与农业生产关系的矛盾统一体（农业经济诸部门构成的整体），这也就决定了农业生态经济学的研究对象是农业生态系统与农业经济系统构成的复合体，即农业生态经济系统。

需要指出的是，农业生态经济系统既是一个由农业生态系统和农业经济系统组成的有机复合系统，也是一个不断变化、由低级向高级发展的系统，其推动力量是该系统内部的矛盾运动。从这个意义上说，农业生态经济学的研究对象应该是农业生态经济系统中那些能够反映该系统本质特征的矛盾及其运动。这些矛盾主要有：农业社会经济活动与农业生态发展的矛盾、农业经济发展与农业资源有限性的矛盾以及农业社会生产力与农业生态生产力之间的矛盾。

（一）农业社会经济活动与农业生态发展的矛盾

农业社会经济和农业生态分别有各自的运动与发展规律，受到不同的力量支配。社会经济活动进入农业生态系统，倘若违背自然界的生态运动规律，势必会影响、抑制或损害农业生态系统的发展，甚至使其趋于崩溃。农业经济发展是以农业生态的稳定和丰度为标记，如水草丰满则牛羊兴旺，土地肥沃则五谷丰登。在农业经济活动中常常违背农业生态平衡规律，使农业生态系统的物质循环、能量转化功能产生障碍。因此，农业生态经济学要研究农业经济活动，包括农业内部的经济活动对农业生态系统的作用和影响，寻找农业经济活动（经济计划、决策、政策，农业生产的布局、手段、措施、方案等）与农业生态之间相互促进、共同发展的有效途径。

值得注意的是，以一定的农业生态经济系统具体形态而存在于人类社会中的农业生产，无论是从其发展的历史过程，还是从其现实的物质变换过程看，都是在农业生态系统中进行。这种农业生态系统，与其他任何种类的生态系统一样，都要按生态系统所共有的生态规律运行。因此，对农业生产进行农业生态经济系统研究的农业生态经济学，尤其要注重协调好农业经济活动与农业生态发展的矛盾。尽管自然生态系统被人类改造成农业生态系统之后，已不再是单纯的自然生态系统，而属于人工生态经济系统，但是在农业生态经济系统中，各种类型的生态系统所共有的基本生态关系和过程仍然以农业所特有的形式存在，它们所共有的基本生态规律仍在以农业所特有的方式起作用。随着农业的发展，这些基本的生态关系和过程越来越复杂多样，也使得农业生态规律在农业生态经济系统中的作用越来越强烈。

通常，在农业生态系统与农业经济系统之间还有一个把二者相互衔接的中介，这就是农业技术体系。在处理农业经济活动与农业生态发展的矛盾时，农业生态经济学必须研究不同农业技术手段的采用所带来的农业生态经济问题。例如，施用化学肥料和有机肥料对于土壤结构的影响是完全不同的，土壤结构的进一步变化必然会影响到农业生产的产量和经济效益。可见，农业生态经济学还必须研究农业技术体系同农业生态系统相互关系的规律，从而提高农业技术经济效益，并进而为制定农业技术发展战略提供理论依据。

（二）　农业经济发展与农业资源有限性的矛盾

农业资源是指农业生产及其相关领域中可以利用的自然元素和自然力（大气、土壤、水等），以及开始转入农业自然资源行列的那些自然条件。例如，可耕地、森林、草地和水域等是人类生存、经济发展必不可少的农业资源。在现有生产力水平乃至未来生产力高度发展的条件下，都不可能脱离农业资源而生产出人类所需要的全部食物及其他农产品。

在中国农业经济取得巨大成就的同时，农业资源过度开发所带来的一系列问题日益凸显，资源硬约束日益加剧，保障粮食等主要农产品供给的任务更加艰巨。人多地少水缺是中国的基本国情。近年来，全国新增建设用地占用耕地年均约 480 万亩，被占用耕地的土壤耕作层资源浪费严重，"占补平衡"补充耕地质量不高，守住 18 亿亩耕地红线的压力越来越大。耕地质量下降，黑土层变薄、土壤酸化、耕作层变浅等问题凸显。农田灌溉水有效利用系数比发达国家平均水平低 0.2，特别是华北地下水超采严重。中国粮食等主要农产品需求刚性增长，水土资源越绷越紧，确保国家粮食安全和主要农产品有效供给与资源约束的矛盾日益尖锐。

要解决农业经济发展与农业资源有限性的矛盾，就必须在农业资源的利用、配置和管理上，遵循农业生态规律和农业经济规律，采用先进的现代科技手段，有计划地合理开发利用农业资源，使农业综合生产力得到稳步提高，并在开发利用中切实贯彻国家有关保护珍惜动植物资源，保护生态环境的基本法规、政策，在提高农产品总量，满足人们物质需求的条件下，建立起良性的农业生态经济系统，使农业生产能持续、稳定、健康地发展。因此，农业生态经济学需要协调农业经济发展与农业资源利用之间的关系，在一定空间保持农业经济发展与农业资源（再生与非再生资源）量之间的均衡，使农业资源开发利用有利于农业生态经济系统良性运行，以保证农业的可持续发展。

（三）　农业社会生产力与农业自然生产力的矛盾

农业生产不同于工业及其他部门生产的一个本质特点，就在于一定的农业生产不仅以一定的生态系统作为它的环境要素，而且还以一定的生态系统作为生产过程的组成部分。马克思曾对农业生产的这一本质特点作了精辟的论述，他说："经济的再生产过程，不管它的特殊的社会性质如何，在这个部门（农业）内，总是同一个自然的再生产过程交织在一起。"① 这里所说的经济再生产过程，就是指农业经济系统内的经济物质和经济能量（靠劳动才能获取的物质和能量）的周期性变换。农业经济再生产的基本功能单位就是农业经济系统。这里所说的自然再生产过程，就是指农业生态系统内的自然物质和自然能量的周期性变换。农业自然再生产的基本功能单位就是农业生态系统。这两类再生产过程的交织，就是农业经济系统通过相应农业技术系统与农业生态系统进行一系列的能量和物质变换。

马克思不仅把农业的再生产过程科学地划分为经济再生产过程和自然再生产过程，而且对自然再生产过程明确地提出了社会生产力的增长对自然力减少的补偿。马克思指出，在农业中，社会生产力的增长仅仅补偿或甚至还补偿不了自然力的减少。在木材生产上，自然力会独立发生作用，在森林自然生长时，不需人力和资本力，甚至在人工造林的地方，人力和资本力的支出和自然力的作用比较起来，也是极小的。这里所说的"自然力"就是指各种自然能量和自然物质，这里所说的"社会生产力"、"人力和资本力"，一般来说，就是指各种经济能量和经济物质。社会生产力的增长能否补偿自然力的减少问题，就是经济能量和经济物质能否补偿自然能量和自然物质的消耗问题。人力和资本力的支出与自然力作用的比较，实际上是农业生产中各种经济能量和经济物质与各种自然能量和自然物质的比例关系。在农业生产中按照这种比例关系，使各种自然能量和自然物质的消耗在质量上和数量上得到各种经济能量和经济物质的补偿，农业的自然再生产才能持续进行。

可见，农业生态经济学实质上是把马克思关于农业经济再生产和自然再生产的原理运用来综合农业经济科学和农业生态科学的研究成果，将农业生产中的经济平衡与生态平衡联系起来进行综合研究和综合平衡的科学。因此，农业生态经济系统中的矛盾，便可以归结为生产过程中农业生态与生产力经济的关系、农业生态系统与流通、交换、消费的关系、农业生态问题与经济政策和经济法规的关系。需要指出的是，构成这些关系的每一个方面都是可变因素，它们之间相互作用，相互制约，产生矛盾又不断解决矛盾，推动着农业生态经济系统由不稳定、不平衡走向相对稳定和新的平衡状态，使农业生态经济系统生产力不断提高。

需要指出的是，由于农业生态经济学的研究对象是农业生态经济系统及其

---

① 马克思. 资本论（第二卷）[M]. 人民出版社，1964：398.

运动规律，因此，系统论和系统方法就很自然地成为农业生态经济学的主要研究方法。此外，农业生态经济学作为一门新兴边缘学科，既涉及经济学、管理学、法学等社会科学，又涉及数学、系统论、控制论、信息论等交叉学科，同时还涉及生物学、地理学、物理学、化学等各种自然科学和各种技术科学，正是如此众多的学科知识交叉在一起才形成了农业生态经济学。

第四节　农业生态经济学研究的内容

目前，与农业相关的生态环境问题越来越令人关注：滥伐森林、滥垦草地、水土流失、化学肥料与农药的大量施用、土壤残毒含量增高、水质污染、大气污染日趋加重等，这些都严重影响了农业经济的发展，如果不采取积极措施，很容易陷入恶性循环。事实上，通过人类的良性干预，农业生态系统和农业经济系统能够协调发展，产生"叠加效应"（整体大于部分之和），既保持优良的农业生态环境，又能以最小的输入获得最大的农业输出。农业生态经济学把农业生态经济系统作为研究对象，探讨农业生态经济的理论与实践问题，其研究内容主要包括三个大的部分，即农业生态经济原理、农业生态经济实践和农业生态经济政策。

一、农业生态经济原理

（一）农业生态经济系统

农业生态经济系统由农业生态系统与农业经济系统在农业技术系统的中介作用下复合而成，它具有统一性、复杂性、可控性、开放性、多目标性、动态平衡性的特征。农业生态经济系统结构主要包括空间结构、时间结构、生态结构和产业结构。农业生态经济系统的功能包括物质循环功能、能量转化功能、信息传递功能与价值增值功能。农业生态经济系统的价值包括经济价值、生态价值和社会价值，其价值评估主要有常规市场评估法、替代市场评估技术和假象市场评估技术。农业生态经济系统的价值常常受自然因素、社会文化因素和经济因素影响。

（二）农业生态经济规律

农业发展要遵循农业生态经济规律，这里的农业生态经济规律既不是一般的农业生态规律，也不是一般的农业经济规律，而是一种固有的、独立存在于农业生态经济系统的内在规律。农业生态经济规律是一个规律体系，具体包括农业生态需求递增规律、农业生态产业化发展规律和农业生态经济科学发展规律。其中，农业生态需求递增规律和农业生态产业化发展规律分别从需求和供给两个方面总结了农业生态经济的发展趋势。农业生态需求呈现出递增趋势，必然导致农业生态价值不断提高，因此人类可以像进行经济投资一样进行农业生态投资。生态经济科学发展规律主要包括农业生态基础优先规律和农业生态经济协调发展规律。

（三）农业生态经济平衡

农业生态经济平衡是指构成农业生态经济系统的各要素之间达到协调稳定的关系，特别是农业经济系统与农业生态系统达到协调统一的状态，它反映了对经济问题和生态问题进行综合研究的发展趋势。狭义的生态经济平衡就是人工生态平衡。一般来说，人工生态系统的平衡基本上是生态平衡与经济平衡的统一。广义的生态经济平衡包括生态平衡、经济平衡以及经济系统与生态系统之间的平衡。生态平衡是经济平衡的前提和基础，而经济平衡能够维护和促进生态平衡。农业生态经济平衡失调是指在农业生产经营中由于人的种种活动违背了自然规律与经济规律而导致农业生态经济效益低下，威胁资源环境可持续发展，具体包括农业生态经济结构平衡失调和农业生态经济功能平衡失调。要实现农业生态经济平衡，应该遵循合理开发利用自然资源、匹配性、循环利用物质和坚持效益性原则。

二、农业生态经济实践

（一）农业生态经济模式

农业生态经济发展模式包括生态农业、循环农业、低碳农业、绿色农业等多种模式。其中生态农业是指把农业生产、农村经济发展和生态环境治理与保护、资源培育和高效利用融为一体的新型综合农业体系。循环农业是按照3R原则，通过优化农业产品生产至消费整个产业链，实现物质的多级循环使用和产业活动对环境的有害因子零（最小）排放或零（最小）干扰的一种农业生产经营模式。低碳农业是以提高碳汇能力和减弱碳源能力为突破口，统筹经济功能、生态功能和社会功能，在整个生命周期内进行低碳化设计的资源节约型和环境友好型农业形态。绿色农业是指一种有利于环境保护，有利于农产品数量与质量安全，有利于可持续发展的现代农业的发展形态与模式。绿色农业是一定历史条件的必然产物。绿色农业不是传统农业的回归，也不是对生态农业、有机农业、自然农业等各种类型农业的否定，而是摒弃各类农业的弊端，取长补短、内涵丰富的一种新型的农业。

（二）农业生态经济规划

农业生态经济规划是一项涉及面广，十分复杂的系统工程，包括农业生态经济产业规划、农业生态经济区域规划和农业生态经济园区规划等多种类型。其中，农业生态经济产业规划是指运用生态学原理、规划学原理、生态经济学原理及其他相关学科的知识与方法，结合国家农业发展的实际及市场的需求，对农业的产业战略、产业布局、产业结构做出科学合理的规划；农业生态经济区域规划是从自然、社会、经济等多个角度对农业区域技术研究、成果推广应用和农业生产以及农业发展所制订的规划；农业生态经济园区规划是以高效农业为目标，依托农业高科技，引进先进的园区经营理念，结合特色农业资源，具备一定景观效果的现代化空间，能够对当地农业和农村经济的发展起到较强示范带动作用而进行的科学合理的规划。

（三）农业生态经济评价

农业生态经济评价是从生态平衡的角度来评价农业生产的经济效益，是农业生态效益和农业经济效益的综合评价。人类在改造自然的过程中，要求在获取最佳农业经济效益的同时，也要最大限度地保持生态平衡和充分发挥农业生态效益，即取得最大的农业生态经济效益，这是农业生态经济学研究的核心问题。农业生态经济效益评价的目的是为提高农业生态经济效益提供依据。通过农业生态经济评价提高农业生态系统的生产力和生产效率，使人类、土地与环境成为和谐的统一体，以取得最好的农业生态、经济、社会效益。为了提高农业生态经济系统效益，在微观途径上应该正确认识发展与环境的关系，持续地利用农业资源和保护生态环境，转变农业发展方式，实现农业生态经济平衡，用激励机制来激发新型经营主体参与农业可持续发展的生态自觉；在宏观途径上应该致力于改变城乡二元结构，进行城乡统筹发展，加大对农业环境保护的投入，建立和完善农业生态补偿机制。

（四）农业生态资本运营

农业生态资本运营是指在农业生态化发展过程中，农业生态资本的所有者或经营者将农业生态资产作为一种具体的生产要素，投入农业自然再生产和经济再生产过程之中，利用现代生态技术实现农业生态资产的形态变换，通过农业生态产品与农业生态环境服务实现农业生态资产的价值转化，依靠农业生态市场实现农业生态资本的保值增值，科学设计并全面实施对农业生产过程的计划、组织、管理和控制，为最终实现农业生态资本长期收益整体最大化而进行的全部经营活动和管理过程。农业生态资本运营过程包括准入过程、启动过程、运行过程和实现过程，其中，农业生态资源的资产化是农业生态资本运营的准入过程，农业生态资产的资本化是农业生态资本运营的启动过程，农业生态资本的产品化是农业生态资本运营的运行过程，农业生态产品的市场化是农业生态资本运营的实现过程。

（五）农业生态经济补偿

农业生态经济补偿是指为保护农业生态环境和改善或恢复农业生态系统服务功能，农业生态受益者给予农业生态服务者（农业生态环境保护者）的多种方式的利益补偿。农业生态经济补偿机制是指以维护、恢复和改善农业生态系统服务功能为目的，以内化相关活动产生的外部成本为原则，以调整相关利益者（保护者、破坏者、受害者和受益者）因保护或破坏农业生态环境活动产生的环境利益及其经济利益分配关系为对象的，具有经济激励作用的一种制度安排。农业生态补偿政策则是以农业生态恢复和预防为目的的一种经济激励政策，是指为保护和改善农业生态环境，农业生态受益者对农业生态保护者进行多种方式利益补偿的一种政策性安排，其类型包括农业污染控制补偿政策、农业生态保护补偿政策、农业生态经济补偿的政策、农业生态经济补偿的法律制度等。

三、农业生态经济政策

（一）农业生态环境治理

农业生态环境治理的主体是指农业生态环境治理过程中所涉及的具有相关权利和义务的个体、组织和机构，这些主体与农业生态环境问题的产生有着密切的关系。在农业生态环境治理中，政府起到了相当重要的作用，农业生态环境治理政府责任的主要内容包括制度责任、监督责任、投入责任、整合责任和教育责任。当前，农业生态环境无论是以市场为中心的产权交易治理模式，还是以政府为中心的治理模式，都很难提供有效的治理制度和措施。农村生态环境的治理并不是在市场与政府间的非此即彼的简单选择，构建一种包含政府、市场和社会的多元主体治理模式十分必要。如何在市场和政府间寻求一个平衡点，实现治理成本和产权划分间的平衡，是解决农业生态环境治理不足的途径之一。由于角色、立场、价值取向、利益关系的不同，多元的主体必然产生更加多元的认知，包括对生态环境问题的认知、对主体自身的认知、对其他主体的认知以及各主体间相互关系的认知等。

（二）农业生态经济安全

农业生态经济安全系指满足农业生态经济可持续发展的一种态势，包含三个层次的内容：农业生态系统结构、功能与需求的相互一致，农业经济系统结构、功能与需求的相互一致；农业生态系统结构与农业经济系统功能相一致，农业经济系统结构与农业生态系统功能相一致；农业生态系统与农业经济系统始终处于均衡状态。农业生态经济安全评估的原则主要有科学性和主导性原则、系统性和层次结构性原则、动态性与静态性相结合原则、相关性原则、区域性原则和可操作性原则。农业生态经济安全评估的内容包括农业用地安全评估、农业用水安全评估、农业物种安全评估、农产品安全评估、粮食安全评估。农业生态经济安全维护的宏观对策包括逐步推行经济补偿制度，树立生态经济价值观；加强法制建设；将生态资源的保护纳入国民经济社会发展规划中，实行计划管理；改革现行资源、环境管理体制，实行系统归口管理；积极开展生态经济的技术对策的研究，推广运用新技术。

（三）农业生态文明建设

农业生态文明是生态文明的重要组成部分，是使农业生产的自然生态系统和人类经济社会生态系统的和谐共生、良性循环，实现农业生态、经济、社会的全面、协调、可持续的农业经济发展模式。新型农业经营体系培育是农业生态文明建设的基石，必须通过加快培育新型农业经营主体，充分发挥各类主体的比较优势；坚持适度规模经营，结合国情不盲目跟风；加强农业社会化服务，积极培育各类社会化服务组织；探索组织模式创新，积极挖掘合理的新型组织模式。农业绿色化发展是农业生态文明建设的基本路径，必须通过强力政策支持绿色农业发展、绿色创新驱动绿色农业发展、完善制度保障绿色农业发展、提高生态意识强化绿色农业发展等来推进绿色化发展。美丽乡村建设是农业生态文明建设的目标与载体，美丽乡村实现了生态空间的拓展、生态时间的延续、生态内涵的丰富，是农业生态文明建设成果的直接映射。

（四）农业生态经济管理

农业生态经济管理可以划分为农业宏观生态经济管理、农业中观生态经济管理和农业微观生态经济管理，包括人口管理、资源管理、环境管理三个领域。农业生态经济管理的主要手段包括行政手段、法律手段、经济手段和教育手段，其中，行政手段是农业生态经济管理的中心环节；法律手段是农业生态经济管理的关键环节；经济手段是为改善环境而向环境污染者自发的和非强迫的行为提供金钱刺激的手段；教育手段是以生态哲学整体论的世界观和方法论为指导，借助于教育理论和教育实践两种手段，通过以社会公众为教育对象，以家庭教育、学校教育、社会教育为主要方式，提高公众的生态意识和生态素质，进行保护自然和保护环境的教育，达到实现可持续发展与建设农业生态文明的目的。

（五）农业生态经济制度

农业生态经济制度是指适应和促进农业生态经济发展的社会制度的综合，包括土地制度、生产组织、经营方式和与之相配套的社会化服务体系、运行机制以及政策、法律法规的集合。农业生态经济的财政补贴主要包括"绿箱"政策、"黄箱"政策、"蓝箱"和"新蓝箱"政策。农业生态经济的生态补偿制度包括农业生态保护补偿制度、农业生态修复补偿制度和农业生态发展补偿制度。在对农业生态经济进行金融支持时，应当确立农村合作金融在现代农业生态经济发展资金投入中的主体地位，同时要加大商业银行和政策性银行的投入力度。农业生态经济组织保障制度强调要加强农业合作经济组织建设，加强农业服务部门经营服务组织建设，大力培育农业产业化经营组织。农业生态经济技术保障制度要求深入推进农业生态科技体制改革，建立健全农业生态技术推广体系，强化农业生态科技投入政策的落实。

（六）农业生态经济发展战略

农业生态经济发展战略是指一个国家或地区在一定时期内具有全局性、决定性、长远性的有关农业生态经济发展重大问题的筹划与决策，包括战略分析、战略选择、战略实施和战略评价四个阶段，这四个阶段是相互联系、相互制约、相互作用的，恰当处理好它们之间的关系可以有效地提高农业生态经济发展战略的运行效率。当前中国的农业生态经济发展的战略目标也随着农业的发展有了重大变化，战略目标由以前的单一经济目标向经济、生态、社会多元性转变。农业生态经济发展的战略重点是：提升农业产能，保障粮食安全；节约高效用水，保护耕地资源；积极发展生态农业，提高农业绿色化水平。农业生态经济发展的战略政策包括农业生态经济发展战略的财政扶持政策、人才支持政策和科技支撑政策。

小　结

1. 农业是人们利用太阳能、依靠生物的生长发育来获取产品的社会物质生产部门，其生产的对象是生物体，获取的是动植物产品。经济再生产与自然再生产相互交织是农业的根本特性，这一特征决定了现代农业的发展必须走农业生态经济协调的可持续发展之路。这就决定了农业生产天然涉及农业生态经济协调问题，农业生态经济学的产生正是来源于解决实际问题的需要。

2. 在现代农业发展过程中强化农业生态经济理论指导，既是实现中国粮食安全和农产品质量安全的现实需要，也是促进农业资源永续利用，改善农业生态环境，实现农业可持续发展的内在要求。通过农业生态经济学来指导中国现代农业发展实践，有助于充分发挥中国农业的生态服务功能，从而把农业建设成为美丽中国的"生态屏障"，进而为加快推进中国生态文明建设作出更大贡献。

3. 农业生态经济学是一门典型的自然科学与社会科学相互渗透、相互交织而成的交叉学科，其既不是一门纯粹的自然生态学科，也不是一门纯粹的社会经济学科，而是与生态经济学相类似，兼具自然生态和社会经济的双重属性。

4. 农业生态经济学的研究对象是农业生态经济系统中能够反映该系统本质特征的矛盾及其运动，这些矛盾主要有农业社会经济活动与农业生态发展的矛盾、农业经济发展与农业资源有限性的矛盾以及农业社会生产力与农业生态生产力之间的矛盾。

5. 本书把农业生态经济系统作为一个整体，探讨农业生态经济原理在农业生产和农业经济管理中的应用，主要研究农业生态经济原理、农业生态经济实践和农业生态经济政策等众多内容。

关　键　词

农业生态经济学　学科属性　研究对象　农业社会经济活动　农业生态发展　农业经济发展　农业资源有限性　农业社会生产力　农业自然生产力　农业生态经济原理　农业生态经济实践　农业生态经济政策

复习思考题

1. 如何理解农业生产的生态经济本质？
2. 简述农业生态经济学产生、发展的现实背景条件。
3. 农业生态经济学的研究内容有哪些？

参 考 文 献

[1] 陈珏. 农业可持续发展与生态经济系统构建研究［D］. 新疆大学学位论文，2008.
[2] 邓宏海. 农业生态经济学概论［M］. 中国社会科学出版社，1986.

［3］徐中民．生态经济学集成框架的理论与实践：集成思想的领悟之道［J］．冰川冻土，2013（5）：1319-1343.

［4］丁举贵，何迺维．农村生态经济学［M］．河南人民出版社，1990.

［5］姜学民．生态农业和生态经济学［J］．理论月刊，1991（5）：39-42.

［6］王学义，郑昊．工业资本主义、生态经济学、全球环境治理与生态民主协商制度——西方生态文明最新思想理论述评［J］．中国人口·资源与环境，2013（9）：137-142.

［7］刘思华．刘思华选集［M］．广西人民出版社，2000：316.

［8］刘思华．世界农业改革与发展比较研究［M］．湖北人民出版社，1999：20.

［9］马传栋．论农业生态经济学的几个基本理论问题［J］．农业经济问题，1984（3）：47-52.

［10］马克思．资本论（第二卷）［M］．人民出版社，1964.

［11］尚杰．农业生态经济学（第二版）［M］．中国农业出版社，2011.

［12］尤飞，王传胜．生态经济学基础理论、研究方法和学科发展趋势探讨［J］．中国软科学，2003（3）：131-138.

第一章 农业生态经济系统

【**学习目标**】农业生态经济系统是农业生态系统与农业经济系统耦合而成的多元复合系统，是人们对农业生态本质和经济本质认识的一次重大飞跃。通过本章的学习，达到以下学习目标：

（1）了解农业生态经济系统的科学内涵，掌握农业生态经济系统的主要特征和基本类型。

（2）了解农业生态经济系统的组成，掌握农业生态经济系统的结构与功能。

（3）了解农业生态经济系统的价值构成，掌握农业生态经济系统的评价方法，理解农业生态经济系统的价值影响因素。

第一节　农业生态经济系统的内涵与类型

一、农业生态经济系统的内涵

农业生态经济系统是由农业资源环境生态系统与农业社会经济系统耦合而成的一个多元复合系统。这个多元复合体利用各种农业自然资源和农业社会经济资源，在农业技术中介的作用下，能产生农业生态经济功能和效益。从系统论的观点出发，农业生态经济系统的内在本质就是要实行农业生态与农业经济的协调发展。

农业生态经济系统是人类对农业经济发展认识上的一次重要飞跃，它的提出有助于人们摒弃传统的农业经济学理论关于农业资源无价的思想。农业生态经济学理论认为，农业经济系统建立在农业生态环境系统之中，研究农业生态系统与农业经济系统之间的相互作用和反馈关系，关注农村社会的农业经济行为所引起的农业生态系统健康运行与农村居民利益之间的冲突，要将农业经济与农业生态环境作为一个不可分割的总体看待。研究农业生态经济系统的目的就是要解决农业生产中的生态环境与经济协调发展问题，找出现代农业发展过程中的农业生态与农业经济的适合度和协调度问题，探索农业资源约束、农业经济发展与农业生态环境间的关系，认识农业生态经济的矛盾运动及其协调发展规律，提出建立良性循环的农业生态经济协调发展模式，为农业生态经济健康运行与可持续发展提供理论支撑与科学依据。

二、农业生态经济系统的特征

农业生态经济系统与生态经济系统一样，具有普遍性和客观性。然而农业生态经济系统也有自身的特点，认识和了解这些特点对农业生态系统建设具有重要的指导作用。

（一）统一性

农业生态经济系统作为社会再生产系统的重要组成部分，与工业生态系统的不同之处在于，工业生态系统是无机物的再生产，可以脱离动植物的自然再生产过程而独立进行。而农业生产却是在每一环节都依靠农业生态系统内的生态因素转化为有生命的动植物有机体的再生产活动。因此，农业是一个生态与经济相统一的特殊生产部分。农业生态系统的生态因素表现为两重性，它们既是系统成分，具有物流与能流循环转化、适应、变异等生态功能，同时它们本身又都是农业资源，是农业生产基本的物质条件。因此，农业生态系统中的生物、非生物因素及其相互作用中形成的生态功能是农业经济再生产的基础。没有农业自然再生产，也就没有农业经济再生产，农业经济产品的目标是农业生态系统中动植物成长的结果，而且农业经济产量高低的衡量尺度是农业生态系统中能量物质转化效率的高低，农业的自然再生产与农业的经济再生产是一个统一体，这种统一性使农业成为整个国民经济的基础部门。

（二）复杂性

农业生态经济系统组成要素多，大系统中有小系统，小系统中有多成分，生物因素、环境因素及经济因素、技术因素共存于一体并且交互作用，而且每一个成分都具有易变性。不仅生物环境因素在运动变化，而且社会经济技术因素以及它们对农业生态经济系统的干预强度和干预方向更是处在不断变动的状态中。

多变量的交互作用使该系统中的因果关系表现得十分复杂。同一个结果，可由多种原因引起，同一个原因也可引出几种结果，而且原因与结果之间可以相互转化。例如，森林毁灭性既可能是水土流失的原因，也可能是水土流失的后果。不仅如此，众多的因果关系所构成的因果链条可以形成一个封闭性循环圈。例如，人口剧增→食物需求增多→森林减少→水土流失→风蚀沙化→低劣低产→经济贫困→人口剧增。这就是农业生态经济系统中因果之间的恶性循环。

农业生态经济系统中的各种变量相互之间形成制约关系。农业生物与农业环境、经济系统与生态系统之间是互相制约的，农业经济系统和技术系统不断将劳力、资金、农机等输入生物系统，用以补偿其能量、物质消耗。没有这种输入，农业生态系统就不可能成为人类社会经济再生产的物质部门。农业生态系统是一个非常复杂的系统，向社会经济系统输出各种农林牧渔产品，以维持社会经济系统的存在与发展。解决农业问题，必须首先做多角度、全方位的综合分析，全面权衡利弊，慎重决策。

（三）可控性

农业生态经济系统内的物质循环、能量流动以及信息传递等活动，不仅受到生态系统的自然规律作用，而且还受到人类经济科技活动的影响。但是人类的经济技术活动必须恪守自然法则。从这点上看，人类不是一个征服者，而是一个顺从者。同时，人们在一定时空范围内对农业生态系统的支配能力还受到社会制度、经济实力、技术水平和认识能力等各种因素的限制。因而还不可能在任何时候、任何地区都成为自然的征服者。人类不能随意使用生态系统提供的物质能量，既不能在投入不多的情况下要求产出过多，超过生态系统的输入能力；也不能在完全不给予的情况下掠夺性、榨取性地经营生态系统。根据能量守恒定律，农业生态系统的给予、输出能力必须与社会经济系统的补给能力相适应。① 但无论怎么说，人类毕竟是影响、改造、利用生态系统的巨大力量。

在农业生态经济系统中，人类对各种生态、经济、技术要素，按生态经济规律进行"组装"，实行系统调控，对建设符合现代化要求的农业生态经济系统，建立新的农业生态平衡，不断满足社会经济发展对农产品的需要，起着越来越重要的作用。人们对农业生态系统的控制和影响经历了一个由不自觉到自觉的过程，在农业发展史上大致可分为三个阶段：一是适应自然的干预阶段，以刀耕火种、逐水草而牧的原始农业为特征；二是有目的的、大规模的掠夺阶段，以资本主义早期农业为特征；三是人工控制利用阶段，以现代农业为特

---

① 林卿，高继红，于琳．可持续农业经济发展论 ［M］．中国环境科学出版社，2002.

征。① 在现代农业阶段，经历了"石油农业"模式后，经过"绿色革命"，又提出了"生态农业"模式，这表明人类对农业生态经济系统的控制要取得成效，既有利于该系统的发展，又符合人类自身的利益，就必须科学地运用干预、控制自然的各种手段和方式。例如，合理地安排和调整农业生产布局和农村经济结构；按生态平衡原理对环境系统进行建设，改土治水，绿化荒山；控制社会经济系统向农业生态系统输入物质的数量和质量，减少有毒有害物质进入生态系统；用现代科技方法，对农业进行科学管理等。只有在人类有计划的科学控制下，农业生态经济系统才能变得更符合人类的要求和愿望。

（四）开放性

农业生态经济系统是典型的具有耗散结构的开放系统，在能力转化方面，除了自然能量的输入与自然生物能量消耗以外，在农业生态经济系统中还要不断地补给必要的人工能量（化肥、农药、杀虫剂等）以弥补自然能量的不足，从而有效提高能量转化效率。② 在物质循环方面，人类进行农业生产的目的就是要从农业生态系统中获得大量的农产品。为此，必须有相应的物质投入以维持系统的动态平衡。此外，为了满足人类对农产品日益增长的需要，就要有更多的能量、物质、资金、劳动力技术与管理要素投入农业生态系统。

农业生态经济系统的物质和能量的输入和输出状况，是通过人类有目的的经济活动实现的。而且，农业生态经济系统的开放状况，在很大程度上取决于人类经济活动对农业生态经济系统的影响程度。不同的地区人类社会经济活动程度不同，对农业生态经济系统的影响不同，直接关系到农业生态经济系统的开放程度，随着农业生产的不断发展，其对外开放的特征愈加明显，并通过开放从外界获得发展动力，增加系统的应变能力。

（五）多目标性

农业生态经济系统的目标性是由农业的自然特征和农业的社会属性所决定的。其总目标是满足人类不断增长的物质和文化生活需要。具体来说，它所追求的目标有：（1）宏观上要使国家能利用现有资源以最少的投资得到量多、质优、品质多样的农产品及其加工品，以最大限度地满足人类基本需要和工业、外贸需要。（2）微观上要使生产者通过开发现有的农业自然资源，以最少的投资获得最大的产出，得到最大限度的经济效益，从而不断提高人类的物

---

① 龚大鑫. 甘肃省现代农业发展水平研究［D］. 甘肃农业大学学位论文，2009.
② 卞有生，徐汝梅. 留民营生态农业系统的结构与能量流和生态效率的计算［J］. 环境科学，1986（4）.

26

质和文化水平，实现农业和农村经济的发展。（3）生态上要建立高效率的物质循环、能量转化系统，充分合理地利用自然资源；同时，不断改善农业生态环境，创造更高级的生态平衡关系，从而最大限度地提高自然力，保护自然资源，使其最大限度地增值，以达到自然资源的永续利用和农村经济的可持续发展。以上三个目标互相依存、互相影响，但又时而互相矛盾。这反映了自然再生产和经济再生产之间、宏观经济与微观经济之间的既对立又统一的关系。农业生态经济系统必须协调各子系统的关系，提高整个系统的稳定性，使整个系统处于最优化状态，实现经济效益、生态效益和社会效益的有机统一，推动农业和农村经济的可持续发展。

（六）动态平衡性

农业生态经济系统中农业生物是经过人工选育的，具有较高的经济价值，但抗逆性一般较低；同时为了经济的目的，系统中物种的多样性削弱，系统的自我调节能力下降，系统的稳定性靠人们采用的各种农业措施来调节。农业生态经济系统是一个多级别、多层次的复合大系统，具有多种反馈控制机制，有个体水平的、种群水平的、群落水平的以及系统水平的、生物的、经济的、技术的，因而系统常处于复杂的动态平衡中。

三、农业生态经济系统的类型

农业生态经济系统的要素繁多、关系复杂，结合自然环境、地域特性、生物种群、地形地质、行政区划、社会取向、技术措施等之间的联系，可以从不同的角度将农业生态经济系统划分为不同的类别。其类别可大可小，层次可高可低。按照农业生态经济系统的层次性，可将其分为功能相对单一的单元生态经济系统和功能复杂的复合生态经济系统；以区域的自然状况和经济水平，可将几个小流域划分为一个农业生态经济区；除此之外，还可以按照行政、自然区域进行划分，它们构成了我国农业生态经济系统的类型体系。一般情况下，农业生态经济系统根据其主体功能和生态特征将单元生态经济系统划分为农田生态经济系统、森林生态经济系统、草原生态经济系统和水源生态经济系统。

（一）农田生态经济系统

农田生态经济系统，是以农田为基础，以作物群为中心，以农作物经济产量为目标的农业生产系统，是整个农业生态经济系统的主要组成部分。该系统是人类农业生产活动不断发展的结果，是受人类干预最多的农业生态经济系统。农业经济政策、农田耕作技术和农田管理活动是经营调控和调节这一系统的主要手段。在这一系统内，各种农作物与环境中的光、热、水、气、土等非生物因素共同组成一个动态平衡的整体。农田生态系统要保持良好的生态循环，必须使系统经常保持水分、热量、营养等的动态平衡。而要实现这些动态平衡，就必须由一套科学合理的耕作制度和耕作技术来保证，从而使农田生态经济系统的功能得到充分发挥，达到以最少的消耗获得最多的农副产品产出的目的，以满足社会的需要。

（二）森林生态经济系统

森林生态经济系统是森林生态系统和林业经济系统组成的复合系统，是以木本植物为主体的草本植物、动物、微生物等环境因素共同形成的统一体。①森林这一生态系统是植被群落演替的高级阶段，其形态结构和营养结构最为复杂，生物生产力也是最高，它是陆地上最大的生态系统。森林生态经济系统具有多种生态功能，它在保护环境、涵养水源、保持水土、防风固沙、调节气候、保护农田、净化空气、为野生动植物提供栖息环境方面，都具有不可替代的作用。森林生态经济系统中最典型的是人工林，人类的干预直接决定着系统的结构和功能。

（三）草原生态经济系统

草原生态经济系统是以多年草本植物为主的人类牧业经济活动与草原生态系统的有机结合，它在陆地生态系统中占有重要的位置。草原生态系统多形成于降水量较少的半干旱地带。草原生态经济系统是人类利用各种经济的或技术的措施对草原生态系统进行调节和管理，以达到提高草原的功能利用率，从而增加产草量，提高载畜能力。草原生态经济系统为社会提供大量的优质肉、奶、皮、毛等各种畜产品。因此，加强草原生态经济系统改造和建设，对于畜牧业的发展，繁荣牧区经济具有重要的意义。

（四）水源生态经济系统

人类生存的地球，水域占其总面积的 70% 以上，其中相当部分已受到人类的干预，如捕捞、养殖等，使其变为一类特殊的生态经济系统，但我们研究的是作为农业生态经济系统一个组成部分的水域生态经济系统，主要是大陆水域已为人类开发利用的部分。中国的大陆水源，江河、溪流、湖泊等生态系统，不仅通过水生生物把太阳能转化为生物能，形成水生生物生态系统，而且是人类和陆地生态系统的淡水补给源，对人类生态环境有重要作用。大陆水域生态系统，按水的运动状况可分为流水生态系统和净水生态系统；按水质状况

① 雷伟. 论思茅林区开发与森林生态经济系统的协调发展 [J]. 生态经济, 1988（S1）.

可分为碱水生态系统和淡水生态系统。由于水域是人类所需动物蛋白的主要来源，人类对水域生态系统的干预也将逐渐强化，研究水域生态经济系统的意义也会越来越大。

第二节　农业生态经济系统的结构与功能

一、农业生态经济系统的组成

农业生态经济系统主要是指由参与农业生产和再生产的各种农业生态因素、农业经济因素在农业技术因素的中介作用下组成的庞大要素集合体。

（一）农业生态系统

农业生态系统是农业经济系统赖以生存和发展的基础，是农业生态经济系统的基础结构。它包括两大部分和四项基本成分，两大部分是生命系统和环境系统。前者包括植物、动物和微生物；后者包括气候（光、热、水、气等）和地理因素。四项基本成分是生产者、消费者、分解者和环境要素。

农业生态系统是农业经济系统的基础。按照地域环境划分，农业生态系统又包括草原生态系统、森林生态系统、水域生态系统等。具体来说，草原生态系统是形成草原畜牧业经济系统的基础，森林生态系统是形成林业经济系统的基础，水源生态系统是形成渔业经济系统的基础，而生态系统食物链营养结构关系，是形成种植业、畜牧业、渔业、林业相结合的大农业结构的自然基础。因此，没有农业生态系统作为基础，农业经济系统就没有产生的可能。而农业经济结构，特别是农业生态经济结构是由农业生态系统的结构所决定的。因此，农业生态系统是第一位的，而农业经济系统是第二位的，农业生态系统是农业生态经济系统的基础。

（二）农业技术系统

农业技术系统是将农业生态系统和农业经济系统耦合为统一体的中介环节，因而是农业生态经济系统的中介系统。广义的农业技术不仅是指在农业生产经验和科学原理之上发展起来的工艺和技能，还包括工艺设备和管理方法。因此，技术系统也由多种成分组成，大致可分为物理技术、化学技术、生物技术、管理技术等。可以说，没有技术作为中介，农业生态系统和农业经济系统不可能在耦合中有效地运动。科学技术系统具有相对独立性，但其不是绝对独立存在的。科学技术只有通过人类的生产活动才能对生态效益和经济效益产生影响，并使系统的能量流、物质流、价值流和信息流按照一定的规律进行有序、平衡循环运动，从而促使农业生态系统与农业经济系统形成稳定的关系，表现为：在结构上相互交织又相互牵制；在效益上相互矛盾又相互统一；在功能上相互促进又相互制约。这种稳定的关系为人类合理调节经济活动与自然生态之间的物质和能量交换及提高交换的效率提供了条件。在整个农业生态经济系统中，生态子系统中的自然物质和自然能量是通过技术手段转化为农产品，在赋予社会交换价值后被输入经济子系统中，这些经济产品在经济子系统内通过生产、分配、交换、消费等环节，再转化为经济能量和经济物质。这些经济能量和经济物质，又通过技术手段转换成物理能量、化学能量和化学物质，再被输入生态系统，以供生物再次利用。这些物理能量、化学能量和化学物质又被转化成生物产品，如此反复，新的生物产品又通过人类的技术手段转变为经济产品输入经济系统，从而使自然再生产与经济再生产持续地周期循环下去。

（三）农业经济系统

在错综复杂的农业生态经济系统内部，以人类为核心的农业经济活动所构成的经济系统处于主导地位。农业经济系统是由人工主导作用调控而成为具有一定目的的社会经济活动系统，因而是农业生态经济系统的主体系统。它主要包括人口、劳动力、各种经济成分、生产、分配、交换和消费的各个环节以及农业经济政策与技术政策等。居于主导地位的经济系统，不仅可以能动地改造与利用自然，而且还可以保护与改善农业生态系统的平衡。[①] 它可以不断巩固和加强农业生态系统的基础作用，以适应农业经济日益发展的需要。人们进行农业经济活动的根本目标是为了满足自身物质和文化生活的需要。人与其他动物的根本区别就在于人类不只是适应自然，而是能够能动地利用自然资源，改造农业生态环境，使之与农业经济发展更加协调。发展农业生产就是在自觉遵守自然规律的前提下改造自然，从而持续获得更多的农产品。从农业发展过程来看，由生产力极低的原始农业到生产力高度发达的现代农业，说明了经济社会对生态系统的主导作用越来越大。然而，这也要求承担经济系统主导作用的生态系统的基础必须越来越稳固，具有越来越强的耐受力。

---

① 马雁飞. 基于能值理论的绿洲农业生态经济系统可持续性分析 [D]. 新疆农业大学学位论文, 2009.

二、农业生态经济系统的结构

(一) 空间结构

农业生态经济系统的空间结构是指该系统中各组成部分、各个要素成分通过分布、组合等方式所构成的立体状态。农业生态经济系统的空间结构具有层次性。农业生态系统中垂直结构和水平结构是最基本的空间结构。

(二) 时间结构

要素在时间序列分配中具有明显的规律性,因而也就使得农业生态经济系统的农业生产活动和农业经济活动安排具有明显的时间性。农业生态经济系统必须按照时间结构安排农业生产活动,实现生产周期和生产过程的科学化。

(三) 生态结构

构成农业生态系统的生物在系统中所处地位和功能不一致,使得农业生态系统的生产能力和对农业生态系统的资源利用出现不同的配置结构,这样就完全可以利用农业生态学的基本规律,构建农业生态系统结构,并结合农业经济系统的基本运行规律形成特殊的农业生态经济系统结构,实现农业生态系统的产出最大化和农业经济系统的效益最大化。

(四) 产业结构

为了最大化利用农业生态系统的物质产出和能量积累,需要从农业经济系统出发,构建合理的农业产业体系,并依据产业发展规律配置农业资源,安排产业比例,把农业生态系统的物质生产和农业经济系统的经济活动有机结合,形成合理的农业生态经济系统的产业机构,实现系统的综合生产能力和综合效益的全面提高。

三、农业生态经济系统的功能

(一) 物质循环功能

农业生态经济系统的物质循环功能,是通过自然物流和经济物流相互转化实现的。自然物流是在自然生态系统中通过生产者—消费者—分解者—生产者的序列不断循环进行的。农业经济物流是在社会经济活动中通过生产—分配—交换—消费—生产的序列不断地循环。

自然物流和经济物流不是孤立存在的。自然物流是经济物流的前提和基础,离开了生态系统的自然物流,就没有农业经济系统经济物流的产生。参与经济循环的物质,都是直接或间接来源于自然生态系统。

人类从事物质资料生产获得的农业经济产品,同时又是自然生态系统的产品，但这种产品是在人类生产活动干预下产生的。参与转化产品的物质，既有来自自然环境的，也有来自人为输入的，并通过各种技术手段转化为经济产品。在农业生态经济系统中，自然物流和经济物流二者构成了系统中物质循环的两阶段。[①] 自然物流向经济系统流动变成了经济物流，同时经济物流也向生态系统流动转化为自然物流。可见，在农业生态经济系统中，自然生态系统产品的生产和农业经济系统产品的生产，以及二者之间的循环转化过程是不可分割的。

（二）能量转化功能

农业生态经济系统中的任何物质运动都伴随着有机物中的能量流动，成为地球上所有生物生命活动所需要的食物能源。有机物中的化学潜能沿着食物链各营养级传递和再次传递，在这个过程中，只有小部分的化学潜能转化为生物物质，而化学潜能大部分转变为热能消散于环境之中。因此，能量的有效转化效率是不高的。林德曼的 1/10 定律说明，当一个营养级的生物潜能传递给下一个营养级时，1/10 用于有效转化，9/10 用于呼吸、排泄和食物的选择。

在农业生态经济系统中，在人工主导作用下，除自然能的利用外，还有人工辅助能的投入。人工辅助能的投入，有利于合理地利用由食物选择所浪费掉的生物潜能和由排泄而未被消费的生物潜能，从而提高系统的物质生产力，增强系统能量的转换功能。但过多人工辅助能（主要是工业辅助能）的投入，往往导致环境的污染。

上述农业生态经济系统的功能只有通过系统中的物质流、能量流、信息流和价值流才能得以实现。系统中的这些"流"将农业生态经济系统的功能以输出和输入的流动方式发挥出来。

农业生态经济系统的物质流，是指农作物生长中不可缺少的物质养分氮、磷、钾等，是从土壤—农业植物—农业动物再回到土壤。在这里，实际存在着类似于仓库的储存体，如土壤库、植物库等。因而这种通过一系列的顺序转移，即物质从一个"库"向另一个"库"的转移，构成了养分循环的一种简单方式。但是，在多数情况下，养分的循环转移要比这复杂得多。

农业生态经济系统的能量流，是指农业生态系统的能量来源，主要为太阳辐射能和辅助能两大类。太阳每年向外辐射的能量为 10.1×10^{34} J，其中只有 $1/22 \times 10^8$ 到达地球，相当于每平方米有 1kW。到达农业生态系统中的太阳能，因地理位置、地形和气候条件而异。农业生产主要是通过农业生态系统中绿色

---

① 张淑焕. 中国农业生态经济与可持续发展［M］. 社会科学文献出版社，2000.

植物的光合作用来利用太阳辐射能，即农业植物的茎叶吸收大气中的二氧化碳，根系摄取土壤中的矿物养分和水分，在 El 光照射下把无机物转化成淀粉、蛋白质、脂肪、维生素、纤维等有机物，同时把太阳能转化为化学贮藏能。农业动物取食农业植物后，在体内经过一系列的生理生化过程，转化为肉、蛋、乳、皮、毛等动物产品。可见，农业生产的本质是能量转化，即通过生物将太阳能转变成人类可以利用的生物能。

农业生态经济系统既有能量的流动和物质的循环，也就有信息的输入、输出和传递。当今，在许多的系统分析中，都把研究信息在系统中的运动放在首位；研究农业生态经济系统也是如此。

（三）信息传递功能

信息传递是物质运动的一种表现形式，它与能量流动一样都包含于物质运动之中。因此，生态系统中绝不可能缺少信息传递，它与系统中的能量流动和物质循环组成了三者缺一不可的整体，从而保证了系统的结构和功能的统一。信息的类型，从生物学角度来分，主要有营养信息、物理信息、化学信息和行为信息等。

在生物界的营养交换中，信息由一个种群传到另一个种群，这就是营养信息传递，每一食物链（或网）就是一个营养信息系统。所谓化学信息，是指在某些特定条件下生物体分泌出某种特殊的化学物质，借以传递某种信息。例如，蚂蚁在爬行时留下化学痕迹，以便别的蚂蚁尾随跟踪；猎犬排尿标记自己的行踪方向等，这些都属于化学信息传递。鸟类用啼鸣来表达自己的情意；季节光照的长短变化引起动物换毛、求偶、冬眠、贮粮和迁徙；昼夜有节律的更替影响植物开花、结实、落叶和块根等营养器官的形成等则属于物理信息传递。鸟类发情期的"舞蹈"动作和蜜蜂进出蜂巢前的飞行图案则可以认为是行为信息。

农业生态经济系统的物质和能量作为信息的载体而起作用。信息流以物质流、能量流作为载体，但是它不像物质流那样是循环的，也不像能量流那样是单向的，而是双向的，有从输入到输出的信息传递[1]，也有从输出向输入的信息反馈。按照控制论的观点，正是这类"信息流"，才使农业生态经济系统产生了有一定范围的自动调节机制。例如，生存在一个有限环境、有限资源中的单种群系统，它的增长是遵循逻辑模型的。起先，种群大致是遵循指数率增长的。由于环境等因素的制约，这样的过程不可能无限制地继续下去。种群瞬时

---

① 王正周. 生态系统的信息传递及其利用 [J]. 生物学通报，1991（6）.

的数量，会以信息反馈的形式进入系统，控制其增长率。当种群的密度达到一定水平时，就会使种群的数量稳定在某一水平上。信息反馈使生物种群具有适应环境并在一定幅度内变化的能力。

信息流贯穿于生态过程的各个环节，在系统的经济活动中还存在大量的农产品价格信息、产品供求信息等市场信息，以及农业金融信息、农业劳动力信息、农业科技人才信息等。这些信息的传递对系统各子系统、各层次之间的联系起着非常重要的作用。另外，气候、水文、环境信息，也是系统信息的重要组成部分。信息流将系统的各个组成部分黏合在一起，使其成为一个有机整体；信息流客观地体现了系统的目的以及实现该目的的运动。

第三节　农业生态经济系统的价值与影响因素

一、农业生态经济系统的价值构成

价值是反映主客体关系的范畴，表征的是客体之于主体的重要性，即客体满足主体需要的能力。从不同的角度审视，农业生态经济系统的价值构成可以划分为多种类型：

农业生态经济系统的三个子系统之于人类的价值，包括经济价值、生态价值和社会价值，农业经济价值只是其价值的经济方面。对于人类来说，自然早已不是纯粹的自然。高度发达的科学技术和生产力水平扩展了人类社会的生产活动领域，作为人类涉足最早的农业生态系统更不排除人类劳动的痕迹。在农业生产中，往往比较重视能够以产量和价格表示的直接经济利益和经济效益，而忽视了生态效益和社会效益，从而造成生态效益和经济效益的矛盾性和对立性。例如，过度砍伐森林导致水土流失严重；自然资源的过度利用导致资源衰退；对化肥、农药的不合理利用导致资源的浪费和严重的环境污染；对水资源的破坏性使用导致干旱、半干旱地区的土壤盐碱化、沙漠化等。

虽然目前人类活动对环境的破坏、对生态系统压力的幅度和后果存在许多不确定性，但是在很多情况下常常超过关键阈值，并影响当代和后代的福利。在市场经济主导下的经济和社会生活中，人类在对生态系统的开发利用中往往只重视生态系统服务的直接利用价值，而忽略其生态效益及其内在价值，因而在决策中常常不考虑经济活动中生态系统和生态服务的权重，缺少对生态系统的应有保护和投入。人类对生态系统的服务功能及其巨大效益不了解或不重视，使人类在对自然资源的开发利用过程中存在短期行为，导致了对生态环境的破坏，最终对生态系统的服务功能造成损害，使生态系统向人类提供的福利减少，直接威胁到人类可持续发展的生态基础。[1]

根据农产品的社会属性，可将价值流分为生理需求产品的价值流和社会需求产品的价值流。农产品最终是要满足人类需要的，而人类的需要主要表现在生理需要和社会需要两个方面。如果该农产品主要用于满足人类的衣食住行等需要，那么这类农产品属于生理需求产品，无论是在经济条件较好的地区，还是在经济相对落后的地区，其价值流向和价值流量都是相对稳定的。但如果该农产品主要用于满足人类的社会活动需要，则这类农产品属于社会需求产品，其价值流向和价值流量的波动性很强。一般而言，在经营风险较大的情况下，生理需求农产品的生产将成为经济落后地区生产者的首要选择。

根据农产品的经济属性可将价值流分为交易性农产品的价值流、中性农产品的价值流和非交易性农产品的价值流。所谓交易性农产品是指生产者所生产的用来满足市场交易需求的农产品，这类农产品的价值流向和价值流量左右市场需求规律。而中性农产品是指既可用来满足市场交易需求又可以用来满足生产者自身需求的农产品，当市场看好时，这类产品的价值流向和价值流量向市场倾斜；相反则集中在生产者手中。非交易性农产品则是那些生产者通过生产该产品以满足自身需求的产品，这类产品不进入市场体系进行交易，其价值流量的核算虽以市场价值规律为依据，但其价值流量和价值流向是很稳定的。

可见，价值流向和价值流量直接影响着农业生态系统内的自然再生产过程，不同类型价值流的基本特征对指导自然再生产过程具有重要的实践意义。

二、农业生态经济系统的价值评价

绝大多数的环境物品、服务和舒适性产品不能在市场上交易，因而被低估价值或被认为没有价值，采用常规方法估计自然资本和环境物品的经济价值就存在困难。[2]

环境服务和自然资源的边际价格不能真正反映资源的稀缺性、要素的互补性、结构和功能的必要性及信息价值和社会偏好，而这些都是生态经济研究的核心问题。对整个生态系统的复杂性认识比较浅，系统结构的复杂性削弱了价值作为资源稀缺性指标的作用。尽管存在这些问题，但货币化估价还是存在很

---

① 尚杰. 农业生态经济学（第二版）[M]. 中国农业出版社，2000.

② 王晶. 生态补偿问题的研究 [D]. 天津大学学位论文，2006.

多可取之处。对资源和环境问题采用费用与效益的概念进行评估，确实可以加强对环境的保护，使之与发展处于同等地位，能从整体上提高公众的决策意识。对环境资源的功能定价尽管存在很大的困难，但这本身不是衡量的概念问题。事实上，人们每天都在用货币衡量自己的偏好。对不存在的市场交换的环境资产，承认其高价值，承认自然资本的功能和利益的不确定性和退化后的不可逆性，事先就应对环境资产进行保护。从当前研究看，农业生态经济系统的价值评价技术主要有三大类，如表 1.1 所示。

表 1.1　　　　农业生态经济系统的价值评估研究方法及其特点

方法类型	具体方法	适用范围及优缺点
常规市场评估技术	市场价值法	利用生态服务变化引起的生产率的变动来评估生态系统服务变化的经济价值。适用于有实际市场价格的生态系统服务的价值评估。缺点是只考察直接使用价值而不能考察缺乏市场价格的生态系统服务
	机会成本法	以保护某种生态系统服务的最大机会成本来估算该种生态系统服务的价值。该方法使用潜在的支出确定生态环境资源变化的价值，比较适用于对具有唯一性特征或不可逆特征的自然资源开发项目的评估
	防护费用法	减少所准备支出的费用作为环境破坏、生态系统服务减少的最小成本，来评估环境质量或该生态服务的经济价值。缺点是只能评估利用价值而不能评估非利用价值
	影子工程法	以人工建造一个替代生态工程的投资成本来估算生态系统的经济价值。缺点是影子工程的成本难以全面地估算生态系统的多方面的功能效益
	替代成本法	根据现有的可用替代品的成本评价生态系统的经济价值。该方法的有效性取决于三个主要条件：替代品能提供原物品的相同功能；替代品是最低成本的；对替代品的人均需求与原物品相同。缺点是生态经济系统的许多功能是无法用技术手段代替和难以准确计量的

续表

方法类型	具体方法	适用范围及优缺点
替代市场评估技术	享乐成本法	利用物品的多种特性估计环境质量因素对房地产等资产的价值、工作环境舒适性价值的潜在影响。缺点是要求很高的经济统计技巧，需要大量的精确数据，不能估算非利用价值等
	旅行成本法	用于评价生态系统的游憩休闲价值，以人们的旅行费用作为替代物来衡量旅游景点或其他娱乐物品的价值。旅行成本法计算出的结果只是生态风景资源的游憩利用价值的一部分
假象市场评估技术	条件价值法	适用于那些没有实际市场、替代市场交易和市场价格的生态系统服务的价值评估。缺点是评估的依据是人们的主要观点而非市场行为，所得结果受许多因素的影响而难免偏离实际价值，另外，需要大样本的数据调查，费时费力
	选择实验法	主要用于确定"复合物品"的某种特征的质量变化对"复合物品"的价值的影响

三、农业生态经济系统的影响因素

（一）自然因素

在农业生态经济系统中，自然因素主要影响农业生态系统的自然再生产过程的能流和物流。优势地区有助于获得最大化的能量和物质存量，进而稳定农业经济系统的价值流特征。利用优势地区发展基本生活需求农产品，往往是一个国家（或地区）稳定社会秩序的首要选择。自然因素障碍地区（如干旱地区、高温地区等）虽然不能实现能量和物质的最大存储，但可借助市场需求规律形成特色农业生态经济系统，对满足人类的社会需求具有重要的实践意义。当然，在交通不便、信息闭塞的农区或牧区（地理位置劣势地区），由于市场体系的缺陷，农业生产的唯一目的是满足自身需求，生产过程形成的能流（价值）存量或许很高，但因价值流向单一，价值流量小，该区的农业生产模式绝非最佳，这也是该类地区农业生产者不愿改变现有生产模式的根本原因之一。

（二）社会文化因素

社会文化因素中文化教育程度、技术发展水平、风俗习惯、社团组织形式等对农业生态经济系统的价值流具有重要作用。一般地，一个地区农业生产者的文化程度越高，接受和应用新技术能力越强，对农业生态系统能流和物流的形成越具有积极的作用。与此同时，有助于及时科学地调整农业经济系统价值流的流量和流向，使农业生态系统的能流和物流在农业经济系统中得到充分体现。技术发展水平直接作用于系统的自然再生产过程，可以提高生产效益，并采取有效的管理技术手段，提高价值存量的利用程度。风俗习惯在一定程度上左右着一个地区的农业生产体系和消费模式，进而支配这一地区的能流、物流和价值流的基本特征，技术、政策、信仰是影响风俗习惯的重要因子。所以，在尊重信仰的基础上，建立政策体系，应用科技手段改进和优化农业生产体系和消费模式，是形成良好的农业生态经济系统的重要途径。当然，一个地区的社团组织形式也有重要的作用，社团组织可以帮助和指导农业生产者正确应用技术，提高农业生产效益，使系统的能流、物流和价值流得到优化配置。

（三）经济因素

经济政策、市场体系、涉农企业分布等经济因素对价值流具有导向作用，从而间接地影响农业生态经济系统的生态流特征。特别是市场体系及涉农企业分布，对农业生态系统的自然再生产过程更具直接作用。在市场经济体制下，市场体系越完善，价值流的流向就越广泛，流量就越集中，依据价值流的基本特征确定农业生态系统的自然再生产过程就越具有科学性、合理性和指导性。涉农企业分布引导着一个地区的农业生产体系，市场越不完善的地区，其引导作用越为鲜明。例如，某一个地区存在乳品加工厂，那么该地区以养殖业为核心的次级生产成为主流，围绕养殖业的种植业系统则会以饲料饲草的生产为主，这主要是由于此系统内的价值流向明确，流量集中。即使该区的自然条件更适合粮食作物或果蔬的生产，但农业生产者也会因农产品的价值流常常会被阻隔，因而在没有特殊经济政策约束下，其倾向于前者的选择无可厚非。当然，在宏观经济政策调整下，农业生产者会暂时放弃某一经济利益促使下的选择，但不会做出彻底的改变，除非经济补偿大于价值流的流量差。

小　　结

1. 农业生态系统、农业经济系统和农业科技系统相互交织构成了农业生态经济系统。农业生态经济系统是一个多元复合系统，兼具农业生态、农业经济和农业科技的多重属性。从系统论的观点出发，农业生态经济系统机制的内在本质关系和特点就是要实行生态与经济的协调发展。农业生态经济系统具有统一性、复杂性、可控性、开放性、多目标性和动态平衡性的特征。

2. 农业生态经济系统的结构有空间结构、时间结构、生态结构和产业结构。农业生态经济系统的功能包括物质循环功能、能量转化功能和信息传递功能。物质循环功能，是通过自然物流和经济物流相互转化实现的。农业生态经济系统中的任何物质运动都伴随着有机物中的能量流动，成为地球上所有生物生命活动所需要的食物能源。信息传递是物质运动的一种表现形式，它与能量流动一样都包含于物质运动之中。因此，生态系统中绝不可能缺少信息传递，它与系统中的能量流动和物质循环组成了三者缺一不可的整体，从而保证了系统的结构和功能的统一。

3. 农业生态经济系统的价值构成和评价方法。农业生态经济系统的价值其实是农业生态系统之于人类的价值，包括经济价值、生态价值和社会价值。农业生态经济系统的价值评估主要有常规市场评估方法、替代市场评估方法和假象市场评估方法。

4. 农业生态经济系统的价值影响因素。农业生态经济系统的价值影响因素主要有自然因素、社会文化因素和经济因素。在农业生态经济系统中，自然因素主要影响农业生态系统的自然再生产过程的能流和物流特征。在社会文化因素中，文化教育程度、技术发展水平、风俗习惯、社团组织形式等对农业生态经济系统的价值流具有重要作用。经济政策、市场体系、涉农企业分布等经济因素对价值流具有导向作用，从而间接地影响农业生态经济系统的生态流特征。

关　键　词

农业生态经济系统　农业生态系统　农业经济系统　农业科技系统　物质循环功能　能量转化功能　农业生态经济系统的价值　常规市场评估方法　替代市场评估技术　假想市场评估技术

复习思考题

1. 农业生态经济系统的内涵是什么？
2. 农业生态经济系统的结构和功能分别是什么？

3. 农业生态经济系统的评价方法有哪些？
4. 农业生态经济系统的价值影响因素有哪些？

参 考 文 献

［1］程叶青. 农业资源可持续利用综合评价模型［J］. 辽宁农业科学，2004（2）.

［2］王汉芳，海江波，季书琴，等. 农业生态经济系统的价值流及价值链研究［J］. 西北农业学报，2015（14）.

［3］刘明智. 吉林省资源利用与环境保护中的价值补偿问题研究［D］. 东北师范大学学位论文，2005.

［4］王继军，郭满才，姜志德，等. 农业生态经济系统耦合过程模型的建立及应用［J］. 生态学报，2010（9）：2371-2378.

［5］范小杉，高吉喜. 中国农业生态经济系统能值利用现状及其演变态势［J］. 干旱区资源与环境，2010（7）.

［6］杨卓翔，高阳，赵志强，李双成. 基于能值分析的深圳市三个小型农业生态经济系统研究［J］. 生态学报，2012（11）.

［7］张希彪. 甘肃农业生态经济系统的能值研究［D］. 西北农林科技大学学位论文，2005.

［8］陈珏. 农业可持续发展与生态经济系统构建研究［D］. 新疆大学学位论文，2008.

［9］杨松. 基于能值理论的中国农业生态经济系统演化与区划研究［D］. 西南大学学位论文，2009.

［10］任春燕. 基于层次分析法的纸坊沟流域农业生态经济系统效益评价［J］. 水土保持研究，2011（4）.

［11］李元，祖艳群，胡先奇，邱世刚. 生态村农业生态经济系统综合评价指标体系的研究［J］. 生态经济，1994（2）：30-34.

第二章　农业生态经济规律

【学习目标】农业生态经济规律，是农业生态经济协调发展的基本准则和客观要求。通过本章的学习，达到以下学习目标：

（1）了解农业生态经济系统的内在规律，理解农业生态经济规律的客观性质和整体特征。

（2）了解农业生态需求的内涵与特征，掌握农业生态需求递增规律的内涵，理解农业生态需求递增与农业生态价值增值的关系。

（3）了解农业生态产业化的内涵与特征，理解农业生态产业化发展规律的理论内涵，掌握农业生态产业链建设的基本原则。

（4）理解现代农业的生态经济科学发展的实质，掌握农业生态基础优先发展规律和农业生态经济协调发展规律。

第一节　农业生态经济规律的性质与特征

规律是指事物运动过程中固有的、本质的、必然的、稳定的联系。马克思主义认为，理论的概念要由大规模积累的实践经验来论证。我国农业发展的实践探索，使人们越来越认识到，发展现代农业，不仅要遵循农业经济规律，而且要遵循农业生态规律。从这个意义上说，认识农业生态经济规律，是农业生态经济学研究的重要任务。

一、农业生态经济系统的内在规律

（一）农业是完整的生态经济系统

农业生产是有生命物质的有机生产过程，其不仅参与整个生物圈中生物地球化学循环（即生物地化大循环），而且最根本的是其直接参与生态系统的生态循环过程，从而直接参与形成生态系统的营养物质循环（即生物小循环）。而农业以外的生产部门，主要是物质变换的无机过程，虽然参与整个生物圈中生物地化大循环，却基本上不直接参与或较少参与生态系统的营养物质小循环，因而均是不完整的生态系统。

正因为农业是完整的生态经济系统，所以，农业生产与再生产是最完全的生态经济再生产，或者说它是自然环境、农业生物和人类劳动相互结合、相互作用而构成的两个相互交织的再生产过程。一方面，农业生产是农业生态经济系统的自然再生产或生态再生产，是农业生物与自然环境之间能量转化和物质转换的生产过程，为人类生存及社会生产提供生态产品；另一方面，农业生产是农业生态经济系统的经济再生产，是通过人类劳动，运用技术、经济等手段对生物有机体的生命运动加以人工干预，进而生产出符合人类生产生活和经济社会发展所需要的有机物产品，即通常所说的农产品①。

因此，农业是由农业生态系统和农业经济系统相互交织而成的复合系统。作为一种典型的生态经济系统，农业发展具有其本身固有的规律，即农业生态经济规律。任何种类的农业生产，都受农业生态经济规律的支配和作用，揭示和认识农业生态经济系统的内在规律，对于高效能地发展农业生产，实现生态和经济的良性循环，具有重大的实践意义和理论意义。

（二）农业生态经济规律是农业生态经济系统的内在规律

农业生态经济规律，是农业生态经济现象之间的必然联系。虽然农业生态经济规律不是农业生态规律和农业经济规律的简单相加，但它与农业生态规律和农业经济规律有着密切的联系。

首先，农业生态规律是农业生态系统各因子运动过程中固有的、本质的、必然的联系，是指导农业生态发展的重要准则。农作物种群的关系是非常复杂的，简单说来就是相生相克，既相互依存、互为条件，又相互制约、互相牵制，从而维持农业生态系统的平衡。农业生产的实质，就是将太阳能与自然物质，通过生物转变为人类所能利用的生物化学能和有机物质。转化率的高低、转化物质的质量如何，都标志着农业生态系统的功能大小与结构水平。

其次，农业经济规律提倡运用现代科技成果发展现代农业，以解决我国人多地少、资源相对短缺和农产品供应不足的矛盾。长期以来，人们研究农业经济理论，严重忽视生态规律和经济规律的统一性，把两者截然分开甚至对立起来。其实一切经济规律从其物质根源来说，最终都归结到自然规律，最基本的是生态规律。可以说农业经济规律是以农业生态规律为前提的。

最后，农业生态经济规律既不是一般的农业生态规律，也不是一般的农业经济规律，而是一种固有的、独立存在于农业生态经济系统的内在规律。在农

---

① 刘思华．世界农业改革与发展比较研究［M］．湖北人民出版社，1999：20.

业生态经济系统运行与发展过程中，农业生态规律是农业经济规律充分发挥作用的前提与基础。因此，农业生态系统的生态规律和农业经济系统的经济规律同时存在于以人类经济活动为中心的农业生态经济系统之中，两者之间并不是孤立地发挥作用，而是互相联结、互相依存、互相制约、互相作用，并以其固有特性和规律发挥着对人们的经济社会活动的制约和支配的作用，推动着农业生态经济系统的变化、运动、发展。

总之，农业的生态系统和经济系统的变化和发展，并不只是单独的农业生态规律或农业经济规律作用的结果，而是农业经济规律在农业生态规律的基础上发挥作用，农业生态规律则受农业经济规律的反馈调节，两者互相作用，既统一又矛盾，由此推动着农业生态经济系统自身的变化和发展，从而形成新的、独立存在于农业生态经济系统中的农业生态经济规律。

二、农业生态经济规律的客观性质

马克思主义哲学认为，人既不能消灭也不能创造规律，只能如实地反映和尊重客观规律，按照客观规律办事。农业生态经济规律是农业与整个国民生态经济系统的生态经济关系变化、发展的客观规律，即农业生态经济发展运动过程的规律性或普遍性，体现着人类社会经济活动和农业生态经济之间的本质关系及其运动发展的必然趋势和客观必然性。

第一，农业生态经济规律的存在和发生作用不以人的意志为转移。农业生态经济规律是农业生态经济系统本身所固有的，它在人的意识之外独立存在着，不管人们是否喜欢它、承认它，它都客观地存在并起着作用。在农业生态经济系统发展过程中，农业生态现象和农业经济现象通过物质循环、能量转换相互作用而辩证地统一在一起，组合为同一级层次的农业生态经济现象，农业生态经济规律正是农业生态系统和农业经济系统矛盾统一性的表现。因此，农业生态经济活动是独立存在于农业生态经济系统中的一个客观的实体，有其自身发展、变化的客观规律。

第二，农业生态经济规律既不能被人所创造，也不能被人所消灭。农业生产和农业环境之间的基本关系是生态关系，即人类为了满足自身生存和发展的需要，与自然界进行物质和能量的转换的关系。农业生态经济关系是在农业生态系统和农业经济系统之间矛盾运动中发展和变化的，因而，农业生态经济关系必然有其自身发展、变化的规律。任何科学规律都是一定物质运动、变化发展规律性的反映，农业生态经济规律也不例外，因而，农业生态经济关系是在一定的农业生态经济条件下形成的，农业生态经济规律只能随着农业生态经济系统本身的性质、内容和所依赖的客观条件的变化而变化，因此具有客观性质。

第三，农业生态经济规律的客观性还表现为它的不可抗拒性。当人们没有违背它的时候，似乎感觉不到它的存在。而人们的行为一旦违背了它的要求，就会受到农业生态经济规律的惩罚。从农业发展史来说，工业革命在推进工业文明的过程中，极大地破坏了农业的生态经济有机统一体，违背了农业生态经济规律，因此受到了大自然的无情惩罚，迫使人们进行认真反思，当今世界农业发展正在由"石油农业"向包括生态农业、绿色农业在内的持续农业转变，恰好说明了农业生态经济规律具有不可抗拒性。需要指出的是，辩证唯物主义在坚持物质决定意识、意识依赖于物质的同时，又承认意识对物质有能动作用。当然，在农业发展过程中，发挥人的主观能动性必须承认农业生态经济规律的客观性，这是保证农业可持续发展的前提和基础。

三、农业生态经济规律的整体特征

农业生态经济规律是一个整体规律，是指农业生态经济系统中各个组成部分，是作为一个有机联系的统一体而存在的。农业生态经济系统中各个子系统的规律，可归于农业生态经济发展的局部规律，是农业生态经济整体规律的具体形式。或者说，农业生态经济规律是一个规律体系，具体包括农业生态需求递增规律、农业生态产业化发展规律和农业生态经济科学发展规律。

农业生态需求递增规律，是指随着消费者收入水平的上升，消费者的农业生态需求呈现递增的趋势，这种递增的趋势表现为生态农产品的需求曲线以较快的速度向右上方移动。农业生态需求是消费者对农业生态环境质量需求和生态农产品需求的总称，由于农业生态需求呈现出递增趋势，必然导致农业生态价值不断提高。当居民的收入较低时，其消费偏好为解决温饱，当居民的收入上升到一定程度后，其在食物消费过程中开始关注食品安全问题，这个时候普通农产品由正常商品变成了劣等商品，生态农产品开始大量替代普通农产品。但是，这个过程有一个渐进的发展阶段，而且其发展的历程长短取决于居民收入的增长速度和居民对食品安全意识的认知程度。

农业生态产业化发展规律，是指农业生产向农业生态产业发展的必然趋势和要求。现代农业发展的关键问题是转变农业生产方式、调整农业产业结构，在确保农产品质量安全、数量安全的前提下，促进农业资源安全和农业环境安全。在生态文明时代，生态生产力水平客观上制约着经济生产力水平，农业生态环境承载力与农业生态资源贡献率直接影响着农业生产率的提高。在农业生态产业化发展过程中，农业生态产业链建设具有至关重要的作用，其中，农业生态产业链建设的基本原则有规模经营、产业化发展，资源共享、一体化经营，市场导向、农业商品化经营，龙头领航、企业化管理，以人为本、生态化经营原则。

现代农业的生态经济科学发展实质，表现为农业生态基础优先发展规律和农业生态经济协调发展规律。农业生态基础优先是指在农业生态经济发展过程中，应当保证农业生态基础的优先地位，尤其是在农业生态基础与农业经济基础出现矛盾时，应当优先考虑各项活动对农业生态基础的长期影响。也可以说是农业活动的生态合理性优先于经济与技术的合理性，其核心是建立生态优先型农业生态经济，追求包括生态、经济、社会三大效益在内的农业效益最大化。农业生产的发展必须以生态经济协调为先决条件，遵循农业生态经济协调发展规律。在农业生态环境是农业基础的条件下，农业经济系统的经济性农产品不断增长，必须同农业生态系统的生态性农产品稳定增加相互适应与协调发展。这也可视作对农业生态经济协调发展规律的充分表达，既是现代农业生产力发展的新趋势，也是发挥农业生态经济基础作用的根本标志。

第二节　农业生态需求递增规律

一、农业生态需求的内涵与特征

（一）农业生态需求的内涵

在现代经济社会条件下，人的全面发展所必需的需求是多要素统一的综合体系，其中最基本的有三个方面：一是物质需求，二是精神需求，三是生态需求。要使人的本性得到完全的实现，就必须使三种需求同时得到满足并且维持相对平衡，任何失衡都会扭曲人的本性而使人得不到真正的幸福。现代人的全面需求以生态需求为显著特征，生态需求已成为现代经济社会中人的基本需求。

在本质上，生态需求是一种社会需求，并不纯粹是自然需求，是对现代人创造的物质、精神文明和生态和谐的优美环境的一种依赖和渴求。正是由于人是生态系统的一个有机组成部分，是生命之网中的一个结，因此，人的本质是生态的，这决定了生态本性是人的最基本属性，这种属性的体现就是人的生态需求，而生态需求的满足则是这种本性实现的表现形式。[1]

----

① 柳杨青. 生态需要的经济学研究 ［M］. 中国财政经济出版社，2004：34.

物质性的生态需求转化为经济性的生态需求，是对其进行经济学分析的前提条件。经济学的特点决定了并不是一切物质性的生态需求都能转化为经济性的生态需求。物质性的生态需求是否能够顺利转化为经济性的生态需求，取决于它是否具备三个条件：一是它必须给社会或当事人以利益满足，这是一种物品或人的劳动是否形成价值的前提条件；二是它必须影响人们之间的利益关系，这是一种物品或劳动是否形成价值的必备条件；三是一种物品或劳动是否具有价值，不仅应该看它是否会给特定的人或集团带来利益满足，而且应该看它是否会增进整个社会的利益，这是判断一种物品或劳动是否形成价值的必要条件。

农业生态需求是消费者对农业生态环境质量需求和农业生态产品需求的总称，高质量的农业生态环境和农业生态产品属于典型的高档货。这里的农业生态产品是指在保护、改善农业生态环境的前提下，遵循生态学、生态经济学规律，运用系统工程方法和现代科学技术所生产出来的无害的、营养的、健康的农产品。在衣食不足的情况下，人们的首选目标是生存，高质量的农业生态环境质量和农业生态产品的追求还提不上议事日程；在全面进入小康社会乃至进入富裕社会后，随着人均收入水平的提高，人们对高质量的农业生态环境质量和农业生态产品这种高档物品的需求将大幅度提高。

需要指出的是，农业生态需求既是一种最基本的需要，又是一种高级的需要。这种特点决定了在农业经济发展的不同阶段，人们对农业生态需求的认识与态度是不同的，因此在这方面会有不同的行为。例如，在农业经济发展程度较低时，由于农业生态环境比较好，农业生态产品的供应比较丰富，因此，人们往往不会关心农业生态需求问题。而当农业经济发展程度达到较高水平时，农业生态产品则因为农业生态环境恶化和农产品质量安全问题而日益短缺，这时农业生态需求就成为一种高级需要。

(二) 农业生态需求的特征

农业生态需求的特征可以概括为以下三个方面：

第一，农业生态需求具有明显的公共性，即不具有明显的排他性，或者说排斥的成本很高。农业生态需求的公共性说明，农业生态产品供给中的大部分必须由公共财政来满足。因此，农业生态需求的公共性，决定了政府和各种社会性组织是农业生态产品最主要的供给者。由于农业生态需求既是一种基本需要，同时又是一种高级需要，因此，随着经济发展过程中社会对农业生态需求满足的要求日益提高，各级政府用在满足农业生态需求方面支出的比重会不断提高，这也正是当今各国政府正着力推动的事情。

第二，农业生态需求的满足具有很强的外部性，即在消费农业生态产品时，除自己得到满足外，还能给其他人带来农业生态需求满足。或者说，农业生态需求的外部经济性要强于其外部不经济性。农业生态需求满足的这种特点，使一个社会可以通过鼓励人们增加对农业生态产品的生产和消费来提高整个社会的农业生态需求满足程度。

第三，农业生态需求的消费具有极强的可持续性。因为农业生态经济系统对农业生态产品的生产具有持续不断的再生产能力，只要对它的消耗不超过这种能力，它就能够不断地向人类提供农业生态产品，而且在此过程中，往往还具有自我增值能力。这样，农业生态消费对农业生态资源的损耗很小。因此，加强农业生态需求的满足，是实现农业可持续发展的重要保证。

二、农业生态需求递增规律的内涵

农业生态需求递增规律是指，随着消费者收入水平的上升，消费者的农业生态需求呈现递增的趋势。这是从需求层总结出来的农业生态经济发展趋势。农业生态需求递增的趋势表现为农业生态产品的需求曲线以较快的速度向右上方移动。根据供求原理可以知道：如果生产者对农业生态产品的供给保持不变，那么农业生态需求的递增会导致农业生态产品价格的上升；如果农业生产者对农业生态产品的供给出现递减，那么农业生态需求的递增会导致农业生态产品价格的大幅度上升；如果农业生产者对农业生态产品的供给增加，那么农业生态需求的递增会导致农业生态产品价格的上升趋势得到缓解。因此，针对农业生态需求的递增趋势，可以通过增加供给实现农业生态产品的供求平衡。

农业生态产品需求是指农业生态产品消费者在某一时期内，在各种可能的价格水平上愿意购买并且能够购买的某种农业生态产品的数量。这一概念实际上包含形成农业生态产品需求的两个必备条件：一是消费者具有购买意愿；二是消费者在现行价格条件下具备的支付能力。可见，农业生态产品需求是农业生态产品消费者的主观愿望与客观能力的统一。从客观能力来看，随着经济社会的迅速发展，人们的收入水平也相应地迅速提高，因此，其支付能力也迅速增强。从主观愿望来看，随着人们生活水平的提高，人们对农业生态产品的需求日益提高。这两个因素的共同作用，使得人们对农业生态产品的需求呈现出递增的趋势。

农业生态产品需求的收入弹性，是指农业生态产品需求数量变动对收入变动的敏感程度，或收入变动对农业生态产品需求数量的影响程度。也就是说，在农业生态产品价格不变的条件下，消费者的收入每变动1%，农业生态产品需求量所变动的幅度。根据需求的收入弹性，可以将商品分成几种类型：（1）如果弹性大于1，表明随着收入的增加，购买量相应地有更多的增加。这类商品就是高档货或奢侈品，如农业生态产品。（2）如果弹性大于0小于1，表明需求量随着收入的增加而增加，但是需求量的增加小于收入的增加。这类商品就是生活必需品，如普通农产品。（3）如果弹性为负值，表明收入增加时购买量却减少了。这类商品就是低档货，如劣质农产品。

通常，当居民的收入水平较低时，其消费偏好是为解决温饱。当居民的收入水平上升到一定程度后，其在食物消费过程中开始关注质量安全问题，这个时候普通农产品由正常商品变成了劣等商品，生态农产品开始大量替代普通农产品。但是，这种代替有一个渐进的发展阶段，而且其发展的历程长短取决于居民收入的增长速度和居民对食品安全意识的认知程度。当居民收入水平逐渐上升时，没有经过认证的普通农产品首先变成劣等商品，经过低等级认证的无公害农产品此时变成正常商品，成为居民的消费偏好；居民的收入水平随着国民经济的发展继续上升，可支配收入的增加和食品安全意识的进一步增强，又使绿色食品变成正常商品，无公害农产品转而变成了劣等商品；居民的收入水平进一步提高，经过更高等级认证的有机食品变成正常商品，而低一级别的绿色食品的消费量将减少。

三、农业生态需求递增与农业生态价值增值

依据农业生态需求递增规律，随着人们收入水平的迅速提高，要使人们逐渐递增的农业生态需求得到满足，不仅需要提供良好的农业生态产品，还必须提供良好的农业生态环境。因此，可将农业生态经济系统中的生态再生产，划分为第一部类自然资源再生产和第二部类自然环境再生产。其中，农业生态产品的第一部类产品是自然资源，它包括农业自然资源的总量（可更新的和不可更新的）、农业生态资本存量（农业自然资源的质量变化和再生量变化）即农业生态潜力；农业生态产品的第二部类产品是环境质量，它包括单个的生态因子和整体农业生态系统，这是人类及一切生物的生命活动的生存条件，也是人类及一切生物生存的基础。所谓单个生态因子是指构成自然环境的阳光、空气、水、热量等各种生态因子；所谓整体农业生态系统是指农业生态系统作为一个整体的使用价值表现出来的对人类生存和经济社会生活的有用性，即农业生态系统的使用价值是各个组成生态因子综合之后表现出来的有用性。如净化、吸污、保护生态环境、向人们提供美感、娱乐休憩以及精神满足等生态服务。

可见，现代经济社会越发展，人们就越要求优美的农业生态环境质量，农业生态系统的整体有用性也就越来越重要。而农业生态价值便是指农业生态系统服务功能的价值。由于农业生态系统不仅可以为人们的生存直接提供各种原料或产品（食品、木材、纤维等），而且在规模尺度上具有调节气候、净化污染、涵养水源、保持水土、防风固沙、减轻灾害、保护生物多样性等功能，进而为人类的生存与发展提供良好的生态环境。因此，农业生产活动不仅能为人类提供生存与发展的坚实物质基础和食物保障的产品服务，还具有巨大的生态系统服务功能或者说是农业生态价值。这样，在农业生态需求递增规律的作用下，人们将有意识地在农业生态经济系统动态发展过程中稳定其平衡性，实现农业生态经济系统向着有益于农业经济与农业生态协调发展的方向变化，不仅农业生态产品需求会出现递增，而且农业生态价值也会出现增值。

总之，农业生态资源是有价的稀缺资源，而且农业生态需求呈现出递增趋势。这是由于人们对农业生态资源的需求的无限性和农业生态系统能够供给的农业生态资源的有限性之间的矛盾，这必然导致农业生态价值不断提高。既然农业生态价值能够不断增值，那么人类就可以像进行经济投资一样进行农业生态投资。换句话说，在农业生态有价和农业生态经济化的前提下，从事农业生态投资与从事经济投资具有同等重要的意义。然而，鉴于农业生态资源、农业生态产品的特殊属性，必须依靠制度创新激励人们开展农业生态投资的积极性，进而保证农业生态资源和农业生态产品的足额供给。

第三节　农业生态产业化发展规律

农业生态产业化发展规律指出，农业生产必然朝农业生态产业化的方向发展，是从供给侧总结出来的农业生态经济发展趋势。农业的供给遵循农业生态产业化发展规律。农业生态产业化发展是特殊的农业产业化发展，既遵循农业产业化发展的一般规律，也遵循农业生态化发展产业链规律。

一、农业生态产业化的内涵及特征

（一）农业生态产业化的内涵

在农业生态文明时代，农业生态生产力水平客观上制约着农业经济生产力水平，农业生态环境承载力与农业生态资源贡献率直接影响着农业生产率的提高。与此同时，农业的多功能性则要求农业生产必须兼顾生态环境保护与农业经济增长，实现农业生态效益与经济效益的统一，这就决定了农业生产必然选择生态化发展道路。①

　　农业经营者希望提高农业生产效率，通过出售农产品获取社会平均收益。由于农产品是生活必需品，农产品的单位价格是价格链的基础，要想通过出售农产品获取社会平均利润，就只能依靠农产品销售数量的增加获取。而农产品的生产在现有生产力水平条件下是不能离开土地的，要通过出售农产品获取社会平均收益，生产者必须具备相应数量的农业生产用地。当农业生产者获得更多的生产用地后，依靠传统农业生产方式已经无法通过家庭的力量实现农产品产、供、销的全过程管理，农业生态产业化生产方式便应运而生，尽管农业生态产业化生产方式会增加农产品单位成本，但农业生态产业化生产方式对农产品产地资源条件利用能达到最大化，农业生产者依托农产品销售数量的增加，可以消化生态产业化所增加的成本，进而获取社会平均利润。

　　农业生态产业化是以提高农业生态经济效益为中心，横向上实行资金、技术、土地、劳动等生产要素的集约化，纵向上以市场为导向，以加工或合作经济组织为依托，通过将农业再生产过程的产前、产中、产后诸环节联结为一个完整的农业生态产业系统，实现种养加、产供销、贸工农一体化经营，使分散的农户小生产转变为社会化大生产，农业生态经济系统内的"非市场安排"与系统外的市场机制相结合来优化农业生态资源配置，因此是实现高效、和谐、持续的现代农业发展的必由之路。就其实质而言，农业生态产业化发展是将农业作为一项生态产业，逐步实现商品化、市场化和社会化，是农业由传统生产向现代产业转变的一个逐步演进的过程。其基本含义可以表述为：遵循农业经济与农业生态环境协调可持续发展的原则，按照生态产业化的经营方式和机制，促进农业生产活动与农业生态环境保护，生产优质、无害、高效、安全的绿色农产品，发展经济效益高、生态环境佳、社会效益好的现代农业产业。

　　（二）农业生态产业化的特征

　　第一，参与主体多元化。一般来讲，社会分工越细，参与主体数量越多，组织关系越复杂，彼此之间相互制约性越强，产业化组织水平也就越高。由于农业生态产业化是在同一经营活动中通过一定组织形式集产、供、销于一体的经济组织，既有生产领域的经济组织（农户、加工企业等），又有流通领域的经济组织（专业市场、销售公司等）。通过各种组织形式把独立的农业经营单位组织起来，共同完成生态产业化经营的全过程，因此，其参与主体是多

---

　　① 徐保根. 生态农业产业化经营浅析［J］. 中国生态农业学报，2002，10（1）：110-113.

元的。

第二，经营组织一体化。农业生态产业化是农业经营者为了提高自身的市场竞争地位而走向集中和聚合的一种新型产业组织形式，主要有纵向一体化和横向一体化两种形式。前者是指农业经营者同产前、产后部门中的相关单位在经济上和组织上或松或紧地结为一体，实现生产和销售方面的联合与协作，主要以农产品加工链为脉络向第二、第三产业延伸，形成农业生产的产前、产中、产后的产业关联群，扩大农业生产的外部规模，取得外部规模效益。后者则是指分散的众多小规模农业经营者（包括农户和农场等）在保持各自独立性的基础上结成产业链，实行贸工农一体化、产供销一条龙的综合经营，实现整体组织聚合效益。

第三，管理方式企业化。相对于家庭联产承包经营的组织形式而言，农业生态产业化经营的组织形式呈现出经营规模大、相互关系复杂、运行机制灵活等特点。农业生态产业化经营是市场经济的产物，这就决定了它的经营管理方式必须按照现代企业制度的要求，参考或仿照现代企业管理的科学方法、运行机制等对农业经营组织进行管理，通过全面经济核算制度、参股分红制度，对全系统的运营成本效益实行企业式管理。

第四，组织关系合同化。农业生态产业化参与主体之间无论是紧密型关系还是松散型关系，它们的共同特征是：企业与农户之间签订长期交易合同，规范市场中相应的一系列交易关系，明确双方应该承担的责任和义务，把生态农产品的产供销诸环节整合成一个完整的生态产业链，但企业与农户仍保持各自独立的经济主体地位不变。多元合作主体的协作通过签订各种合同（契约）使农户与企业在生产经营层面上形成稳定的农业生态经济合作关系，以保证双方均能取得农业生态经济利益。

二、农业生态产业化发展规律的理论解释

不同农业生态系统的组成成分不同，其营养结构的具体表现形式也不尽相同，但其基本形式均表现为由不同营养级位所构成的食物链和食物网。在一个农业生态系统中有许多食物链，多条食物链相互交织，连接在一起形成复杂的食物网。农业生态系统内的各种组成成分之间，以营养联系为纽带，建立起一种营养关系，把生物与生物以及生物与环境紧密地联结起来，构成以生产者、消费者、还原者为中心的三大功能类群，这就是农业生态系统的营养结构。

农业生态产业是按生态经济原理和知识经济规律组织起来的基于农业生态系统承载能力、具有高效的经济过程及和谐的生态功能的网络型、进化型产

业。它通过两个或两个以上的生产体系或环节之间的系统耦合，使物质、能量能够多级利用、高效产出，农业资源、农业环境能够系统开发、持续利用。中国农业的生态转型就是要在持续利用农业生态资源的基础上调整这些生态关系，促进农业经营理念、经营目标和经营方式从传统小农经济向现代生态产业的转型。

农业生态产业化发展规律是指农业生产向农业生态产业发展的必然趋势。它要求实现农业内部物质的闭环循环，实现不同农业流程和不同农业生产者之间的横向共生和资源共享，为每一个农业经营者的废弃物找到下游的分解者，建立农业生态系统的"食物链"和"食物网"，进而实现农业资源节约、农业经济效益和农业环境保护的"三赢"。在农业生态产业化发展过程中，农业生态产业链建设具有至关重要的作用。

三、农业生态产业链建设的基本原则

农业生态产业链是指某一区域范围内的农业生产者模仿农业生态系统中"发掘者、生产者、消费者和分解者"的生物链关系，以资源（原料、副产品、信息、资金、人才）为纽带形成的具有生态产业衔接关系的农业生产者联盟。农业生态产业链的形成可以减少农业废弃物排放甚至实现零排放，减轻农业环境压力和解决农业资源短缺问题。概括起来，农业生态产业链建设的基本原则包括以下五个方面：

第一，规模经营、产业化发展原则。在构建农业生态产业链时，要实现农业生态产业链上下游各加工企业间及生产初级农产品的农民群体与农产品加工企业之间的紧密联合；培育壮大各农业生态产业链的龙头企业；建立完善合理的土地等农业生产资料的合理流转机制，推进农业适度规模经营。

第二，资源共享、一体化经营原则。农业生态产业链中各经营主体之间的能量物质流动是一种产业链上下游各企业之间或龙头企业与生产初级农产品的农户之间合作经营的契约。例如，农户按龙头企业规定的要求（产品标准、数量等），生产初级农产品并提供给农产品加工企业作为原材料，上游企业将初次加工的农产品或副产品提供给下游企业深加工，终端高附加值的深加工农产品提供给下游营销企业销往市场，以及各生产营销环节的利益结算等均通过契约加以规范，形成稳定的、紧密的、一体化的农业生态产业链。

第三，市场导向、农业商品化经营原则。这一基本原则要求农业生态产业链的构建遵循以下方式：首先，龙头企业品牌化深加工农产品的开发需以市场为导向，实行商品化生产。其次，农业生态产业链各环节之间产品、副产品和

原材料等能量物质的供求关系虽不能等同于一般的市场买卖关系，但所供求的各类标的物（产品、副产品、原材料等）仍然应按商品价值规律进行等价交换。最后，生态农产品产前、产中和产后各环节提供全方位的服务。

第四，龙头领航、企业化管理原则。构建农业生态产业链的首要环节，是培育壮大产业化龙头企业，使之成为适销对路的品牌化农产品的研究开发中心、加工营销中心、信息服务中心、经营管理中心，及农产品开发、生产、加工、营销全过程的决策指挥中心，以带动整个农业生态产业链系统内建立健全企业管理机制。

第五，以人为本、生态化经营原则。在构建农业生态产业链时，要始终遵循自然生态能量物质循环规律，克服工业经济时代虐待自然生态的人类中心主义。农产品生产、消费、分解全过程生态化，以满足日益递增的农业生态需求为生产目标。

总之，农业生态产业化发展是一种农业可持续发展形态，其核心是植入竞争、共生、再生、自生的生态活力，它特别关注的是各种农业经济活动的生态合理性，强调农业经济活动对农业生态资源和农业生态环境的有利性。

第四节　农业生态经济科学发展规律

一、现代农业的生态经济科学发展实质

可持续农业发展系统是农业生态系统和农业经济系统（包括技术系统）相互融合的生态经济复合系统。无论是传统农业，还是现代农业，都是自然生态和社会经济相互依存、相互结合、相互转化、相互作用的生态经济有机整体。农业生态经济有机体中的生态系统，使农业具有自然生态特性，体现着农业的自然属性与生态本质；农业生态经济有机体中的经济系统，使农业具有社会经济特性，体现着农业的社会属性与经济本质。作为整体的农业生态经济系统，则是自然属性和社会属性的有机统一体。没有自然生态特性，或者没有社会经济特性，都不能称为农业。因此，只强调农业的社会属性与经济本质，而忽视农业的自然属性与生态本质，或者反之，都不可能正确认识农业的本质。

从农业生产的运动过程可以看出，作为农业生产对象的植物和动物，其实质是自然生态系统的组成要素。它们时时刻刻都在系统中进行着物质循环和能

量转换运动，并经常保持着系统的生态平衡，从而向人们提供所需产品。但若这种生态平衡不能保持，各种农副产品的提供就要停止，只有人类合理发挥主观能动性，使之有所改进和提高，才能使提供的各种农副产品的数量和质量得到提高。正是农业生态本质和农业经济本质的有机统一，构成了农业的本质。在正确认识农业本质的条件下，人们才能够采取正确的做法，使所采取的各种农业技术和经济措施能够切合农业生态经济系统自身运行的实际，从而使所运用的各种措施恰如其分，起到最有效的促进作用。

现代可持续农业倡导以保护优良的农业生态环境为基础，以生产安全优质农产品为核心，坚持合理开发利用农业生态资源，协调人与自然的关系，努力实现农业的良性互动而不是恶性循环。也就是在合理使用工业投入品的前提下，注意利用植物、动物和微生物之间在生物系统中能量的自然转移，把能量转化过程中的损失降到最低程度，重视农业生态资源的合理利用和保护，并维持良好的农业生态环境，追求农业经济效益、生态效益与社会效益的完美统一，做到发展与保护相结合，合理开发与利用相结合，人类眼前利益与长远利益相结合。可见，实施农业全面、协调、可持续发展是现代农业的核心内容。这就要求转变农业发展方式，探索新的农业发展模式，用农业生态经济科学发展的理念去开发、利用农业资源，保护农业生态环境。具体而言，现代农业的生态经济科学发展实质，表现为农业生态基础优先发展规律和农业生态经济协调发展规律。

二、农业生态基础优先发展规律

农业生态基础优先是指在农业生态经济发展过程中，应当保障农业生态基础的优先地位，尤其是在农业生态基础与农业经济基础出现矛盾时，应当优先考虑各项活动对农业生态基础的长期影响。

（一）农业的基础作用是其经济贡献和生态贡献的有机统一体

农业是国民经济的基础，这种农业经济基础论是相对于农业经济系统而言的，不涉及农业经济系统和生态系统的相互关系以及农业生态系统和整个国民经济的相互关系。在经济社会快速发展的今天，维系人类生存和经济社会发展的农业生产系统，它的生态经济基本矛盾由过去不明显甚至被掩盖，发展到现在日趋明显甚至达到尖锐程度；何况，当年马克思针对农业而言的经济再生产和自然再生产相互交织的农业生态经济再生产，经过一百多年来的社会生产力发展，人、社会与自然的相互关系在现代经济社会条件下，这种自然再生产和经济再生产相互交织而融合在一起的状况，已经存在于整个社会再生产过程之中。① 因此，可以把马克思当年舍弃掉的自然资源和自然环境再生产纳入现代农业及其整个国民经济再生产运动过程之中，研究农业生态经济系统对人类生存和经济社会发展的基础地位和重大作用。一方面，农业经济再生产为人类生存和经济社会发展提供经济产品，形成人类生存与发展的经济基础（即人们通常说的农业提供粮食、原料、劳动力、资金、市场、创汇等贡献）；另一方面，农业生态再生产为人类生存和经济社会发展提供生态产品，形成人类生存与发展的生态基础（农业为人类生存提供优美环境，从而成为提供良好环境产品的最大的社会公益部门）。

在农业生态经济再生产过程中，农业的经济贡献和农业的生态贡献这两方面没有逻辑先后和时间先后的区分，只是农业生态经济有机整体的两个侧面，是一个统一体内部的差别。可见，农业的基础作用应该是农业的经济贡献和生态贡献的有机统一体，或者说是农业经济系统生产的经济产品和生态系统生产的生态产品的综合表现，是农业的经济基础和生态基础的有机统一体。

既然现代可持续农业的本质是它的生态本质和经济本质内在统一的生态经济科学发展本质，那么，它就必然决定了"农业是基础"既是由农业生态本质所决定的，又是由农业的经济本质所决定的。因此，只讲"农业是基础"的原因在于农业的社会属性与经济本质，或者只讲是由农业的自然属性与生态本质所决定的，都不能科学地揭示"农业是基础"的真实原因，也不能全面地反映农业基础作用的全部面貌。必须把农业的自然属性和社会属性统一起来，从农业的生态本质和经济本质的有机联系中揭示"农业是基础"，从而克服生态与经济相脱离的传统农业基础论的缺陷。可见，农业的基础作用是其经济贡献和生态贡献的有机统一体，是反映农业经济再生产和农业生态再生产相互交织和统一运动的一种社会再生产运动规律，即体现农业生态经济系统中的生态关系、生产力和生产关系相互作用与统一运动的生态经济规律。从这个意义上说，其既是反映生产力运动的经济规律的范畴，又是体现生产关系发展的社会规律的范畴，更是体现生态经济运动和发展的生态经济规律的范畴。

（二）农业生态基础优先于农业经济基础

农业生态基础优先是针对现实生活中通行的农业经济基础优先而提出的。农业经济基础优先的实质，是片面追求和极力实现农业经济规模的无限扩张与增长，片面追求农业经济利益和农业经济效益最大化，而基本不顾及农业生态

---

① 刘思华. 刘思华选集 ［M］. 广西人民出版社，2000：316.

系统的承载力和平衡，几乎无所顾忌地牺牲农业生态环境，使农业经济增长严重超过农业生态系统承载能力，从而导致严重深刻的农业生态基础危机。这种严重违背生态规律的经济理性，无疑是一种经济短视和经济自私，也是一种生态无知和生态愚昧。

农业生态基础优先于农业经济基础，也可以说是农业活动的生态合理性优先于经济与技术的合理性，其核心是建立生态优先型农业生态经济，追求包括生态、经济、社会三大效益在内的农业效益最大化。正是由于农业生态规律具有优先于农业经济社会规律的基础性、前提性地位，因此，任何农业活动都必须遵循农业生态系统的平衡和再生循环规律。在农业发展过程中，当经济社会规律与生态规律，市场原则、科技原则、政策制度原则等与农业生态保护发生冲突时，要服从农业生态规律和农业生态保护优先原则。从农业生产活动的效益结构角度判断，在经济、社会、生态三大基本效益之间，农业生态效益已经突出表现为最具决定性、最应该确保的优先效益，当农业经济效益与农业生态效益发生无法调节的根本性矛盾冲突时，就必须果断舍弃一时的农业经济效益，坚决保护更为根本和长远的农业生态效益。

需要指出的是，农业生态经济系统中的农业生态再生产所生产的农业生态产品，是一种纯公共产品。或者说，农业既是高风险（自然、市场、政策风险）的基础产业，又是社会效益高而自身经济效益低的弱质产业，这两方面就决定了农业在市场经济条件下竞争能力弱，在市场竞争中往往处于不利地位。这是由农业是人类生存和经济社会发展的生态经济基础地位所决定的。因此，要切实维护农业的生态经济基础，增强农业驾驭市场经济的能力，社会和国家就必须对农业给予必要补偿、保护和强力扶持，实行农业保护战略与政策。这既是农业生态基础优先发展规律发挥作用的必然趋势，也是农业市场经济健康运行与持续发展的客观需要。

三、农业生态经济协调发展规律

农业生产需要有一个正常的环境条件，这就是在生物与非生物环境之间进行的物质循环和能量交换，使得整个农业生态经济系统各组成部分的结构和功能，处在一种相互适应、相互协调的相对稳定之中。① 一旦这种农业生态经济协调发展状况遭到破坏，就会导致农业自然环境的恶化，生物体的能流和物流

---

① 张淑焕.中国农业生态经济与可持续发展［M］.社会科学文献出版社，2000：68.

即会受到阻碍，结果会使农业产量下降，生产力衰退，从而致使整个农业发展的基础受到破坏。因此，农业生产的发展，必须以生态经济协调为先决条件，遵循农业生态经济协调发展规律。

农业生态经济协调发展规律，就是要把包括现代农业在内的整个现代经济社会运行与发展切实转移到严格按照生态经济规律办事的轨道上来，使农业的生态与经济真正成为农业生态经济有机整体，实现农业与工业、农业与整个国民经济、农业与全社会的统一，以至于它们与农业生态环境相互适应与协调发展，它客观上要求人们必须妥善处理和正确协调农业生态经济关系。这主要包括：要协调好从事农业的经营主体与从事非农业的经营主体之间的经济关系；要协调好农业经济活动中人与自然的物质变换的生态关系；要协调好整个国民经济与农业生态系统之间的关系；要协调好全社会对农业生态环境的需求与农业生态经济供给能力之间的关系；要协调好人类生存与经济社会发展对农业生态环境质量的消耗与农业生态系统自我补偿能力之间的关系等。

可见，在农业生态环境是农业的基础的条件下，农业经济系统的经济性农产品不断增长，必须同农业生态系统的生态性农产品稳定增加相互适应与协调发展，这也可视作对农业生态经济协调发展规律的充分表达。这既是现代可持续农业生产力发展的新趋势，也是农业生态经济基础作用的根本标志。由此，可以清楚地看到，农业生态经济协调发展规律，准确地体现了农业与农业生产的本质，是农业的生态本质和经济本质内在统一的表现，全面体现了农业的生态贡献和经济贡献有机统一的生态经济贡献。因而，这个规律正确地决定了现代农业可持续发展的根本任务，从而指明了全面加强农业基础地位的正确方向。

小　结

1. 农业生态经济规律既不是一般的农业生态规律，也不是一般的农业经济规律，而是一种固有的、独立存在于农业生态经济系统的内在规律。农业经济规律在农业生态规律的基础上发挥作用，农业生态规律则受农业经济规律的反馈调节，由此推动着农业生态经济系统自身的变化和发展，从而形成了新的、独立存在于农业生态经济系统中的农业生态经济规律。

2. 农业生态需求递增规律，是指随着消费者收入水平的上升，消费者的农业生态需求呈现递增的趋势，这种递增的趋势表现为生态农产品的需求曲线以较快的速度向右上方移动。农业生态需求呈现出递增趋势，必然导致农业生态价值不断提高，因此人类可以像进行经济投资一样进行农业生态投资。

3. 农业生态产业化发展规律，是指农业生产向农业生态产业发展的必然趋势。在农业生态产业化发展过程中，农业生态产业链建设具有至关重要的作用。农业生态产业链建设的基本原则有规模化经营、产业化发展原则，资源共享、一体化经营原则，市场导向、农业商品化经营原则，龙头领航、企业化管理原则，以人为本、生态化经营原则。

4. 现代农业的生态经济科学发展实质，表现为农业生态基础优先发展规律和农业生态经济协调发展规律。农业生态基础优先是指在农业生态经济发展过程中，应当保障农业生态基础的优先地位，尤其是当农业生态基础与农业经济基础出现矛盾时，应当优先考虑各项活动对农业生态基础的长期影响。农业生产的发展，必须以生态经济协调为先决条件，遵循农业生态经济协调发展规律。

关 键 词

农业生态经济规律　农业生态需求　农业生态产品　农业生态需求递增农业生态价值增值　农业生态产业化发展规律　农业生态产业链　农业生态经济科学发展规律　农业生态基础优先　农业生态经济协调发展

复习思考题

1. 如何理解农业生态经济规律的客观性质？
2. 为什么说农业生态经济规律是一个规律体系？
3. 什么是农业生态需求？它的特征有哪些？
4. 农业生态产业链建设的基本原则有哪些？
5. 如何理解农业生态基础优先于农业经济基础？

参 考 文 献

[1] 陈德昌. 生态经济学［M］. 上海文献科学技术出版社，2003：23.

[2] 陈珏. 农业可持续发展与生态经济系统构建研究［D］. 新疆大学学位论文，2008.

[3] 冯贵宗. 生态经济理论与实践［M］. 中国农业大学出版社，2010：31.

［4］海江波．农业生态经济系统生态流与价值流耦合机制［D］．西北农林科技大学学位论文，2009.

［5］姜学民．生态农业和生态经济学［J］．理论月刊，1991（5）：39-42.

［6］刘思华．刘思华选集［M］．广西人民出版社，2000：316.

［7］刘思华．世界农业改革与发展比较研究［M］．湖北人民出版社，1999：20.

［8］柳杨青．生态需要的经济学研究［M］．中国财政经济出版社，2004：34.

［9］吕志轩．农业清洁生产的经济学分析［D］．山东农业大学学位论文，2005.

［10］万永坤．农业生态经济可持续发展研究［D］．兰州大学学位论文，2008.

［11］王如松．资源、环境与产业转型的复合生态管理［J］．系统工程理论与实践，2003（2）：125-134.

［12］徐保根．生态农业产业化经营浅析［J］．中国生态农业学报，2002，10（1）：110-113.

［13］张壬午．生态农业产业化探析［J］．中国生态农业学报，2004，12（1）：14-15.

［14］张淑焕．中国农业生态经济与可持续发展［M］．社会科学文献出版社，2000：68.

［15］朱玉林．基于能值的湖南农业生态系统可持续发展研究［D］．中南林业科技大学学位论文，2010.

第三章　农业生态经济平衡

【学习目标】农业生态经济平衡是指构成生态经济系统的各要素之间达到协调稳定的关系，特别是经济系统与生态系统达到协调统一的状态。通过本章的学习，达到以下学习目标：

（1）了解生态平衡的概念与基本特征，掌握农业生态经济平衡的含义与特点。

（2）理解农业生态经济平衡失调的概念，熟悉农业生态经济结构平衡失调、农业生态经济功能平衡失调和农业生态经济效益平衡失调。

（3）理解实现农业生态经济平衡的原则，掌握实现农业生态经济平衡的政策和措施。

第一节　农业生态经济平衡的含义与特点

人在农业经济系统中居于主导地位，人的活动直接影响到这个系统的运转和变化，良好的农业生态经济环境，是人类生存和发展的基本条件，是经济、社会发展的基础，是实现农业发展目标的前提。环境是人类赖以生存的重要条件，由于生存的需要，人类在自身发展过程中不停地与环境之间进行着物质和能量的交换。在这种交换的过程中，人类的行为对农业生态环境造成了影响，从而导致环境质量的改变。这里的农业生态环境是指农业生物赖以生存和繁衍的各种天然的和经过人工改造的环境因素的总称，包括土壤、水、大气和生物等，而农业生态经济的平衡则必然要涉及经济与生态环境的平衡。

一、生态平衡的概念与基本特征

（一）生态平衡的概念

生态平衡是指在一定时间内生态系统中的生物和环境之间、生物各个种群之间，通过能量流动、物质循环和信息传递，使它们相互之间达到高度适应、协调和统一的状态。也就是说当生态系统处于平衡状态时，系统内各组成部分之间保持一定的比例关系，能量、物质的输入与输出在较长时间内趋于相等，结构和功能处于相对稳定状态，在受到外来干扰时，能通过自我调节恢复到初始的稳定状态。从生态系统内部看，生态平衡是生产者、消费者、分解者和非生物环境之间，在一定时间内保持能量与物质输入、输出动态的相对稳定状态。

（二）生态平衡的基本特征

1. 生态平衡是一种动态的平衡

生态平衡是一种动态的平衡而不是静态的平衡。这是因为变化是宇宙间一切事物的最根本的属性，生态系统这个自然界复杂的实体，当然也处在不断变化之中。例如生态系统中的生物与生物、生物与环境以及环境各因子之间，不停地进行着能量的流动与物质的循环；生态系统在不断地发展和进化，生物量由少到多、食物链由简单到复杂、群落由一种类型演替为另一种类型等；环境也处在不断的变化中。因此，生态平衡不是静止的，总会因系统中某一部分先发生改变，引起不平衡，然后依靠生态系统的自我调节能力使其又进入新的平衡状态。正是这种从平衡到不平衡到又建立新的平衡的反复过程，推动了生态系统整体和各组成部分的发展与进化。

2. 生态平衡是一种相对的平衡

生态平衡是一种相对的平衡而不是绝对平衡。这是因为任何生态系统都不是孤立的，都会与外界发生直接或间接的联系，会经常遭到外界的干扰。生态系统对外界的干扰和压力具有一定的弹性，其自我调节能力也是有限度的，如果外界干扰或压力在其所能承受的范围之内，当这种干扰或压力去除后，它可以通过自我调节能力恢复；如果外界干扰或压力超过了它所能承受的极限，其自我调节能力也就会遭到破坏，生态系统就会衰退，甚至崩溃。通常把生态系统所能承受压力的极限称为"阈限"，例如，草原应有合理的载畜量，超过了最大适宜载畜量，草原就会退化；森林应有合理的采伐量，采伐量超过生长量，必然引起森林的衰退；污染物的排放量不能超过环境的自净能力，否则就会造成环境污染，危及生物的正常生活，甚至导致其死亡等。

如果生态系统受到外界干扰超过它本身自动调节的能力，会导致生态平衡的破坏。正如前文所述，生态平衡是生态系统在一定时间内结构和功能的相对稳定状态，其物质和能量的输入输出接近于相等，在外来干扰下能通过自我调节（或人为控制）恢复到原初的稳定状态，然而，当外来干扰超越生态系统的自我控制能力而不能恢复到原初状态时谓之生态失调或生态平衡的破坏。需要指出的是，我们不应只局限在维护生态平衡，保持其原初稳定状态。事实上，生态系统可以在人为有益的影响下建立新的平衡，达到更合理的结构、更高效的功能和更好的生态效益。

二、农业生态经济平衡的含义

农业生态经济平衡要求在农业生产经营中实现经济效益与生态效益的平衡，生态平衡的规律与经济领域的一些规律是息息相关的。事实证明，生态平衡规律如果遭到破坏，许多经济活动就会受到影响。

农业生态经济平衡是指构成生态经济系统的各要素之间达到协调稳定的关系，特别是经济系统与生态系统达到协调统一的状态。这是在生态经济学探索过程中出现的概念，反映了对经济问题和生态问题进行综合研究的发展趋势。狭义的生态经济平衡就是人工生态平衡。一般来说，人工生态系统的平衡基本上是生态平衡与经济平衡的统一。广义地说，生态经济平衡包括生态平衡、经济平衡以及经济系统与生态系统之间的平衡。这里的生态平衡是经济平衡的前提和基础之一，经济平衡应该能够维护和促进生态平衡。现如今的社会发展，首先要争取世界经济增长的规模、结构、建设、速度与地球生物圈的承载能力保持平衡，即世界范围的生态经济平衡，其途径在于以经济增长的物质条件和技术条件促进地理环境的生态结构乃至地球生物圈定向发展，从而增强社会经济系统的自然基础来达到经济平衡。

三、农业生态经济平衡的特点

(一) 农业的生态平衡与经济平衡同等重要

农业的生态平衡与经济平衡没有轻重之分，而是同等重要的。从整体上看，农业生态系统是物质和能量的贮存者，它处在不断的变动中，即不停地进行物质和能量的交换和转移，这就形成一种物质和能量的连续输入和输出趋向于平衡的状态，而这种持续性的动态平衡，就是农业生态平衡，倘若脱离了农业生态平衡，那么农业经济平衡也将难以实现。当农业生态系统处于平衡状态时，系统内各组成部分之间保持一定的比例关系，能量、物质的输入与输出在较长时间内趋于相等，结构和功能处于相对稳定状态，在受到外来干扰时，能通过自我调节恢复到初始的稳定状态，从这个意义上说，农业的生态平衡与经济平衡同等重要。

(二) 农业生态经济平衡要遵循经济、社会、自然规律

经济规律要服从自然规律，自然规律为经济规律服务，要推动经济社会发展，就必须按客观规律办事。规律是事物发展过程中客观的、内在的本质必然

联系，不以人的意志为转移。无论人们主观上是否认识到规律，它都客观存在，并必然发挥作用。例如，在经济领域，有价值规律、竞争规律、供求规律；在自然领域，有生态演替规律、生态系统循环和再生规律、生态平衡规律；在社会领域，有生产力和生产关系辩证关系原理、经济基础与上层建筑辩证关系原理……这些都是人类智慧的总结，也是人类思想史上的宝贵财富。因此，正确认识规律并加以把握，才能促进农业生态经济的平衡。长期以来，中国农业有了一定的发展，但同时一些违背自然规律、破坏人与自然和谐的做法又让我们付出了巨大代价，大量消耗土地、消耗能源的行为，使我国资源环境的承载力已接近极限。我们必须时刻牢记，人与自然的关系是人类社会最基本的关系，遵循自然规律是人类社会产生、存在和发展的基础，也是实现可持续发展的前提。

（三）经济发展与生态平衡是对立的统一

人类为维持和改善生存与发展的条件，要从环境中取得物质和能量，并通过生产和消费活动，参与大自然的物质流动和能量转换，在此过程中，经济发展使自然生态的平衡受到影响。20 世纪 50 年代以来，世界人口激增，经济飞速发展，自然资源的不合理开发利用，引起了许多国家甚至世界性的生态环境的恶化；而生态环境的恶化，又使工农业生产的基础条件遭到破坏，经济发展受到限制。这种现象体现出经济发展与生态平衡之间存在着矛盾。但是，如果经济按客观规律合理地发展，则可以不损害生态平衡，并为改善生态平衡创造条件；而生态平衡搞得好，可以增强自然资源的再生增殖能力，实现资源可持续利用，经济可持续发展。因此，经济发展和生态平衡又是统一的和互相促进的。

此外，自然界的生态系统是一个反馈系统，具有自我调节的功能。生态系统中的某一环节在一定限度内发生变化，整个系统可以进行适当调节，保持生态平衡免遭破坏，因此，生态平衡是在一定条件下的相对稳定的动态平衡。人类所要维持的生态平衡，是适应现代生产力发展，与人类生产、生活的需要相适应的生态平衡，如果人类的活动使生态环境急剧变化，超过了生态环境容量，生态平衡会遭到破坏，人类将受到大自然的惩罚；而且，生态平衡被破坏后恢复很困难，必须通过长期的努力，还要耗费巨大的人力、物力和财力。因此，在农业经济建设中，要认真协调农业经济发展和农业生态平衡的关系，农业经济建设要以农业生态的良性循环为基础，不能以浪费农业自然资源、牺牲农业生态环境来换取农业经济的高速度发展，同时也不能为了保持农业生态平衡而停止农业经济的发展。

第二节 农业生态经济平衡失调的表现

农业经济活动对农业生态环境的破坏，其标志性的、不容忽视的后果就是农业生态经济结构失衡的现实存在，这是农业可持续经济发展面临的主要问题和瓶颈。

一、农业生态经济平衡失调的概念

农业生态经济平衡失调是指在农业生产经营中由于人的种种行为违背了自然规律经济规律而导致农业生态经济效益低下，威胁资源环境可持续发展。根据物质循环和能量交换的规律，为了满足社会对农产品日益增长的需要，从农业生态系统中取得尽可能多的产出，就必须有尽可能多的输入。但是，单纯依靠农业生态系统内部的有机质肥料是不够的。这是因为农业生态系统各种生物群体之间的物质循环是非封闭性的，有机质肥料有一部分是要输出到外部的，有一部分是会损耗掉的，不可能全部归还土壤被作物所吸收。因此，为了扩大农业生态系统的物质循环与能量交换，不断提高农业生产效率，就必须在尽可能增施有机质料的同时，从农业生态系统外部，辅以输入一定量的化学无机质肥料。但是，由于化学无机质肥料，是一种非生物能源，即非再生资源。其蕴藏量与生产量是有限度的，而且还存在着资金投入大、土壤肥力衰退和生态环境恶化等缺点。这就要求我们必须从宏观经济效益出发，坚持有机肥料为主、无机肥料为辅的原则，推进作物生产向着低耗、优质、高产的理想目标前进。当前我国农业生态系统不平衡的现象层出不穷，例如为了补充土壤被带走的大量物质和能量，施用越来越多的化学无机肥；同时又往往把大量作物秸秆当作生活燃料，使其不能返回土壤，导致土壤有机质的严重缺乏，这是一个普遍存在而又亟待研究解决的重大问题。

二、农业生态经济结构平衡失调

（一）农业生态经济结构平衡失调概念

农业生态经济系统是由农业生态系统和农业经济系统相互交织、相互作用、相互耦合而成的复合系统。在农业生态系统和农业经济系统之间既有物质能量和信息的交换，同时还存在着价值流循环和转换。同理，农业生态经济结构是由农业生态系统的农业生态结构和农业经济系统的农业经济结构结合而形成的复合结构，是农业生态结构和农业经济结构的有机整体。因此，农业生态经济结构失衡就是农业生态经济系统的紊乱和失调，是农业生态经济系统中"农业生态循环圈"过度弱化和"农业经济循环圈"过度强化所导致的农业生态经济系统整体运行的紊乱和失调。

（二）农业生态经济结构平衡失调原因

工业文明的价值观、发展观和实现观，是农业生态经济结构危机产生的最基本、最重要的思想根源，农业生态经济结构失衡危机在本质上是工业文明思想文化危机。这里的工业文明思想文化，是以对自然的征服、统治和占有来实现人类自身利益为核心理念与价值取向，驱使人类对自然疯狂地开发、无节制地掠夺、无限度地占有，以破坏地球农业生态系统来换取工业文明的高度发达。

因此，农业生态经济结构失衡，其深刻根源就在于工业文明传统价值观与发展观的误导。当今人类盲目追求经济高速增长和过度的高消费，导致了对农业生态财富和农业物质财富的过度消耗，尤其是 20 世纪的 100 年间，所造成的农业生态环境系统的破坏与损害，超过了人类历史上所有的总和。

（三）农业生态经济结构失调的危害

当前中国农业已经出现了农业生态经济结构失衡，农业结构危机已由过去的农业经济系统内部结构严重失衡为主转变为农业经济系统整体发展的生产要素配置中的农业经济要素与农业生态环境要素严重失衡为主。中国农业经济发展问题，究其根本，不仅仅是传统性的农业生产结构失衡，而是在农业经济快速增长过程中农业生态环境保护与建设严重滞后，从而导致快速积累的农业经济增长与快速消耗的农业生态环境之间的农业生态经济结构严重失衡[①]问题，这种农业生态经济结构失衡危机将严重阻碍我国农业经济的可持续发展。

三、农业生态经济功能平衡失调

（一）农业生态经济功能平衡失调的概念

生态经济系统具有能量转化、物质循环、价值转移和信息传递的功效，所以常把能量流、物质流、价值流、信息流作为生态经济系统的功能。农业生态系统生产力是指一定期间内从农业生态系统所能获得的生物产量，它是农业生态系统能量转化和物质循环功能的最终表现。农业生态经济系统生产力的高低，不是仅以农业生态经济系统内某个生物种群或某个亚系统（如种植业）

---

① 刘冬梅. 生态经济结构失衡产生根源的理论剖析［J］. 中国市场，2005（50）：18-19.

的生产力为衡量标准，而是以农业生态经济系统的总体生产力来评价，它包括初级生产力、次级生产力以及腐屑食物链的生产力，而农业生态经济系统生产力提高受到阻碍的现象就是农业生态经济功能平衡失调。

（二）农业生态经济功能平衡失调的原因

农业生态经济系统具有能量转化、物质循环、价值转移和信息传递的功能。我们把农业生态经济功能失衡分为能量转化功能失衡、物质循环功能失衡和价值转移功能失衡。例如，在能量流方面，农田生态系统的能量产出水平和效率都处于较低水平；在物流方面，农田肥料投入单一，主要以化肥为主，并且化肥使用量已超出最适施肥量范围，已造成土壤养分严重失衡；在价值流方面，农业生态经济系统价值流产投比不高，处于单纯的农作物生产阶段。

首先，从农业生态经济系统的能量转化功能失衡来看，具体表现为农业资源利用的非确定性。它是指现实决策对未来影响的不可预见性，致使农业环境资源利用带有一定的不确定色彩。农业资源开发、利用和保护中的不确定性，比如大流域的治理工程，大面积开发荒原、湿地等，很可能导致人们预料不到的一些问题。现实中，不确定性所引发的过量农业资源消耗、农业环境安全问题是客观存在的，这是由于它源于信息不全和缺乏未来市场，是人们决策和实践所不能回避的问题。

其次，从农业生态经济系统的物质循环功能失衡来看，具体表现为阻碍资源利用的不可逆性和唯一性。农业资源开发具有不可逆性，比如一般认为生物资源是可再生的，但有史以来许多物种的灭绝即是不可逆性的表现。土地利用中，荒原变城镇，湿地变粮田，地变荒山，草原变沙漠，均存在相当程度的不可逆性。凡是对资源环境的利用和破坏超过其阈限，均可能表现出不可逆性。农业环境资源由于其自身特点，有其唯一性，任何一种资源都难以被其他资源所完全替代。农业资源开发的不确定性和不可逆性，便形成了一种内在的危险，威胁着农业生态环境的持续发展。

最后是农业生态经济系统的价值转移功能失衡。农业生态系统的价值流转移显示了系统的经济功能，其依附于能量流和物质流的流动而转移，是两种流在系统分配、交换过程中的价值表现形式。现实中，往往存在农业生态经济系统的价值转移功能失衡，而处在农业生态经济体系中的农业生态系统，要保持良好的结构和较高的功能，便离不开价值流对能量流和物质流的控制。

（三）农业生态经济功能平衡失调的危害

一方面，农业生态经济功能平衡失调导致生物多样性遭到破坏。在绝大多数农业生态系统中，太阳能是生命活动的能量来源，它通过绿色植物的光合作用进入生态系统，然后从绿色植物转移到各种消费者。能量流动的特点是单向流动和逐级递减。这里的单向流动是指农业生态系统的能量流动只能从第一营养级流向第二营养级，再依次流向后面的各个营养级，一般不能逆向流动；此外能量流动是逐级递减，输入一个营养级的能量不可能百分之百地流入后一个营养级，能量在沿食物链流动的过程中是逐级减少的，能量沿食物链传递的平均效率为10%~20%，即一个营养级中的能量只有10%~20%的能量被下一个营养级所利用。而一旦能量流动不能顺利进行，其结果必然会造成食物链上生物的生存受到威胁，生物多样性被打破。这样农业生态系统将遭到严重破坏，其结果是直接影响人类的生存安全。

另一方面，农业生态经济功能平衡失调导致农业生态系统被破坏。农业生态系统除了需要能量外，还需要水和各种矿物元素。首先，由于农业生态系统所需要的能量必须固定和保存在由这些无机物构成的有机物中，才能够沿着食物链从一个营养级传递到另一个营养级，满足各类生物需要。否则，能量就会自由地散失掉。其次，水和各种矿质营养元素也是构成生物有机体的基本物质。因此，对农业生态系统来说，物质同能量一样重要。农作物有机体在生活过程中，需要30~40种元素。其中如C、O、H、N、P、K、Na、Ca、Mg、S等元素的需要量很大，称为大量元素；另一些元素虽然需要量极少，但对生命是不可缺少的，如B、Co、Cu、I、Fe、Mn、Mo、Se、Si、Zn等，叫作微量元素。这些基本元素首先被植物从空气、水、土壤中吸收利用，然后以有机物的形式从一个营养级传递到下一个营养级。当动植物有机体死亡后被分解者生物分解时，它们又以无机形式的矿质元素回归到环境中，再次被植物重新吸收利用。由于这种模式，矿质养分不同于能量的单向流动，而是在农业生态系统内一次又一次地利用、再利用，即发生循环，这就是农业生态系统的物质循环。物质循环的特点是循环式，与能量流动的单方向性不同。能量流动和物质循环都是借助于生物之间的取食过程进行的，在农业生态系统中，能量流动和物质循环是紧密地结合在一起同时进行的，它们把各个组分有机地联结成为一个整体，从而维持了农业生态系统的持续存在。而物质循环脱节将直接切断能量流的流动，并给农业生态系统带来不可逆转的损害。

四、农业生态经济效益平衡失调

农业生态经济系统的结构与功能平衡失调，导致缺乏生态系统所提供的物质保障，农业生产经营活动的持续进行将会中断，进而降低了农业生态经济效益，威胁了农业的可持续发展。农业生态经济效益平衡失调是多方作用的结果，其影响范围广大，治理难度也非常高。

任何农业经济活动，在产生一定农业经济效益的同时，也创造一定的农业生态效益。如果农业生态平衡遭到破坏，农业生态效益受损，最终所造成的损失都会落到农业经济身上。因此，一切农业经济活动，必须兼顾农业生态效益和农业经济效益。农业综合开发，必须正确处理开发利用与整治保护的关系、整体利益与局部利益的关系、眼前利益与长远利益的关系，把改善农业生态环境，提高农业生态效益作为开发的出发点和落脚点，做到既创造更多的物质财富，又保证可更新资源的永续利用，获得农业生态效益和农业经济效益的统一。

总之，农业生产是自然再生产和经济再生产交织的过程，坚持农业生态经济平衡，在宏观上或微观上所提供的农业生态效益和农业经济效益必然就越大。这里的农业生态效益反映的是长远的农业整体利益，农业经济效益必须以农业生态效益为前提，而农业生态效益最终还是通过农业经济效益来体现。

第三节　实现农业生态经济平衡的政策与措施

一、实现农业生态经济平衡的原则

(一) 合理开发利用原则

提高农业资源利用效率，应当根据农业生态经济系统的特点，坚持农业生态经济的整体性和综合平衡的原则，因地制宜制定发展目标，并据此制订合理的发展规划，有计划、有步骤地合理开发农业资源。必须确保农业生态系统在时间、空间上充分利用物质和能量，建立合理和高效率的物流和能流结构，提高农业生态经济系统生产力，使各类农业生态系统都能成为相对稳定的系统，并在担负一定经济任务的同时，尽可能充分发挥其农业生态效益。

为了扩大农业生态系统的物质循环与能量转换，应该贯彻因地制宜、合理布局的农业生产原则。为了提高农业生产效率，就必须充分利用取之不尽、用之不竭的动植物自身的生命力。若想达到这点，人们在从事农业生产活动的时候，就必须正确认识动植物生长发育的客观规律及其对外界生态环境条件的依存关系，合理地组织农业生产。这就要求我们必须从各地区的自然条件出发，因地制宜、适当集中发展专业化生产，这不仅有利于更好地开展农业科学研究和农业技术推广工作，还有利于提高农业经营管理水平。

（二）匹配性原则

农业生态经济系统是典型的耗散结构，只有不断向系统输入物质和能量，才能维持系统的有序结构。但是，物质和能量的投入不是随意的、盲目的，而必须根据地域内自然、社会、经济、生态、技术等条件的差异性，依据适应的经济技术确立与之对应的输入内容，形成投入的匹配系统。匹配系统与地域生产综合体合理相嵌，使农业生产系统以有序程度更高的耗散结构代替有序程度较低的耗散结构，保持系统稳定的结构和功能。

（三）循环利用物质原则

农业生态经济学强调物质和能量的多层次、多途径循环利用，充分合理地利用一切农副产品。物质和能量循环利用有两条基本途径：一是由动物、植物和微生物构成食物链，形成第一个循环圈；二是由"加工链"形成第二个循环圈，进行深加工和精加工。农业综合开发，要充分挖掘这两个循环圈的潜力，进行农副产品多次循环利用，既实现农业无废物生产，保护生态环境，又实现农产品多次加工增值①，进而提高农业生态经济效益。

二、实现农业生态经济平衡的政策

农业生态系统是由生物及栖息地（环境）组成的复杂系统，它的内部结构与秩序必须依靠与外界的能量、物质交换才能维持。农业生态系统内部的元素和子系统的相互关系，生态系统与外界的能量流、物质流与信息流必须建立一定的秩序，相互之间在数量、位置、先后等方面要有一定的限度，在这个限度内要具备一定的稳定性。农业生态系统的物质运动是以物质循环和能量流动的形式实现的，对农业生态系统影响最大的是营养循环、水循环、CO_2 和 O_2 循环。农业生态系统的物质流的组合与循环路径，在很大程度上取决于生物栖息环境的物理化学因素（非生物因素），如温度、光、土壤特性、水资源等。每种动植物都必须适应它所生活地区的非生物因素，但人则具有创造、适应农业生态条件的能力。保护合理利用水、土等自然资源，对完善农业生态平衡环境，提高物质环境的完整性，保护农业生态平衡，有重要意义。

高效的农业生态系统结构状况与功能水平应该处于良性循环的动态平衡之中，即不仅应当创造物质财富，而且还应当使生态环境不受损害并保持动态生态平衡。依据上述目标要求，生态系统的结构状态、功能属性和生态环境质量共同构成了农业生态系统可持续性评估的内容，并在很大程度上反映出特定生

---

① 尚杰．农业生态经济学（第二版）［M］．中国农业出版社，2011．

态系统的可持续性状况。总之，在明显提高的人工干预水平下，中国农业生态系统的结构状态、功能属性和环境质量水平也应该相应地改善，然而，在中国农业生态系统持续性显著改善的同时，还存在着不容忽视的非持续性因素，或者说中国农业生态系统的现状与发展演变面临着严峻挑战。因此，必须从农业生态系统可持续性的角度进行考虑，尽快制定配套的支持政策，以保障农业生态系统持续稳定协调发展。

中国的农业经济政策应从生态经济持续性的角度进行考察，并予以修改、补充和完善，使之成为重要的农业宏观调控手段，这一政策体系包括提高农业综合生产能力的投入政策、支持农业生态系统工程持续性建设的经济政策、提高农业生态经济效益的技术政策和保持农业生态平衡的环境政策。

（一）完善提高农业综合生产能力的投入政策

提高农业综合生产能力的投入政策，主要是指优先支持现代集约持续农业发展的重点基本建设项目，增加物质投入，提高农业生态经济系统的生产力。完善投入政策应当以增加对农业的投入为基础，其中政府应增加大型不可分割性农业投资，包括增加农田水利、农田改土和农用化学物质等，以此带动农民增加劳动投入和变动农业投入。在目前农村劳动力充裕和成本低廉的条件下，政府需加以有效的利用，使之转化为农业基本建设劳动积累，为以后工农比较利益格局发生变化条件下的农业持续发展创造物质条件。

由于中国农业生态经济系统生产力的提高，需要增加大量外源投入物质，并需要提高投入物质的效益，因而投入政策的重点应优先支持系统内无力自我增生的氮、磷、钾等主要营养元素和必需的微量元素、水分以及必要的能源的投入。国家应扶持和发展农用化学工业，增加农用化学物质的供给，降低投入成本，调整化肥生产结构，提高质量。

灌溉水的调剂和合理利用政策应重点支持流域间调水，特别是南水北调，以尽快解决华北地区严重缺水的问题，同时要加快解决一部分牧区人畜严重缺水问题。为了提高水的利用效益，要改善灌溉水的使用和管理办法，改变征收水费的政策，制定新的农田水利建设投资政策。同时要把农业用水和工业用水、生活用水区分开来，分别进行水资源核算，分别计算投资并分别使用。

（二）制定支持农业生态系统工程持续性建设的经济政策

支持农业生态系统工程建设的经济政策，主要是指运用投资、信贷、税收、利率等经济杠杆优先支持一部分重点生态工程的建设和利用。实施支持现代集约持续农业发展的经济政策，既要重视经济效益，又要注重农业生态系统的维系和发展。在资金、信贷、税收、价格政策的实施中，要同时考虑经济发展和环境保护的双重目标，从支持和约束两个方面保证目标的实现。为了尽快改善一部分地区生态环境恶化的状况，在经济政策上要向一批具有改善生态环境作用的重点工程倾斜：一方面是江河流域上游、沙漠边缘和水土流失地区防护林体系建设工程，重点建设长江和珠江"两江"上游防护林体系，这些重大工程要实行全流域共同治理的办法，全流域集资、全流域受益，并在信贷利率上给予优惠甚至减免；另一方面是有严重生态障碍因素地区的土地改良工程建设，南方红黄壤地区和北方干旱地区、低洼涝和盐碱化地区都存在着严重的生态障碍因素，发展水平比较低，而区域治理和改造都需要长期投入大量的物力和财力，单纯依靠当地力量难以实现，需要国家和地方联合行动，在资金、信贷和引进外资上给予优先，在综合开发上给予优惠，尽快改善这些地区的生态环境。

（三）　制定提高农业生态经济效益的技术政策

提高农业生态经济效益的技术政策，主要是指采用必要的经济和行政干预手段，重点支持农业生态经济效益的农业科学技术。科技是农业生态经济系统外源物质投入和实施重点生态系统工程建设的根本出路，因而需要在政策上对农业技术开发及其推广予以优先支持。政府应优先支持并重点发展一些持续农业科技领域，特别是以下三大领域：首先是化肥、农药、农膜新品种、新剂型及其高效利用的技术。化学肥料是植物的营养物质，但是大量使用化肥带来的污染必须依靠技术进步加以减轻或消除，一味地抓好末端治理成效甚微，应着重选用无污染或污染少的新品种。国家要支持科研部门和大专院校建设一批重点实验室和中试基地，引进国外新品种和自己创新相结合，组织攻关、尽快突破。同时，对农药、农膜生产技术采取重点支持的技术政策。其次是推广持续农业、生态农业、立体农业、旱地农业和各种类型的多层综合利用资源的成套技术体系。这些不同类型的综合技术，有利于合理利用资源，改善生态系统的结构和功能，政府要从资金、人力上给予优先支持。最后是进一步依靠科技进步，对中国传统农业创造的各种类型的间、套、复种耕作制度和多熟制种植制度、能量多层次利用及病虫害综合防治技术，有重点地给予总结提高，加快示范和推广，使我国传统农业技术精华与现代高新技术互相补充。

（四）　制定和完善保持农业生态平衡的环境政策

保持农业生态平衡的环境政策（这里是指宽泛的环境政策，包括环境法规），主要是指运用经济、行政和法律手段来保护生态环境，保障食物安全和人类健康，促进环境和经济的协调发展，提高农业生态经济系统的生产力，发挥农业生态经济效益。

保持农业生态平衡的环境政策，应重视两个方面：一方面是防治水土流失的政策。盲目开荒、过度砍伐森林、草原超载过牧都会形成水土流失和对土地资源的破坏。对于片面追求眼前利益和局部利益，而以牺牲资源和环境为代价的短期行为，必须在行政上、经济上甚至法律上制止。在目前水土流失面积继续扩大的情况下，必须完善政策与法律，加强经济制裁的力度，并具有配套的严格执行政策法规的手段。另一方面是防治城市工业和乡镇企业环境污染的政策。农业生态系统环境污染的主要原因是城市工业和乡镇企业的三废处理不当。在乡镇企业面临调整发展而又缺乏合理布局的情况下，为了防止城市工业污染转移到乡镇企业，乡镇企业污染转移到农业生态系统，必须制定和完善明确的生态环境保护政策，并配合严格的法律措施。政策的制定既要引导乡镇企业合理布局，支持发展乡镇企业小区，统筹规划、统一安排基础设施建设，又要对乡镇企业的环境污染更多更严地采取经济制裁措施，对于乡镇企业发展从支持和约束两个方面给予调控和干预。

总之，支持农业生态经济系统可持续发展的政策，应当成为国家在总体上调节经济发展和保护生态环境的重要宏观调控手段。在向市场经济转变的过程中，既要防止片面追求经济利益而忽视对生态系统的保护，又要注意防止片面强调保持生态平衡而忽视增加投入和提高农业生态经济系统的生产力。通过实施上述提高农业生态经济系统综合生产力、保护农业生态平衡的综合配套政策体系，能够极大地推进中国农业生态经济系统的可持续发展。

三、实现农业生态经济平衡的措施

农业与农村的可持续发展，是中国可持续发展的根本保证和优先领域，也是实现农业生态经济平衡的有力保证。只有农业做到了可持续发展，工业和整个国民经济才可能保障可持续发展，而农业可持续发展的基础是丰富的资源和良好的生态环境。保障农业资源的可持续利用，促进农业生态环境的可持续维护，实现农业生态经济平衡，需要我们重新审视人与自然和谐发展下的环境资源工作发展趋势。

生态是指生物之间以及生物与环境之间的相互关系与存在状态，文明就是人类在社会活动中创造的积极成果。在自然状态下，生物之间以及生物与环境之间的相互关系与存在状态，叫自然生态，而自然生态有着自在自为的发展规律。人类社会改变了这种规律，把自然生态纳入人类可以改造的范围之内，这就形成了生态文明。生态文明建设是中国特色社会主义事业的重要内容，关乎人民福祉，关乎民族未来，事关"两个一百年"奋斗目标和中华民族伟大复兴中国梦的实现。党中央、国务院高度重视生态文明建设，先后出台了一系列重大决策部署，推动生态文明建设取得了重大进展和积极成效。但总体上看我国生态文明建设水平仍滞后于经济社会发展，资源约束趋紧，环境污染严重，生态系统退化，发展与人口资源环境之间的矛盾日益突出，已成为经济社会可持续发展的重大瓶颈。农业是经济发展的基础和保障，如何发展生态农业，建设农业生态文明，直接关系着我国未来农业发展和生态文明全面建设的进程。

促进人与自然和谐，必然要求环境资源生态文明与"三个文明"建设和谐统一。人类文明是一个有机的整体，包括物质文明、政治文明和精神文明三个方面。社会主义社会是"三个文明"有机统一、全面发展的社会。随着经济的发展，以污染环境和破坏生态来换取一时经济繁荣的矛盾日益突出，追求人与自然和谐相处的生态文明备受关注。生态文明与"三个文明"建设有着密不可分的联系，生态文明创造的生态环境必然为物质文明、精神文明、政治文明提供必不可少的生态基础，反过来物质文明、政治文明、精神文明又分别体现着生态文明的物质、制度、精神成果。因此，促进人与自然和谐，必然要求我们坚持物质文明、政治文明、精神文明和生态文明的有机统一，在全社会树立起新的生态观，大力倡扬"天人一体"的思想，弘扬生态文明观和文明发展观，大力建设生态文化，提高人们的生态文明素养，引导人们深刻认识到人类生存资料的有限性和地球的唯一性，强力推进绿色科技转化为先进生产力，努力在全社会形成科学、合理、安全、健康的生活方式，形成以资源节约型、科技先导型、质量效益型为基础的可持续的文明发展观，为生态文明建设和经济社会的发展提供强大的精神动力、智力支持和科技保障，保持和改善生态平衡，保护好地球这个今日唯一可供生息的家园。

（一）在遵循生态经济规律的基础上合理利用农业生态经济系统资源

实现农业生态经济平衡最根本的途径，是使农业生态经济系统的两个子系统间合理进行物质转化和能量流动。农业经济系统对农业生态系统的各种资源进行最优利用和合理保护，促进人与自然和谐，这必然要求环境资源保护与社会主义新农村建设和谐统一。建设和谐社会、实现全面小康目标，关键在农村，难点在农村，最繁重的任务也在农村地区。当前，城市和工业排放的大量污染物已经对农业、农村和农民产生了严重、恶劣的影响，农业、农村和农民也正在产生大量污染，影响环境、破坏生态。因此，环境资源的承载能力问题将是对今后我国农业发展的严峻挑战。面对建设社会主义新农村的新的战略任务，我们必须廓清解决"三农"问题的实施路径，突出生态效益、注重经济效益、兼顾社会效益，从实际出发，着眼于生态，坚持"绿水青山就是金山银山"，坚持改善生态环境同改善农业生产条件相结合，大力发展循环经济，使有限的农业自然资源能够永续利用，促进大范围的生态恢复和保护，更加注重解决群众生产生活中的实际问题，使农民得到更多的实惠。只有这样，才能真正为解决群众的生产生活困难找到出路，为他们的长远发展找到依靠，才能充分调动人民群众的治理积极性，使环境资源保护步入良性持续发展的轨道。

（二）种植业与养殖业平衡发展

种植业与养殖业缺乏协调规划导致"种养分离"日趋明显，由此影响了种养系统间的物质循环利用过程，导致畜禽粪便过量对生态环境造成极大危害。为此，从种养系统间物质循环与农业污染之间的内在联系出发，提出"种养平衡"发展模式，分别从"以种定养"、"以养促种"的角度探索种植业与养殖业平衡发展模式的实现途径。"以种定养"是从种养系统物质循环的角度合理规划养殖规模，防止畜禽粪便过量产出增加环境压力；"以养促种"是通过畜禽粪便无害化处理和科学合理地还田利用等手段，降低畜禽粪便资源化的环境风险。通过建立"以种定养"、"以养促种"的农业生产模式，实现废弃物高效循环利用，降低环境污染风险，从而缓解农业污染减排压力。

（三）合理利用农业生态与农业经济的矛盾平衡规律

农业社会经济和农业生态环境的矛盾平衡机制实际上具有两方面作用：一方面是动力作用。它促使社会经济的主体承认和遵循生态平衡规律，从而推动社会经济正常发展和生态文明建设。另一方面是稳定作用。它促使社会经济的主体把二者统一起来，彼此关照，保持二者的矛盾平衡。这就有与常识不同的积极结果，通常人们以为使二者矛盾平衡，只有避害，没有利得。事实上，在动力与稳定的共同作用下，人类世界才得以和谐与持续发展。在农业生产经营活动中我们要深刻认识生态与经济的矛盾与统一规律。

小　结

1. 农业生态经济平衡是指构成生态经济系统的各要素之间达到协调稳定的关系，特别是经济系统与生态系统达到协调统一的状态。这是在生态经济学探索过程中出现的概念，反映了对经济问题和生态问题进行综合研究的发展趋势。狭义的生态经济平衡就是人工生态平衡，广义的生态经济平衡包括生态平衡、经济平衡以及经济系统与生态系统之间的平衡。

2. 农业生态经济结构是由农业生态系统的农业生态结构和农业经济系统的农业经济结构结合而形成的复合结构，是农业生态结构和农业经济结构的有机整体。因此，农业生态经济结构失衡就是农业生态经济系统的紊乱和失调，是农业生态经济系统中"农业生态循环圈"过度弱化和"农业经济循环圈"过度强化及对立而导致的农业生态经济系统整体运行的紊乱和失调。

3. 农业生态经济系统生产力的高低，不是仅以农业生态经济系统内某个生物种群或某个亚系统（如种植业）的生产力为衡量标准，而是以农业生态经济系统的总体生产力来评价，它包括初级生产力、次级生产力以及腐屑食物链的生产力，而农业生态经济系统生产力提高受到阻碍的现象就是农业生态经济功能平衡失调。

4. 中国的农业经济政策应从生态经济持续性的角度进行考察，并予修改、补充和完善，使之成为重要的农业宏观调控手段，这一政策体系包括提高农业综合生产能力的投入政策、支持农业生态系统工程持续性建设的经济政策、提高农业生态经济效益的技术政策和保持农业生态平衡的环境政策。

关　键　词

生态平衡　农业生态经济平衡　动态平衡　相对平衡　农业生态经济平衡失调　结构平衡失调　功能平衡失调　效益平衡失调　农业生态系统工程　投入政策　经济政策　技术政策　环境政策

复习思考题

1. 如何理解农业生态经济平衡的含义与特点？
2. 农业生态经济平衡失调的表现有哪些？
3. 简述实现农业生态经济平衡的政策与措施。

参　考　文　献

［1］刘冬梅. 生态经济结构失衡产生根源的理论剖析［J］. 中国市场，2005（50）：18-19.

［2］朱孔来，赵文. 生态农业综合效益评价特点及方法探讨［J］. 生态经济，2008（1）：190-193.

［3］朱家琦. 提高农业生态经济效益途径的探讨［J］. 生态学，1985（1）：47-50.

［4］ 王欧，宋洪远. 建立农业生态补偿机制的探讨 ［J］. 农业经济问题，2005（6）：22-28.

［5］ 漆雁斌，毛婷婷，殷凌霄. 能源紧张情况下的低碳农业发展问题分析 ［J］. 农业技术经济，2010（3）：106-115.

［6］ 丁举贵，何遒维. 农业生态经济学 ［M］. 河南人民出版社，1990.

［7］ 尚杰. 农业生态经济学 ［M］. 中国农业出版社，2011.

［8］ 林文雄，陈婷，周明明. 农业生态学的新视野 ［J］. 中国生态农业学报，2012（3）：253-264.

［9］ 朱春江，Surendra P. Singh，Sammy L. Comer. 论农业与生态文明建设 ［J］. 生态经济，2013（11）：127-131.

第四章　农业生态经济模式

【**学习目标**】农业生态经济模式包括生态农业模式、循环农业模式、低碳农业模式和绿色农业模式。通过本章的学习，达到以下学习目标：

（1）了解生态农业的内涵与特征，理解生态农业发展的制约因素，掌握生态农业发展的国际经验。

（2）了解循环农业的内涵与特征，掌握循环农业的运营模式，熟悉循环农业技术体系设计。

（3）了解低碳农业的内涵与特征，掌握低碳农业的主要模式和发展技术，理解低碳农业的实现途径。

（4）了解绿色农业的内涵与特征，理解绿色农业的标准体系，掌握绿色农业与食品安全的关系。

第一节　生态农业模式

一、生态农业的内涵与特征

（一）生态农业的内涵

生态农业是把农业生产、农村经济发展和生态环境治理与保护、资源培育与高效利用融为一体的新型综合农业体系。它以协调人与自然的关系，促进农业和农村经济社会可持续发展为目标，以"整体、协调、循环、再生"为基本原则，以继承和发扬传统农业技术精华并吸收现代农业科技为特点，强调农林牧副渔大系统的结构优化，把农业可持续发展的战略目标与农户微观经营、农民脱贫致富结合起来，从而建立一个不同层次、不同专业和不同产业部门之间全面协作的综合管理体系。①

---

① 翟勇. 中国生态农业理论与模式研究［D］. 西北农林科技大学学位论文，2006.

（二）生态农业的特征

1. 综合性

生态农业强调发挥农业生态系统的整体功能，以大农业为出发点，按"整体、协调、循环、再生"的原则，全面规划，调整和优化农业结构，使农、林、牧、副、渔各业和农村一、二、三产业综合发展，并使各业之间互相支持，相得益彰，从而提高农业综合生产能力。

2. 多样性

针对我国地域辽阔，各地自然条件、资源基础、经济与社会发展水平差异较大的情况，生态农业可以充分吸收我国传统农业精华，结合现代科学技术，以多种生态模式、生态工程和先进的科学技术装备农业生产，使各区域能合理利用农业资源禀赋，扬长避短，充分发挥地区优势。

3. 高效性

生态农业通过物质循环和能量多层次综合利用及系列化深加工，实现价值增值，实行废弃物的资源化利用，降低农业成本，提高综合效益，为农村大量剩余劳动力创造农业内部的就业机会，提高农民从事农业生产的积极性。

4. 持续性

发展生态农业能够保护和改善生态环境，防治污染，维护生态平衡，提高农产品的安全性，增强农业和农村经济发展的持续性，把农业生态环境建设同农业经济发展紧密结合起来，在最大限度地满足人们对农产品日益增长的需求的同时，提高农业生态系统的稳定性和持续性，增强农业发展后劲。

二、生态农业的发展历程

（一）萌芽阶段

国外生态农业又称自然农业、有机农业、生物农业等，其生产的食品称生态食品、健康食品、自然食品、有机食品等。尽管各国对生态农业的叫法不同，但其宗旨和目的是一致的，即在洁净的土地上，用洁净的生产方式生产洁净的食品，提高人们的健康水平，促进农业的可持续发展。就国外生态农业的发展历程来看，生态农业最早于1924年在欧洲兴起，20世纪30—40年代在瑞士、英国、日本等国得到发展，20世纪60年代欧洲的许多农场转向生态耕作，20世纪70年代末东南亚地区也开始研究生态农业。生态农业最初只由个别生产者针对局部市场的需求而自发地生产某种产品，这些生产者组合成社团组织或协会。但当时的生态农业过分依赖传统农业，实行自我封闭式的生物循环生产模式，未能得到政府和广大农民的支持，发展极为缓慢。

（二）形成阶段

到了 20 世纪 70 年代后，美、欧、日等发达国家和地区掀起了替代农业思潮。法国、德国、荷兰等西欧发达国家相继开展了有机农业运动，并于 1972 年在法国成立了国际有机农业运动联盟（IFOAM）。英国在 1975 年国际生物农业会议上，肯定了生态农业的优点，使生态农业在英国得到了广泛的接受和发展。日本生态农业的提出，始于 20 世纪 70 年代，其重点是减少农田盐碱化和农业面源污染（农药、化肥等），提高农产品的品质安全。菲律宾是东南亚地区开展生态农业建设起步较早、发展较快的国家之一，玛雅（Maya）农场是一个具有世界影响的典型，1980 年，在玛雅农场召开了国际会议，与会者对该生态农场给予了高度评价。此后，生态农业的发展引起了世界各国的广泛关注，无论是在发展中国家还是发达国家，都认为发展生态农业是农业可持续发展的重要途径。

（三）发展阶段

进入 20 世纪 90 年代以来，实施可持续发展战略得到了全球的共同响应，可持续农业的地位也得以确立，生态农业作为可持续农业发展的一种实践模式和一支重要力量，进入了一个蓬勃发展的新时期，生态农业发展无论是在规模、速度还是在水平上都有了质的飞跃。如奥地利于 1995 年实施了支持生态农业发展的特别项目，国家提供专门资金鼓励和帮助农场主向生态农业转变。法国也于 1997 年制定并实施了"生态农业发展中期计划"。日本农林水产省已推出"环保型农业"发展计划，于 2000 年 4 月推出生态农业标准，并于 2001 年 4 月正式执行。美国一些州政府为了加速发展当地的生态农业，对进行生态农业系统转换的农场主提供资金资助，如依阿华州规定，只有生态农场才有资格获得"环境质量激励项目"；明尼苏达州规定，生态农场用于资格认定的费用，州政府可补助 2/3。此外，发展中国家也已开始对绿色食品生产进行研究和探索。尤其是进入 21 世纪以后，世界各国大多制定了专门的政策鼓励生态农业的发展，全球生态农业发生了质的变化，即由单一、分散、自发的民间活动转向政府自觉倡导的全球性生产运动。

三、生态农业发展的制约因素

（一）资源环境制约

1. 水资源短缺

我国是一个水资源极其短缺的国家，年平均降水量 628mm 比全球年均降水量 800mm 少 21%，比亚洲年均降水量 740mm 少 15%，我国的人均水资源只有世界平均水平的 1/4。同时，水资源南北错位和季节错位并存，南方有 83% 的降水资源而耕地只有 38%，北方只有 17% 的降水资源而耕地高达 62%。根据有关部门预测，2010 年我国水资源供应量为 6500 亿~6700 亿立方米，农业用水量达到 4000 亿立方米，农业用水占到社会总用水量的 60% 以上，所以迫切需要改革农业生产方式，发展生态农业模式，推广农业生产节约用水，促使农业的可持续发展。①

2. 耕地资源退化

我国人均土地面积只有世界平均的 33%，人均耕地面积是世界平均水平的 40%，人均草地资源是世界平均水平的 50%。同时，随着国家建设用地的扩大，耕地面积每年减少 50 万公顷左右，而且耕地总量的减少不可逆转。全国耕地土壤有机质平均含量远远低于欧美国家耕地的有机质含量水平，特别是黑土地以外的北方地区，耕地有机质一般在 1% 左右，土壤十分瘠薄，耕地养分比例失衡问题也较为突出。另外，水土流失、贫瘠化、盐碱化和酸化等环境污染，估计会导致 40% 的耕地资源出现退化。

3. 能源危机加剧

现代农业大量施用化肥、农药，不但加剧了农业生态环境污染，同时还导致农业耗能增加。中国不仅能源缺乏，而且经济基础薄弱，单纯依靠增加能量投入来促进农业发展的做法是行不通的。发展生态农业不仅能够节约农业生产过程中的能源消耗，更为重要的是能促使农村能源结构调整和农村新型能源的发展，以达到节本增效和促进农业可持续发展的目的。

4. 农业产地环境令人担忧

随着人们对农产品质量要求的不断提高和我国加入 WTO 后农业形势的变化，农业生产对产地环境质量的要求也越来越高。而目前的农业产地环境状况却不容乐观，对今后生态农业的发展构成了严重制约。我国农产品产地需要吸纳和承受的废弃物数量巨大，集约化农区土壤的氮、磷含量已大幅度超出正常范围。此外，我国耕地质量还面临环境恶化的严峻挑战，如水土流失、养分贫瘠、污水灌溉、肥力下降、重金属及农膜污染等普遍存在。

（二）技术制约

科技基础薄弱是中国生态农业创新发展的瓶颈因素，加大技术研发力度是推进中国生态农业发展的有效途径。与现代农业相比，支撑中国生态农业的科

---

① 翟勇 . 中国生态农业理论与模式研究［D］. 西北农林科技大学学位论文，2006.

技基础相对薄弱，科技动力不足，很多还停留在试验研究阶段。主要表现在：一是技术缺乏，例如生物技术、无公害农药等环境友好型物料应用技术等；二是技术成熟度不足，很多技术还存在缺陷，例如虽然新型肥料的种类很多，但缺乏鲜明的主打品种，应用中总是有这样或那样的问题；三是现有成功的生态化技术及其产品由于价格昂贵，仅限于少数国家的少数区域使用，大范围推广具有较大的难度，例如"3S"农业技术、缓释肥料等；四是虽然已经存在不少单项技术，但技术组合与衔接差，尚未形成完整的体系。

（三）产业基础制约

我国生态农业的产业化整体水平还相对较低，虽然近年来得到了一定发展，但还比较薄弱。总的看来，生态农业产业化有所发展，但就全国范围来看，仍然处于初级阶段，农业产业的发展环境相当薄弱，农业企业、农村经济、农民素质还有待提高，更为重要的是政府没有发挥应有的主导作用，生态农业发展的政策扶持不到位，缺乏相应的财税支持，导致我国生态农业产业化发展后劲不足。

（四）管理机制制约

1. 绿色农产品市场管理机制

近年来我国生态农产品领域有了较快发展，但管理体系还处于初级发展阶段，国家政府对农产品安全的监管还很不规范，对绿色食品、无公害食品以及有机食品等认证在不少地区还比较混乱，甚至出现假冒伪劣的问题，有些地方绕开行业规范，只顾眼前利益，生产不符合标准的农产品，坑害消费者，严重影响了生态农业产品的形象和生态农业的健康发展。

2. 科技示范与推广体系

我国农业发展基础薄弱，农民群众科技素质普遍较低。一方面，农技推广机构设置较为繁琐，运行不畅，业务经费不足，推广方式落伍以及人员知识结构老化与配置不合理等，严重制约了农业科技的推广与普及。另一方面，正在发展的农民组织在科技推广中的作用越来越明显，如何理顺关系，将这一新生事物纳入我国科技推广体系，仍是摆在我国各级政府面前的一项艰巨任务。

3. 生态农业组织形式与经营模式制约

从发展全国生态农业的大形势需求而言，目前生态农业的组织形式还很不健全，产业化经营还处于不成熟阶段，农户与企业之间联系不够紧密，农村经济发展与农业环境保护之间不够协调，生态农业组织形式与经营机制上还存在漏洞和不足，这些因素制约了生态农业的发展。

四、生态农业发展的国际经验

从 20 世纪中后期开始，欧美日等发达国家和地区对生态农业发展模式进行了探索实践，建立了多种与生态环境和谐共处的生态农业生产模式，并逐步取代高消耗、高投入的"石油农业"运作方式。这其中，有许多值得我们借鉴学习的地方。①

（一）日本——环保型生态农业

从 20 世纪 80 年代开始，日本正式提出了"绿色资源的维护与培养"，强调对农业资源的合理利用和农业生态环境的有效保护，选择了环境保护型农业的发展路径。在国土规划的指导和政策支持下，推行资源的永续利用以及环保同生产率密切结合的措施，其主要发展方向为生态农业和精准农业。该模式要求降低农场外部条件如化肥、农药的投入，减少对土地资源的破坏，提高耕地肥力。它重视农业生产的高效率，强调农林牧渔产业结构的比例和区域农业特点相结合，并对农业资源进行效益评价测算，强调森林对于物种多样性和净化空气等方面的作用，加强绿色资源的保护。同时，日本政府高度重视环境保护，从立法、政策及信贷宣传各方面积极配合生态农业的发展，推行了切实可行的政策措施，从管理上加大监管力度，形成了良好的生态农业发展氛围。

（二）荷兰——综合型生态农业

综合型生态农业发展模式是指能够满足人类生存需要，同时不破坏农业自然环境的生产经营方式。荷兰是典型的人多地少的国家，因此十分重视自身资源特点优势的利用开发，长期致力于发展高效益的农业。近年来，荷兰政府非常重视生态农业发展战略的推广实施，这其中以花卉产业的发展最为典型。荷兰的农业由种植业和畜牧业组成，其中种植业分为大田种植业和园艺业两大类，就大田种植业、园艺业和畜牧业三个层次讲，荷兰农业的结构主体是畜牧业，份额超过了 55%，大田种植业所占份额为 10%，其余的为园艺业。荷兰农业的结构表现出了明显的专业化格局，具体而言，荷兰的农业分成了三个主要的生产带，西部沿海是园艺生产带，中部为奶牛生产带，东部和南部主要为集约化的畜牧生产带。大部分农户实行专一化的生产模式，这大大提高了农业劳动生产率和管理水平，也提高了农产品市场竞争力，使荷兰成为农产品出口大国。

---

① 薛丽敏．生态农业发展模式研究——昌乐县生态农业发展研究［D］．山东农业大学学位论文，2014.

可见，在选择生态农业发展模式时，发达国家在拥有强大现代化生产系统的基础上，注重从本国的国情、生态、能源三方面综合考虑，尽管发展中国家农业重点在于增长与发展，但为避免走西方老路，在注重农业经济增长的同时也应注重保护农业生态环境。

第二节　循环农业模式

一、循环农业的内涵与特征

（一）循环农业的概念及其内涵

1. 循环农业的概念

循环农业是指尊重生态系统和经济活动系统的基本规律，以经济效益为驱动力，以绿色 GDP 核算体系和可持续协调发展评估体系为导向，按照 3R 原则，通过优化农业产品生产至消费整个产业链的结构，实现物质的多级循环使用和产业活动对环境的有害因子零（最小）排放或零（最小）干扰的一种农业生产经营模式。

2. 循环农业的内涵

循环农业倡导农业经济系统与生态环境系统相互协调、相互依存的发展战略，把农业经济增长建立在 GDP 增长、集约化、结构优化、人口规模、环境意识、环境文化等经济社会指标与生物多样性、土地承载力、环境质量、生态资源数量与质量等生态系统指标综合分析、合理规划的基础上，遵循"减量化（Reduce）、再使用（Reuse）、再循环（Recycle）"的 3R 行动原则，通过实施一定边界内的有效干预，促进农业经济系统更和谐地纳入生态系统的物质循环过程中来，利用生物与生物、生物与环境、环境与环境之间的能量和物质的联系所建立起来的整体功能和有序结构，实现生态系统中的能量、物质、信息和资源的有效转换，从而建立整体经济社会的循环经济模式，实现农业经济效益、农业社会效益与农业生态效益的有机统一。[1][2]

---

① 宣亚南，欧名豪，曲福田. 循环型农业的含义、经济学解读及其政策含义 [J]. 中国人口·资源与环境，2005，15（2）：27-31.

② 郭铁民，王永龙. 福建发展循环农业的战略规划思路与模式选择 [J]. 福建论坛（人文社会科学版），2004（11）：83-87.

（二）循环农业的特征

1. 循环农业是遵循循环经济理念的新型生产方式

循环农业要求农业经济活动按照"投入品——产出品——废弃物——再生产——新产出品"的反馈式流程运行；强调在生产链条的输入端尽量减少农业自然资源与辅助能源的投入，中间环节尽量减少农业自然资源消耗，输出端尽量减少农业生产废弃物的排放，从而真正实现源头预防和全程治理。循环农业模式是在现代农业生产经营组织方式下，由新型的农业生产过程、优化的农业产业组合构成的，是集安全、节能、低耗、环保、高效、可持续发展特征于一体的现代农业生产经营活动的总称。

2. 循环农业是将资源节约与高效利用并举的农业经济增长方式

循环农业把传统的依赖农业资源消耗的线性增长方式，转换为依靠农业资源发展的循环增长方式。它通过提高水资源、土地资源、生物资源的利用效率，开发有机废弃物再生利用的新途径，探索微生物促进农业资源循环利用的新方法，最大限度地挖掘农业资源禀赋潜力，减轻农业资源需求压力。

3. 循环农业是打造农业闭环产业链的有效路径

循环农业实行全过程的清洁生产，使上一环节的废弃物作为下一环节的投入品，在产品深加工和资源化处理的过程中打造农业闭环产业链条，通过循环农业产业体系内部各要素间的协同作用和共生耦合关系，建立起比较完整、闭合的产业网络，全面提高农业生产效益及农业可持续发展能力。

4. 循环农业是建设环境友好型社会的指导理念

在全社会倡导资源节约的增长方式和健康文明的消费模式的背景下，循环农业通过遏制农业污染和生态破坏，使农业生产和生活真正纳入农业生态系统循环中，实现生态的良性循环与农村建设的和谐发展，从而最终形成资源、产品、消费品与废弃物之间的有效转化与良性互动，合理布局，优化升级农业产业，构建农业产业经营主体共同参与的循环农业经济体系。

二、循环农业的运营模式

当前，我国农业产业化发展急需对传统的农业模式进行改进和完善，不断延伸产业链条，提升农产品质量，挖掘农业自身的增长潜力；并努力实现废弃物资源的循环利用，防治农业面源污染，缓解农业生产对生态环境的压力。[①]

---

① 周颖. 循环农业模式分类与实证研究［D］. 中国农业科学院学位论文，2008.

（一）基于产业发展目标的循环农业模式

1. 生态农业改进型循环农业模式

以生态农业发展模式为基础，从农业资源节约高效利用及农业经济效益提升的角度，改进农业生产组织形式及农业资源利用方式，通过种植业、养殖业、林业、渔业、农产品加工业及消费服务业的相互连接、相互作用，建立良性循环的农业生态系统，实现农业高产、优质、高效和可持续发展。

2. 农业产业链延伸型循环农业模式

以公司或集团企业为主导，以农产品加工、运销企业为龙头，实现企业与生产基地和农户的有机联合。企业生产紧抓原材料利用率、节能降耗等关键环节，使分散的资源要素在农业产业化体系的运作下重新组合，无形中延伸了产业链条，提高了农产品附加值，有效保证了农产品的安全性能和生态特色。

3. 废弃物资源利用型循环农业模式

以农作物秸秆资源化利用和畜禽粪便能源化利用为重点，通过作为反刍动物的饲料，生产食用菌的基质料，生产单细胞蛋白基质料，作为生活能源或工业原料等转化途径，延伸农业生态产业链，提高资源的利用率，扭转农业资源浪费严重的局面，并提升农业生产运行的质量和效益。

4. 生态环境改善型循环农业模式

注重农业生产环境的改善和农田生物多样性的保护，将其看作农业持续稳定发展的基础。根据生态脆弱区的环境特点，优化农业生态系统内部结构及产业结构，运用工程、生物、农业技术等措施进行综合开发，建成高效的"农—林—牧—渔"复合生态系统，实现物质能量的良性循环。

（二）基于产业空间布局的循环农业模式

1. 微观层面——以单个企业、农户为主体的经营型循环农业模式

以龙头企业、专业大户为对象，通过科技创新和技术带动、引导企业和农户发展清洁生产，以提高资源利用效率和减少污染物排放为目标，形成产加销一体化的经营链条。

2. 中观层面——生态园区型循环农业模式

以企业之间、产业之间的循环链条建设为主要途径，以实现资源在不同企业之间和不同产业之间的最充分利用为主要目的，建立起以二次资源的再利用和再循环为重要组成部分的农业循环经济机制。

3. 宏观层面——循环型社区循环农业模式

以区域为整体单元，理顺循环农业在发展过程中种植业、养殖业、农产品加工业、农村服务业等相关产业链条间的耦合关系，通过合理的生态设计及农

业产业优化升级，构建区域循环农业闭合圈。

三、循环农业技术体系设计

（一）"3R"原则

为了实现"一高两低"（资源利用的高效率、资源的低消耗、污染物的低排放）的循环农业产业目标，需要建立循环农业的关键技术支撑体系。科学地建立循环农业技术体系，需要明确技术发展的共同标准。我们认为，循环农业的核心技术原则应当是坚持"3R"原则。[①] 一是减量化（Reduce）原则。尽量减少农业系统外部购买性资源的投入量，实现源头输入技术的科学化。二是再循环（Recycle）原则。在农业系统中，要对光、热、水等可更新资源，尽量进行资源循环化高效率利用。三是再利用（Reuse）原则。对于农业生产过程中残留剩余的秸秆、粪便等中间资源，要尽量多级化地再利用。此外，可控制化（Regulating）也可以视作循环农业的核心技术原则，它要求对于农业系统向界面外部排放的有害、有毒的各种物质，要实现技术的可控制化，减少污染物排放。

（二）共性技术体系

1. "减量化"关键技术

（1）农业物质循环高效利用及减量技术。针对农业 N、P 污染以及温室气体危害的问题，通过多样性作物种植与轮作技术以及 C、N、P 循环控制技术的研究，降低化肥施用量，提高生产力，降低环境污染的风险。

（2）农业系统水循环利用关键技术。通过提高 SPAC 系统中的农田"四水"（降水、灌溉水、土壤水、地下水）转化效率，提高农田水资源利用效率，减少水资源消耗。

（3）农业耕种节能关键技术。针对目前农田生产机械能能耗高、能效低的问题，重点研究减少土壤耕作次数，省工、省时，节能降耗的耕种技术，降低能耗，提高能量利用效率。

2. "再利用"关键技术

（1）可再生资源的直接还田技术。利用不同秸秆残茬资源的还田（直接还田、翻埋还田、堆沤腐解还田）技术，建立快速、省工、高效，适合主要农田生态系统的农田可再生资源集成利用技术体系。

---

① 高旺盛. 论发展循环农业的基本原理与技术体系［J］. 农业现代化研究，2007，28（6）：731-734.

（2）可再生资源的加环利用技术。通过基于农业废弃物的加环接口技术，延伸农业可再生资源的循环利用途径，提高总体效益，包括秸秆饲料转化技术、秸秆有机肥加工技术、秸秆生产食用菌技术等。

3. "再循环"关键技术

（1）农业光热资源循环利用关键技术。利用生物之间的互补效应，增强农田生态系统多样性及其稳定性，提高光热资源利用率及物质产出率，实现农田物质与能量利用效益最大化，主要包括：农田光热资源高效循环利用技术、农田复合系统生物多熟立体配置技术等。

（2）农业产业间关联循环生产技术。主要是要将农作物生产体系—畜牧养殖体系—农产品加工体系紧密相连，研究开发农牧结合技术、农产品精深加工技术、可再生资源的能源化利用技术。

4. "控制化"关键技术

（1）农业有害生物的生态控制技术。通过对病虫草害的生态调控、生物防治、非化学药剂等环境友好型技术及制剂的应用，减少向农田生态系统中人工输入化学合成农药的数量，达到农田生态健康、农业生产过程安全的目标。

（2）温室气体及污染物减控技术。主要包括农业系统 CH_4、N_2O 等控制技术、残留农药的微生物降解技术、重金属轻度污染农田的生物消减技术、农业循环过程中的有害物质阻断技术。

第三节　低碳农业模式

一、低碳农业的内涵与特征

低碳农业是在低碳经济发展的背景下出现的，以"低能耗、低物耗、低排放和低污染"为特征，以提高碳汇能力和减弱碳源能力为突破口，统筹经济功能、生态功能和社会功能，在整个生命周期内进行低碳化设计的资源节约型和环境友好型农业形态。[①]

（一）低碳农业的内涵

低碳农业首先是一种理念，是转变农业生产方式的一个发展方向。低碳的本质就是降能节约，是现代农业发展的模式，通过技术创新、制度创新、产业

---

① 许广月. 中国低碳农业发展研究 [J]. 经济学家，2010（10）：72-78.

转型、新能源开发利用等多种手段，尽可能地减少能源消耗，减少碳排放，实现农业生产发展与生态环境保护双赢。低碳农业是指以减少碳排放、增加碳汇和适应变化技术为手段，通过加强基础设施建设、科学施用化肥农药、增强土壤固碳能力等实现农业发展方式从高碳型向低碳型转变，以达到建立发展资源节约型、环境友好型农业生产体系的目标，是一种高效率、低能耗、低排放、高碳汇型农业。①

（二）低碳农业特征

低碳农业为健全我国农业生产体系，推进现代农业建设和农业可持续发展提供了可操作性的诠释，其基本特征表现在以下四个方面：一是低耗性。低碳农业体系科学安排不同生物在系统内部的循环利用或再利用，最大限度利用农业环境条件，以尽可能少的投入得到更多更好的产品。二是高效性。通过节水灌溉、测土配方、建设高标准农田等提高资源利用效率，降低损耗是提高农业生产效率的主要手段，也是低碳农业的重要体现形式。三是持续性。发展低碳农业不仅意味着农业经济形态的转变，更意味着一场深刻的农业革命，它涉及农业资源与环境保护、农业生产技术转型以及农村发展、农业增效和农民增收等多方面的问题。四是高优性。低碳农业是生产绿色产品的过程，既能收获优质产品，又能保护生态环境，实现生产生态双安全。②

二、低碳农业的主要模式

（一）减量节约型低碳农业模式

减量节约型低碳农业模式是指在农业生产中，利用先进的低碳农业技术，尽量减少能源、农用化学品、水资源、土地资源等农业生产资料的投入，从源头上减少对能源资源的消耗，减少农业污染源，降低农业源温室气体的排放量。③ 该模式在实践中展现出了多种子模式。

1. 减量替代投入模式

化肥、农药、农膜等现代农业化学品的使用，对农业的增产起到了至关重要的作用，但其负面作用也相当明显，不仅造成农业面源污染严重及土壤质量

①　翟书斌，翟小军，马瑞，白杨．低碳农业内涵及其发展模式探讨——基于黄淮海平原主产区的百村调研［J］．北京农业，2011（12）．

②　翟书斌，翟小军，马瑞，白杨．低碳农业内涵及其发展模式探讨——基于黄淮海平原主产区的百村调研［J］．北京农业，2011（12）．

③　谢淑娟．低碳农业发展研究基于广东省的实证分析［M］．经济管理出版社，2013：36-40.

的退化，影响到农产品的安全，而且直接或间接导致农业源温室气体的大量排放。为此，减量替代投入模式积极探索化肥、农药、农用薄膜的减量与替代技术。例如，用有机肥替代化肥，用生物农药替代化学农药，用可降解农膜替代不可降解农膜，推广应用测土配方施肥与精准施肥技术，集成推广生物农药与综合防治技术等。

2. 节地模式

节地模式是指减少农地的粗放经营与使用，提高农地单位面积的利用率与产出量。例如，推行立体种植、养殖可充分利用土地、阳光、空气、水，拓展生物生长空间，增加农产品产量、提高产出效益;[①] 采用优良品种，提高土地单位面积产量等。

3. 节水灌溉模式

节水灌溉模式是指以实用技术与先进设施的集成推广，减少水资源的简单粗放使用，避免水资源的浪费。节水灌溉模式采取科学的工程措施，积极发展防渗渠道和管道输水，降低水的渗漏与蒸发率；改造陈旧的机电排灌设施，推广节水灌溉技术与农作物喷灌、滴灌等技术，提高水资源的利用效率；采用水稻间歇灌溉模式减少稻田 CH_4 的排放。

4. 节能模式

节能模式以减少农业生产过程中的能源消耗，提高能源利用率为目标，从耕作制度、农业机械等方面减少能源消耗。水田地区可推行免耕、少耕、水稻直播等保护性耕作；旱作地区推广种植耐旱作物及采用各种形式的旱作栽培技术；冬季建造利用太阳能的温室大棚，地热保温种养；淘汰、更新高耗能的农机具，使用节能农业机械等。

5. 资源循环利用模式

资源循环利用模式以农业废弃资源的循环再利用为目标，降低对农药、化肥等化学型生产资料的依赖，减少农业环境污染与温室气体的排放，能够达到农业资源利用效率的最大化。具体而言，即根据农产品以及废弃物之间的关系构建起"资源—农产品—农业废弃物—再生资源"反馈式流程的农业生产模式,[②] 实现农业生产的低资源消耗、低废弃物排放、高物质能量利用。因此，农业废弃资源循环再利用是减少农业碳排放、增强农业碳汇功能的有效途径。例如，利用秸秆气化发电，秸秆还田培肥地力；利用禽畜粪便生产微生物有机

---

① 王昀．低碳农业经济略论［J］．中国农业信息，2008（8）：12-15.
② 许广月．中国低碳农业发展研究［J］．经济学家，2010（10）：72-78.

肥，进行沼气生产；利用秸秆与牛粪进行食用菌生产等。

（二）固碳增汇型低碳农业模式

固碳增汇型低碳农业模式是指在农业生产过程中，利用耕地、林地等农地土壤及附着于土地的植被进行固碳或从空气中清除碳，以降低大气中温室气体的浓度。

1. 增强土壤固碳模式

土壤碳库储存的碳是陆地总碳量的 2/3、植被碳汇的 3 倍。土壤碳库主要来自于动植物、微生物残体、排泄物及分泌物等分解后以土壤腐殖质形式存在的有机碳。因此，提高土壤的碳汇能力，必须提高有机碳储量。增加土壤固碳能力的主要途径有：实行免耕少耕法，合理轮作，增施有机肥，采用间歇性灌溉等。

2. 提高植被固碳汇增模式

植被通过光合作用吸收 CO_2，并转化为有机物贮存于体内。增加植被碳汇的低碳农业方式主要有：合理复种作物，提高耕地的复种指数，增加农作物碳汇；大力培植吸碳、降碳能力强的植被作物，建设碳汇林业；在农田周围营造小型自然湿地和中型生态湿地，增加湿地碳汇；积极培植水生生物等。

（三）清洁生产型低碳农业模式

1. 清洁能源模式

清洁能源模式是指利用农村丰富的资源发展清洁能源，减少高碳能源的使用，提高清洁能源的使用比例。主要包括沼气的使用、风力发电、秸秆气化、秸秆发电、太阳能利用等。例如，近几年各地实施的"一池（沼气池）三改（改厕、改厨、改圈）"生态富民工程，既净化了环境，又减少了对化石能源的依赖，并能够节约农业投入成本，增加了农业收益。此外，通过充分利用荒山、盐碱地、滩涂种植能源作物，发展生物质能，也能够提高植被的碳汇水平。

2. "三品"基地模式

"三品"基地模式指的是发展无公害农产品、绿色食品、有机食品模式。这三种农产品因品质好、无农药残留或微农药残留，市场前景广阔。为此，"三品"基地模式要求各地在原有的基础上，依照低碳化、绿色化、高优化的原则，因地制宜地推广"三品"基地的规范化与标准化建设，使农产品的安全性得以大幅提升，实现农产品安全、生态安全与低碳发展的综合目标。

（四）观光休闲型低碳农业模式

观光休闲型低碳农业模式，即指通过发展休闲观光农业，减少农业的碳排放源，增强农作物的碳汇功能。农业不仅具有食品保障功能，而且具有原料供给、生态保护、观光休闲等多种功能。利用农业景观如森林、牧场、果园等，发展休闲、观光旅游农业，一方面可以为市民提供自然生态的休闲环境，满足人们不断增长的亲近自然、回归田园的游憩需求；另一方面可以促进农村生态环境的改善，提高农作物的减碳、固碳能力。[①]

三、低碳农业的发展技术

（一）垄作免耕技术

过度耕作导致土壤中的碳素释放，是农业排放碳的主要方式。垄作免耕可以从很多方面减少温室气体的排放。首先，摒弃传统的犁铧翻耕的耕作方式而采用免耕，可以保存土壤中的碳含量，有利于土壤对碳的固定。其次，采取免耕可以减少农业机械的使用，这也就减少了化石燃料的燃烧，相应减少了 CO_2 的排放。再次，随着土壤肥力的增加，在耕作中化肥的使用也相应减少。N_2O 是氮肥中的主要成分，也是温室效力相当于 CO_2 约 300 倍的一种温室气体。减少化肥的使用，当然也就减少了 N_2O 的排放。最后，除了可以减少温室气体的排放，免耕对环境的有益之处还包括，可以保持水土，改善地表水水质，减少沙尘的发生，提高生物多样性。同时，通过温室气体减排并进行交易又可以进一步增加农民的收入，最终起到帮助当地农民脱贫致富的目的。[②]

（二）灌溉节水技术

目前，农田灌溉节水技术方法较多，而地面灌溉是最古老的，也是最普遍的农田灌溉技术。根据经济发展、灌区基础设施状况及管理水平，地面灌溉在今后相当长的时期内将仍然是主要的灌溉方式。传统的地面灌溉方法不仅能充分满足作物的用水要求，而且对灌溉技术要求不高，不需特殊的设备，很容易掌握运用，费用较低，所以，改进地面灌溉技术也是节水的有效方式，可采取以下途径：一是进行土地平整和条田建设，平整度较好的土地比平整度较差的土地平均节水 10%~20%，这是改进地面灌溉技术的基本条件；二是高度重视农艺节水技术，根据作物生长周期及需求饱和度进行适时、适量供水，实现节水、增产和增效，打破部分农民只要有水就浇、越浇越好的片面认识；三是大

① 谢淑娟，匡耀求，黄宁生．中国发展碳汇农业的主要路径与政策建议 [J]．中国人口·资源与环境，2010，124（12）：46-51.

② 赵其国．低碳经济与农业发展思考 [J]．生态环境学报，2009，18（5）：1609-1614.

力推广喷灌、滴灌等高效节水农业技术，最大限度地提高水资源的利用率，可以大大减少农业生产成本，提高农业生产综合效益。

（三）农业施肥技术

农业施肥不但会通过影响地上植被的生物量来影响土壤碳源的供应量，而且还会影响土壤微生物活性，决定土壤呼吸强度，因此，农业施肥必然会引起土壤碳库的变化。通过对土壤增施有机肥，可减缓土壤有机质腐烂，缩短有机粪肥的田间暴露时间，减少土地耕作活动，改善土壤水分管理，从而减少 CO_2 向大气的排放量。具体技术要点有：改善有机肥料库的通风透气条件，降低空气温度；将液体有机肥料变为固体有机肥料并施入土壤深层；收集和利用 CH_4 作为燃料；避免将有机肥料像垃圾一样进行堆放和处理，以减排 CH_4。此外，通过测土配方施肥，根据作物需求施肥，减少化肥的使用数量，避免农田土壤中氮肥过剩；增加有机肥使用数量，改善农田土壤的通气条件和酸碱度；尽量减少农田土壤耕作，大力栽培地面覆盖植物；使用氮肥硝化还原抑制剂等，以减少 N_2O 排放量。

（四）病虫害防治技术

实施农作物病虫害的综合防治措施。充分发挥自然因素的控害作用，全面普及生物防治和物理防治病虫害技术，积极推广农药增效剂和农药替代品，加强农业清洁生产技术的研究，以恢复和保持农田生态平衡，达到控害、保产、保益、保环境、保安全、增效益的目的。

（五）新型农作物育种技术

引领未来新品种的发展，是农业生产适应气候变化的一个重要措施。如培育抗高温、耐干旱、作物生长发育期长的品种，推广高产作物品种，增加多年生牧草种植，大力栽培木本植物，改进牲畜放牧管理等，以提高耕作土地中的碳素储备水平。培育新型氮素高效利用农作物的农业新品种，开发培育氮素高效利用水稻品种，减少 N_2O 排放对环境的破坏，同样有助于全球温室气体排放的控制。

（六）畜禽健康养殖技术

畜禽养殖不仅排放大量废水，还是导致全球气候变暖的六种温室气体中的 CO_2、N_2O 和 CH_4 的主要来源。为改变养殖方式，应严格按照《畜禽养殖场污染物排放标准》，建设畜禽养殖场，对集约化养殖场畜禽粪便和污水进行无害化处理与肥料化利用，使规模化畜禽养殖场粪便综合利用率超过 90%，实现由传统养殖向清洁养殖的转变。例如：对规模化畜禽养殖场（如万头猪以上）采用好氧发酵技术处理固体畜禽粪便，进行无害化处理并制成有机肥，用于有机食品、绿色食品的种植。养殖业畜禽粪便生产有机肥料可采用不同的技术路线，其中工艺为：收集—安全性处理（腐熟）—商品肥原料或功能性肥料。建设液体粪污大中型沼气工程。根据生态学"整体、协调、循环、再生"的原则，对未采用干清粪方式（粪便产生后即分流，干粪由机械或人工清扫和收集，尿及冲洗水则从下水道流出）的畜禽养殖场采取厌氧生物处理技术和物理处理技术相结合的治理办法，建设液体粪污大中型沼气工程。

（七）沼气工程节能减排技术

沼气是可再生新能源，它是利用农业固体废弃物（作物秸秆和畜禽粪便）进行发酵，产生沼气，用于生活燃料和发电，是一种节约能耗、防治污染、变废为宝的有效形式。农村沼气工程不但能降低农村燃料能源消耗，减少对薪柴及化石燃料和电能的消耗，也可减少温室气体的排放量。另外，发酵产生的沼渣还可作为有机肥在农田中施用，从而有利于减少农村面源污染，有利于农业生态环境保护。

（八）秸秆资源化利用技术

农作物秸秆是一种廉价、清洁的可再生能源，平均含硫量只有 0.38%，约为煤的 33%，而热值则达标准煤的 50%。我国农作物秸秆年产量约 7 亿吨。在农村，不少秸秆仍是"付之一炬"，既污染环境，又浪费资源。就作物残留物的管理方式而言，焚烧秸秆不仅直接释放碳，还会加快土壤有机碳的分解损失，而秸秆还田则可以缓解土壤有机碳的下降。减少农田 CO_2 排放的最直接有效的措施是提高地面秸秆还田的比例。此外，在治理污染、作物秸秆综合利用过程中，秸秆饲用、秸秆发电、秸秆碳化等是继秸秆还田处理后，适合我国国情的高效资源化利用方式。

四、低碳农业的实现途径

低碳农业的核心是强调生产过程中减少碳源，增加碳汇，实现经济效益与生态效益的协调统一。一方面，是要通过生物路径恢复物种多样性，如：施用有机肥、改善耕作方式、种植绿色农作物、保护天然植被等，以提高土壤固碳能力与植被的碳汇水平；另一方面，是要通过非生物路径推广低碳农业技术，如：减少对农用化学品的投入、改进害虫防控技术、降低对化石能源的依赖、增强对新能源的利用比例等。同时，鉴于低碳农业既是新兴产业又是弱势产业，因此需要从制度和法律角度入手，建立配套的法律法规体系、政策扶持体系、技术创新体系和激励约束机制来保障低碳农业的发展。

（一）推行低碳农业发展模式

不同区域应因地制宜地推行适合本地区特点的低碳农业发展模式。全国不同地区应积极探索有利于资源节约、保护环境、低碳减排、增加碳汇的低碳农业发展模式，选择和推行适合本地区发展的低碳农业经济模式，以实现农业经济发展的低碳化转型。

（1）依据各个区域的农业产出品品种特点，推广形式多样的农业废弃物循环利用模式：在农产品加工业较发达的地区开展农业废弃物的综合利用；在稻米加工区开展稻壳炭化制造高效燃料，米浆水提取淀粉再提取葡萄糖和米蛋白；在粮食主产区推进秸秆生物气化、秸秆发电、秸秆氨化后喂畜、替代木材生产复合板材、发展食用菌等技术；在畜牧业产区大力推进畜禽粪便还田、沼气工程等。①

（2）在自然资源条件、农业生态环境保护较好的地区，大力发展"三品"基地模式，即推广"无公害农产品、绿色食品、有机食品"农业模式。

（3）在农业面源污染严重地区与能源紧张地区，重点推广减量替代投入模式与节能模式。从减少农业化学品投入、提高农用能源与农资利用效率入手，减少能源资源消耗，降低污染；探索建立高效节能、绿色环保的耕地制度，降低能源消耗，保护农业生态环境。

（4）在城市郊区农村大力推广观光休闲低碳农业模式。充分利用地理优势与资源优势，在大中城市周边地区发展都市农业、休闲旅游农业，如赏花型、采摘型、垂钓型、农家乐型等观光休闲模式。

（5）在水资源紧张地区大力推广节水模式。推广普及节水技术，不仅可以提高水资源的利用效率，而且能增强该地区的农业综合抗旱能力，改善农业生态环境，提升农业的减排增汇水平。

（6）在山区采用立体种养的节地模式。由于山区土地比较分散，适宜发展立体种养的土地集约利用模式。例如开展苗木立体种植、果树下间种牧草等模式，发展食用菌栽培和林蛙养殖等林下经济，最大限度地利用土地资源。

（7）针对不同区域的农田土壤特点，采用与之相适应的低碳农田管理方式，以减少农田的温室气体排放量。例如，对于水田，应改变现在普遍采用的常湿灌溉、持续淹水模式，转为间歇性灌溉，实行控灌模式，以降低稻田 CH_4 的排放；对于旱地，在冬季农闲时节种植豆科作物相较于休耕或种植其他作物

---

① 韩贵清. 发展低碳农业经济的必然选择与目标模式 [J]. 新农业，2010（7）：8-9.

能显著降低农田 N_2O 的释放量；对于种植业，要推广立体农业模式，提高光能利用效率。

（二）构建低碳农业的科技支撑体系

加大低碳农业技术的研究力度，逐步建立低碳农业的科技支撑体系。低碳农业的发展既是一场农业生产的低碳与环保革命，也是一场新技术的革命，因为发展低碳农业的关键是依靠农业科技在低碳领域的突破。低碳农业技术主要具有三个特点：首先其是低能耗、低污染、低排放的"三低"技术；其次其是尽可能减少各种资源消耗以及人力、物力和财力投入的节约型技术；最后其是安全型技术。现有的农业低碳技术主要有垄作免耕技术、灌溉节水技术、有机施肥技术、虫害防治技术、农作物育种技术、禽畜养殖技术、沼气工程技术、秸秆利用技术和农业固碳技术等。[①] 因此，必须从以下四个方面研发构建低碳农业的科技支撑体系：

（1）研究开发节能技术，改进低能耗的农业机械性能，提高化石能源利用效率。大力发展农村沼气、太阳能、风能等清洁能源利用，加大研究推广低碳和碳捕捉技术的力度，提升低碳化能源使用比重和化石能源的清洁化利用水平。

（2）开发应用科学施肥、施药技术。推广测土配方施肥及平衡施肥，施用缓释长效肥、有机肥等低碳节约型施肥技术，减少温室气体排放。同时，加强研制高效低毒或无毒农药，开发生态环保型病虫防治技术。

（3）加强培育高碳吸收量的作物品种，优化作物布局，因地因时提高耕地复种指数，增强农业的碳汇能力。发展对 CO_2 利用高的农作物，增加种植密度及复种指数，控制和减少空地面积，保障全年能充分吸收 CO_2 的农作物种植面积，以提高 CO_2 的吸收率。针对气候变暖的趋势，适时调整农作物育种目标，培育耐中高温型、抗旱型和抗因高温引发病虫害和高光效的新品种。同时，发展旱作农业，增强作物适应气候变化的能力。

（4）加大对低碳耕作方法的研发投入力度，调整耕作制度，提高土壤的固碳水平。通过采用合理轮作、部分实行减免耕作、机械化的免耕覆盖模式等保护性耕作措施，增强土壤有机碳的稳定性及农田土壤碳的汇集，进而提高农田生态系统的碳贮量，降低土壤碳排放。

---

① 赵其国，钱海燕. 低碳经济与农业发展思考［J］. 生态环境学报，2009，18（5）：1609-1614.

（三）完善促进低碳农业发展的法律政策环境

政府应建立和健全相关法律法规与扶持政策，形成低碳农业发展的长效机制：

（1）制定相关的低碳农业法律法规。结合农业国情，有针对性地出台法律法规，尽快制定并完善农业投入品对生态环境影响的相关标准，加强农产品标准的制定，控制过量的化学品投入引起的农产品安全和环境安全问题，规范低碳农业发展；尽快出台《低碳农业促进法》，并出台相应的实施细则；充分利用当前的土地流转制度创新，尽快完善相关政策和法律，在土地流转方向上加强控制，对流向低碳农业生产用途的土地加强政策倾斜，对流向高碳投入和高化学投入用途的土地实行政策限制。①

（2）建立健全资源、环境有偿使用制度，开征环境税，构建发展低碳农业的长效机制。明确资源和环境的公共产权，建立完善资源、环境有偿使用制度，构建反映市场供求关系、稀缺程度、损害成本的资源、能源、环境价格形成机制，形成统一、开放、有序的初始产权配置机制和二级市场交易体系；对化肥、农药开征环境税，引导农户改变过度依赖化肥、农药等化工型生产资料的农业生产方式，有效推进低碳农业发展。例如，明确征收的化肥、农药环境税必须全部反哺到低碳农业，或者以"碳补贴"的方式返还给农民，提高农民发展低碳农业的积极性。②

（3）构建有利于发展低碳农业的保障体系与激励机制。应大力推进制度创新，发挥政策和财政资金的导向作用，制定相关的扶持低碳农业发展的各类政策措施，增加发展低碳农业的公共投入。如税费减免、财政扶持、技术支持、土地使用等，通过诱致性制度变迁，把农业生态环境纳入政府公共管理范畴；在农业建设项目审批、投资等环节，优先考虑低碳农业项目；建立低碳农业促进组织，加强农业基础设施建设和农业环境管理，为低碳农业提供一个良好的发展环境；重视低碳农业关键技术的研发、示范和推广工作，运用公共财政积极推进农村沼气及生活废弃物无害化处理的物业化管理；依法强制实施清洁生产审核，对增施有机肥、资源节约、农村清洁能源和可再生能源、农业废弃物资源化利用和无害化集中处理等工程和生产方式实施低碳补偿政策，激发

① 黄钦海，李沙娜.我国发展低碳农业的障碍与对策分析［J］.重庆科技学院学报（社会科学版），2010（21）：89-100.

② 谢淑娟，匡耀求，黄宁生.中国发展碳汇农业的主要路径与政策建议［J］.中国人口·资源与环境，2010，124（12）：46-51.

发展低碳农业的内在动因和持续动力；建立相关的保障体系，避免土壤的固碳过程逆转，并建立一套奖惩制度，对土地固碳效果显著的优秀土地管理者给予奖励；引导农村金融机构对发展低碳农业的农户和龙头企业给予贷款支持；完善有机农产品标志制度，鼓励公众购买低碳农业方式生产的农产品；引导农民转变思想观念，实行农业生产的碳核算制度。①

（4）引导与鼓励低碳科技革新。政府应当积极引导、鼓励与扶持各方面的科技力量，攻克农业节能节水等低碳关键性技术，在农业清洁化生产的技术链接、绿色生产技术和农业资源多级转化、高效利用与废弃物再生技术、低碳农业技术标准规范、农村生态小城镇建设技术等层面开展技术创新、集成研究并形成突破，逐步建立起相对完善的推动低碳农业发展的技术创新体系；同时，逐年加大对农业和农村节能低碳重点项目、重大工程的投入力度，组织实施好农村沼气、秸秆气化、节水农业、保护性耕作、有机农业投入品、副产物综合利用、天然林保护与退耕还林、生物质能源开发等重点项目的开发建设，重点在全国创建一批低碳农业示范园区，推广低碳农业，由此推动低碳农业的快速普及与发展。②

（5）鼓励各类资本下乡，推动低碳农业的发展。要改变农村生产方式，发展低碳农业，除了政府财政支持以外，更需要金融机构资金及市场资本的积极介入，在政府财政投资、金融机构与市场资本的合力作用下，共同参与和推动新兴低碳农业的发展。为此，应以全新视角设计各类资本支持低碳农业的框架体系。一是为支持低碳农业经济发展的金融机构及各类资本提供税费优惠、利息补贴和风险担保上的政策支持。二是制定完善农业保险法，推行政策性与商业性保险同时运营的联合保障机制，提高保障系数，降低信贷支持风险。三是建立银行、担保与保险联合支持机制，实现低风险、高收益的多方共赢。其中，保险公司为高投入、周期长和高收益的低碳农业提供政策性或商业性风险保障；政府主导组建低碳农业专项担保公司，建立公益性担保基金，为低碳农业提供融资担保；银行机构则依据信用评估和风险评估情况提高信贷额度，延长资金使用期限，降低资金使用价格，促进联合机制的有效发挥。③

---

① 谢淑娟，匡耀求，黄宁生．中国发展碳汇农业的主要路径与政策建议［J］．中国人口·资源与环境，2010，124（12）：46-51.

② 谢淑娟，匡耀求，黄宁生．中国发展碳汇农业的主要路径与政策建议［J］．中国人口·资源与环境，2010，124（12）：46-51.

③ 谢淑娟，匡耀求，黄宁生．中国发展碳汇农业的主要路径与政策建议［J］．中国人口·资源与环境，2010，124（12）：46-51.

（6）征收进口农产品"碳关税"，补贴国内碳汇农产品。在西方发达国家，对农业普遍实施高补贴政策，这事实上包含对农业的"碳补贴"。此外，发达国家碳减排成本普遍较高，据调查，欧美国家的碳减排成本平均在 50 美元/吨以上，① 折合人民币在 300 元/吨以上。按照 1 公斤粮食吸收 1.47 公斤 CO_2 标准计算，欧美发达国家粮食碳补贴标准大约为 499.80 元/吨。② 这可作为我国进口西方发达国家农产品的"碳关税"标准。同时，把征收的资金用于补贴国内的有机食品、绿色食品等碳汇农产品生产，以提高农户发展低碳农业的积极性，增加农民的收益。③

（7）推进农业专业合作组织建设，逐步建立农业组织的低碳效益评价机制。目前我国主要实行的是以家庭承包为基础的小规模农户和农场模式，这种分散的组织模式阻碍了需要规模化经营的低碳农业发展。因此，需要大力推进各种形式的农业专业合作，例如，以村组为单位开展土地合作，选择合适的项目发展低碳农业；扩大现有农业专业合作社的合作规模和合作内容，引导不同专业合作社围绕发展低碳农业进行经营合作；引导小规模的生态农户与农场，通过成立生态合作社扩大规模等。同时，对规模化经营的农业组织，建立兼顾生产效益与生态效益两大系统的评价监控机制，通过综合评价调整农业开发项目与投资组合方式及支持力度，确保农业低碳的可持续发展。④

（8）加强对农村低碳技术人员的培训。发展低碳农业是个全新的理念和发展模式，需要加强低碳领域人才培养和机构建设，需要动用资源吸引相当部分低碳技术和管理人才转向农业和农村，培养和建立一支高水平的低碳农业研究队伍，使之成为低碳农业经济技术的研究和推广骨干，以点带面，形成发展低碳农业的良好氛围。⑤

（四）培育健康的农业碳汇市场

逐步培育建立我国的农业碳汇市场，推进农业碳排放权交易，具体实现途径有以下四个方面：

---

① 张卫华. 中国第一个 CDM 项目前生今世［J］. 经济，2007（7）：22-25.

② 蒋高明. 发展生态循环农业，培育土壤碳库［J］. 绿叶，2009（12）：93-99.

③ 谢淑娟，匡耀求，黄宁生. 中国发展碳汇农业的主要路径与政策建议［J］. 中国人口·资源与环境，2010，124（12）：46-51.

④ 贺顺奎. 低碳农业：农业现代化的必然选择［J］. 贵阳学院报（自然科学版），2010，5（3）：39-41.

⑤ 黄钦海，李沙娜. 我国发展低碳农业的障碍与对策分析［J］. 重庆科技学院学报（社会科学版），2010（21）：89-100.

（1）以清洁发展机制为核心，在国内推进农业碳排放权交易。先期主要面对国内能源大企业销售，逐步进入国际碳交易市场。联合国粮农组织的经济学家莱斯利·利珀认为，通过这种低碳融资措施，发展中国家低碳农业的规模可能会每年增加 300 亿美元。① 而且进行农业碳交易，可额外增加农民的碳汇收入，有利于激励农户从"碳源"农业生产方式转变到"碳汇"农业生产方式。目前，中国已成为发达国家开展清洁发展机制（CDM）项目的主要国家，是全球 CDM 市场减排量的最大供给者。因此，应该抓住机会促进发达国家的相关技术转让，同时增强自主创新能力，研发低碳农业技术和低碳农产品，开发利用生物质能源，整合市场现有的碳汇农业技术，并加以培训、示范和推广应用，以期在国际碳汇交易的竞争中抢占制高点。

（2）逐步培育与发展我国的农业碳汇市场。在国内积极探索创建"企业—碳交易机构—农村专业合作组织—农户"的农业碳汇交易机制，形成企业、农村专业合作组织、农民与碳交易机构等相关体的利益共享机制和专业合作组织订单机制，其内在的运作机制，是在企业与碳交易机构之间，主要是加入碳交易机构的企业自愿并从法律上联合承诺，通过购买补偿项目的碳减排指标，完成其定量的温室气体排放目标，即企业通过农业碳汇等项目去弥补未完成的减排目标或超额排放。

（3）建立碳交易机构、农村专业合作组织与农户之间的合作机制。碳交易机构与农村专业合作组织之间，主要是专业合作组织负责将农民组织起来，帮助有意愿实施碳汇农业技术的农民签订合同或者订单，并将其减排的温室气体指标集合在碳交易机构出售。农村专合组织与农户之间，主要指专业合作组织通过订单机制与愿意提供碳汇的农民签署合同，然后将集中销售碳减排量的利润按签订的合同返回给农民。②

（4）逐步开展农业碳源碳汇基础数据库的搭建和农业碳减排标准体系的建设，即以"可测量、可报告和可检验"为原则，构建低碳农业基础数据库与标准体系。③ 这是在我国建立农业碳减排市场，开展农业碳交易的重要组成部分。针对我国地形多样、气候多变等特点，低碳农业基础数据库建设内容至少应包括：不同类型土壤的本地碳汇测算；不同土地利用方式及变化的土壤碳

---

① 吴一平，刘向华. 发展低碳经济建设我国现代农业 [J]. 毛泽东邓小平理论研究，2010（2）：58-65.

② 李晓燕，王彬彬. 低碳农业：应对气候变化下的农业发展之路 [J]. 农村经济，2010（3）：10-12.

③ 张宪英. 我国低碳农业解读及其发展路径初探 [D]. 复旦大学学位论文，2010.

汇测算；农村土壤修复与整治所产生的碳汇测算等；不同作物在不同种植期间的碳排放或碳减排相关数据；不同肥料（各类化肥、有机肥等）在不同施用方式下所产生的碳排放测算；农业薄膜、农药的使用及废弃过程中产生的碳排放测算等；各类农业能源消费的碳排放测算；农业废弃物的处理方式产生的碳源碳汇核算等。[①]

第四节　绿色农业模式

一、绿色农业的内涵与特征

（一）绿色农业的内涵

绿色农业是指一种有利于环境保护，有利于农产品数量与质量安全，有利于可持续发展的现代农业的发展形态与模式。绿色农业是一定历史条件的必然产物，其不是传统农业的回归，也不是对生态农业、有机农业、自然农业等各种类型农业的否定，而是摒弃各类农业的种种弊端，取长补短，内涵丰富的一种新型的农业，并具有以下内涵：

1. 绿色农业是农业发展的必然选择

地球为人类提供了良好的气候、新鲜的空气、丰富的水源、肥沃的土壤，使人们能够世代繁衍生息。但是，人口剧增，经济发展，使资源遭到了破坏，环境受到了污染，这种对自然资源的伤害，按反馈规律最终都会回报给行动主体的人类本身。于是，人们出于本能和对科学的认识，开始越来越关心健康，注重食品安全，注意保护生态环境。特别是没有污染、没有公害的绿色农产品备受青睐。在这样的背景下，绿色农业及绿色农产品以其固有的优势被广大消费者认同，成为具有时代特色的必然产物。

2. 绿色农业是受到保护的农业

绿色农业既是改善生态环境、提高人们健康水平的环保产业，同时也是需要支援并加以保护的弱质产业。绿色农业尽管没有立法，但是作为绿色农业的特殊产品——绿色农产品是在质量标准控制下生产的。绿色农产品认证除要求产地环境、生产资料投入品的使用外，还对产品内在质量、执行生产技术操作规程等都有极其严格的质量标准，可以说从"土地到餐桌"，从产前、产中、

---

① 张宪英. 我国低碳农业解读及其发展路径初探 ［D］. 复旦大学学位论文，2010.

产后的生产、加工、管理、贮运、包装、销售的全过程都是靠监控实现的。因此，绿色农产品较之其他农产品更具有科学性、权威性和安全性，相应地，绿色农业也是受到政府保护的农业。

3. 绿色农业是多元结合的综合性大农业

传统农业是自给自足型的小农业。它的优势是节约能源、节约资源、精耕细作、人畜结合、施有机肥、不造成环境污染。但是也存在低投入、低产出、低效益、种植单一、抗灾能力弱、劳动生产率低的弊端。绿色农业是传统农业和现代农业的有机结合，以高产、稳产、高效为目标，不仅增加了劳力、农肥、畜力、机械、设备等农用生产资料的投入，还增加了科学技术、智力、信息、人才等软投入，使绿色农业具有更鲜明的时代特征。绿色农业融第一、第二、第三产业为一体，以农林牧渔为主体，农工商、产加销、贸工农、运建服等产业链为外延，运用先进科学技术水平，体现多种农业生态工程元件复式组合，是多元结合的综合性大农业。

4. 绿色农业是农村脱贫致富的有效途径

联合国工业发展组织中国投资促进处，曾多次组织专家到我国绿色食品产业项目所在地进行实地考察。多数项目地区的水质、土壤、大气环境优良，绿色食品原料资源丰富。但由于缺少科学规划、市场信息不灵、科技素质低，一些贫困地区只能出售绿色食品原料，效益不高。实施绿色食品开发之后，贫困地区发挥受工农业污染程度较轻、环境相对洁净的资源优势，积极将原料转化为绿色农产品，如此一来，高科技、高附加值、高市场占有率的绿色产业带动了贫困地区经济的快速发展，这对我国边远山区、经济不发达地区有很强的指导意义。

（二）绿色农业的主要特征

1. 开发性

应充分利用人类文明进步特别是科技进步的一切优秀成果，依靠科技发展、物质投入等提高农产品的生产能力，并重视农产品的品质和卫生安全，以满足人类对农产品的数量和质量的需求。

2. 持续性

在合理使用工业投入品的前提下，注意利用植物、动物和微生物之间在生物系统中能量的自然转移，把能量转化过程中的损失降到最低程度。同时，重视资源的合理利用和保护，并维持良好的生态环境，实现可持续发展。

3. 高效性

绿色农业发展是社会效益、经济效益和生态效益的高度统一，既注重合理开发资源、发展农业经济，又注重食品安全生产，保护生态环境。通过发展绿色农业，可合理利用自然资源，发挥资源禀赋优势，提高农产品附加值，实现农业的高效发展。

4. 标准化

绿色农业鲜明地提出农业实行标准化全程控制，而且特别强调农业发展的终端产品——农产品的标准化，通过农产品的标准化来提高产品的形象和价格，规范市场秩序，实现"优质优价"，提高农产品的国际竞争力。

二、绿色农业的标准体系

绿色农业产品质量安全直接关系到人类健康，绿色农业标准化是提高绿色农业产品品质安全的最有效路径。绿色农业标准化体系的构建对于农业突破"绿色壁垒"，提升绿色农业产品国际竞争力，保障食品安全卫生，增进人民的身心健康具有重要意义。

（一）绿色农业标准化生产体系

绿色农业标准化生产体系是对绿色农产品生产实行全程质量控制的一系列标准的总称，它包括绿色农产品产地环境标准、绿色农产品输出技术标准、绿色农产品生产资料使用标准、绿色农产品产品标准以及绿色农产品包装、贮藏、运输标准等。

1. 绿色农产品产地环境质量标准

绿色农产品产地环境质量标准是用于度量、测定绿色农产品产地环境质量水平、污染物排放强度或有害物质释放强度的一系列规范的总称。其指绿色农业初级产品或食品的主要原料，生长区域无工业企业的直接污染；水域上游、上风口无污染源对该地区构成污染威胁；该区域的大气、土壤质量及灌溉用水、养殖用水质量均符合绿色农产品大气标准、绿色农产品土壤标准、绿色农产品水质标准，并有一套具体的保证措施。它是以生态环境、人体健康为基准，根据实现一定时期内绿色农产品产地环境目标的需要，以及技术上、经济上的科学性来制定的。

2. 绿色农产品生产技术标准

绿色农产品生产包括农作物种植、禽畜饲养、水产养殖等初级绿色农产品和以初级绿色农产品为原料的绿色农产品加工。绿色农产品生产技术标准就是依据生产资料使用准则，按作物种类、禽畜种类和不同绿色农业区域的双重特性分别制定的初级绿色农产品的种养技术操作规程和绿色农产品加工操作规程。绿色农产品生产技术标准是绿色农业生产标准体系的核心，是确保绿色农产品质量的主要措施。它具体包括：初级绿色农产品的种、养技术标准；绿色农产品加工技术标准；绿色农产品生产资料标准等。

3. 绿色农业产品标准

绿色农业产品标准是衡量产品质量的最终尺度，也反映绿色农产品的生产、管理及质量控制的水平。绿色农产品标准制定的依据是在国家标准的基础上，参照国外先进标准或国际标准。绿色农产品标准的主要内容包括外观品质、营养品质及卫生品质等。

4. 绿色农产品包装、储藏、运输标准

根据绿色农产品全程质量控制的要求，包装、储藏、运输应严格遵循卫生、安全、不浪费资源、不污染环境、可循环利用等原则，除了遵守国家食品包装要求外，还要做到"四位一体"，即图案、文字、编号和防伪标签的齐全。

（二）绿色农业标准化体系建设

绿色农业标准化体系是指围绕绿色农业制定的以国际贸易、市场和国家规范为基础，整体推进行业、产业、地方、企业、农户间有序发展的，直接或间接涉及产前、产中、产后全方位、全过程的绿色农业运行规则网络。

1. 绿色农业标准制定体系

各种标准由其主体（国务院有关行政主管部门、企业组织等）编制计划，组织草拟，统一审批、编号、发布，并报国务院标准化行政主管部门备案。以科技为手段，以质量为核心，以市场为导向，建立绿色农产品生产、加工、贮藏、销售全过程以及操作环境、安全控制等方面的标准体系，把绿色农业生产的产前、产中、产后诸多环节都纳入标准化管理轨道，逐步形成与国际标准相配套的绿色农业标准化体系。

2. 绿色农业标准实施体系

贯彻实施体系中的标准，指导绿色农业生产，降低绿色农产品成本，提高绿色农产品质量。严格要求各绿色农业生产者根据标准体系中涉及的生产环境、产品质量、产品加工、标志、包装、运输、贮存等标准，规范生产各个环节，保证生产出符合标准的合格产品。

3. 绿色农业标准化服务体系

各级政府设立的绿色农业技术推广机构、地方合作经济组织、农民技术协会等组织应为农民提供宣传教育、技术培训、标准信息咨询及标准化示范等服务。

4. 绿色农业标准监督体系

完善的绿色农业标准化监督体系是维护市场秩序，打击假冒伪劣产品，增强标准化生产意识，监督产品质量安全的重要手段。农产品质量监督的目的是维护市场秩序，满足人们对绿色农产品质量的要求，保障国家和消费者的利益。

5. 绿色农业检验检测认证体系

检验检测认证体系是绿色农产品标准化体系的重要内容。根据绿色农产品标准化的要求，对绿色农产品质量进行检验检测，只有达到一定的质量标准，绿色农产品才能通过某项认证。绿色农业标准检验检测认证体系对绿色农业结构调整、绿色农产品质量升级、绿色农产品消费安全、提升绿色农产品市场竞争力都具有重要的技术保障作用。

6. 绿色农业标准化评价体系

绿色农业标准化经济效果评价体系是绿色农业标准化评价体系的重要内容。标准化活动的成果由其取得的经济效果来衡量。绿色农业标准化的经济效果是实施标准化获得的有用效果与劳动力成本耗费的比较，反映投入成本和产出效益的关系，其公式为：

$$E = R/C \text{ 或 } E = R - C$$

式中，E 为绿色农业标准化的经济效果；R 为实施绿色农业标准化带来的收益，包括收益的增加和生产成本的降低；C 为绿色农业标准化成本，包括制定、实施标准等与标准化活动有关的投入成本。从成本—收益角度分析，只有 $R > C$，才能产生正的经济效果，绿色农业标准化才有意义。

三、绿色农业与食品安全

（一）食品安全概述

"民以食为天，食以安为先。"这句话道出了食品安全的重要性。一般来说，食品安全有两重含义，一是食品供给保障安全，即粮食安全，为宏观性食品安全概念；二是以保障人们个体健康安全为内涵的食品安全，即食品质的安全，为微观性食品安全概念。长期以来，人们往往把食品量的安全保障作为矛盾的主要方面，而忽视了食品质的安全性。事实上，随着现代食品产业的不断发展和人们物质生活水平的日益提高，食品质的安全已经上升为主要矛盾而受到全球公众的关注。时下公众理解的"食品安全"实际上应属于食品质的安全范畴。按照FAO/WHO的最新定义，食品安全是指食品及其相关产品不存在对人体健康现实的或潜在的侵害的一种状态，也指为确保此种状态所采取的各种管理方法和措施。就目前的情况来看，在食品安全概念的理解上，国际社会基本的共识是食品安全是个综合概念，涉及食品卫生、食品质量、食品营养和食物种植、养殖、加工、包装、贮藏、运输、销售、消费等诸多方面。而作为从属概念的食品卫生、食品质量、食品营养等均无法涵盖上述全部内容和全部环节，并且它们在内涵和外延上存在许多交叉，由此造成实践中相关部门对食品安全的重复监管和相互推诿。

（二）绿色农业与食品安全的关系

绿色农业为生产和开放优质、安全的食品提供了基本条件；优质、安全的食品又提升了绿色农业的综合经济效益，是绿色农业建设成果的体现。要通过发展绿色农业，生产无公害、无污染、优质、安全、营养的食品，满足人们的需要，创造一个良好的生活环境，从而实现农业经济效益、农业生态效益和农业社会效益的协调发展。

1. 追逐目标的一致性

绿色农业的发展目标概括地讲是"三个确保、一个提高"，即确保农产品质量安全、确保生态环境安全、确保生物资源安全以及提高农业综合经济效益。首要一条就是农产品质量安全，"国以民为本，民以食为天，食以安为先"，保障老百姓吃得上安全放心的食品，是绿色农业发展的关键所在。人们关注食品安全，人人需要安全食品。频繁发生的食品安全问题，使广大消费者在饮食方面感到震惊与担心，对食品安全问题愈加敏感。农业生产中过量使用农药、化肥，工业生产中的"三废"对环境的污染，生态环境中水土流失造成环境恶化，食品加工环节过程中过量使用添加剂，以及不符合要求的食品包装物等，都是食品安全的重大隐患。人们在呼唤食品安全的同时，把目光转向了无公害食品、绿色食品和有机食品。特殊的国情决定我国必须首先满足人民的基本食品需求，在保障食品安全的前提下，向安全、优质、营养食品过渡，不能走高投入、高产出，先污染后治理的路子，更不能效仿近似于纯天然的以减少食物产量为代价的低投入、低产出的传统农业方式。在这种情况下，实施绿色农业战略，就成为我国农业发展的必然选择。绿色农业为农产品质量安全生产提供了更为广泛的内涵和外延，在环境因子、生产标准、技术组合、产品质量和协调发展等诸多方面，均体现了高度的一致性。

2. 生产标准的统一性

绿色农业是以维护和建设产地优良生态环境为基础，以稳产、高产、高效及改善整体农业生态环境为目标，达到人与自然协调，实现生态环境效益、经济效益和社会效益相互促进的标准化生产的新型农业生产模式。食品安全首先强调的是产品出自良好的生态环境，并使生态环境始终保持在良好的状态下，控制工业"三废"排放对水、大气、土壤的污染,通过检测,使水、土、大气达到规定标准。在生产中,控制化肥、农药及其他化学物质的投入,严格执行产地环境标准,实行洁净生产。在技术应用上,根据种植业、养殖业、水产业、土特产品以及食品加工等生产技术操作规程生产,做到有章可循。在产品加工上,厂址远离污染源,原料质量有保证,卫生条件良好,严格按食品加工操作规程实行清洁生产。在产品包装、运输、贮藏、销售上,按照标准进行,避免二次污染,真正体现出"从土地到餐桌"的全程质量控制,以保证产品质量,达到农产品标准化生产的基本要求。食品安全工作通过无公害农产品、绿色食品、有机食品等绿色农产品的生产和实施,强调的是提高领导者、管理者、生产者及消费者的生态环境意识,转变"以物为本"为"以人为本",树立科学发展观。搞好"从土地到餐桌"的全程质量控制是核心;采用先进技术是关键;执行产品标准、规范使用标志是条件;实现生态效益、经济效益和社会效益相互促进的农业经济可持续发展是最终目标。

3. 社会发展的协调性

绿色农业所倡导的是实行标准化生产,实行全程质量控制,特别强调农业发展的终端产品——绿色农产品的质量安全。发展无公害农产品、绿色食品和有机食品等绿色农产品是我国的一项开创性事业,要在不断探索和创新中推进。绿色农产品提高了农产品形象、价格及竞争力,实现了优质优价,体现了"优质性";在追求农产品安全、优质、营养、生态的基础上,通过建立市场准入制、发展农产品加工业和农产品国际贸易,大幅度提高农业综合经济效益,体现了"高效性";在生产中,在合理使用投入品的前提下,注意利用植物、动物和微生物之间的生物系统中能量的转移,重视资源的合理利用和保护,使之始终保持良好的状态,体现了"持续性";充分利用科技发展的一切优秀成果,依靠科技进步,提高生产能力,提供足量的、优质安全的农产品以满足人类基本需求,体现了"先进性"。

我国政府对食品安全的发展策略是"三位一体,整体推进"。一是各级政府参与实施。从基地建设、生产条件、产品认证、组织管理、市场建设,都进行合理布局规划,制订出长远发展规划。二是先进生产技术支持。对良种选育、高效生物肥研制、农田基本建设改造、病虫害生物防治、产品保鲜及加工、龙头企业建设都予以支持、扶持。三是政府职能部门指导服务。各级职能部门、认证机构及企业管理人员、农民、基层干部都必须接受培训教育,普及农产品安全知识,全面提高素质。四是建立健全法律法规和认证体系。积极制定各项标准并形成完整体系,使农产品安全管理有章可循、有法可依。

小　结

1. 生态农业是把农业生产、农村经济发展和生态环境治理与保护、资源培育和高效利用融为一体的新型综合农业体系，具有综合性、多样性、高效性、持续性的特征。生态农业的发展受到资源环境、技术、产业基础、政策、管理机制等因素的制约。从 20 世纪中后期开始，欧美等发达国家和地区对世界许多地区的生态农业发展模式进行了探索实践，建立了多种与生态环境和谐共处的农业生产模式，有许多值得借鉴学习的地方。比如日本的环保型生态农业、荷兰的综合型生态农业等。

2. 循环农业是指尊重生态系统和经济活动系统的基本规律，以经济效益为驱动力，以绿色 GDP 核算体系和可持续协调发展评估体系为导向，按照 3R 原则，通过优化农业产品生产至消费整个产业链的结构，实现物质的多级循环使用和产业活动对环境的有害因子零（最小）排放或零（最小）干扰的一种农业生产经营模式。从不同的角度出发，循环农业的运营模式不同：基于产业发展目标有生态农业改进型、农业产业链延伸型、废弃物资源利用型和生态环境改善型；基于产业空间布局有以单个企业、农户为主体的经营型模式、生态园区型模式和循环型社区模式。"减量化"、"再利用"、"再循环"、"控制化"的关键技术是支持循环农业的技术体系。

3. 低碳农业是在低碳经济发展的背景下出现的以"低能耗、低物耗、低排放和低污染"为特征，以提高碳汇能力和减弱碳源能力为突破口，统筹经济功能、生态功能和社会功能，在整个生命周期内进行低碳化设计的资源节约型和环境友好型农业形态。减量节约型模式、固碳增汇模式、清洁生产模式、观光休闲模式是低碳农业发展的四种主要模式，运用垄作免耕、灌溉节水、施肥、病虫害防治、新型农作物育种、畜禽健康养殖、沼气工程节能减排、秸秆资源化利用等技术推进低碳农业的发展。

4. 绿色农业是指充分运用先进科学技术、先进工业装备和先进管理理念，以促进农产品安全、生态安全、资源安全和提高农业综合经济效益的协调、统一为目标，以倡导农产品标准化为手段，推动人类社会和经济全面、协调可持续发展的农业模式。绿色农业标准化是提高绿色农业产品品质安全的最有效路径。绿色农业标准化体系的构建对于农业突破"绿色壁垒"，提升绿色农业产品国际竞争力，保障食品安全卫生，增进人民的身心健康具有重要意义。绿色农业与食品安全之间存在追逐目标的一致性、生产标准的统一性、社会发展的协调性的关系。

关 键 词

生态农业 产业基础 循环农业 减量化 再利用 再循环 产业链 生态园区 共性技术体系 低碳农业 碳源 碳汇 固碳增汇 绿色农业 无公害农产品 绿色食品 有机食品 绿色农业标准体系 食品安全

复习思考题

1. 生态农业的内涵是什么？它有哪些基本特征？
2. 循环农业的运营模式有哪些？
3. 如何推行低碳农业发展模式？
4. 绿色农业的标准体系有哪些？
5. 面对我国较严峻的食品安全问题，试从绿色农业角度，提出可行的缓解措施。

参 考 文 献

［1］翟勇．中国生态农业理论与模式研究［D］．西北农林科技大学学位论文，2006.

［2］薛丽敏．生态农业发展模式研究——昌乐县生态农业发展研究［D］．山东农业大学学位论文，2014.

［3］宣亚南，欧名豪，曲福田．循环型农业的含义、经济学解读及其政策含义［J］．中国人口·资源与环境，2005，15（2）：27-31.

［4］郭铁民，王永龙．福建发展循环农业的战略规划思路与模式选择［J］．福建论坛（人文社会科学版），2004（11）：83-87.

［5］张一帆，曹均．循环农业［M］．中国农业出版社，2009.

［6］周颖．循环农业模式分类与实证研究［D］．中国农业科学院学位论文，2008.

［7］高旺盛．论发展循环农业的基本原理与技术体系［J］．农业现代化研究，2007，28（6）：731-734.

［8］许广月．中国低碳农业发展研究［J］．经济学家，2010（10）：72-78.

［9］翟书斌，翟小军，马瑞，白杨．低碳农业内涵及其发展模式探讨——基于黄淮海平原主产区的百村调研［J］．北京农业，2011（12）．

［10］王昀．低碳农业经济略论［J］．中国农业信息，2008（8）：12-15.

［11］谢淑娟．低碳农业发展研究基于广东省的实证分析［M］．经济管理出版社，2013.

［12］谢淑娟，匡耀求，黄宁生．中国发展碳汇农业的主要路径与政策建议［J］．中国人口·资源与环境，2010，124（12）：46-51.

［13］赵其国．低碳经济与农业发展思考［J］．生态环境学报，2009，18（5）：1609-1614.

［14］韩贵清．发展低碳农业经济的必然选择与目标模式［J］．新农业，2010（7）：8-9.

［15］黄钦海，李沙娜．我国发展低碳农业的障碍与对策分析［J］．重庆科技学院学报（社会科学版），2010（21）：89-100.

［16］张卫华．中国第一个 CDM 项目前生今世［J］．经济，2007（7）：22-25.

［17］蒋高明．发展生态循环农业，培育土壤碳库［J］．绿叶，2009（12）：93-99.

［18］贺顺奎．低碳农业：农业现代化的必然选择［J］．贵阳学院报（自然科学版），2010，5（3）：39-41.

［19］吴一平，刘向华．发展低碳经济建设我国现代农业［J］．毛泽东邓小平理论研究，2010（2）：58-65.

［20］李晓燕，王彬彬．低碳农业：应对气候变化下的农业发展之路［J］．农村经济，2010（3）：10-12.

［21］张宪英．我国低碳农业解读及其发展路径初探［D］．复旦大学学位论文，2010.

第五章　农业生态经济规划

【学习目标】农业生态经济规划是一项涉及面广、十分复杂的系统工程。通过本章的学习，达到以下学习目标：

（1）了解农业生态经济规划的基本原则和常用方法，熟悉农业生态经济规划的主要类型。

（2）了解农业生态经济产业规划的概念、特征和原则，掌握农业生态经济产业规划的内容。

（3）理解农业生态经济区域规划的含义和原则，掌握农业生态经济区域规划的影响因素，熟悉农业生态经济区域规划的内容。

（4）了解农业生态经济园区规划的基本原则和总体思路，理解农业生态经济园区规划的方法，掌握农业生态经济园区的功能布局。

第一节　农业生态经济规划的方法与类型

一、农业生态经济规划的基本原则

农业生态经济规划是一项涉及面广、十分复杂的系统工程。在进行农业生态经济规划的过程中，应当遵循农业生态经济规律并适应现代农业发展的趋势，具体而言即应遵循整体性原则、结构性原则、因地制宜原则和最优化原则等基本原则。

（一）整体性原则

农业生态经济规划的对象是多因素、多层次、多结构、多功能的农业地域综合体，是组成要素相互依存、相互制约的有机整体，农业生态经济规划必须服从于这些特性。整体系统性原则具体又包括以下两个方面的内容：

1. 整体与局部相互协调原则

整体功能大于局部功能之和的原理和局部薄弱环节限制整体功能的规律，

要求人们在进行农业生态经济规划时，既要着眼整体功能最大，同时又不忽视局部功能的研究。

2. 经济与生态协调发展原则

这个原则的理论依据是系统输入与输出间动态平衡的保持与打破不断转化的规律。根据这个原则，在农业生态经济规划时要考虑到生物与环境相适应，资源开发与利用相结合，农业经济发展与生态环境保护相协调，从而实现生态效益、经济效益和社会效益的统一。

（二）结构性原则

结构决定功能，农业生态经济结构的状况如何，不仅直接关系到农业资源的合理利用和农业的发展，而且对整个社会经济结构的合理化有着重大的影响。农业生态经济结构性原则表现为：

（1）农业生产结构与资源组合状况及优势相协调原则。农业生产结构是农业资源利用的体现和方向，只有使农业生产结构与资源优势相协调，才能合理利用资源，使资源优势顺利地转化为产品优势，并最终转化为经济优势。

（2）农业生产结构分层次优化原则。农业生产结构包括多个层次，如农业生产结构、种植业结构和粮食作物结构等。在调整、优化农业生产结构时，必须从多层次通盘考虑，以便使各层次结构都得到优化。

（三）因地制宜原则

因地制宜原则就是根据当地的自然、经济、社会、技术等条件和特点以及在更高层区域所处的地位及主要生态经济关系，经过综合分析论证，确定农业发展方向、主导行业、生态经济结构与模式，以协调生态经济关系，扬长避短，发挥优势。

（四）最优化原则

农业生态经济规划的最优化原则是指在农业生态经济系统中，由于其内部因素和条件的相互作用，总可以在一定条件下使得农业生态经济系统的某方面最大限度地（或最少限度地）接近或是适合某种既定的客观标准，从而实现最优。农业生态经济规划最优的内容及其形式主要包括：农业生态经济规划系统形态结构最优、农业生态经济规划运营过程最优和农业生态经济规划功能布局最优等。基于最优化原则，能够促进农业生态经济规划科学实践和科学认识的最优化，使农业生态经济规划摆脱盲目被动状态。

二、农业生态经济规划的常用方法

在农业生态经济规划实践中，最常用的方法主要有：定性分析与定量分析相结合、规范分析与实证分析相结合、宏观分析与微观分析相结合、静态分析与动态分析相结合、传统方法与现代方法相结合等。

（一）定性分析与定量分析相结合的方法

定性分析是对农业生态经济系统各组成要素的基本特征和发展方向的分析。定量分析是对农业生态经济系统各组成因素的分布范围、数量和比例关系的分析。农业生态经济系统是性质和数量的辩证统一体。仅有定性分析，就会缺乏精确性和深刻性；仅有定量分析，就会缺乏必要的前提和基础。因此，只有将定性分析与定量分析紧密结合，才能得出正确结论。

（二）规范分析与实证分析相结合的方法

实证分析是研究农业生态经济系统是怎样的问题。规范分析是研究应该怎样行动的问题。农业生态经济规划方案的编制，不仅要描述、解释已经观察到的农业生态经济现象，并据以预测未来可能发生的情况，而且要为政府提供为实现其规划目标所应采取的切实可行的行动方针和政策措施。缺乏实证分析，规划只会是"纸上画画"；缺乏规范分析，规划只能是"墙上挂挂"。只有两者紧密结合，才能使农业生态经济规划切实得到实施运行。

（三）宏观分析与微观分析相结合的方法

宏观分析是对农业生态经济系统总体的结构、功能和效益进行分析，带有整体性、全面性和抽象性。微观分析是对一个具体的农业生态经济系统个体进行深入细致的分析，带有局部性、典型性和具体性。宏观分析的对象——整体，是由微观分析的对象——个体有机构成的，宏观分析离不开微观分析；微观分析是宏观分析的基础，但离开了宏观分析，就会产生片面性。所以，只有两者密切结合，才会全面地、准确地反映农业生态经济发展的规律。

（四）静态分析与动态分析相结合的方法

静态分析是对农业生态经济系统处于特定时点上的结构、功能和效益水平的分析。它反映系统生产能力的高低，可以实现不同地区之间农业生态经济系统的横向比较分析。动态分析是对农业生态经济系统随时间变化而变化的情况的分析。动态分析可以研究过去某一时期内系统运行的情况和演替，也可以研究未来某一个时期内系统运行的发展趋势。它反映了系统的稳定性和运行规律。只有把横向可比性强的静态分析方法与纵向可比性强的动态分析方法很好地结合起来，才能完整地、正确地反映出农业生态经济系统的状态和过程。静态分析与动态分析相结合要求把现状与历史、当前与长远有机结合起来，加以综合分析。

（五）传统方法与现代方法相结合的方法

传统方法的严密性、规范性和科学性较差，不能胜任复杂因素的分析，但它灵活性较强，并易于掌握，在规划工作中仍被广泛使用。现代方法科学性强，可以弥补传统方法之不足，但是人们掌握这些方法却需要很长时间。因此，要取长补短，将传统方法与现代方法结合起来使用。

三、农业生态经济规划的主要类型

（一）农业生态经济产业规划

基于宏观层面视角，农业生态经济产业规划是指国家运用生态学原理、规划学原理、生态经济学原理及其他相关学科的知识与方法，结合全国农业的实际情况及市场的需求，对农业的产业战略、产业布局、产业结构做出科学合理的规划。基于微观层面的视角，农业生态经济规划将具体到各个区域，当地政府结合当地农业的实际发展状况，从区域农业资源特点、区域生态系统功能的完整性及社会经济条件出发，对当地农业产业进行科学合理的规划。

农业生态经济产业规划是以因地制宜、效益统筹、可持续发展、突出产业特色和可操作性为原则，具有科学性、系统性、层次性、预见性和可操作性的特征。功能定位、主导产业规划、优势产业规划、附属产业规划是农业生态经济产业规划的主要内容。

（二）农业生态经济区域规划

农业生态经济区域规划，顾名思义其既不同于一般的农业区域规划，也不同于一般的生产发展计划和一般的经济规划，它是以区域性、市场经济、技术进步与创新、以人为本以及经济、生态、社会效益并重和统一为原则，以经济水平、产业结构、人力资源、环境政策为条件，从自然、社会、经济等多个角度对农业区域技术研究、成果推广应用和农业生产甚至是农业发展所进行的规划。

农业生态经济区域规划的主要内容包括农业生态经济区域规划状况的调查与评价、农业生态经济区域规划的分区与规划布局、农业生态经济区域规划建设领域和建设任务规划、农业生态经济区域规划经费概算与效益分析、农业生态经济区域规划的保障机制。

（三）农业生态经济园区规划

农业生态经济园区规划，是指以市场导向、综合开发、以人为本、科技先导和可持续发展为原则，运用实体分析与模型分析相结合、单项分析与综合分析相结合、主导因素分析与非主导因素分析相结合、结构分析与功能分析相结合以及系统分析与环境分析相结合等方法，以高效农业为目标，依托农业高科技，引进先进的园区经营理念，建立以第一产业为基础，将第二产业、第三产业等多种产业形态相融合的具备一定景观效果的现代化空间，能够对当地农业和农村经济的发展起到较强示范带动作用而进行的科学合理的规划。

农业生态经济园区规划要求农业生态园区树立工业化发展运作的理念，以布局合理化、管理规范化、产业科技化、服务系列化、信息网络化、绿色生态化为具体思路，在农业生态经济园区规划设计中因地制宜地设置生态农业示范区、观光农业旅游区和科普教育功能区。

第二节　农业生态经济产业规划

一、农业生态经济产业规划的概念

（一）相关概念的界定

界定农业生态经济产业规划的含义，首先要弄清什么是生态规划和产业规划。在此基础上，才能更加准确地理解农业生态经济产业规划的科学概念。

1. 生态规划

生态规划是应用生态学原理、规划学原理、生态经济学原理及其他相关学科的知识与方法，从区域生态系统功能的完整性、区域资源环境特点以及社会经济条件出发，合理规划资源开发与利用途径以及社会经济的发展方式，置生态环境保护于区域开发与经济发展之中，以达到资源利用、环境保护与经济增长和谐发展的规划。[①]

现代生态规划意在正确处理人、地（包括地表的水、土、气、生物和人工构筑物）之间的生态关系，重点在于运用生态规划修复发展过程中的生态失衡，使环境、经济、社会协调发展。因而，生态农业规划的目的在于运用复合生态系统理论、景观生态学和循环经济学的方法，结合地域或地段的综合生态环境与资源特点以及具体目标要求，构建空间和谐、生态稳定和社会经济理想的区域农业生产系统。

2. 产业规划

产业，通常分为三大产业，农业为第一产业，工业为第二产业，流通和服

---

① 倪川．观光农业生态园规划设计理论研究与实践［D］．福建农林大学学位论文，2010.

务业为第三产业。规划，是人们未来的行动纲领，指在一定时期内采取一定的措施来实现一定的目标。产业规划就是从经济发展的实际状况出发，充分考虑到市场的需求，对当地产业战略、产业布局、产业结构等做出的科学计划。产业规划通常是在政府部门的指导下具体实施的。①

（二）农业生态经济产业规划的概念

农业生态经济产业规划以提高农业资源利用率为重点，以实现农业资源使用回报的高效益和农业可持续发展为目标，基于农业产业化开发的目的，依据农业生态学、农业经济学原理和方法，制订特定行政区或地理区段农业生态经济系统农业及相关产业优化结构、产业布局和中长期发展规划。农业生态经济产业规划突破了农业区划和土地规划的局限，既重视从宏观层面把握农业产业化开发与区域农业发展总体战略的衔接，又注重自身效益；既重视近期的经济效益，又重视远期效益和农业的可持续发展。

二、农业生态经济产业规划的特征

（一）科学性

农业生态经济产业规划同其他任何规划一样，是人们的主观意识对客观存在的一种科学的反映，规划时要排除一切违反科学的主观因素的干扰。农业的发展有其客观存在的规律性，不按这些规律办事，势必阻碍农业的发展。这些规律有自然、社会和经济方面的，也有国家的方针政策方面的。科学的农业生态经济规划是在了解本国、本地区农业资源、环境、基础设施等情况和掌握本国、本地区农产品市场的需求与经济发展水平的基础上做出的。只有正确地处理农产品需求和农产品供给之间的矛盾、农业资源开发和农业生态环境保护的矛盾，才能使主观设计系统和客观存在的实际系统相一致。

（二）系统性

农业生态是一个复杂的系统，包括许多子系统，如农业生态资源系统、农业生态设施系统、农业生态环境系统等，这些子系统下面又有很多低一级的子系统。因此，在农业生态经济规划过程中，必须具有系统性，才能处理和协调好农业生态这个复杂的系统。此外，农业生态经济规划的方法也具有系统性。

（三）层次性

农业生态经济系统是具有层次性的，农业生态经济产业规划也应具有层次性。某一特定地域的农业生态经济产业规划，其上有一个高一级层次的农业生

---

① 刘建栋. 农业产业规划实施的法律问题研究［D］. 兰州大学学位论文，2014.

态经济产业规划，其下有若干个低一级层次的农业生态经济产业规划。农业生态经济产业规划的层次性要求低层次的规划服从高层次的规划，高层次规划指导低层次规划。

（四）预见性

农业生态经济产业规划不仅对目前出现的问题提出解决方案，更重要的是对未来状态的设想和对可能出现的问题做出科学预测和处理。所以，农业生态经济产业规划中对未来的预测是非常重要的，正确的预测是决定农业生态经济产业规划成败的关键。

（五）可操作性

农业生态经济产业规划的可操作性也就是其可应用性。农业生态经济产业规划的最终目的就是应用于实践，指导农业发展建设，使农业资源开发有章可循、有据可依，要求规划符合实际、内容充实，具有可操作性。没有可操作性的农业生态经济产业规划便没有存在的必要。

三、农业生态经济产业规划的原则

（一）因地制宜原则

产业发展与一个地区的资源基础、经济发展、政策等因素密切相关，必须因地制宜地结合当地的条件和市场优势，确定合适的农业生态经济产业项目，制订合理的发展规划。我国疆域辽阔，自然气候多样，各地的生物及地理资源各不相同。在进行农业生产时最应注重农作物的本地性，因为本地的植物最具有自然适应能力，其在当地会生长得最好，选择种植本地的产物，可增加区域特点，并且降低种植成本。因此，在农业生态经济产业规划时应考虑当地的自然资源条件以及生态类型，选择适合的生长作物及动物，再从中选取主导产品及产业进行开发。由此可见，自然生态环境以及地域条件是决定各地农业生产结构发展的重中之重。把当地发展的优势找准，扬长避短，按照地区条件来选择自己的发展点，即到底是发展农业、林业还是畜牧业等都应该遵循地域条件，把农业生态经济产业的规划建设同当地现阶段农业发展结构调整有机结合起来，同当地支柱产业紧密地结合，从而促进当地农业产业发展。①

（二）效益统筹原则

农业生态经济产业规划要紧密围绕在发挥生态效益、社会效益、经济效益三位一体的农业整体效益之上，规划设计必须以生态环境效益为优先点，将社

---

① 李祥敏. 农业产业开发规划研究［D］. 南京农业大学学位论文，2000.

会效益的发展作为先决条件，并时刻考虑到经济效益这个出发点和突破口，但凡将三者分割开来，只强调其中任何一个方面的效益都是不可行的。应该以最小的环境代价、最少的资源消耗来实现总体可持续增长，走出一条科技技术含量高、当地经济效益发展好、资源利用率高、环境污染小、人力社会资源优势得到充分发挥的道路，从而实现眼前效益与长远发展的充分结合。只有在以这三大效益为中心思想的主导下的规划才能使当地农业经济发展处于一种统一、协调、合理的良性循环之中。①

（三）可持续发展原则

可持续发展原则即要求农业生态经济产业规划必须建立生态、经济、社会等各方面的目标。首先是生态目标，我国农业发展的制约因素主要是国内耕地的大面积减少、环境污染、气候变化等因素，因此，必须保护资源、保护生物的多样性、减少环境污染，提高农业系统本身具备的物质循环能力，用科学的方法发展农业经济；其次是经济目标，我国农业人口占全国总人口的很大比重，要满足农业生产者的物质文化需求，保障其收入的经济利益，保证农业收成的持续增长，使其可从农业中获利而做到丰衣足食、生活小康，从而解决中国的三农问题；最后就是社会目标，农业生态经济产业的建设是一个国家农业发展的必经之路，经过建设应达到带动农业发展、提高社会经济水平、带动科研技术的产生以及满足全国人民衣食住行的基本要求和社会文化需求。要做到这三点，就要求在农业生态经济产业规划中坚持可持续发展的原则，即运用生态学原理，遵照永续利用、永续循环的原则，保护环境，促进各个农业产业之间共生互利，有效地利用仅有的资源，使农业生产可以长期健康循环地进行。可以说，坚持可持续发展的生态保护理念和节约能源促进能源再生原则是我国现阶段发展农业生态经济产业的唯一选择。②

（四）突出产业特色原则

立足优势资源，发展富有特色的产业项目和产品，促进经济收益和旅游观光的发展。我国地形条件复杂，气候多样，农业生产自然条件千差万别，农产品种类丰富，各地都形成了一些别具特色的、品质优良的地方品种，如吐鲁番的葡萄、天津良乡的板栗、南丰蜜橘、沙田柚、太湖猪、成都麻羊等。因此，

---

① 赵燕. 生态视野下的农业产业园景观规划研究［D］. 西安建筑科技大学学位论文，2010.

② 赵燕. 生态视野下的农业产业园景观规划研究［D］. 西安建筑科技大学学位论文，2010.

在全国各地引种成风的情况下，绝不能忽视对地方特色优良品种的保护和开发。

（五）可操作性原则

农业生态经济产业规划必须依据当地农业基础资料开展，严格尊重事实，保证产业规划能保质保量落实到园区，避免规划与实际脱节。①

四、农业生态经济产业规划的内容

（一）功能定位

农业生态经济产业规划是通过对农业产业的选择与分析，确定农业生态地区的产业发展内容，实现产业化发展，以此来获得经济效益和社会效益。它决定着该地区的战略发展方向，其功能定位要立足于当地社会经济等发展的实际情况，因地制宜，选择恰当的建设内容和技术路线，根据农业生态经济规划的指导思想和发展目标，全面协调、突出重点，指导该地区产业规划建设，使其发挥应有的作用和影响。②

（二）主导产业规划

主导产业是指在产业结构中处于主要的支配地位，本身成长性高，关联性强，能迅速吸收先进技术，完成技术创新，产生较多经济效益，同时可以有效带动其他相关产业发展的产业。在农业生态经济产业规划中，选择合理的主导产业可以有效带动地区产业发展的步伐，同时还可以辐射周边地区农业经济的发展。③ 因此，对主导产业的选择应该慎重，一般是通过定性分析确定待选主导产业的大致范围，然后进行具体的定量分析，进一步缩小范围，将定性分析和定量分析结合起来进行综合筛选，确定符合要求的产业作为地区的主导产业进行培育。在这一过程中，还需要明确当地经济发展状况和农业产业发展趋势，结合国家和当地政府的农业政策偏好及消费市场需求，认真分析主导产业的发展前景和发展空间。主导产业的选择是建立在农业地区功能的基础之上的，综合分析农业地区功能可知，种植业、畜牧业、水产养殖业和农产品加工业等领域都有可能成为农业地区主导产业，而生产加工、旅游观光功能可以产生较多的经济效益，同样具备作为主导产业的潜力。④

---

① 管丽娟．现代农业园区规划设计研究——以杨凌现代农业示范园区为例［D］．西北农林科技大学学位论文，2010．

② 胡自超．农业园区规划研究［J］．硅谷，2008（17）．

③ 何忠伟．农村产业结构调整问题研究［D］．湖南农业大学学位论文，2002．

④ 李国新．经济发达地区农业科技园区功能、主导产业规划理论探讨［D］．中国农业大学学位论文，2005．

（三）　优势产业规划

优势产业是指那些在当前经济总量中占有一定份额，且运行状态良好，资源配置合理，在一定空间和时间范围内有较高产出率的产业。优势产业立足于现实的经济效率和规模，注重当前的效益。它强调资源的天然禀赋、合理配置及经济行为的运行状态。在产业寿命周期曲线中，优势产业一般处于发展中后期到成熟中期这一区间，对整个经济的拉动作用处于或即将处于鼎盛时期，同时也处于衰退前夕，对经济的带动期较短。农业生态经济优势产业规划立足于当地农业基础产业的发展现状，在农业地区内为优势产业提供发挥功能的空间，实现其产业价值，但要避免它影响产业结构的升级。同时，借鉴优势产业的发展历程和经验教训，为农业地区主导产业规划提供参考。①

（四）　附属产业规划

不同地区因生态条件、资源禀赋、农业基础等的影响，在大力发展农业生态经济主导产业的同时存在一些规模较小、产业化程度不高的产业类型，这些就是附属产业。附属产业是相对而言的，对于以农业生态经济生产为主导产业的农业地区来说，餐饮业、旅游业等第三产业就成为该地区的附属产业。这部分产业虽然不能作为该地区的主导，但其能保障该地区产业功能的顺利开展，还可以探索该地区发展的新思路，而且附属产业投资小，项目灵活，对该地区的农业生态经济全面发展有很大帮助。②

第三节　农业生态经济区域规划

一、农业生态经济区域规划的含义

农业生态经济区域规划是对农业区域技术研究、成果推广应用和农业生产甚至农业发展所进行的规划。③ 如何既充分、合理地利用自然资源，持续、稳定地发展农业生产，又能保护和改善农村生态环境，维护农业生态平衡，已成

---

① 管丽娟 . 现代农业园区规划设计研究——以杨凌现代农业示范园区为例［D］. 西北农林科技大学学位论文，2010.

② 管丽娟 . 现代农业园区规划设计研究——以杨凌现代农业示范园区为例［D］. 西北农林科技大学学位论文，2010.

③ 赵跃龙 . 我国农业规划的发展趋势及主要内容［D］. 农村实用工程技术（农业产业化），2004（2）.

为当前我国农业发展中的重要问题。有关农业生态经济区域规划的理论研究和实践表明，因地制宜地开展生态农业建设，从自然、经济、社会全面规划的角度来进行生态农业系统的研究和建设，是解决这一问题的有效途径之一。

农业生态经济区域规划是以社会效益、经济效益和生态效益的统一为前提，以长远利益和当前利益的兼顾为目标，在自然区划和生产发展的基础上，编制区域性的生态经济规划，它是保证生态农业建设顺利进行的重要前提和基础。由于生态经济规划是指在自然综合体系的天然平衡不作重大变化，自然环境不遭破坏和一个部门的经济发展不给其他部门造成损害的情况下，计算并合理安排自然资源利用和组织地域利用的一种计划，因此，农业生态经济区域规划也应该将合理利用大自然各组成部分的原则和合理利用整个大自然的原则相结合，以满足农业发展中生产性领域和非生产性领域需要的综合性计划，故而具有极强的社会性和经济性。

需要指出的是，农业生态经济区域规划既不同于一般的农业区域规划，也不同于一般的生产发展计划和一般的经济规划。农业生态经济区域规划是从自然、经济、社会全面发展的角度综合布局，它既包括生产计划和经济规划，也包括农业区划、环境规划、社会发展计划，是多种规划和计划的综合。

农业生态经济区域规划的对象一般为行政区域，之所以强调"区域"是因为它在自然地域上有较大的范围，可以充分实现物质和能量的循环与流动及产业间的协调，同时一定规模的区域，具有较为完整的行政管理系统，又具有一定的资金、技术和劳动力基础，可以通过技术的和行政的手段来实现环境的综合治理和组织经济建设的实施。[1]

二、农业生态经济区域规划的原则

(一) 区域性原则

区域生态经济规划必须突出区域的性质和特点，在规划内容、深度和方法上都要坚持因地制宜、讲求实效，以能解决当地实际问题为度。[2] 同理，农业生态经济区域规划也要根据当地的自然、经济、社会、技术等条件和特点以及主要农业生态经济关系，经过综合分析论证，确定当地农业的生态经济发展方向、主要领域与模式，以便扬长避短，发挥优势。

① 卞有生. 区域生态经济规划编制导则 [J]. 农村生态环境，1995 (2).
② 张小林，刘继生，冯春萍. 人文地理学导论 [M]. 测绘出版社，1995：126-139.

（二） 市场经济原则

随着我国社会主义市场经济体制逐步建立和完善，随着全球经济一体化进程不断加快，区域各部门之间、区域与区域之间的联系日益频繁，技术、劳动力、资金、信息、产品的横向交流日益频繁。因此，编制农业生态经济区域规划必须充分发挥比较优势，面向区域内外和国内外市场，大力发展市场经济。

（三） 技术进步与创新原则

技术进步与创新是农业经济发展的充分必要条件，也是农业生态经济发展的活力源泉。编制农业生态经济区域规划，必须通过技术进步与创新，寻找一种既有高经济效益又有高生态效益的技术，即生态技术，① 解决区域发展中的农业生态经济问题，促进社会经济和自然环境的快速、健康、持续发展。

（四） 经济、生态、社会效益并重和统一原则

农业生态经济区域规划的对象是一个开放的自然—社会—经济复合系统，规划编制的目的就是不仅要使区域内的农业生态经济系统结构合理，而且要功能健全、稳定、高效，从而实现经济效益、生态效益和社会效益的同步提高，因此必须坚持经济、生态、社会效益并重和统一原则，不能厚此薄彼，而要三者兼顾。

（五） 以人为本原则

社会的核心是人，发展的动力和阻力也是人，生态的实质是以人为主体的生命与环境间的相互关系，正确处理好人与土地（包括地表的水、土、气、生物和人工建筑物）的生态关系是区域生态经济规划的根本任务。② 农业生态经济区域规划也必须提出明确的目标和具体措施，通过正式与非正式的教育系统，不断改变与生态经济发展不相容的价值观念，坚持以人为本原则，在建设和发展中不断提高人的素质。

三、农业生态经济区域规划的影响因素

（一） 区域经济发展水平

区域经济发展水平是指某个区域经济发展的规模、速度所达到的水准，是衡量区域经济发展状态、潜力的标志。反映一个区域经济发展水平的常用指标有区域生产总值、区域收入、区域人均收入、经济发展速度、经济增长速

---

① 许坚. 论调控农业生态经济发展的技术机制 [J]. 生态经济, 1996 (1)：19-20.

② 国家环境保护局全国生态示范建设试点工作领导小组. 全国生态示范区建设试点工作文件汇编 [M]. 中国环境科学出版社, 1997：58-60.

度等。

　　经济增长对农业生态经济区域规划的影响体现在三个方面：第一个方面是规模效应。经济增长导致经济规模的扩大，从而需要更多的农业资源投入，产生更多的农业污染物，影响农业资源的消费和农业生态环境质量。第二个方面是结构效应，随着经济的发展和人们生活的改善，公众的消费观念也会有所转变，对生活品质、环境质量有更高的要求，更愿意购买绿色环保农产品，由此促进农业结构的调整升级，从而带动农业生态效率的提升。第三个方面是技术效应。随着经济的发展，社会有更多的资金投入新产品、新技术的研发和引进，从而提高农业生产的技术水平，提高农业资源利用率，降低农业资源消耗，提升农业生态效率。此外，随着技术水平的提升，农业污染治理技术得以发展，使产生的农业污染物能得到更好的治理，从而减少农业污染物排放量，进而提高农业生态环境质量。

　　综上所述，经济发展通过规模效应、结构效应与技术效应，影响着农业资源消费和农业生态环境质量，进而影响农业生态经济区域规划的开展与进行。

　　（二）产业结构

　　产业结构通过影响能源需求量、能源消耗强度和能源消费结构来影响农业生态经济区域规划。产业结构的调整会带来能源消费量的增加，由于我国工业化进程的加快，我国能源消费量快速上升。近年来，工业产业能源消耗占全社会能源消耗的 70% 左右，第二产业内部的钢材、建材、有色金属等高能耗行业的能源消费量占工业能源消费总量的 80% 左右。随着我国工业化进程的日益深化，我国的能源消费量还会大幅增加。[1]

　　产业结构的优化升级会改善能源消费强度。一般理论认为，第一产业、第三产业、第二产业的能源消耗强度依次递增。[2] 第一产业能耗强度基本保持在2.4 万吨标准煤/亿元，第二产业能耗强度在三次产业中最高，为 5.14 万吨标准煤/亿元。同时，产业内部不同行业的能源消费强度也不相同，产业结构的优化升级，会影响全社会的能源消费强度。[3]

　　（三）人力资源

　　农业生态经济区域规划的人力条件指的是区域人力资本。人力资本对农业

---

　　① 数据来源于 2006 年和 2012 年《中国能源统计年鉴》（中国统计出版社）。

　　② 毛建素，曾润，杜艳春. 中国工业行业的生态效率 [J]. 环境科学，2010（11）：2788-2794.

　　③ 余泳泽，杜晓芬. 技术进步、产业结构与能源效率——基于省域数据的空间面板计量分析 [J]. 产业经济评论，2011（4）：36-68.

生态经济区域规划的影响主要反映在两个方面：一方面，人力资本通过技术创新为农业生态经济区域规划活动提供技术支持；另一方面，人力资本通过提升公众的环保意识，来保障农业生态经济区域规划的顺利进行。

人力资源的提升有利于社会创新能力的提升。通过一定的教育，人力资本不断积累，提升了个人在接受、解析和理解新产品、新知识、新技术、新信息等方面的能力，劳动者越能接受农业经济发展的新理念，越有利于农业生产方式的转变。而且劳动者接受的教育程度越高，创新能力也越强，这势必加快技术进步，[1] 带动农业生产管理水平和技术水平的提升，从而有效提高农业资源利用效率，并最终带动农业生态效率水平的提高。

人力资本水平的提高还能增强人们的环保意识。一方面，在人力资本水平较高的地区，人们的生活水平也较高，对生活质量有更高的追求，会自觉地使用节能环保产品，尊重自然、保护环境，改变过去的盲目消费、铺张浪费等不良消费观念。另一方面，随着农业生态意识的增强，公众参与环境保护、监督企业恶性排污的积极性也随之增强，从而有利于环保政策的执行，进而使农业生态环境质量得以改善。[2]

（四） 环境政策

环境政策的推行对促进节能减排无疑有着积极的作用，政府可以采取一定的行政和经济政策对"经济—资源—环境"系统运行的资源环境影响进行干预和调控。我国的环境政策工具大致分为三类：第一类是政府指令性行政管制，包括政府颁布的禁令、行业标准、环境法等；第二类是调动私人部门，引导公众参与；第三类是利用经济或市场手段，这是创新发展的也是最有效的环境政策工具。推行科学合理的环境政策，有助于提高人们的环保意识，引导人们节能减排，进而提升生态效率水平，促进经济的高效健康发展。

环境政策对农业生态经济区域规划的影响主要体现在以下三个方面：首先，环境政策通过激励技术创新提升区域农业生态经济效率水平。环境政策通过鼓励农业生产进行环境技术创新和推进环境技术市场化，促进农业生产在降低资源消耗和消减污染的同时，降低生产成本，提高市场竞争力，最终实现经济和资源环境的双赢。严厉的环境保护政策在短期虽然会提高农业生产的成

---

① 刘凤良，高东明．"趋同"问题的研究及其为增长理论发展带来的新课题 ［J］．当代经济研究，2006（6）：23-27.

② 潘兴侠．我国区域生态效率评价、影响因素及收敛性研究 ［D］．南昌大学学位论文，2014.

本，但农业生产在执行环境政策的同时，其生产技术和设备得到了更新升级，从长远来看，农业生产的生产效率会得到提升，农业资源利用率和农业生态环境质量会得到改进，农业经济产出和农业资源环境的"双重红利"会得以实现。其次，环境政策通过建立完善的社会监督体系保障区域农业生态经济规划的进行。由于污染治理投入大，运行费用高，污染治理的经济效益低下甚至无经济效益，通过完善的监督体系才能迫使企业进行污染治理；同时，随着社会的进步，人们的环保需求会增加，全社会就形成了重视环保、积极参与监督环保的良好氛围，从而有利于区域内农业生态效率的改善。最后，环境政策通过提高人们的环保意识而影响农业生态经济区域规划的进程。政府环保部门通过定期进行环保宣传、开展环保活动、加强环保监督体系，能够提高农民的环保意识和环保自觉性，从而促使他们自觉地配合与执行农业生态经济区域规划。

四、农业生态经济区域规划的内容

农业生态经济区域规划就是在对农村社会—经济—自然复合生态系统进行分析与评价的基础上，对区域社会、经济、科技和生态环境进行统筹规划、综合治理，促进社会、经济和自然环境的同步协调发展，以实现宏观效益和部门效益、长远和当前利益、社会效益和经济效益以及生态环境效益的统一。主要内容为：

（一）农业生态经济区域规划状况的调查与评价

在实地调查的基础上，深入分析农业区域社会—经济—自然复合生态系统状况，是农业生态经济区域规划工作的第一步。农业区域生态经济状况调查和评价应包括：区位条件及其评价；自然地理条件及其评价；社会经济条件及其评价；生态环境现状评价；生态经济现状分析与评价。通过以上分析评价，达到以下目的：明确规划区域内各种资源在地域上的组合状况及对经济发展的影响；明确影响规划区域经济、生态、社会持续发展和进步的有利因素、制约因素及其相互关系，并明确哪些是关键因素，哪些是一般因素；明确规划区域内存在的主要生态经济问题、产生原因及解决办法。

（二）农业生态经济区域规划的目标选择

农业生态经济区域规划的目标是指规划期内区域社会、经济、生态系统所要达到的目的指标。在确定各项发展指标时，要紧密结合当地情况，并参照上一级国民经济计划和规划目标，提出不同地区、不同阶段的发展指标。对不同层次、不同规划阶段的指标，应提出数种发展方案。指标既要先进，又要切实可行。

（三）农业生态经济区域规划的分区与布局

农业生态经济区域规划的分区是从农业区域生态经济系统整体出发，根据自然环境特征和经济社会发展状况，把特定的空间划分为不同功能的区域单元，也就是说对农业生态经济要素和农业生态经济活动在空间存在状态的分类。其理论依据主要是生态经济系统的地域差异性、区内相似性和发展阶段性。农业生态经济分区的指标设计必须满足全面性、科学性、可行性、适用性和完整性原则。农业生态经济区域规划指标体系主要有：（1）农业生态经济成本指标，包括地形地貌指标、气候指标、土地类型及利用状况指标、人口指标、产业结构指标、人均农业 GDP 指标、人均收入指标、森林覆盖率指标等；（2）农业生态经济平衡指标，包括能量投入产出指标、成本费用指标、森林蓄采比指标等；（3）农业生态经济效益指标，包括森林覆盖变化率、土地退化治理率、土地利用率、环境治理率、资金利润率等指标。通过对上述三类指标的衡量、对比、分析和综合，就可将水平相似或大体接近的地区划为同类型生态经济区。① 在生态经济分区的基础上，因地制宜，扬长避短，发挥优势，合理配置土地、劳动力、资金、技术等生产要素，进而开展农业生态经济区域规划。

（四）农业生态经济区域规划建设领域与任务规划

农业生态经济区域规划中，包含许多重要建设领域，如发展生态农业、改善能源结构和住区环境、保护耕地、保护珍稀濒危野生动植物及脆弱的生态经济系统、防灾能力建设等，以上各领域（因具体情况不同可有增有减或个别交叉合并）都应规划重点建设任务并安排具体建设项目，重点建设领域应制订专题（子）规划。

（五）农业生态经济区域规划经费概算与效益分析

经费概算应包括两部分：一是部门规划预算和总体预算，二是经费渠道。合理安排经费预算，并确保经费来源，是保证农业生态经济区域建设顺利实施的重要环节。效益分析要从经济、生态、社会三个方面进行：（1）经济效益分析的主要内容有：资源利用的合理性和系统的抗干扰能力；物质、能量的利用水平及生产力发展水平；系统价值产投比、总产值、总利润、产业结构、人均产值、人均收入等。（2）生态效益分析的主要内容有：系统结构是否合理；自然资源利用效率（土地利用率、光能利用率、能量产比等）；系统绿色植被覆盖率及对环境污染的降解和自净能力；环境优美舒适度等。（3）社会效益分析的主要内容有：规划后的农业生态经济区域建设是否有利于人民物质文化

---

① 许涤新．生态经济学 ［M］．浙江人民出版社，1987：260-266.

生活的提高和社会人员素质的提高；生态意识是否增强；是否有利于区域内科技进步和文化教育水平的提高；区域是否具有高效的信息反馈系统和先进的决策支持系统。

（六）农业生态经济区域规划的保障机制

根据规划目标的要求，结合农业生态经济现状及存在的问题，提出与规划、主要建设领域及重点建设任务相适应的对策与措施。通常包括经济措施、行政措施、法律措施、市场措施以及能力建设、资金筹措、国际交流与合作等方面，尤以能力建设（科教事业发展与人力资源开发等）、政府的农业生态经济政策调整最为重要。①

第四节 农业生态经济园区规划

一、农业生态经济园区规划的原则

（一）市场导向原则

农业生态经济园区规划应牢牢把握地区经济社会发展所带来的休闲体验旅游需求新机遇，充分利用当地的区位优势，凸显和强化休闲农业旅游这一资源特色，挖掘趣味性亮点，体现当地特色，为城乡居民提供一个生态良好的休闲度假场所和绿色健康的娱乐体验空间。

（二）综合开发原则

根据农业生态经济园区资源条件现状和现有农业基础，因地制宜地安排各类产业项目，将生产加工、休闲度假、科普教育和商务会议等功能有机结合起来，形成一个相互联系、相互依赖和相互促进的综合体。使生态林业、园艺作物、畜禽养殖等农业产业之间，农业产业与生态旅游观光、绿色休闲娱乐等服务产业之间彼此协调、功能互补，实现综合开发。

（三）以人为本原则

农业生态经济园区作为以休闲农业旅游为亮点的生态旅游观光目的地，其项目设置和景点规划，应以人为本，充分考虑游客的参与体验性需求。通过开发多样性的休闲娱乐项目，使项目内容有看点、服务内容有亮点、游客游览观赏有立足点和兴奋点，从而使游客在参与体验的过程中获得更多的快乐感受和

---

① 胡文海. 区域生态经济规划若干问题研究［J］. 人文地理，2002（2）：5-8.

文化认知。

（四）科技先导原则

农业生态经济园区规划应充分体现科技是第一生产力的发展观念，引进国内外新技术、新品种、新装备。以高新技术成果示范，引导地区现代农业发展；以高新技术成果展示，吸引游客观光。同时，将高校和科研院所的农业科研成果引进园区并进行转化、推广和示范，发挥现代农业生态经济园区新品种、新技术等科技成果的展示、示范和引导作用。

（五）可持续发展原则

农业生态经济园区规划应遵循生态农业发展的基本理念，合理使用土地，科学安排生产，杜绝对生态环境和景观的破坏。尤其是要严禁污染物流入水体，严格控制废弃物的排放，可通过沼气、微生物发酵等生物再利用技术实现废弃物的重复利用。此外，适当控制休闲旅游服务产业规模，做到保护与开发并重，农业旅游与生态保护并举，从而实现农业生态经济园区的可持续发展。

二、农业生态经济园区规划的思路

（一）总体思路

树立农业生态经济园区走工业化发展道路的理念，以优质、高效的服务水平和服务设施为依托，以产业集群、资金聚集、人才技术集中为开发思路，以实现效益集合、成果集锦的基本目标，构筑企业化运作，集科研开发、生产示范、产品加工于一体的创业平台。坚持经济与生态双赢、产业与资源协调、体系与特色兼顾、形象与效益匹配、城市与乡村统筹的建设原则，以大中型、外向型贸易龙头企业招商开发为重点突破口，以规模化开发独具地方特色的名优农产品为亮点，以发展高效设施农业、观光休闲农业、特色生态农业作为园区建设的基本点，以高标准的农田建设和完善的市政配套设施建设为保障，以新型生态社区和庄园建设为安居创业的基础，以生态防护、生物净化及绿地系统来优化建设可持续发展的环保体系。

（二）具体思路

依托农业生态经济园区的地理优势、资源优势和交通优势，通过现代科技、物资装备、管理组织等，把园区建设成为布局合理化、管理规范化、生产机械化、农业科技化、服务系列化、信息网络化、旅游生态化的农业高新技术成果展示基地，发挥对周边地区的商业辐射带动作用，更好地促进本地区传统农业向现代农业的转变。

（1）布局合理化。园区内农产品加工区的建设要与高效种植建设功能相衔接，核心区内的加工区、高效种植区、科技与管理服务区、农业观光区等要布局合理，方便生产、生活，实现规划布局、设施建设和管理方式的统一。

（2）管理规范化。园区建设要加强管理，健全技术服务体系，明确各自的职责与任务分工，建立健全管理创新、技术创新、生产创新、产业经营创新、服务创新等激励机制。

（3）产业科技化。实行良种、良法配套，大力推广各种现代农业高新技术成果，提高土地利用率和土地产出率。实行科研和生产设施现代化、农产品加工精深化以及农业生产标准化。建设不同规模和档次的设施农业，如采用机械化生产和农业循环系统，达到提高劳动效率、节省能源并保护生态环境的目的。同时，在核心区推广绿色食品标准化生产技术和农产品精加工技术，提高农产品的国际市场竞争力。

（4）服务系列化。园区由政府牵头，通过龙头企业、农业合作经济组织及技术依托单位，全面开展产前、产中、产后的综合配套服务与农民技术培训，实现系列化、规范化、标准化的园区服务。

（5）信息网络化。随着信息网络技术的发展与普及，在农业生态经济园区内部实现足不出户就可以与外界进行农业与农产品信息的有效交流。

（6）绿色生态化。园区建设密切围绕农业可持续发展和生态化建设的总体目标，注重水土保持、培肥地力和林网建设，形成农业生产的良性循环。

三、农业生态经济园区规划的方法

在农业生态经济园区规划实践中，最常用的方法主要有：实体分析与模型分析相结合，单项分析与综合分析相结合，主导因素分析与非主导因素分析相结合，结构分析与功能分析相结合和系统分析与环境分析相结合等方法。

（一）实体分析与模型分析相结合

模型分析是通过用适当的数学方程、图像甚至物理形式来简明地反映农业生态经济实体系统的一种方法。模型分析已成为农业生态经济园区规划研究必不可少的一种方法。但是，模型本身毕竟不是实体系统，它是客观实体系统的映像。由于客观实体系统的复杂性和人们认识的局限性，人们所构建的模型总是不太科学或令人失望。即使所构建的模型相当科学或相当令人满意，也会由于客观实体系统的变动性，而使原来的模型与变动了的实体系统不相符。因此，还要不断地进行实体分析，取得真实可靠的数据，来修改和完善模型。实体分析是模型分析的基础和补充，模型分析是实体分析的提高和抽象。所以，在编制农业生态经济园区规划时，要坚持实体分析与模型分析相结合的原则。

（二）单项分析与综合分析相结合

单项分析是对农业生态经济系统的某个组成因素、某个方面或某个专题等进行研究。综合分析是把各个因素、各个方面和各个专题等放在农业生态经济园区规划、农业生态经济系统整体中去研究，找出它们之间内在的本质联系。在编制农业生态经济园区规划时，要坚持以综合分析为主的单项分析和综合分析相结合的原则。

（三）主导因素分析与非主导因素分析相结合

主导因素分析是对组成农业生态经济系统的诸多因素中，能反映其基本特征，并将起决定性作用的因素的分析。非主导因素分析是对系统发展不起决定性作用的因素的分析。主导因素和非主导因素是相比较而言的，在一定的条件下，它们可以相互转化。在进行主导因素分析时，不要忽视对非主导因素的分析，但又不必面面俱到地分析一切非主导因素。因此，在开展农业生态经济园区规划研究时，要坚持以主导因素分析为主的主导因素分析与非主导因素分析相结合的原则。

（四）结构分析与功能分析相结合

结构和功能是系统中相互依存、相互制约却又不可分割的一对概念。如果只对具体系统进行结构分析，那么就难以理解"同构异功"的现象；如果只进行功能分析，那么就很难理解"异构同功"的现象。因此，只有把功能分析与结构分析相结合，才能真正揭示结构与功能的复杂关系（同构同功、同构异功、异构同功、异构异功），从而揭示出农业生态经济系统的本质特征。

（五）系统分析与环境分析相结合

这里的系统分析是指对农业生态经济系统的结构、功能和效益进行分析。环境分析是指对农业生态经济系统外的，对该系统发生较大作用的环境因素进行分析。农业生态经济系统是一个开放系统，该系统与其环境之间相互渗透、相互联系，不断进行物质、能量与信息的交换。如果不进行环境分析，而一味编制农业生态经济园区规划，结果会使系统与环境格格不入，农业生态经济园区也将难以持续发展。

四、农业生态经济园区的功能布局

依据资源属性、景观特征性及其现存环境，在考虑保持原有的自然地形和农业生态经济园区的完整性的基础上，结合未来发展和客观需要，农业生态经济园区规划中应采取适当的设计以实现园内的功能分区。这样，在农业生态经济园区规划设计中就可以因地制宜地设置生态农业示范区、观光农业旅游区和科普教育功能区。

（一）生态农业示范区

生态农业示范区是农业生态经济园区规划的核心部分，它是农业生态经济园区最主要的效益来源和示范区域，是农业生态经济园区生存和发展的基础。生态农业示范区的规划设计应以生态学原理为指导，遵循生态系统中的物质循环和能量流动规律，园区规划设计所采用的生态农业类型中既包含生产者、消费者，也包含分解者。例如在广东省惠州市惠东县大岭镇永记生态园的新规划中，稻田生态区采用稻鱼鸭萍种养共生的动植物共生系统式的生态农业类型；果园生态区采用果园结合养殖的立体种植业式的生态农业类型；鱼塘生态区采用猪鸭鱼草相结合的食物链、加工链式的生态农业类型。这些生态农业类型都充分利用了多种生物的共生关系，将各生态元素以食物链串在一起，相互转化，充分利用能量和物质，由此形成良性物质能量的生态循环，体现了较高的生态和经济效益。

另外，为了提高农业生态经济园区的经济效益，农业生态经济园区中蔬菜栽培区可以采用大规模产业化的生产模式。不仅有生产效益高、产业带动性强和集中性统一的优点，还能对其他农业产业化企业起到示范和参考的作用。比如：花卉栽培区可主要生产各种食用和观赏性花卉，供游人品尝、欣赏和购买消费。食用菌中心在农业生态经济园区规划中既是生产者，又是分解者，体现了废物充分利用的功能。可见，应该以生态农业作为农业生态经济园区的核心内容，体现绿色、生态及多种功能的产业优势，并使其成为农业生态经济园区的主导产品和发展重点。

（二）观光农业旅游区

进入21世纪，伴随着人类生产、生活方式的变化及乡村城市化和城乡一体化的深入，农业已从传统的生产形式逐步向景观、生态、健康、医疗、教育、观光、休闲、度假等方向转化，所以生态热、回归热、休闲热已成为市民的需求与渴望。农业生态经济园区规划可着重把农业、生态和旅游业结合起来，利用田园景观、农业生产活动、农村生态环境和生态农业经营模式，吸引游客前来观赏、品尝、习作、健身、度假、购物以及体验农事、科学考察、环保教育等，即突破固定的客源渠道，以贴近自然的特色旅游项目吸引周边城市游客在周末及节假日作短期停留，以最大限度地利用资源，增加旅游收益。

农业生态经济园区规划应以充分开发具有观光、旅游价值的农业资源和农业产品为前提，以绿色、健康、休闲为主题，在园内建设花艺馆、野火乐园、绿色餐厅、绿色礼品店、农家乐活动园、农业作坊、露天茶座、生态公园、天然鸟林等休闲娱乐场所，让游客在完美的生态环境中尽情享受田园风光。

（三）科普教育功能区

观光农业和农业科普的发展是相统一的，旅游科普是观光农业和农业科普的统一产物。旅游科普是以现代企业经营机制，开发农业资源，利用农业资源的新兴科普类型。它的引入将解决目前困扰我国农业生态经济发展的诸多瓶颈问题，缓解我国农业科普客体过重的压力，为我国农业和科普事业的发展营造良好的氛围。

这就要求编制农业生态经济园区规划时应遵循知识性原则、科技性原则、趣味性原则，例如可以通过在农业生态经济园区中设立农业科普馆和现代农业科技博览区等科普教育中心，向游人介绍农业历史、农业发展现状，普及农业知识和加强环保教育。还可在现代农业科技博览区设立现代农业科技研究中心，采用生物工程方法培植各种农作物，形成特色农业。通过这些互动方式，既可以为当地及周边地区的科普教育提供基地，为大中院校和中小学生的科普教育提供场所，同时还可以为各种展览和大型农业技术交流、学术会议和农技培训提供场所。

小　　结

1. 农业生态经济规划是一项涉及面广、十分复杂的系统工程，其基本原则有整体系统原则、结构性原则、因地制宜原则和最优化原则。在农业生态经济规划实践中，最常用的方法有：定性分析与定量分析相结合、规范分析与实证分析相结合、宏观分析与微观分析相结合、静态分析与动态分析相结合、传统方法与现代方法相结合等。

2. 农业生态经济产业规划具有科学性、系统性、层次性、预见性和可操作性等特征，其基本原则有：因地制宜原则、效益统筹原则、可持续发展原则、突出产业特色原则、可操作性原则。农业生态经济产业规划的内容包括功能定位、主导产业规划、优势产业规划、附属产业规划。

3. 农业生态经济区域规划是对农业区域技术研究、成果推广应用和农业生产甚至是农业发展所进行的规划，应遵守区域性原则、市场经济原则、技术进步与创新原则、以人为本原则以及经济、生态、社会效益并重和统一原则。农业生态经济区域规划的内容包括状况的调查与评价、目标选择、分区与布局、建设领域与任务规划、经费概算与效益分析、保障机制。

4. 农业生态经济园区规划的基本原则有：市场导向原则、综合开发原则、以人为本原则、科技先导原则、可持续发展原则。在农业生态经济园区规划实践中，最常用的方法主要有：实体分析与模型分析相结合、单项分析与综合分析相结合、主导因素分析与非主导因素分析相结合、结构分析与功能分析相结合和系统分析与环境分析相结合等。农业生态经济园区的功能布局：生态农业示范区、休闲观光旅游区、科普教育功能区。

关　键　词

农业生态经济规划　生态规划　产业规划　功能定位　主导产业规划　优势产业规划　附属产业规划　区域规划　园区规划　生态农业示范区　观光农业旅游区　科普教育功能区

复习思考题

1. 农业生态经济规划的概念是什么？其基本原则有哪些？
2. 农业生态经济产业规划的内容包括哪几个方面？
3. 如何理解环境政策对农业生态经济区域规划的影响？
4. 农业生态经济园区规划的方法有哪些？
5. 试述农业生态经济园区规划的总体思路和具体思路。

参 考 文 献

［1］卞有生. 区域生态经济规划编制导则［J］. 农村生态环境，1995（2）.

［2］管丽娟. 现代农业园区规划设计研究——以杨凌现代农业示范园区为例［D］. 西北农林科技大学学位论文，2010.

［3］国家环境保护局全国生态示范建设试点工作领导小组. 全国生态示范区建设试点工作文件汇编［M］. 中国环境科学出版社，1997：58-60.

［4］胡文海. 区域生态经济规划若干问题研究［J］. 人文地理，2002（2）：5-8.

［5］姜磊，吴玉鸣. 中国能源边际效率评价——基于省际面板数据的中国能源消费结构考察［J］. 资源科学，2010（11）：2179-2185.

［6］李祥敏. 农业产业开发规划研究［D］. 南京农业大学学位论文，2000.

［7］刘凤良，高东明. "趋同"问题的研究及其为增长理论发展带来的新课

题［J］. 当代经济研究, 2006（6）: 23-27.

［8］刘建栋. 农业产业规划实施的法律问题研究［D］. 兰州大学学位论文, 2014.

［9］毛建素, 曾润, 杜艳春. 中国工业行业的生态效率［J］. 环境科学, 2010（11）: 2788-2794.

［10］倪川. 观光农业生态园规划设计理论研究与实践［D］. 福建农林大学学位论文, 2010.

［11］潘兴侠. 我国区域生态效率评价、影响因素及收敛性研究［D］. 南昌大学学位论文, 2014.

［12］许涤新. 生态经济学［M］. 浙江人民出版社, 1987: 260-266.

［13］许坚. 论调控农业生态经济发展的技术机制［J］. 生态经济, 1996（1）: 19-20.

［14］余泳泽, 杜晓芬. 技术进步、产业结构与能源效率——基于省域数据的空间面板计量分析［J］. 产业经济评论, 2011（4）: 36-68.

［15］张小林, 刘继生, 冯春萍. 人文地理学导论［M］. 测绘出版社, 1995: 126-139.

［16］赵燕. 生态视野下的农业产业园景观规划研究［D］. 西安建筑科技大学学位论文, 2010.

［17］赵跃龙. 我国农业规划的发展趋势及主要内容［J］. 农村实用工程技术（农业产业化）, 2004（2）.

第六章　农业生态经济评价

【学习目标】农业生态经济效益是从生态平衡的角度来衡量农业生产的经济效益，是农业生态效益和农业经济效益的综合，而农业生态经济效益评价的目的则是为提高农业生态经济效益提供依据。通过本章的学习，达到以下学习目标：

（1）了解农业生态效益与农业经济效益的关系，理解农业生态经济效益的概念及衡量原则，掌握农业生态经济效益的组成及其表现形态。

（2）了解农业生态经济效益评价的综合指数法、模糊综合评价法、人工神经网络评价法、层次分析法等方法，能够构建农业生态经济效益的评价指标体系。

（3）理解提高农业生态经济系统效益的总体思路，熟悉提高农业生态经济系统效益的微观途径和宏观途径。

第一节　农业生态经济效益概述

农业生态经济效益是从生态平衡的角度来衡量农业生产的经济效益，是农业生态效益和农业经济效益的综合。在人类改造自然的过程中，要求在获取最佳经济效益的同时，最大限度地保持农业生态平衡和充分发挥农业生态效益，即取得最大的农业生态经济效益，这是农业生态经济学研究的核心问题。长期以来，人们在社会生产活动中，由于只追求经济效益，没有遵循生态规律，不重视生态效益，各种资源遭受破坏，致使生态系统失去平衡，已经给人类社会带来灾难，阻碍了经济发展。从事某项生产建设项目，以单纯的经济观点来衡量其个别的、一时的经济效益可能很高，但往往存在着对生态资源的掠夺和破坏的现象，如森林过伐、酷渔滥捕、陡坡开荒、草场超载过牧等。这种只看当前、不顾长远的开发利用方式是错误的，违背了农业生态经济效益的规律。所以，人们在农业生产活动中，要首先对农业生产的生态效益进行评价，考虑项目在生态环境方面的可行性与价值，并在此基础上评价农业经济效益，从而决

134

定是否开始项目，以争取农业生态效益与农业经济效益的统一。

一、农业生态效益与农业经济效益的关系

在人类的生产、生活中，如果生态效益受到损害，整体的和长远的经济效益也难得到保障。因此，人们在社会生产活动中要维护生态平衡，力求做到既获得较大的经济效益，又获得良好的生态效益。生态效益是指生态环境中诸物质要素，在满足人类社会生产和生活过程中所发挥的作用。经济效益是人们进行经济活动所取得的结果，而经济活动的生产环节又是整个经济活动的基础，决定分配、交换、消费等环节。在社会生产过程中，处于主体地位的是劳动者，处于客体地位的是生态环境提供的阳光、空气、水、土地、动植物、矿石等物质要素。在单位时间内的主客体相结合转化过程中，如果在劳动者耗费的劳动量和科技水平一定的条件下，生态环境提供的物质要素质量好、数量多，则既可产生好的生态效益又可产生较高的经济效益。反之，生态环境提供的物质要素不足，不仅会使劳动者数量减少、能力下降，所耗费的劳动量锐减，而且会直接影响生产产品的质量和数量，进而使经济效益下降。可见，经济效益会受到生态效益的制约，或者说，经济规律要服从生态规律，人们的经济活动不能脱离一定质量和数量的生态环境物质要素的支持，经济效益必须以生态效益为基础。

此外，生态环境之所以能产生生态效益，这是由构成生态环境诸多物质要素的功能决定的。人们以什么方法充分利用生态环境诸物质要素的功能，又采用何种方式使生态效益转化为经济效益，这是由生产力发展水平和与之相适应的经济条件决定的。随着科学技术的进步和商品经济的发展，人类一方面不断利用科学技术充分发挥生态环境中诸物质要素的功能，另一方面则通过商品交换的方式，把生态环境中物质要素的使用价值转化为价值，从而实现经济效益。据测算，一棵生长 50 年的树，产生氧气的价值为 31200 美元，吸收有害气体、防止大气污染的价值为 62500 美元，涵养水源的价值为 37500 美元，为鸟类及其他动物提供栖息繁衍场所的价值为 31250 美元，生产蛋白质的价值为 2500 美元；扣除花果和木材的价值，各项经济效益的总和达到 196000 美元。

农业生态效益是指人们在农业生产中依据生态平衡规律，使自然界的生物系统对人类的生产、生活条件和环境条件产生的有益影响和有利效果，它关系到人类生存发展的根本利益和长远利益。农业生态效益的基础是农业生态平衡和农业生态系统的良性、高效循环。在农业生产中追求生态效益，就是要使农业生态系统各组成部分在物质与能量输出输入的数量上、结构功能上，经常处

于相互适应、相互协调的平衡状态，使农业自然资源得到合理的开发、利用和保护，促进农业和农村经济持续、稳定发展。

农业经济效益强调农业生产对经济的贡献作用，是指在合理利用农业资源和保护农业生态环境的条件下，农业经济活动已取得的有用劳动成果与劳动消耗、劳动占用的比较。农业经济活动都是以取得最大限度经济效益为目的，不产生经济效益的农业经济活动，不仅会造成社会再生产过程的中断，而且会危及人类的生存和发展。

农业生态效益与农业经济效益的联系与区别表现在，农业生态效益是从农业生态平衡的角度来衡量效益，农业生态效益与农业经济效益之间是相互制约、互为因果的关系。在农业生产中所产生的生态效益和经济效益可以是正值或负值。然而当前一些农业部门只看到眼前利益，为了快速地提高农业经济效益，给农业生态环境带来不利影响的现象普遍存在。尽管此时农业经济效益是正值，但农业生态效益却是负值，这种农业生产活动势必是不可持续的。由此可见，农业生态效益的好坏，关系到全局和长期的农业经济效益。

二、农业生态经济效益的概念及衡量原则

农业生态经济效益是指在一定区域内，以农业生态环境建设和农业经济发展为核心，遵循农业生态学原理和农业经济规律，把区域内生态建设、环境保护、自然资源的合理利用、生态的恢复与该区域社会经济发展及城乡建设有机结合起来，通过统一规划，综合建设，培育天蓝、水清、地绿、景美的生态景观，孕育整体、和谐、开放、文明的生态文化，孵化高效、低耗的生态农业，建立人与自然和谐共处的生态社区，实现农业经济效益和农业生态效益的可持续发展和高度统一。可见，农业经济效益与农业生态效益的综合，就是把农业经济发展建立在农业生态环境可承受的基础之上，在保证自然再生产的前提下扩大经济的再生产，从而实现农业经济发展和农业生态保护的"双赢"，进而建立农业经济和农业生态良性循环的复合型农业生态经济系统。

究竟怎样合理准确地衡量农业生态经济效益，是一个需要深入探讨的重要问题。一方面，农业生态经济效益的取得，终须遵循、运用生态规律，探究物质、能量的转化循环，绝不能脱离生态环境系统的客观要求；另一方面，农业生态经济效益由多层次的网络结构形成，只从单方面或孤立地就某个角度加以衡量，往往具有片面性，因此必须多视角、多层次地进行综合分析、比较，只有这样才能做到准确而全面地把握。在衡量农业生态经济效益时，则既可以使用综合指标，也可以使用专项指标。

三、农业生态经济效益的表现形态

从农业生态经济效益的表现形态来看，至少包括农业生态效益、农业经济效益和农业社会效益。

（一）农业生态效益

农业生态效益是人类在农业生产活动中依据生态平衡规律，对自然生态系统，对人类的生产、生活条件及环境条件所产生的有益的或有利的结果。农业生态效益的基础是生态平衡和生态系统的良性、高效循环。农业物质能量转化效率是功能指标；农业生态质量是指农业生态环境的现存状态，包括农业环境质量和农业资源状况，是结构指标；农业生态效益可以通过上述功能指标和结构指标计算。农业生态效益表现在农业生产活动对农业生态系统的物质生产过程、能量流动转化过程、自然资源的合理利用和保护，以及对农业环境的治理和改善等方面的效果和影响。农业生态系统内的自然资源，其合理利用有不同措施：对于生物资源，应注意资源增值和永续利用，以增加系统的贮备能；对于阳光、空气、水等恒定资源，要坚持充分利用、提高效率，尽可能将这些资源转化为农业产品；空气、淡水资源可循环利用，但其质量如被污染则会失去利用价值。对已污染和破坏的农业生态环境的治理、对现有农业生态环境的改善、减少和防止对现有农业生态环境的污染和破坏，其目的都是使现有农业生态环境变得更加有利于农业生物和人类本身的生存和生活，使农业生态环境的质量不断提高。

（二）农业经济效益

正如前文所述，农业经济效益是指在合理利用农业资源和保护农业生态环境的条件下，农业经济活动已取得的有用劳动成果与劳动消耗、劳动占用的比较。首先，农业经济效益的高低，在很大程度上受自然条件（含土地、气候、生态环境等）制约。在农业生产中，人的劳动同自然力是协同起作用的，人的劳动的发挥是否适应自然力，所获经济效益的差异很大。如果农业生产充分利用、改造自然环境，促进农业生态平衡，农业经济效益就会稳定持续提高，反之，破坏了生态环境，农业经济效益就明显下降。其次，农业经济效益会受到农业区划、生产布局、内部结构、服务体系建设、基建方案、技术措施等多方面的影响，所以，评价农业经济效益并不仅仅是考虑对农业生态和农业生产结构的影响及对其他产业部门的作用，必须努力做到综合平衡。最后，农业经济效益的提高，必须综合发挥技术装备、劳动者、技术措施、自然条件等诸方面条件的优势，形成综合效益。否则，则可能互相干扰，形不成合力，经济效益不能提高。例如，农业生产具有明显的地域性，在光照、温度和水分等自然资源和自然条件适宜，生态环境条件好的地区，以等量的劳动消耗能够生产出较多的优质、无污染、数量高或具有较高的使用价值的农副产品，等量土地可以获得较多的农业经济效果和较大农业经济效益。

（三）农业社会效益

农业社会效益是指农业生产或服务等各种经济活动对社会文化、政治、宗教、军事、人口等方面的影响和效果。目前一般把社会效益集中于满足社会需要的程度上，即农业生产经营活动满足于社会需要的程度越高，其社会效益也越大；否则社会效益就小，甚至没有社会效益。随着社会文明程度的提高，农业社会效益越发受到人们的重视，农业生产活动应能最大限度地争取社会效益。我们从事一切经济活动，就要看是否能获得一定的社会效益，农业经济活动也不例外。就农业生态系统的社会效益而言，较多的农产品输出，能够满足社会的需要，促进社会的安定；不断提高农产品质量、产量，才可以满足人口增长和人类不断提高的物质生活水平的需要；农业生产项目的增多还可以提供更多的就业机会。

第二节　农业生态经济效益的评价理论与方法

党的十八大报告提出，要"创新行政管理方式，提高政府执行力和公信力，推进政府绩效管理"。党的十八届三中全会明确提出，要"严格绩效管理，突出责任落实，确保权责一致"。新修订的《国务院工作规则》第 34 条规定："国务院及各部门要推行绩效管理制度和行政问责制度。"农业部门深入推进绩效管理，是贯彻落实党中央国务院重大部署、促进政府职能转变的迫切需要，是践行党的群众路线、抓好"四风"问题整改落实的重大举措，也是全面深化农村改革、促进农业农村经济平稳较快发展的重要抓手。因此，要把农业生态经济绩效管理与农业部门履职尽责结合起来，充分发挥绩效管理规范行政行为、推动工作落实的作用，通过强化农业生态经济绩效管理，狠抓措施落实，高标准、高质量地完成农业农村经济各项目标任务，为国民经济发展作出更大贡献。

一、农业生态经济效益的评价理论

农业生态经济效益评价应遵循的原则主要有以下五点：

第一，结果导向、注重过程。要既重视农业生态经济效益的最终结果，又重视实现农业生态经济效益结果的过程，对结果和过程都进行评价。

第二，实事求是、客观公正。规范农业生态经济效益评价程序，严格评价标准，加大信息公开力度，自觉接受群众监督，促进公开、公平、公正。

第三，统筹兼顾、突出重点。紧紧围绕"三农"中心工作和目标任务开展农业生态经济效益评价，同时以管理创新破解制约影响农业农村经济发展的深层次问题。

第四，简便易行、务求实效。农业生态经济效益评价指标应当通俗易懂、简便易行，数据的获得应当考虑现实条件和可操作性，符合成本效益原则。简化农业生态经济效益评价的执行程序，提高绩效管理工作的效率，把工作落到实处，追求实效而不只是空喊口号。

第五，积极稳妥、逐步完善。准确把握农业生态经济效益评价的理念方向，不断完善制度办法和程序方法，努力拓展农业生态经济效益评价的广度和深度，逐步由试点探索过渡到全面推行。

二、农业生态经济效益的评价原理

农业生态经济效益评价的目的是为提高农业生态经济效益提供依据。通过这一科学决策的实施，去影响农业生态系统，从而提高农业生态系统的生产力和生产效率，使"人类—土地—环境"成为和谐的统一体，取得土地资源开发最好的生态、经济、社会效益。通过生态效益评价，可以比较清楚地认识到不同的土地开发模式会对农业生态环境造成哪些后果，及时采取措施，调整农业生产结构和开发模式，按生态经济规律来改善农业生态经济系统的运行。根据农业生态经济效益的变化规律，分析农业经济活动对农业生态效益的影响程度，对危及生态效益的农业经济活动，采取有效的控制和调整措施，使农业生态效益与农业经济效益同步提高。

三、农业生态经济效益的评价考核方法

如何对农业生态经济效益进行客观、公正、科学的评价，目前还没有一套完善的方案。农业生态经济效益评价主体可根据评价项目的特点，选择以下一种或多种评价方法。

（一）综合指数法

综合指数法是指在确定一套合理的农业生态经济效益指标体系的基础上，对各项生态经济效益指标个体指数加权平均，计算出农业生态经济效益综合值，用以综合评价农业生态经济效益的一种方法。即将一组相同或不同指数值

通过统计学处理，使不同计量单位、性质的指标值标准化，最后转化成一个综合指数，以准确地评价农业生态经济综合效益。综合指数值越大，农业生态经济发展质量越好，指标多少不限。

计算公式如下：

$$某指标个体指数 = \frac{报告期某指标的实际值}{该项指标标准值}$$

$$综合经济效益指数 = \frac{\sum（某指标个体指数 \times 该项指标权数）}{\sum（各项指标权数）}$$

由于各项指标权数之和 = 100%，所以有：

$$综合经济效益指数 = \sum（各指标个体指数 \times 各指标权数）$$

（二）模糊综合评价法

模糊综合评价法是一种基于模糊数学的综合评价方法。该综合评价法根据模糊数学的隶属度理论把定性评价转化为定量评价，即用模糊数学对受到多种因素制约的事物或对象作出一个总体的评价。它具有结果清晰、系统性强的特点，能较好地解决模糊的、难以量化的问题，适合各种非确定性问题的解决。一般使用步骤如下：

1. 模糊综合评价指标的构建

模糊综合评价指标体系是进行综合评价的基础，评价指标的选取是否适宜，将直接影响综合评价的准确性。农业生态经济效益评价指标的构建应广泛涉猎与该评价指标系统相关的行业资料及法律法规。

2. 采用构建好权重向量

通过专家经验法或者 AHP 层次分析法构建好权重向量。

3. 构建评价矩阵

建立适合的隶属函数从而构建好农业生态经济效益评价矩阵。

4. 评价矩阵和权重的合成

采用适合的合成因子对其进行合成，并对农业生态经济效益评价结果向量进行解释。

（三）层次分析法（AHP）

AHP 是将与决策总是有关的元素分解成目标、准则、方案等层次，在此基础之上进行定性和定量分析的决策方法，是对定性问题进行定量分析的一种简便、灵活而又实用的多准则决策方法，已广泛应用到能源系统分析、城市规划、经济管理、科研评价等领域，在农业生态经济效益评价过程中也得到了广泛的重视和应用。

（四）人工神经网络评价法

通过模拟人脑的神经网络工作原理，建立能够"学习"的模型，并将经验性知识积累和充分利用，从而使求出的最佳解与实际值之间的误差最小化，通常把这种解决问题的方法称为人工神经网络（Artificial Neural Network）。

人工神经网络是模仿生物神经网络功能的一种经验模型，首先根据输入的信息建立神经元，通过学习规则或自组织等过程建立相应的非线性数学模型，并不断进行修正，使输出结果与实际值之间的差距不断缩小。人工神经网络通过样本的"学习和培训"，可记忆客观事物在空间、时间方面比较复杂的关系，它能够把问题的特征反映在神经元之间相互联系的权值中，所以，把实际问题特征参数输入后，神经网络输出端就能给出解决问题的结果。基于人工神经网络的多指标综合评价方法，通过神经网络的自学习、自适应能力和强容错性，就能够建立更加接近人类思维模式的定性和定量相结合的综合评价模型。训练好的神经网络把专家的评价思想以连接权的方式赋予网络，这样该网络不仅可以模拟专家进行定量评价，而且避免了评价过程中的人为失误。由于模型的权值是通过实例学习得到的，这就避免了人为计取权重和相关系数的主观影响和不确定性。

第三节 农业生态经济效益的评价指标体系

一、农业生态经济效益评价指标体系构建依据

科学规范的效益评价指标体系不仅仅是保证效益评价能够有效开展的重要保障，也是影响效益评价最后结果是否合理、准确的关键所在。

（一）指标构建的理论依据

1. 系统论

系统论是研究系统的一般模式、结构和规律的学问，它研究各种系统的共同特征，用数学方法定量地描述其功能，寻求并确立适用于一切系统的原理、原则和数学模型，是具有逻辑和数学性质的一门科学。系统论的基本思想是把所研究和处理的对象当作一个系统，分析系统的结构和功能，研究系统、要素、环境三者的相互关系和变动的规律性。系统论对构建农业生态经济效益评价指标体系的启示体现在：（1）为效益评价体系的建立提供系统观念的指导，指标构建过程中从完整、系统、全面的角度去分析、选取、筛选指标。（2）

整个效益评价指标体系是一个系统，指标之间是存在关联性的，所以在初步选取指标及指标筛选过程中要结合指标之间的关系和相互影响。（3）站在整个指标体系的高度，从有利于农业生态经济效益提高这一战略角度来审视指标体系的科学性，进而促进农业生态经济效益的提高。

2. 新公共管理理论

新公共管理思想以现代经济学和企业的管理理论作为理论基础。首先，新公共管理从现代经济学中获得诸多理论依据。如从"理性人"的假定中获得绩效管理的依据；从公共选择和交易成本理论中获得政府应以市场或顾客为导向，提高服务效率、质量和有效性的依据，从重视"效率"转而重视服务质量和顾客满意度；从成本—效益分析中获得对政府绩效目标进行界定、测量和评估的依据等。其次，新公共管理又从私营管理方法中汲取营养。新公共行政管理认为，私营部门许多管理方式和手段都可为公共部门所借用，必须对产出和结果高度重视，而不是只管投入，不重产出。总之，新公共管理认为，那些已经和正在为私营部门所成功地运用着的管理方法，如绩效管理、目标管理、组织发展、人力资源开发等，完全可以运用到公共部门的管理中。新公共管理理论对构建农业生态经济效益评价指标体系的启示为：（1）对于农业生态经济效益管理而言，应建立以市场或顾客为导向即以项目受益对象（包括农民和项目单位）为导向的观念，政府各部门应站在服务者的角度评价项目的质量及有效性。（2）农业生态经济效益评价指标设置应从项目投入、产出全方面考虑。

3. 平衡计分卡理论

平衡计分卡是 20 世纪 90 年代初由哈佛商学院教授罗伯特·卡普兰和美国复兴全球战略集团总裁戴维·诺顿提出的一套用于经营业绩衡量与评价的指标体系。它是一套既包括传统的财务指标，也包括非财务指标的效益评价系统，旨在通过财务、客户、内部运营、学习和成长四个维度指标对组织绩效进行全面、客观的衡量，其优点是它既强调了绩效管理与组织战略之间的紧密关系，又提出了一套具体的指标框架体系。平衡计分卡在政府部门和企业中的应用显然不同，二者的最大区别在于：企业以利润为追求目标，政府则具有提供高质量的公共服务和重要的社会综合协调功能。农业支出项目是政府部门的公共支出，注重财务绩效的同时，其社会绩效和生态绩效也很重要。

（二）农业生态经济效益评价指标的选取原则

评价指标体系由其指标集合、效益评价标准、评价指标权重共同组成。根据效益评价对象的特点，设计相应的评价指标，确定相应的评价标准，并对评价指标的内容作出说明，对评价指标的使用做出规定。农业生态经济效益评价指标体系的开发应遵循"基本准则为前提，关键问题定方向，基本指标重特点，个性指标选择用"的思路，同时做到"基本指标"和"个性指标"的易表述性和可计量性。在选取和设计指标体系时，不能盲目地进行，而应使指标体系能够反映绩效管理的目标。指标选取时应遵循以下原则：

1. 相关性原则

农业生态经济效益评价的目的在于提高管理效率，完成农业生态经济建设项目的目标，这就要求在选定绩效指标时必须确保指标能够体现考量项目绩效，尽量满足持续改进项目管理的需求。在遵循农业生态经济效益评价指标相关性原则时，需要做到三点：一是设计评价指标要有科学的效益评价的理论做指导，指标体系要抓住项目效益评价的基本概念，做到逻辑结构严谨合理，评价内容具有针对性，抓住农业生态经济建设的本质；二是符合农业生态经济建设项目的性质、特点、关系和项目管理进展；三是做好调研和动态监测，指标体系中各项二级、三级指标在设计前要经过充分的调研、论证，注重动态的监测，在对收集的数据进行周密、细致的统计分析的基础上经过项目点的试用才可以设计推广到相关的项目中。

2. 科学性原则

科学性原则要求，选取指标在方法和内涵上都应该具有科学性。一方面在选取指标的过程中应该讲究科学的方法，要综合运用主客观相结合的方法，如专家咨询法、频度统计法和理论分析法等；另一方面，选取的指标应该能够较为全面地反映农业生态经济效益的内涵，指标的概念应该明确，不能模糊。科学性原则是指标选取必须遵守的基础原则。

3. 层次性原则

层次性指的是在评价分析某一目标时，在指标选取过程中应该具有多重性特点，即指标体系应由多个层次构成。指标选取的层次性使得分析某一问题更加直观具体，也更具有说服力，因此，指标体系的选取和设计应该遵循层次性原则。农业生态经济系统可划分为社会、经济和生态三个大的系统，每个系统分别由几个子系统构成，而各子系统又由多种要素构成；各系统之间既具有其内在的联系，同时也是独立存在的。因此存在层层的元素构架体系，在进行农业生态经济效益评价时，可采用层次分析法的原则逐一分析。

4. 可操作性原则

指标的选择是为了反映和解决特定的目标，因此要考虑指标的可行性和可操作性问题。农业生态经济效益评价指标应该通俗易通，简单明了，容易使人理解，并且容易获取。

5. 定性与定量相结合的原则

即对于能够量化的内容要尽量采用定量指标进行评价，在设计指标体系时，要注重设计可量化的指标，坚持定量与定性相结合，以定量指标为主的思路，确保评价结果的客观性。对于无法量化的内容可采用定性指标进行评价。通过把各个层面的目标，转化为可以定量或定性的指标，并对相应的指标进行监测，再通过对绩效指标监测和数据信息的分析，评估目标是否得以实现或实现的可能性。

6. 综合性与关键性相结合的原则

综合性原则要求指标系统能够综合反映影响农业生态经济效益的各种因素，覆盖面广泛，这样得出的结论也更能反映现实的情况。关键性原则要求选取关键的影响因子，不能太多，否则将影响具体的操作。

7. 重要性和系统性相结合的原则

在评价的时候，选择最具代表性、最能反映效益评价目的的指标。效益评价指标体系都应该是客观的抽象描述，抓住评价项目的核心、本质，体现具有代表性的内容。同时，指标的选择在抓住重要指标的前提下，还要注重指标的系统性。农业生态经济效益评价对象必须用若干指标进行衡量，系统性原则要求这些指标能够反映项目的进程和逻辑关系，指标之间互相联系、互相制约。系统性指标需要从项目的设计、项目的投入和产出、项目的效果和影响、项目的可持续性、项目存在的风险等几个方面设计一级指标，这是评价指标的逻辑顺序，体现以结果为导向的效益评价。一方面是指标体系的层次设置。采用系统分解和层次结构分析法，将总指标分解成次级指标，再将次级指标分解成再次级指标（通常人们把这三个层次称为目标层、准则层和指标层），如此形成树状结构的指标体系，从而使体系的各个要素及其结构都能满足系统优化要求。另一方面是做好指标选择。需要考虑各指标对实现评价目标的重要程度、各类指标在指标体系中的合理构成以及指标间的关联度，做好指标的合理取舍和指标权重的设置；指标数量以够用有效为原则，用较少的指标全面系统地反映评价对象的内容，既要避免指标体系过于庞杂，又要避免单因素选择，从而构建科学、完整的效益评价系统，做到评价指标既能突出重点，又能体现系统完整，实现指标体系的重要性和系统性的结合。

8. 地域特殊性原则

每一个地区都有自身的特点，因此在指标选取的过程中还应该考虑到地域的特殊性问题，地域的特殊性在很大程度上决定了这些指标是否有用。因此在选择指标时，在遵循前面原则的前提下，既要综合考虑一般性指标的选择标准，还要研究能够体现当地特殊情况的特殊性指标。

二、农业生态经济效益评价指标体系构建思路

在效益指标设计上，国际金融组织秉承以结果为导向的管理理念，有针对指标开发的操作手册，保障了项目监测与评价的统一性，体现了完整的逻辑关系，有利于分析项目目标实现的因素；在国内，政府投资项目的效益评价更多体现了对项目的监督检查，更注重项目合规性评价，绩效指标体系缺乏整体性与统一性，难以发挥绩效评估的作用。通过借鉴相关经验，我国农业生态经济效益评价中，需要逐步完善相关制度与方法，制定符合国情的农业生态经济效益评价指标体系。

为建立起农业生态经济效益的评价体系，在参考相关经验并总结的基础上，遵循指标体系的选取原则，将农业生态经济效益评价分为三个准则层，包括农业社会效益层面、农业经济效益层面和农业生态效益层面，对于每一个层面，又选取了具体的指标，通过评价指标的完成情况来反映农业生态经济效益的程度（见表6.1）。农业社会效益层面的主要评价指标包括农村人口增长率、各类技术人员数量、农村百户拥有通信工具数量、城镇化率等，农业经济效益层面的主要包括土地生产力（单位面积上的产量、产值、净产值、纯收入）、劳动生产率（单位劳动的产量、产值、净产值、纯收入）、资金生产率（单位投资的产量、产值、净产值、纯收入）、经济产投比、资金利润率、资金周转率等，农业生态效益层面的评价指标主要包括森林覆盖、农用化肥施用量、废水排放量、废弃排放量和固定废弃物排放量等。

表6.1　　　　　　　　农业生态经济效益评价指标体系

目　标　层	准　则　层	指　标　层
农业生态 经济效益	农业社会效益 B_1	农村人口增长率 C_{11} 各类技术人员数量 C_{12} 百户拥有通信工具 C_{13} 城镇化率 C_{14}

续表

目 标 层	准 则 层	指 标 层
农业生态 经济效益	农业经济效益 B_2	农产品商品化率 C_{21} 农业总产值 C_{22} 粮食总产量 C_{23} 农民人均收入 C_{24}
	农业生态效益 B_3	森林覆盖率达标率 C_{31} 化肥施用量 C_{32} 废水排放量 C_{33} 废气排放量 C_{34} 固体废弃物排放量 C_{35}

三、农业生态经济效益评价指标选择与赋值

效益评价指标可分为共性指标和个性指标两大类。共性指标是适用于所有评价对象的指标，是指对每一个评估对象、部门都涉及的指标，主要包括预算编制和执行情况、财务管理状况、资产配置及其收益管理情况以及社会效益、经济效益等，共性指标由有关部门统一制定。个性指标是针对预算部门或项目特点设定的，适用于不同预算部门或项目的业绩评价指标，是依据每个评估对象特征的评价指标。评价指标体系能够归集各部门效益评价的优势所在，并从宏观方面体现出农业生态经济发展的具体结果，更能够让政府从总体上把握住对农业生态经济投入的总体成本、效益与效果。效益评价指标的确定应该遵循经济效益、环境效益和可持续影响的原则，通俗易懂，简便易行，数据的获得应当考虑现实条件和可操作性，符合成本效益原则，指标要根据指标层级结构的不同，来合理地进行选择。

（一）指标的层级结构

1. 一级指标

也称绩效维度。维度是对评价对象类型、问题的区分，规定了评价的基本方向。通过维度区分，可使评价层面条理化，评价具有可比性。

2. 二级指标

也称基本指标，或称指标内容、中间段指标，是评价手段的体现，作为维

度的载体和外在表现，需要根据项目的种类、特点相关度和隶属性进行编制。

3. 三级指标

也称指标要素，即具体指标，是评价内容的实质性和具体表现，需要进行农业生态经济效益绩效评估指标的赋值。

这里的指标赋值，是指在一个特定的指标集合体中，确定每项指标所占的比重。在农业生态经济效益评估指标体系中，由于每项指标对组织绩效的影响程度不同，其占有权值就有所差别。合理确定评估指标的权值也是确保该套指标体系科学、合理的重要环节。对于农业生态经济效益评估指标体系而言，合理确定指标权值要兼顾两个方面：一方面是经济、社会、生态绩效评估指标在综合绩效评估中所占的权重，另一方面是经济、社会、生态绩效评估指标体系中具体指标的权重。

指标权值的确定，在第一层次指标权值确定的基础上，需要进一步细化。对评估指标赋予不同的权值，体现各要素对绩效评估结果的影响程度和重要程度，是对评估指标进行无量纲处理的重要条件，在多指标综合评估体系中起着举足轻重的作用。在完成了第三个层次的指标筛选和权数确定后，就构建起了完整的农业生态经济效益评价指标体系及指标权值系统。

（二）确定评价指标权重

综合评价的正确性和科学性很大程度上取决于指标权重在计算上的合理性，指标权重计算更加合理，则与实际情况更加吻合，综合评价将会更加正确和科学。确定指标权重一般而言有两种方法：客观法和主观法。客观法是根据历史数据来确定指标之间的相关关系的方法，主要包括最大熵技术法、因子分析法、聚类分析法、主成分分析法等，其中最大熵技术法用得较多，这种赋权法所使用的数据是决策矩阵，所确定的属性权重反映了属性值的离散程度。主观法是由评估者（专家）对各指标进行主观判断而赋权的一类方法，如层次分析法（AHP）、环比评分法、专家调查法（Delphi）、二项系数法等，其中层次分析法是实际应用中使用得最多的方法，它将复杂问题层次化，将定性问题定量化；客观法确定的权数有时与指标的实际重要程度不符，而主观法过分依赖评估者的主观认知，客观性难以衡量，需要根据评价目标以及指标性质进行选择。本书采用层次分析法（AHP）来确定农业生态经济效益指标体系中的指标权重。

层次分析法在 20 世纪 70 年代由匹兹堡大学教授萨蒂（T. L. Saaty）提出，主要思路是将负责的问题层层解剖成若干相关联的有序的问题，然后对每层次上的因素做出阐述分析，即构造各层的比较判断矩阵，是一种定性与定量结合的系统分析方法。层次分析方法主要的分析步骤为：（1）构建判断矩阵；（2）根据矩阵的最大特征值或者特征向量，确定各层因素相对权重；（3）对所有层次进行总权重排序，从而为问题提供数量化的决策依据。层次分析法的关键是构造各层的比较判断矩阵，通过对各因素进行两两比较，其中元素 B_{ij} 表示要素 B_i 对 B_j 的相对重要性，建立判断矩阵如表 6.2 所示。

表 6.2　　　　　　　　　　　　判断矩阵

B_{11}	B_{12}	B_{13}
B_{21}	B_{22}	B_{23}
B_{31}	B_{32}	B_{33}

然后便可以按以下步骤进行层次因素单排序值的计算。

1. 用方根法计算各指标的权值 ω_i

（1）计算判断矩阵每一行标度的乘积的 n 次方根：$\beta_i = \sqrt[n]{\prod\limits_{j=1}^{n} b_{ij}}$。

（2）通过归一化处理，得特征向量（其数值即为权值）：$B_i = \dfrac{\beta_i}{\sum \beta_i}$。

（3）计算判断矩阵的最大特征根：$\lambda_{\max}$：$\lambda_{\max} = \sum \dfrac{(AB)_i}{nB_i}$。

2. 进行一致性检验

（1）计算一致性指标：$CI = \dfrac{(\lambda_{\max} - n)}{n - 1}$。

（2）根据判断矩阵的阶数 n，查找相应的平均随机一致性指标 RI。

（3）计算一致性比率 CR = CI/RI。对于判断矩阵大于 2 阶时，CI 与 RI 的比称为判断矩阵的一致性比率。当 CR 不满足小于 0.1 时，就需要调整判断矩阵直至具有满意的一致性。建立 B 层各元素与其下层元素之间的两两判断矩阵，并完成后两个步骤。

3. 权重计算

根据 AHP 理论，确定权重有和法、根法、特征根法和对数最小二乘法，这里用和法较合适：

$$\omega_i = \frac{\sum\limits_{j=1}^{n} B_{ij}}{\sum\limits_{k=1}^{n} \sum\limits_{j=1}^{n} B_{kj} k}$$

4. 一致性检验

因为判断矩阵是计算权重的根据，要求矩阵大体上具有一致性，避免得出违背常识的判断而导致评价失真，因此，要对判断的相容性和误差进行分析。通常当 CR<0.1 时，判断矩阵具有满意的一致性，可以用来做层次分析，否则就要请判断人重新做出相对重要度评价，直到判断矩阵满意为止。

设相容性指标为 CI，即有：

$$CI = \frac{\lambda_{max} - n}{n - 1}$$

查找相应的平均随机一致性指标 RI，得出一致性比例为：

$$CR = \frac{CI}{RI}$$

一般情况下，若 CR<0.1，可认为判断矩阵有相容性，据此计算的 ω 值可以接受。

依据以上阐述，得到判断矩阵，并计算权重及一致性检验。

5. 指标数据的标准化处理

由于不同的指标具有不同的量纲，因此不能直接进行计算，需要对原始数据进行标准化处理。标准化的方法有很多，常用的有极值法、模糊隶属度法、比重法等，比重法计算公式如下：

if C_{ij} 为正向作用，则 $Z_{ijt} = \dfrac{C_{ijt}}{C_{ij0}}$

if C_{ij} 为负向作用，则 $Z_{ijt} = \dfrac{C_{ij0}}{C_{ijt}}$

其中，Z_{ijt} 表示指标 C_{ij} 在 t 年经标准化处理后的评定系数，C_{ij0} 表示 C_{ij} 在基准年的取值，C_{ijt} 表示在 t 年的取值。Z_{ijt} 增大，则表示对于农业生态经济效益有利。

6. 各子系统及综合评分值

根据农业生态经济效益各指标和经标准化处理后指标评定值，可以得出相应年度区间各子系统及综合评分值。计算公式如下：

子系统评分值：$B_i = \sum \alpha_c C_{ij}$。

综合评分值：$A_i = \alpha_{总排序} C_{ij}$，或 $A_i = \alpha_i B_i$。

最后根据综合评分结果可做出农业生态经济效益的水平及趋势图和各子系统评价及综合评价年度变化率表。通过分析图表可以更加直观分析社会效益、经济效益、生态效益以及综合水平的发展变化趋势。

第四节 提升农业生态经济效益的途径

生态环境中的诸多物质要素之间是相互联系、相互促进、相互制约的统一整体。人们的物质生产活动，虽然是在不同的时间、不同的地域，运用不同的手段，主要利用生态环境中的部分物质要素功能，但也会引起其他物质要素的变化，使生态平衡状况处于不断地变动之中。毁林垦荒、围湖造田、乱排"三废"、过量使用化学制品、捕杀野生动物，虽然可给人类带来经济效益，但也仅是眼前的、局部的、短期的经济利益得以满足；而上述行为造成的植被破坏、水土流失、土壤沙化、环境污染、食物链中断、物种减少、资源短缺、使生态失衡灾害不断，给人类全局的、长远的、持久的经济利益带来了严重的损失。

一、提高农业生态经济系统效益的总体思路

发展农业经济和保护农业生态环境是可以实现"双赢"的，但这要求充分利用农业经济规律和农业生态规律的综合作用，走农业可持续发展道路。农业的社会再生产活动，是以农业生态环境为载体以取得农业经济效益为目的的，因而必须顺应农业生态规律和农业经济规律的要求，才能达到预期目的。这两个规律虽然发挥作用的领域和形式不同，但都共同影响着农业生产的质量和数量。因此，在农业生产中决不可忽视这两个规律的共同作用，绝对不能只追求一时的农业经济效益而忽视长远的农业生态效益。

对农业生态经济效益的实质、特点及其评价等的研究，既为提高农业生态经济效益提供了理论依据，也为提高农业生态经济效益指明了实现途径。由于农业生态经济效益涵盖了生态效益、经济效益与社会效益，那么具体到提高农业生态经济效益就可以从生态途径、经济途径以及社会途径来考虑。此外，农业生态经济效益的提高还联系着国家、集体和个人三者之间在农业生产经营领域的利益关系，工业与农业、城市与乡村之间的利益关系，以及农业内部各部门、各地区及农户个人之间的关系。因此，提高农业生态经济效益会组成一个由微观层面到宏观层面的多层次体系。

二、提高农业生态经济系统效益的微观途径

国家密切关注微观经济动态，及时采取有力措施，严格调控人们在农业生产经营以及与社会各生产部门的利益关系，预防和制止利益群体在谋求自身经济利益的过程中，出现破坏农业生态环境的行为。

农业生态经济系统是一个综合体，它包括农业生态系统、农业技术系统和农业经济系统，其核心理论是能量转化和物质循环，探讨提高生态经济效益的具体途径，不能不从上述本质方面着眼。一方面从克服根本性障碍因素入手，这类农业生态经济系统，由于存在根本性障碍因素，不仅使系统短期内难以恢复平衡，而且足以危及系统的存亡，必须采取治本措施来解决。例如严重的水土流失、严重的环境污染、乱占滥用耕地、浪费土地资源以及由于人为原因加剧的严重自然灾害等，都可以列入根本性障碍因素。另一方面，从系统调控入手。这类系统本身不存在根本性障碍因素，但农业生态经济系统内的子系统——农业生态系统、农业技术系统和农业经济系统相互不够协调，通过对系统进行调控，便可以解决问题。

（一）正确认识发展与环境的关系

农业生态经济发展思想是为了规避常规农业及以后出现的各种替代型农业模式的种种弊端，最终达到"环境与发展"的统一协调而提出的；是在发达国家实现了农业现代化及出现了"农产品相对过剩"的态势下确立的，它十分强调农业资源的永续利用和保护自然环境。因而，从农业生态经济发展理论的渊源来看，它把加强环境和资源保护作为重要内容，是对土地集约利用和生产资料集约投入的一种扬弃和修正。而我国因人均占有农业资源相对较少，生产力水平较低，从理论上讲高度集约化及其所带来的较高土地生产率和劳动生产率正是我国农业极力追求的目标。显然，我国农业生态经济发展的道路与模式应区别于发达国家，其重点在于发展，即十分注重农业生态经济发展的经济目标：一是积极增加粮食生产，确保食物安全；二是增加农民收入，消除贫困，促进农村经济发展。

（二）持续利用农业资源和保护生态环境

常规农业现代化模式中高度集约的资源成本和发达国家"先污染、后治理"的代价是我国所无力承受的。因此，不管是发达国家还是发展中国家的农业可持续发展道路，都必须以有效地解决资源与生态环境保护问题为前提，而这也正是我国农业生态经济发展实践中的难点所在。

（三）转变农业发展方式

农业生态经济发展不仅有利于减轻农业面源污染，保证农产品质量安全，改善农民生产生活条件；更有利于挖掘生态价值，打造农业品牌，提升农业效益，增加农民收入。当然，推动农业生态经济发展是一项系统性和长期性的工程，既要协调好生态环境保护与农业综合效益的关系，又要处理好短期利益与长远利益的关系，也要计算好区域间生态经济效益分配以及统筹农业与其他产业发展的关系①，这就需要政府做大量工作。

（四）激发新型经营主体参与农业生态经济发展的生态自觉

多用制度设计来强化各级政府改善农业资源环境的责任意识，多用市场化运作方式吸引社会资金资源来参与到农业面源污染治理和农村环境整治事业当中，凝聚全社会的力量推动农业发展方式转变，从而实现农业经济效益、农业生态效益和农业社会效益协调统一。加快转变农业发展方式，就是要以可持续理念来要求和指导现代农业的转型升级，让农业真正成为人与自然和谐相处的智慧产业。即通过农业综合开发，发展高产优质高效农业，以壮大农村集体经济和增加农民收入，从而不断提高农民群众的物质和文化生活水平，将农业发展成为与生态和合相生的可持续产业，成为增产增收与环境友好相得益彰的惠民产业，进而为整个国家的生态经济发展注入活力。

三、提高农业生态经济系统效益的宏观途径

农业的社会再生产活动，是以农业生态环境为载体，以取得农业经济效益为目的，只有顺应农业生态规律和农业经济规律的要求，才能达到预期目的。国家从宏观层面上对农业经济的适当干预，可以在一定程度上提高农业生态经济效益。

（一）城乡统筹发展，加大对农业环境保护的投入

这就要求完善立法，制定具有可行性的制度法规。改变对农户的补贴方式，建议采用绿色农业补贴等经济激励手段，加强对农户的技术支持和宣传。要特别注重自下而上的管理体制，改变目前这种主要依据各类行政规章和自上而下的行政管理模式，注重发挥农户的作用和参与，积极发挥农民合作社等组织的作用，广泛开展各类指导教育。重建基层农业技术推广等农业技术服务机构，帮助和指导农民掌握环境友好型的农业技术。

---

① 王欧，宋洪远. 建立农业生态补偿机制的探讨 [J]. 农业经济问题，2005（6）：22-28.

（1）加强法律法规的制定和实施。逐步建立健全以《中华人民共和国农业法》《中华人民共和国草原法》《中华人民共和国土地管理法》以及《中华人民共和国森林法》等若干法律为基础的、各种行政法规相配合的、能够改善农业生产力和增加农业生态系统碳储量的法律法规体系，加快制订农田、草原和森林的保护建设规划，严格控制在生态环境脆弱的地区开垦土地，不允许以任何借口毁坏草地、林地和浪费土地。

（2）强化高集约化程度地区的生态农业建设。通过实施农业面源污染防治工程，推广化肥、农药合理使用技术，大力加强耕地质量建设，实施新一轮"沃土工程"，科学施用化肥，引导增施有机肥，全面提升地力；采用新品种繁育、科学灌溉技术，减少稻田甲烷排放；研究开发优良反刍动物品种和规模化饲养，开展沼气利用，努力控制畜牧业甲烷排放增长；大力推广保护性耕作措施、秸秆粉碎还田和过腹还田，增加农田土壤碳储存。

（3）充分利用可再生能源。提高农业经营及粮食加工和运输过程中的能耗效率，在适当的情况下，在农业生产及其他农作制度中利用可再生能源，包括太阳能、风能以及从农业废弃物中产生的能源。

（4）高效利用生物质能。试点推进秸秆制成型炭、秸秆气化或直燃发电等；大力发展农村户用沼气，条件具备的发展大中型沼气工程；鼓励建设垃圾焚烧发电厂，实现垃圾无害化、减量化、资源化处理。

（二）建立和完善农业生态补偿机制

农业生态环境的治理是一项投资大、周期长、短期内难以见效的复杂系统工程，作为一项具有"积极的"或"正的"外部性的经济活动，由于其具有非竞争性和非排他性两大特点，属于典型的公共产品，仅依靠市场机制难以达到资源最优配置，这就需要政府干预，依靠法律手段、经济手段和必要的行政手段保障农业生态建设在经济上的可持续性，也就是说要建立和完善农业生态建设补偿机制，提供强有力的政策支持和稳定的资金渠道，从法律、制度的角度对补偿行为予以规范化、体系化，进一步完善现有的公共物品支付体系，弥补国家财政拨款的不足，实现生态与经济的可持续发展。

严格监督管理，确保农业生态建设成果。我国农业生态补偿机制的建立和完善，一方面取决于农业生态补偿法律法规的制定，使农业生态补偿依法执行；另一方面取决于农业生态补偿资金的筹集，使其不仅能补偿农业生态建设者的经济成本，而且可补偿其生态效益的价值；还取决于确立农业生态补偿的方式，科学计量效益价值和补偿标准，建立可行的价值实现机制。

1. 建立健全我国农业生态补偿的法律法规体系

　　我国在农业环境资源保护方面取得了一定进展，建立了初步的资源法和环境保护法体系，许多法规和政策文件中明确规定了对生态保护与建设的扶持、补偿要求及操作方法，目前的法律条文中，对补偿范围、补偿主体、补偿对象、补偿方式以及补偿标准都做了一些相应地规定。但总体说来，我国关于农业生态补偿的法律法规体系还相对薄弱，对各利益相关者权利义务责任的界定、对补偿内容、方式和标准的规定还不够明确。目前涉及生态保护和生态建设的法律法规都没有对利益主体做出明确的界定和规定，大多数就国家、有关部门、各级政府、企事业单位、个人提一些泛泛的要求，强制性的补偿要求较少。而且，立法落后于生态保护和建设的发展，部分法规条例已经难以适应新的体制变化和经济发展的需要，对新的生态问题和生态保护方式缺乏有效的法律支持，一些重要的法规对生态保护和补偿的规范也还不到位。

　　2. 建立健全我国农业生态补偿的组织管理

　　只有补偿组织体系健全和规范，才能使补偿金征收工作和补偿程序规范化。为了生态补偿机制更好地运行，首先必须完善与健全生态补偿组织体系。生态补偿组织体系包括补偿政策制定机构、补偿计算机构、补偿征收管理机构、补偿流通网络体系等，以解决补偿主体、补偿依据、补偿数量、补偿形式、补偿途径、补偿征收与流通、补偿使用、补偿监管等诸多环节的问题，确保农业生态补偿活动顺利展开。同时，必须充分利用市场，实施市场化管理与运作，确保以灵活方式筹集资金和尽可能实现补偿金扩增。

　　3. 建立有利于农业生态保护和建设的财政转移支付制度

　　通过公共财政对生态建设者进行补偿是发达国家的重要补偿形式，如瑞典对劣等地退耕造林的补助率达 50%。我国自 1994 年实施分税制以来，财政转移支付成为中央平衡地方发展和补偿的重要途径，如 2001 年中央财政收入和支出分别占全国财政收入和支出的 52.4% 和 30.5%。巨额的财政转移支付资金为生态补偿提供了很好的资金基础，但作为公共服务之一的生态补偿并没有成为财政转移支付的重点，因此今后要在国家财政转移支付项目中增加对农业生态环境的保护和建设的补偿。制定分类指导政策，增加对重要农业生态建设领域的补贴力度。

　　4. 完善"项目支持"形式，提高补偿资金利用效率

　　目前，我国实施的生态建设补偿政策如退耕还林、退牧还草、农村能源建设等是采用"项目支持"的形式，但实施成本太高，是在政府的逐级推动下进行的，并且还存在着资金分散、部门分割、重复建设和资源浪费等现象。必须整合农业环境建设的各项资金，打破部门和地区界限，以项目建设为中心，

在项目的运作方式上可将公益性补偿运作机制转变为利益性补偿机制，即政府提供生态建设的具体补偿政策，由各市场主体来具体实施，通过运用市场机制来提高生态建设补偿效率。

5. 遵循分类补偿原则，逐步完善农业生态补偿措施

从我国现行的农业生态补偿政策实施情况看，补偿标准的制定往往采用"一刀切"的形式，没有遵循分类补偿的原则。以退耕还林和退牧还草工程为例，尽管在实施补偿时，根据不同的大区域从粮食补助数量上做了微小的区分，但是并未根据不同的区域类型和补偿对象实施分类补偿，很难调动实施生态建设工程地区群众的积极性，难以确保生态治理工程可持续开展。因此，今后在实施农业生态补偿时，首先要对实施生态补偿的区域进行科学分类，明确不同区域的资源禀赋情况，结合不同的补偿对象，遵循实施区域"以产定补"、当地群众"以失定补"的原则，考虑实施生态治理区域群众生产和生活的需要，进而制定合理的补偿标准，这也是补偿实施的第一阶段，即基本补偿阶段。例如在实施退牧还草工程时，应依据当地的草畜平衡标准，结合不同类型草场的总产草量和理论载畜量进行分别计算，明确不同类型草场退牧后饲料粮和围栏补助标准和补助时间。补偿实施的第二步为效用外溢补偿阶段。生态环境进行治理以后，具有涵养水源、保持水土、防风固沙、调节气候、净化空气等多方面的生态功能，在生态补偿第一阶段的目标实现之后，可以在对林（草）地所提供的生态服务的类型进行分类的基础上，通过评价农业生态系统服务功能价值实施效用外溢补偿，进一步完善农业生态补偿机制。

（三）动员农业生态经济效益全员参与，从微观入手严格宏观调控

发展经济、保护生态环境是每个人的事情，可以说生态经济是全民经济。在社会经济活动中，要求人人树立环境保护意识，从自身做起保护和促进生态平衡，使社会再生产在良好的生态环境中发展，具有广泛的群众基础；积极推广生态农业，运用现代科学技术成果、现代管理手段以及传统农业的有效经验，从而获得较高的农业经济效益、农业生态效益和农业社会效益。中国生态农业的基本内涵是，按照农业生态学原理和农业生态经济规律，根据土地形态制定适宜土地的设计、组装、调整和管理农业生产和农村经济的系统工程体系。因此，农业生态经济发展必须把发展粮食与多种经济作物生产，发展大田种植与林、牧、副、渔业，发展大农业与第二、三产业结合起来，利用传统农业精华和现代科技成果，通过人工设计生态工程，协调发展与环境之间、资源利用与保护之间的矛盾，从而形成生态上与经济上两个良性循环，进而取得农业经济效益、农业生态效益和农业社会效益的统一。

（四）加快生态文明建设是保持农业生态可持续性的重要实践方式

生态文明观是支持农业生态经济发展的基本观念。在我国农业发展的理论与实践探索过程中，对农业资源与生态环境问题重视并非20世纪90年代提出可持续农业概念之后才开始的。早在20世纪80年代初，全国各地便已开始重视农业生态环境保护与农业资源的综合开发利用，广泛探索并推广生态农业模式。20世纪90年代初可持续发展观流行以来，理论界普遍认为生态农业是我国农业可持续发展的重要途径。然而，在农业生产和农村经济发展的实践中，如何永续地利用农业资源，保护生态环境，有效地克服资源及环境障碍，远不是某几种具体的生态农业模式所能完全解决的。为此，必须转变观念与思维方法，进而探索有效的实践方式。必须在农业生产实践中树立全新的人与自然、资源、环境的关系理念，即生态文明观念。可以说，农业可持续发展正是以生态可持续发展为基础，以农业经济可持续发展为动力，以农村社会可持续发展为保障。总之，生态文明观是实现农业生态可持续发展的观念基础，因而也是农业可持续发展观念支持体系的基础。

小　　结

1. 农业生态经济效益是从生态平衡的角度来衡量农业生产的经济效益，是农业生态效益和农业经济效益的综合。在人类改造自然的过程中，要求在获取最佳经济效益的同时，也最大限度地保持农业生态平衡和充分发挥农业生态效益，即取得最大的农业生态经济效益，这是农业生态经济学研究的核心问题。

2. 农业生态经济效益的评价考核方法包括综合指数法、模糊综合评价法、人工神经网络评价法、层次分析法等，评价主体可根据评价项目的特点，选择一种或多种评价方法。

3. 在选取和设计农业生态经济效益评价指标体系时，不能盲目进行，而应遵循相关性原则、科学性原则、层次性原则、可操作性原则、定性与定量相结合原则、综合性与关键性相结合原则、重要性和系统性相结合原则、地域特殊性原则。

4. 对农业生态经济效益的实质、特点及其评价等的研究，为提高农业生态经济效益提供了理论依据，从而为提高农业生态经济效益指明了实现途径。由于农业生态经济效益涵盖了生态效益、经济效益与社会效益，具体到提高农业生态经济效益就可以从生态途径、经济途径以及社会途径来考虑，因此，提高农业生态经济效益会组成一个由微观层面到宏观层面的多层次体系。

关　键　词

农业生态经济效益　农业生态效益　农业经济效益　农业社会效益　评价指标　指标权重　一致性检验　标准化处理　综合评分值　微观途径　宏观途径

复习思考题

1. 农业生态经济效益的组成及其表现形态是什么？
2. 农业生态经济效益的评价理论与方法有哪些？
3. 如何构建农业生态经济效益的评价指标体系？
4. 简述提升农业生态经济效益的途径。

参 考 文 献

［1］王欧，宋洪远．建立农业生态补偿机制的探讨［J］．农业经济问题，2005（6）：22-28.

［2］蒲艳萍，成肖．农业资本配置效率与地区差异分析［J］．农业技术经济，2014（5）：50-59.

［3］高云峰．农业产业化发展中的金融约束与金融支持［J］．农业经济问题，2003（8）：66-69.

［4］刘新生，郑少锋，崔百胜．农业经济效益评价的综合指数法探讨［J］．西北农林科技大学学报（社会科学版），2003（5）：42-44.

［5］伍元耿．对农业经济效益统计指标体系的探讨［J］．中国经济问题，1984（1）：45-49.

［6］吕耀，丁贤忠，谢高地．精准农业经济效益分析方法探讨［J］．中国生态农业学报，2003（1）：76-79.

［7］尹昌斌，程磊磊，杨晓梅，赵俊伟．生态文明型的农业可持续发展路径选择［J］．中国农业资源与区划，2015（1）：15-21.

［8］李新宇，唐海萍，赵云龙．生态农业系统综合效益评价研究动态与展望［J］．生态环境，2004（4）：685-688.

［9］李洪泽，朱孔来．生态农业综合效益评价指标体系及评价方法［J］．中国林业经济，2007（5）：19-22.

第七章　农业生态资本运营

【**学习目标**】生态环境是农业生产的源泉和载体，生态环境质量要素是农业生产中最基础最原始的资本，从生态资本运营的角度而言，农业从一产生便开始了对生态环境质量要素这类生态资本的运营。通过本章的学习，达到以下学习目标：

（1）了解农业生态资本运营的概念及其特征，理解农业生态资本运营与农业生态经济发展的关系。

（2）理解农业生态资本运营所具有的生态价值、经济价值、社会价值和文化价值，掌握农业生态资本运营的条件、要素与过程。

（3）熟悉农业生态资本增量型、减量型和平衡型三种运营模式。

第一节　农业生态资本的内涵与特征

一、农业生态资本运营的内涵

（一）生态资本

所谓生态资本，通俗地说就是生态的资本化，即把生态环境和生态资源当作一种具体的资本。人们提出生态资本的概念，一方面是区别于传统的物质资本、人力资本和社会资本，另一方面也是为了突出生态环境与生态资源对经济社会发展的重要性。正是在生态恶化与资源枯竭交互作用持续加剧的情况下，人们越来越清晰地认识到了生态环境与生态资源具有明显的资本属性，实践中生态的资本化与资本的生态化现象开始出现，生态经济学家借用资本概念来暗喻生态环境与生态资源的功能和价值，由此产生了生态资本的概念，从生态资本的范围来说，有广义的生态资本和狭义的生态资本之说。

广义的生态资本是指在人类生存、生产和生活领域中，一切能够创造财富与增进福利的生态因素的总和，包括生态环境、生态资源、生态技术、生态制度和生态文化。依据不同的分类标准，可以将生态资本划分为若干种类：从功能作用范围划分，可分为支撑生命系统的生态资本和支持生产系统的生态资本；从价值实现形式划分，可分为产品流型生态资本和服务流型生态资本；从可再生性程度划分，可分为可再生生态资本和不可再生生态资本；从存在形态划分，可分为有形生态资本和无形生态资本；从是否有人类劳动投入划分，可分为自然生态资本和人造生态资本等。总之，凡是存在于生物圈中，以生态系统为载体，直接或间接地服务于人类生存、生产与生活各个领域的全部生态因素，均属广义生态资本的范畴。随着人类对生态经济复合系统的认识的进一步深入，广义生态资本的内涵必然会越来越丰富，外延也会进一步扩展。

狭义生态资本是指直接进入社会经济生产系统，以生产要素形式投入经济生产与再生产过程，利用生态技术进行形态变换，通过生态产品或生态服务体现价值转化，依靠生态市场实现保值增值，与其他资本一道创造财富和价值的生态因素的总和。具体包括生态环境质量、生态资源存量和生态系统服务，其实物形态表现为生态环境的质量要素、生态资源的数量和质量、生态系统作为整体的有用性。

从资本运营的视角来看，生态资本运营基于狭义生态资本的理念之上。因为作为具体运营对象的生态资本必然要求具有实体性和可控性，并且是在现有条件下能够实际进行运营的资本，换句话说，生态资本一定是基于现阶段生产力发展水平、人类认知能力和技术水平的客观条件下，能够直接进入社会经济生产系统并且能够为人们实际管理和控制的生态型生产要素，作为具体的生产要素当然应具备可视性、可感性和可控性，否则无法将其作为资本进行运营。

（二）生态资本运营

所谓生态资本运营，通俗地理解就是把生态环境和生态资源作为一种资本来进行经营，利用资本的保值增值属性获取经济利润的一种现象。这种现象在形式上表现为运营主体对生态资本进行管理和经营的措施与行为，在内容上体现为生态环境与生态资源的资本化演变过程。

关于生态资本运营的准确含义，目前学界并未形成统一、权威的概念，大多数提法都是从不同的角度进行现象描述和特征解释。有学者从环境保护的角度认为，环境资本运营是通过环境使用价值的有效运用，为实现环境资本基本利润最大化而进行的市场投资活动[1]。有学者从实现生态服务价值的角度认

---

[1]　黄爱民，张二勋．环境资本运营——环境保护的新举措［J］．聊城大学学报，2006（6）．

为，生态资本运营就是通过对生态服务价值的开发，实现其经济效益以支撑社会发展和生态建设，并通过进一步发展的社会经济和生态环境条件促进生态资本积累，从而形成生态资本—经济条件—社会事业相互促进的良性循环①。有学者从企业发展的角度认为，生态资本运营是一种通过对生态资本使用价值的有效运用，利用对生态资本的消费及其形态的变化，为实现生态资本长期的收益整体最大化而进行的市场投资活动②。

综上所述，由于生态资本的新颖性、广泛性和复杂性，界定生态资本运营是一项艰苦复杂的工作。然而，面对生态资本运营实践的深入发展，科学准确地界定生态资本运营的概念，系统完整地揭示生态资本运营的内涵，又是一项关键而紧迫的前置性基础工作，事关理论研究上的思路厘清和实践操作上的边界划分。对此，根据资本运营的一般原理，参照目前学界已有的相关界定，本书认为：生态资本运营是指在生态产业发展过程中，生态资本的所有者或经营者将"生态资产"③作为一种具体的生产要素，投入经济生产和再生产过程之中，利用生态技术实现生态资产的形态变换，通过生态产品或生态服务实现生态资产的价值转化，依靠生态市场实现生态资本保值增值的全部活动和过程④。

（三）农业生态资本运营

1. 农业生态资本运营的由来

农业是人类利用自然环境，依靠生物机能，通过劳动生产，协调生物与环境之间关系，强化或控制生物的生命活动过程，以取得所需要的农产品并为人类创造良好的生态环境的社会生产部门。由此可以看出，农业依靠自然环境而产生，又在创造生态环境的过程中得以发展，在农业生产过程中，生态环境既

---

① 王海滨，邱化蛟，等. 实现生态服务价值的新视角（三）——生态资本运营的理论框架与应用 ［J］. 生态经济，2008（8）.

② 黄铭. 生态资本理论研究——以可持续发展为视角 ［D］. 合肥工业大学学位论文，2005：25.

③ 生态资产即生态性资产，是对具有生态属性的一类资产的总称，包括生态环境型资产、生态资源型资产和生态服务型资产，生态资产是生态资源产权界定的结果，有别于生物资产、基因资产、生态功能资产和生境资产的总称。

④ 从生态产业角度界定生态资本运营，并不排斥传统资本运营从企业层面进行界定，相反，肯定了企业仍然是生态资本运营的主体，但又不仅仅限于企业。之所以从生态产业角度进行界定，一是基于"农业生态资本运营"研究视角的需要，二是本书认为现实中的生态资本运营已经超出企业层面但仍在产业范围之内。

是劳动对象又是劳动资料，农业生产过程的实质就是人们通过劳动改变自然物的形态以适应人类社会需要的过程，即利用对农业生态环境和生态资源的消费及其形态变化的过程。生态环境是农业生产的源泉和载体，生态环境质量要素是农业生产中最基础、最原始的资本，从生态资本运营的角度，完全可以说，农业从一产生便开始了对生态环境质量要素这类生态资本的运营。

自然资源是农业发展的物质基础，在农业生产系统中，自然资源不仅仅提供劳动资料，而且本身就是劳动对象，更为重要的作用则表现为其是核心的生产要素，农业自然资源的空间分布及其存量不仅决定了农业地域分工和布局，而且直接影响农业产出效益。农业对自然资源的依赖程度远远高于其他产业，人们之所以把农业称为"第一产业"，实际上就是指农业"第一次"把自然资源转化为人类可以利用的物质。从生态资本运营的角度来看，这一过程就是生态资源这类生态资本的运营过程，生态资源的价值转化过程就是典型的生态资本运营过程。

农业生产的本质特征是自然再生产和经济再生产的交织，这里自然再生产指的是生物依靠生态系统的物质能量和自身的生活机能而进行的生长发育过程，主要表现为植物通过吸收空气中的二氧化碳和土壤中的水、肥，利用太阳能进行光合作用，制造出含有碳水化合物、蛋白质、脂肪等物质的植物产品，动物利用这些植物产品开展自身的生命活动，并为植物的生长提供肥料，再加上微生物的活动，从而形成整个自然界的物质循环。由此可以看出，农业自然生产过程正是利用了生态系统提供的生态服务功能才得以进行，农业生态系统的"服务流"是农业自然再生产的基础，作为生态资本表现形式之一的生态系统服务贯穿于整个农业自然生产的全过程，农业经济生产过程正是人们有目的地运营生态系统服务这类生态资本的过程。

总之，农业是个典型的生态经济系统，是地球上最大最完整的生态经济系统，农业生产不仅参与生物圈中的生物地球化学循环，而且直接参与生态系统的营养物质循环。农业生态系统与自然生态系统有着天然的耦合性，农业自然再生产过程的实质就是生态环境和生态资源的投入、转化和产出的过程，可以说是一种天然和自发的生态资本利用过程，农业经济再生产过程就是农业生产要素的价值增值过程，其实质是一种典型的资本运营。纵观农业的产生和发展的实践历程，农业生态资本运营实践可谓源远流长、由来已久。

2. 农业生态资本运营的概念界定

根据本书前文对生态资本的界定，参照界定生态资本运营概念的方式，结合生态农业发展的客观实际，本书对农业生态资本运营作出如下界定：

农业生态资本运营是指在农业生态化发展过程中，农业生态资本的所有者或经营者将农业生态资产作为一种具体的生产要素，投入农业自然再生产和经济再生产过程之中，利用现代生态技术实现农业生态资产的形态变换，通过农业生态产品与农业生态环境服务实现农业生态资产的价值转化，依靠农业生态市场实现农业生态资本的保值增值，科学设计并全面实施对农业生产过程的计划、组织、管理和控制，为最终实现农业生态资本长期收益整体最大化而进行的全部经营活动和管理过程。

二、农业生态资本运营的特征

（一）整体增值

农业生态资本的整体增值性受生态系统结构整体性的制约，农业生态资本的增值最大化以实现农业生态系统的整体价值最大化为前提。所以，农业生态资本存量的投入必须在保持生态系统内各因子之间平衡协调的状态下进行，农业生态资本的增量与积累必须遵循农业生态系统的结构和生物群落演替规律，农业生态资本的保值增值反过来又促进整个生态系统的动态平衡和生物多样性。

农业生态资本存量是一个综合量，生态资源、生态环境、生态系统整体服务功能各组分的存量只是一个基础，更重要的是各组分和要素之间的耦合水平，保持农业生态资本系统内各因子的平衡协调，是实现农业生态资本整体增值最大化的前提。为此，农业生态资本运营具有整体增值的基本特征。

（二）伴生功能

农业生态资本的共生竞争性表明：农业生态资本之间的竞争表现为协同共进性竞争。一方面，各种生态资本要素在生态系统内耦合共生，通过生态系统的正常运转形成多种功能伴生相存，表现为"伴生功能"；另一方面，各种农业生态资本要素之间又相互争夺生物质能，通过质能输出而溢出或脱离生态系统，表现为"耗用功能"。在共生功能和耗用功能之间，必须维持适当的比例才能避免功能缺位和恶性竞争的出现。一般来说，为避免农业生态资本的消费拥挤导致农业生态环境品质下降，农业生态资本运营应遵循伴生功能优先开发的原则。

农业生态资本利用农业生态资本的多功能性，在发挥生产支持功能的同时，通过扩展生命支撑功能和生活服务功能获取经济价值，农业生态资本伴生功能中因某些功能未得到开发而形成浪费的现象，称为"功能缺位"。例如农业生态文化信息无法传播，则其生态体验教育功能就缺位；农业自然景观无人观赏，其观光休闲功能就缺位；农作物培土固碳功能未得以充分利用，其碳汇功能就缺位。农业生态资本功能缺位时，农业生态系统的综合服务能力不是最高的，并且一种功能的缺位常常导致系统利用效率的降低，甚至其他伴生功能也会受到影响，农业生态文化信息开发就是伴生功能运营的重要途径。

（三）竞争使用

农业生态资本要素的耗用功能和共生功能是竞争的关系，在农业生态资本运营过程中，随着耗用功能的实现，农业生态资本质量要素就必然被部分或全部取走，相应的物质能量随之脱离农业生态系统，导致与之关联的伴生功能不能实现，即便是相互关联的共生功能之间也可能会存在一定的竞争关系，竞争关系是农业生态资本之间的主要关系，各种农业生态资本要素通过争夺生物质能、生理功能而共生。根据农业生态系统的协同进化特点，耗用功能和伴生功能之间，相互关联的伴生功能之间，都有一个适当的比例，农业生态系统正是按此比例提供各项服务，才能实现农业生态系统的平衡协调，一旦耗用功能比例过大，或者关联伴生功能比例失调，就会导致功能竞争，恶性竞争的结果是系统退化以至于崩溃，当农业生态资本负荷超出其承载力，就会出现消费拥挤，即消费和开发过快，进而会导致农业生态环境品质受损，农业生态服务功能品质下降。

农业生态资本竞争功能要求尽量降低功能竞争使用的强度，具体体现在减少农业生态资源消耗，对不可再生资源尽量延缓其耗竭速度，对可再生资源的利用不应超过其再生速率，通过生态技术创新提高农业资源利用效率，以"减量化、再利用、资源化"为原则，以"低消耗、低排放、高效率"为目标，实现农业资源的节约和可持续利用。一般而言，农业生态资本运营的优先顺序是：首先进行整体功能运营；其次进行伴生功能运营；最后进行竞争功能运营。根据这一顺序不断创新农业生态资本运营模式，有利于提高生态资本运营质量，保持生态资本存量的非减性，使后代人拥有与当代人同样或更好的可持续发展的生态基础。生态资本运营方式与路线①如图 7.1 所示。

三、农业生态资本运营与农业生态经济发展

农业生态资本运营是随着农业生态化发展产生的，是农业生态化发展的有效途径。农业生态资本运营就是要减少和避免对自然的掠夺，是要对农业生产

---

① 王海滨. 生态资本及其运营的理论与实践——以北京市密云县为例 [D]. 中国农业大学学位论文，2005：42.

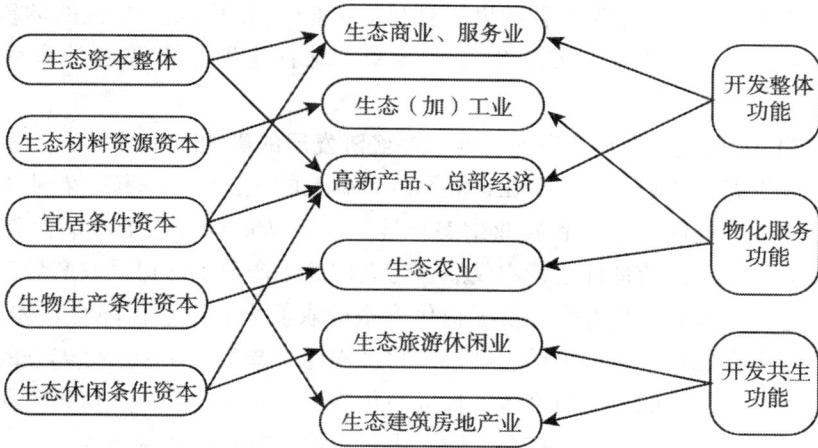

图 7.1　生态资本运营方式与路线

过程进行科学的设计并进行全面的计划、组织、管理和控制。农业生态资本运营包括对农业生态环境、农业生态资源以及农业生态系统的运营。农业生产活动中使用了大量的农业生态资本，而农业生态资本具有区域特殊性，只有合理运用这些资本，才能使农业生产持续发展。

（一）农业生态环境运营对农业生态经济发展的影响

农业生态环境是农业生产的基础。农业生态环境为农业生产提供了各种资源，是农业生产的物质基础。不同地区农业生态环境的能量结构的分布差异很大，在不同的地方由于所处的纬度不同从而形成了不同的自然景观和地方特色。例如，低纬度地区每年接受的太阳能比高纬度地区多，形成热带环境；高纬度地区接受的太阳能少，形成寒带环境。雨量丰沛的地区形成湿润的森林环境；雨量稀少的地区形成干旱的草原或荒漠环境。高温多雨地区，土壤终年在淋溶作用下形成酸性；半干旱草原地带，土壤常呈中性或碱性。不同的土壤特征又会影响植被和作物，从而形成了不同的农业生产模式和不同的人类生存方式。因此，农业生态环境的合理运营，对农业生态经济发展具有明显的促进作用。

（二）农业生态资源运营对农业生态经济发展的影响

农业生态资源丰富与否决定着农业生态经济的发展模式，农业生态经济发展离不开丰富的农业生态资源。随着农业生态化发展，生产者逐渐探索出生态农业、绿色农业、循环农业和低碳农业等多种农业发展模式。从农业生态资源运营的角度看，这些农业发展模式包含着对农业生态资源运营的全面探索。这就是说提出农业生态资源运营的思想有利于农业生态经济发展模式的创新与改善，同时，农业生产发展方式生态化转变，对农业生态资源也是一种良性运营。

（三）农业生态系统运营对农业生态经济发展的影响

农业生态系统是一种建立在自然系统基础上的人工生态系统。农业生态系统能够向人们提供农产品和农业生态环境服务，从而促进农业生态经济的发展。农业生态系统的良性运营不仅能够为人们的生产与生活提供农产品等食物保障，还能够为农业生态经济发展提供安全的农业生态系统保障。具体来说，主要体现在合成与生产有机质、维持生物多样性、调节气候和水分养分的循环与贮存、土壤肥力的更新与维持、环境净化与有害物质的降解、植物传粉的播种与种子的扩散、病虫害的控制、防止水土流失、减轻自然灾害等。

第二节　农业生态资本运营原理

一、农业生态资本运营的价值

农业生态资本运营作为一种农业生产过程和方式，同样具有生态价值、经济价值、社会价值和文化价值。首先，农业生态资本运营是一种自然生产过程，反映的是人与自然之间的生态关系，其价值体现为生态价值；其次，农业生态资本运营是一种经济生产过程，反映的是人与人之间的商品交换关系，其价值体现为经济价值；再次，农业生态资本运营是一种社会生产方式，反映的是生产过程中人与人之间结成的一种社会关系，体现出其特有的社会价值；最后，农业生态资本运营将自然生态因素和社会经济因素有机结合起来，反映出人对待自然和社会的伦理道德和文化价值取向，体现出其独特的文化价值。从人们认识的递进顺序来看，随着农业生态资本运营实践活动的深入，农业生态资本运营的价值也就随之逐步显现和确立起来，综合主体需求的层次性和主体对客体认识的阶段性，农业生态资本运营的价值由浅及深依次体现为生态价值、经济价值、社会价值和文化价值。

（一）农业生态资本运营的生态价值

农业生态系统是基于农业实践活动而形成的人工生态经济系统，该系统存在于自然系统之中，其生态价值的确立首先必须遵循生态服务价值的一般原理，其次必须符合自然生态系统整体服务功能的规定，最后还应反映农业生态服务功能的特殊实现类型和方式。为此，根据农业生态服务功能反映农业生态价值的一般途径，结合农业生态服务价值的表现形式和实现途径，农业生态资本运营的生态价值可以分为生物生产价值、气候调节价值、土壤保持价值和环境净化价值。

（二）农业生态资本运营的经济价值

农业生态资本运营是通过农业生态产品和农业生态服务来实现农业生态环境资源的经济价值，这种价值转化最终是通过生态市场的生态交易来完成，其价值直观地表现为交换价值，对于生产者而言就是直接的经济价值。农业生态资本运营的经济价值，除具备传统资本运营和生态资本运营的一般经济价值以外，还应遵循农业经济价值的特殊规定。根据这一原则，按照农业生态资本运营经济价值在实践层面体现的直接性程度，本书将农业生态资本运营的经济价值从总体上概括为直接经济价值、间接经济价值和选择经济价值。

1. 直接经济价值

农业生态资本运营的直接经济价值体现为生态农产品的商品价值，包括初级生态农产品价值和加工生态农产品价值两种表现形式，在实践中具体表现为绿色食品较高的市场价格。随着人们生活水平的提高和生态意识的增强，对绿色食品的需求大幅度增长，安全、环保、无污染的绿色农产品备受消费者青睐。从国内市场来看，绿色农产品的价格往往是普通农产品价格的几倍甚至十几倍，体现出了巨大的经济价值。

2. 间接经济价值

农业生态资本运营的间接经济价值表现为农业生态环境服务价值，这里的农业生态环境服务是指农业生态环境系统为人们提供的生态消费服务，这种服务并不像农业生态产品那样以商品实体的状态而存在，而是以一种无形的服务流形式供人们消费，因而其价值并非直接地体现为市场中的商品交换价值，而是体现为人们在享受农业生态环境服务时自愿支付的服务费，由此间接地体现出农业生态环境服务的经济价值，故称为间接经济价值。就目前来看，间接经济价值在实践中主要体现为农业生态环境服务付费和农业生态补偿。

3. 选择经济价值

农业生态资本运营的选择经济价值是农业经济价值的溢出或转移，通过农业生态资本运营发挥农业生态系统整体功能，将生态农业的非生产性功能与其他产业相融合而产生另类经济价值，这种经济价值并不在农业生态经济系统内部实现，而是通过溢出或转移以另一种方式体现在其他产业的经济价值之中，这种溢出或转移建立在对农业生态系统的非生产性功能进行选择开发的基础之上，故称为选择经济价值。

农业生态资本运营的选择经济价值由于广泛地植入相关产业之中，与农业生态资本运营的直接经济价值和间接经济价值相比较，不仅延长了农业生态资本运营的产业链，而且拓展了农业生态资本运营的经济价值实现范围，从整体上提高了农业生态资本运营的经济价值总量。如选择农业生态系统的文化景观服务功能与旅游业相结合开发生态农业旅游，通过旅游业实现农业生态系统的文化景观服务功能的经济价值就是一种典型模式。

（三）　农业生态资本运营的社会价值

农业经济学原理表明：农业生产活动的社会价值包括保障粮食供给、提供工业原材料、促进农民增收、增加就业机会、维护社会稳定等。资本运营理论揭示：资本运营的社会价值包括增加资本积累、优化资本结构、保障资本增值、促进财富增长、提高社会福利等。农业生态资本运营除具有上述社会价值以外，作为一种崭新的农业生产方式和资本运营模式，还具有传统农业生产和企业资本运营所不具有的特殊的社会价值，突出地表现在农业生态资本运营对社会发展的多维度贡献，这些贡献抽象概括起来包括三个方面，即维护农业安全、节约农业资源和保护农业生态环境。

（四）　农业生态资本运营的文化价值

农业生态资本运营除具有一般资本运营的文化价值以外，还具有生态资本特有的文化功能属性，这是由生态系统的综合服务流和生态资本的多功能性所决定的。随着经济发展与社会进步，人们越发需求更深层次和更高质量的精神享受，生态环境对人们来说已不再是单纯地提供物质的载体，更多的是为人们追求心灵愉悦提供服务，农业生产对人们来说已不仅仅表现为生态价值、经济价值和社会价值，还包括为人们提供城市化和工业化所不能提供的文化价值。按照人们对文化价值由具体到抽象逐步递进的认识顺序，农业生态资本运营的文化价值依次表现为美学价值、信息价值和教育价值。

二、农业生态资本运营的条件

条件是制约和影响事物存在与发展的外部因素，对事物的发展进程起着促进或阻碍作用，由此决定了条件分析必须结合事物的发展阶段来进行，不同发展阶段的条件各不相同。根据农业生态资本运营的概念，农业生态资本运营可以分为四个阶段：

首先，农业生态资本运营要求发现新的生态型生产要素，即农业生态资本的形成阶段。这一阶段要求通过生态辨识不断发现生态系统中可用于农业生产的新的生态型生产要素，一种生态资源是否能够称其为生态型生产要素，取决于人们对其使用价值的判断及其稀缺性的认识，所以，生态效用是农业生态资本形成的认知条件。

其次，农业生态资本运营要求将生态型生产要素投入农业生产过程之中，即农业生态资本的投入阶段。农业生态资本的投入是资本权益主体的投资行为，而明晰农业生态资本的产权是确定资本权益主体的关键，所以，生态产权是农业生态资本投入的约束条件。

再次，农业生态资本运营要求利用生态技术产出生态产品或生态服务，即农业生态资本的形态变换和价值转化阶段。生态技术的使用决定着农业生态资本形态变换的方式，进而决定农业生态资本价值转化的程度，所以，生态技术是农业生态资本价值转化的支持条件。

最后，农业生态资本运营要求通过生态市场交换生态产品或生态服务，即农业生态资本的价值实现阶段。生态市场是生态产品或生态服务的交易平台，其发育成熟程度决定着农业生态产品或生态服务的供给与消费，所以，生态市场是农业生态资本价值实现的保障条件。

三、农业生态资本运营的要素

现代系统科学认为，任何事物都是以系统的方式而存在。所谓系统，就是由一定数量的相互联系的要素所组成的具有特定功能的有机整体，要素是组成系统的基本单元，也是构成事物必不可少的因素，同一要素相对于它所在的系统而言是要素，相对于组成它的要素而言则是系统，各种要素在系统中相互独立又按比例联系成一定的结构，这种结构直接决定系统的功能。同一要素在不同系统中其性质、地位和作用有所不同，系统和要素之间的关系表现为系统的整体性。农业生态资本运营是人们有意识构建的一个人工生态经济系统，相对于自然生态系统而言是要素，而相对于其自身的组成成分来说则包括众多要素，概括起来，主要包括农业生态资本运营的主体、对象、途径和方式。

（一）农业生态资本运营的主体

1. 宏观主体——政府

政府是生态资本运营的宏观主体，这是由生态资本属性与政府职责共同决定的。从生态资本属性角度来看，生态资本具有公共性和基础性，生态资本运营肩负着为社会提供公共产品的任务，而政府是提供公共产品的责任主体；从生态资本的产权特征来看，绝大部分生态环境资源属于国家所有或集体所有，政府是代表国家或集体行使生态资本权益的法定主体；从生态环境建设的角度来看，由于生态建设投资大、周期长、涉及范围广、利益主体多，任何企业或个体都难以持续有效进行，而政府拥有的宏观调控和统筹协调能力是保障生态建设全面有序进行的关键。

　　农业生态资本运营过程中，政府的宏观主体作用表现得更为重要，因为农业是国民经济的基础，农业生态系统是自然生态系统的基础，农业生态经济的双重基础地位决定了农业生态资本运营的极端重要性，由此决定了政府在农业生态资本运营中居于主导地位，起着不可替代的作用，其主要职责是战略规划、政策保障、绿色管理、基础设施建设、生态培育市场等。

　　2. 中观主体——企业

　　企业是农业生态资本运营的中观主体，资本运营的过程就是企业对其可以支配的资源和生产要素进行统筹谋划与优化配置，以实现最大限度的资本增值目标的过程。农业生态资本运营过程中，作为市场主体和法人实体的企业，既是农业生态资本生息和价值创造的场所，又是农业生态资本集结的载体，市场经济要求生态农业企业进行高效率的规模化经营，农业生态资本运营则是生态农业企业规模经济效益的最佳选择。生态农业企业通过生态项目融资、风险投资、发行生态股票等从外部积累生态资本，再将这些生态资本投入可持续发展、保护环境、低耗高效的领域中，从而实现农业生态资本运营的良性循环[①]。从资本运营战略角度分析，企业农业生态资本运营战略主要包括生态项目融资战略、生态股权融资战略和生态收购战略。

　　（1）生态项目融资战略。在农业生态化发展过程中，"市场+农户"是一种广泛采用的生态项目融资形式。农业企业可采用 BOT 模式对本应由政府承建的专业市场进行项目融资，在充分考虑专业市场对生态环境影响之后，以不破坏生态环境为前提进行专业市场建设，并负责对市场进行生态管理和生态营销，引导农户对市场反应好的生态农产品加大种植生产力度，并通过发展特色农业，实施绿色营销战略，培育壮大生态农产品市场，提高生态农业的规模化程度。

　　（2）生态股权融资战略。生态股权融资是生态农业企业进行生态资本运营的创新形式，主要包括以下三种模式：一是股东生态投资。农户可以土地、资金、生态农业种植技术等投资入股，与生态农业企业签订合同，约定股东提供农产品的质量、数量、价格，生态农业企业按股份给农户分利，形成股份合

---

　　①　刘吉鹏. 生态农业资本运作浅析［J］. 乡镇经济，2003（6）.

作制型生态化农业组织，增强农业综合生产能力，提高农业生态竞争力。二是发行生态农业股票。对于生态化程度较高的生态农业企业，可以通过上市，在金融市场以发行一定数量股票的方式进行融资。通过发行生态农业股票实现投资主体多元化，不断完善企业法人治理结构，在资本市场快速筹集大量资金用于生态农业生产与精深加工。三是生态农业风险投资。生态农业风险投资是以推动生态农业企业发展，追求生态经济效益最大化为目的而进行的投资活动，运用风险投资，加大生态农业资金投入，提高农业生产生态化水平，从以单纯追求农产品数量为中心转为以追求农产品质量和农业综合效益为中心。

（3）生态收购战略。生态收购是指由企业管理层发起并组建的包括企业高层管理者、经理人队伍、中层管理层在内的投资人组织，收购全部或大部分企业生态股票或生态资产，从而改变生态农业企业的产权、控制权和资产结构，使它转变为管理层持股并控制的企业，以谋求生态农业企业更好发展的行为。生态收购的类型包括收购生态资产、收购生态股票和收购综合证券等。生态农业企业的生态收购主要是收购农业生态资产，通过收购中小型农业企业的生态资产，将众多中小集体企业或乡镇企业组成龙头企业，把生态农业企业培育成集生产、加工、营销、贸易、信息服务、科技研发于一体的综合性大型农业集团（公司），增强生态产业牵动力，加速传统龙头企业向现代生态农业企业的转变。

3. 微观主体——农户

农户是农业生态资本运营的微观主体，在农业生产中，绝大多数农村家庭是一个相对独占的经济单位或生产单位，庭院经济是农村经济的主要内生变量，庭院经济的稳定增长是农村经济总量持续增长的决定性因素，更是直接增加农民收入的可靠渠道。长期以来，农户在农业生产过程中虽然也注意到了农业生态环境与农业生态资源的重要作用，但一直将其作为农业生产的外生变量，没有认识到农业生态资本的重要性，由此造成农业生态资源的随意开采和大量浪费、农业污染加剧、农产品安全问题日益突出等问题。农业生态资本运营把生态环境与资源转化为一种现实资本来进行运营，直观地让农户意识到农业生态环境与资源的资本属性，明确生态环境对现代农业发展的基础性支撑作用，从而促进对农业生态环境与生态资源的科学管理与合理利用。农村家庭在保护生态环境、节约农业生态资源过程中起着重要作用，广大农户的参与是农业生态资本运营的群众基础和重要力量。

农户在农业生态资本运营中的主要职责是深化认识、提高技艺和生产水平，积极开展以庭院生态经济为主导的农业生态资本运营活动，包括自觉修复、补偿、维护和增值生态资本，树立生态农业经营理念，转变传统农业生产方式。通过主动采取退耕、休耕、禁伐限伐、禁牧限牧、造林种草等多种措施，达到调整农业种植结构、改进农地耕作方式、转变畜禽养殖模式的目标；通过自觉治理农业环境污染、持续修复农业生态环境，大力发展循环农业；通过推行清洁生产和标准化生产、采取控制化肥农药施用量、使用安全农业投入品、实施农业生态修复，达到净化水质、改良土壤、调节气候的目的。

（二）农业生态资本运营的对象

1. 农业生态环境

农业生态环境是农业生态资本的空间存在形式。具体表现为农业生态环境质量要素，如清新的空气、洁净的水质、宜人的气候等，每种生态环境质量要素内部的品质、流量、变换速度与各种生态环境质量要素之间的结构与组合共同构成生态环境质量要素系统，这类生态资本综合地表现为环境型资本，其价值主要体现为存在价值，其功能主要表现在支撑生命系统方面。

农业生态环境质量的好坏直接影响到农业生态资源的丰裕程度和利用条件，进而影响农业生态系统整体服务功能的大小。为此，农业生态资本运营过程中，首先必须处理好农业生态环境、农业生态资源和农业生态系统整体服务功能之间的关系，通过合理利用和保护农业生态资源来实现农业生态环境的更新与调整，通过生态补偿和生态修复来维持和增强农业生态系统整体服务功能。

农业生态环境的资本运营方式包括农业生态环境更新与农业生态环境调整两个方面。农业生态环境更新适用于农业生态资源保护价值较大、人为破坏尚不严重的农业生态资源保护区域，强调维护农业生态资源的完整性，是一种维护农业生态资源多样性较为可靠的方法。农业生态环境调整的对象往往处于人类高强度开发区域，即由于受人类干扰的强烈影响，农业生态资源中的生境因子（气候、土壤、水分条件等）发生了难以逆转的变化，采用生态环境更新措施已难以奏效的情况下，放弃原有生境另择他处重建一个相近或类似的新生境，或者在原有生境功能逃逸后在他处寻求补偿，但由于人们对生态系统结构与功能复杂性的认识极其有限，通过哪些指标和途径衡量确认用于农业补偿生境与原有生境的功能可替代性仍是个难题。保护、修复、更新、恢复被破坏的农业生态环境是农业生态资本运营的必然选择和现实途径。

2. 农业生态资源

农业生态资源是农业生态资本的显性物质载体。具体表现为农业生态资源的质量和数量，如光、热、水、土、气、能源、矿产等，每种农业生态资源都包括数量、质量、存量、增量及其组合变化，各种农业生态资源间又存在着结构、配比、丰度及其融合共生与耗用竞争关系，在特定生态环境中形成网络状的农业生态资源系统，这类农业生态资本直观地表现为资源型资本，其价值主要体现为使用价值，其功能主要表现在支持生产系统方面。

农业生态资源是生态农业生产的物质基础，主要包括土地资源、水资源、能源资源、气候资源、生物资源等，这些资源存在于农业生态系统中，是农业生态系统的重要组成部分，各种生态资源之间相互联系、相互制约，共同构成一个资源系统，人们对其中任一种生态资源的开发与利用，都将引起其他资源的连锁反应，进而使整个农业生态系统的结构和功能发生一定变化。农业生态资源按是否可再生分为可更新农业生态资源和不可更新农业生态资源两大类。不可更新的农业生态资源属一次性耗用资源，在农业生产过程中逐步消耗直至枯竭，可更新的农业生态资源只要合理利用便能够循环再生，但利用率必须维持在其再生速率范围之内，一旦超过再生速率（即掠夺性利用或不合理利用），则可更新的农业生态资源也会在数量和品质上逐步下降直至不可再生。

如前所述，农业生态资源具有稀缺性、阈值性和地域分布不均性等特征，所以，农业生态资源的资本运营要求在农产品生命周期内减少稀缺或不可再生农业生态资源的投入量，节约农业生态资源。具体来说就是发展资源节约型农业，包括"节地、节水、节能、节种、节肥、节药"等。

3. 农业生态系统整体服务功能

农业生态系统整体服务功能是农业生态资本的综合表现形式。具体表现为农业生态系统作为一个整体所提供的各种服务流的总和，如栖息休闲、观光旅游、生活调节、生态体验教育、生态文化服务等，各种服务功能单独地或与其他功能一起形成服务流，这种服务流能够提供人们需求的高端生态消费，满足人们在精神伦理层面的享受，提高人们生活的愉悦程度和幸福指数，这类农业生态资本被形象地称为生态服务型资本，其价值主要体现为服务价值，其功能主要表现在满足人们精神文化层面的需求。

农业生态系统整体服务功能运营是农业生态系统整体服务功能价值实现的途径，主要包括生态市场交换和政府干预两种形式。

首先，农业生态系统服务的价值受到地域差异、自然属性和社会经济发展水平的影响，市场在微观层面上能更有效地配置资源从而调整资本运营结构，而市场中独有的生态资本的逐利行为也将引导农业生态系统服务朝着价值最大化的方向流转。农业生态服务包括提供绿色农产品，如粮食、木材、生化燃料、天然纤维、各种药品、工业原料等。这些原材料和能源通过生产过程转化为消费品就可以进入市场交易，此类农业生态服务可通过市场途径直接实现。

其次，农业生态系统服务价值的实现又是一项宏伟的社会公益性系统工程，具有较强的社会性，涉及方方面面的利益主体。当更多的农业生态系统服务的价值无法通过市场有效实现时，必须由政府介入，运用适当的干预政策，激励和推进农业生态系统服务价值的实现。政府对农业生态服务价值实现的干预应当以充分利用市场激励机制为基础，这是作为对"市场失灵"的补充而非替代。农业生态系统服务的正外部性、公共物品特性及可能引起的成本提高等问题，单纯靠市场机制是无法解决的，必须依靠政府的宏观调控。

（三）农业生态资本运营的途径

1. 农业生态产品开发

农业生态产品是农业生态资本运营的有效产出，是经过生态农业生产体系生产出的全部农产品的总称。农业生态产品开发是以农产品开发为对象，进而完成一系列生产、加工、销售等各个环节的生态农业经济活动，其既是生态农业的主要内容，也是实施农业生态资本运营的主要途径。农业生态产品按产品性质与用途可以分为食用农产品和轻工原料及其制成品。

（1）食用农产品。食用农产品是指通过生态农业生产体系生产并通过独立的认证机构认证的一切食用类农业生态产品。在生产过程中，严格规定或限制对化肥、农药、兽药、生长调节剂、饲料添加剂、食品添加剂的使用，运用清洁生产技术和标准化生产方式产出的安全、优质、营养的绿色农产品，它不仅包括绿色食品，还包括无公害农产品和有机食品。

（2）轻工原料及其制成品。轻工原料及其制成品是指在生态农业生产体系条件下生产出来的，并通过独立的认证机构认证的轻工原料及其制成品。轻工业包括民用工业和日化工业，属于农业生态产品范畴的轻工原料及其制成品主要包括绿色食品包装、绿色护肤护发品、绿色橡胶、绿色木材、绿色纸制品、绿色纺织品等。由于轻工业主要是关系百姓日常生活的产业，轻工原料及其制成品这类农业生态产品必将成为未来轻工业的发展重点。

2. 农业生态环境开发

农业生态资本运营以维护和建设优良的生态环境为基础，以改善农业生态环境为目标，农业生态环境开发体现在农业生态资本运营的全过程之中。首先，在源头管理上，农业生态资本运营强调农产品出自良好的生态环境，并使生态环境始终保持在良好的状态下，控制工业"三废"排放对水、大气、土壤的污染，通过检测，使水、大气、土壤达到规定标准从而有效保护农业生态环境。其次，在生产过程中，农业生态资本运营要求控制化肥、农药及其他化学物质的无节制投入，严格执行产地环境标准，实行清洁生产和标准化生产，实现农业生态环境保护的全程控制。最后，在技术应用上，农业生态资本运营根据种植业、养殖业、水产业、土特产品以及食品加工等生产技术操作规程生产，大量推广并不断创新无害化技术、环境友好型技术和高新生态技术，确保农业生态环境保护得到技术支撑。

农业生态环境开发要求综合利用农业生态环境质量要素，实现农业生态环境附加值，农业生态环境开发途径大致可以概括为四类①：一是高生态质量附加值的农业生态服务产品开发，包括清新的空气、洁净的水质、农业生态景观、原生态宜居条件等；二是高生态品位需求产业的环境支撑功能开发，如高级设计、研究、开发、高端管理、生态产品会展等；三是高端休闲经济的环境功能开发，包括生态旅游、休闲观光、生态体验教育等；四是农业生态环境整体或部分地打包出售。

3. 农业生态文化信息开发

农业生态文化信息开发包括多种形式，由于农业生态系统的多样性和复杂性，农业生态文化信息相应地表现出文化多元性和信息丰富性，不同农业生态文化信息体系的差异很大一部分是由于独特的农业生态系统所造成的，而且农业生态系统的改变会在很大程度上改变生态文化信息的特征。根据不同农业生态文化信息的功能，农业生态文化信息开发形式大致包括如下三种：

一是农业生态知识教育功能开发。人类的知识首先来自于对自然的观察，因此，农业生态系统会影响当地人的知识体系。如生活在海边的民族，需要从海洋生态系统获得食物，他们的知识系统必然包括如何制造船只、如何捕捞海产品和如何抵抗风暴与台风等，而生活在森林里的民族的知识体系必然包含如何捕捉野兽、如何辨认植物等。

二是美学价值开发。农业生态系统自然的美景为艺术家提供了无穷的灵感，无数传世的绘画、音乐、摄影作品都是来源于自然。可以说，如果没有农业自然生态系统，就没有人类的艺术创造。同样，对于每一个普通人来说欣赏自然的美景始终是一件赏心悦目、令人愉快的事情。

三是农耕文化传承价值开发。农耕文化是人类文明的宝贵财富，而农耕文化的传承需要依靠农业生态系统的运行。非洲丛林中有许多独具特色的少数民族文化，如果他们从丛林中搬迁到都市里，那么很难想象这些文化是否还能延

---

① 王海滨. 生态资本运营——生态涵养发展区走向生态文明的价值观和方法论［M］. 中国农业大学出版社，2009：138.

续下去。

四、农业生态资本运营的过程

对于一个完整的农业生态资本运营过程而言，按照过程的递进顺序可以分为四个阶段，也就是四个子过程（见图7.2），本书分别称之为准入过程、启动过程、运行过程和实现过程。第一阶段是自然的生态资源转化为产权明晰的生态资产，即农业生态资源的资产化，这是生态资源投入生产过程的前提和准入条件，故称为农业生态资本运营的准入过程；第二阶段是生态资产作为要素投入生产过程之中，即农业生态资产的资本化，这是农业生态资本运营系统的输入端，由此才能启动农业生态资本的运营，故称为农业生态资本运营的启动过程；第三阶段是生态资本在生产过程中通过劳动和技术形成生态产品，即农业生态资本的产品化，这是农业生态资本形态变换的具体运行阶段，故称为农业生态资本运营的运行过程；第四阶段是生态产品以商品的形式进入生态市场进行交易，即农业生态产品的市场化，这是农业生态资本实现价值增值的阶段，故称为农业生态资本运营的实现过程。

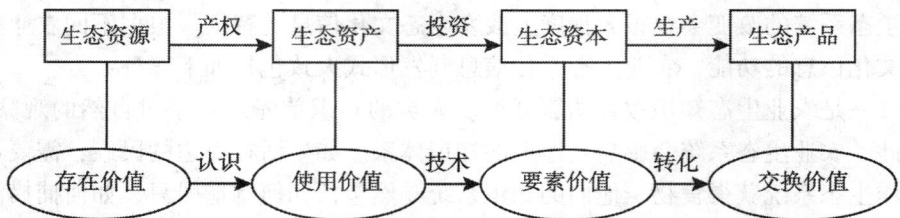

图7.2　农业生态资本的形态变换与价值转化路径

（一）准入过程：农业生态资源的资产化

农业生态资源资产化是农业生态资本运营的第一步，也是农业生态资本运营的准入过程，只有人们认识到农业生态资源的使用价值，才会有目的、有意识地利用农业生态资源。随着人们对农业生态资源开采利用程度越来越高，农业生态资源的稀缺性日益凸显，农业生态资源需求的无限性和供给的有限性矛盾进一步加剧，客观上要求对农业生态资源进行产权界定，产权界定的结果便形成了农业生态资产，农业生态资产的形成是农业生态资本运营的前提和基础。

生态资源泛指能为人们提供生态服务或生态承载能力的各类自然资源。生态资源是生态系统的构成要素，是社会经济发展的物质基础，是人类经济活动的起点。生态资产是具有明确的所有权，且在一定技术经济条件下能够给所有者带来效益的稀缺自然资源。生态资源变成生态资产需要满足一定的条件，主要是有稀缺性和明晰的所有权。其中，稀缺性是生态资源成为生态资产的关键，一种生态资源即使有使用价值，但并不稀缺，那么也不会有人产生独占的欲望，只有当某种生态资源既有使用价值又使人感觉到稀缺时，人们才会产生将其独占的欲望，进而进行产权界定，产权界定的结果就是一种生态资源转化为产权明晰的生态资产。

（二）启动过程：农业生态资产的资本化

农业生态资产的资本化是农业生态资本运营的第二步，也是农业生态资本运营的启动过程，只有当一种农业生态资产作为生产要素投入生态农业生产过程之中，并与其他要素相结合才能产出生态农产品，农业生态资产的投入是农业生态资本形成的必要条件，而农业生态资本的形成是农业生态资本运营的初始阶段，其与其他生产要素的结合标志着农业生态资本运营过程的正式启动。

生态资产投入运营的目的是实现资产的增值，可转让性是实现生态资产增值的根本手段，如果不能自由转让，任何生态资产都不可能为其所有者带来收入或剩余价值，也就不可能成为生态资本。一旦生态资产的自用权利可以有偿放弃和让渡，生态资产所有者就拥有一个未来收入来源，此时，生态资产就转变成了生态资本。

生态资产转变为生态资本，需要具备相应的条件，即生态资产必须以生产要素形式投入生产过程中去，如果生态资产闲置或消费，就不能成为生产要素，也就不可能为资产所有者带来收入和剩余价值，当然也就不能成为生态资本。只有在生态资产以具体生产要素形式进入生产过程并与其他生产要素相结合产出生态产品时，生态资产才转变为生态资本。

（三）运行过程：农业生态资本的产品化

农业生态资本的产品化是农业生态资本运营的第三步，也是农业生态资本实现价值转化的关键阶段。农业生态资本在农业生产过程中通过劳动和技术形成农业生态产品，形式上表现为农业生态产品的生产过程，实质上是农业生态资本通过形态变换实现其价值转化，故可称为农业生态资本运营的转化过程。

农业生态资本产品化的关键就是要不断地采用新的生态技术。一方面，通过发明新的生态技术，不断地发现新的生态资源型生产要素，通过与其他生产要素相结合，生产出能满足人们绿色消费需求的新型生态产品，提供优质安全多样化的生态服务。另一方面，通过技术创新促进技术的生态化发展，提高生态资源的利用率和产出率，降低资源消耗，减少污染排放，实现降低产品生产成本、增加产品附加值、提高产品的生态品位、维持较高收益率的目的。

农业生态技术创新既是农业技术生态化发展的必然要求，又是推动农业生态资本运营持续发展的原动力，一种生态资本要素无论怎样通过形态的变换演化成生态产品（不管是物理形态还是理化形态的转变），起决定作用的都是生态技术，如高生态质量附加值产品开发、高生态品位生态功能开发都是运用生态技术开发生态环境资源中的共生或整体功能，生态技术是生态资本产品化的关键，生态技术的应用过程就是生态产品的价值凝聚过程。

（四）实现过程：农业生态产品的市场化

农业生态产品的市场化是农业生态资本运营的第四步，也是农业生态资本价值的具体实现阶段。当一种生态农产品或农业生态服务以商品的形式进入生态市场，通过交易获得交换价值即实现了农业生态资本的价值增值，故也可以称为农业生态资本运营的实现过程。

农业生态资本作为一种资本必然具有资本的一般属性，即在资本逐利性的支配下必然投入一定的社会生产活动中去，在生产过程中与其他生产要素相结合生产出特定的产品，然后通过产品在市场上出售，以交换价值即价格的形式实现其货币价值。市场是资本价值最终得以实现的载体，农业生态产品的市场化是农业生态资本价值最终得以实现的途径①。

必须说明的是：农业生态资本运营是一个有机统一的动态循环系统，准入过程、启动过程、转化过程、实现过程依次递进，循环耦合，即前一过程是后一个过程的基础，后一过程是前一个过程的延伸，从价值链的角度看，又是一条完整的价值延伸路线，缺少任何一个环节都会导致价值链的中断。存在价值→使用价值→要素价值→交换价值是生态资本价值实现的内在逻辑，正是通过这一价值传递规律，才能实现农业生态资本的保值增值。

第三节　农业生态资本运营模式

一、农业生态资本增量运营模式

农业生态资本的增量是相对于存量而言的一种变化状态，包括农业生态资

---

① 严立冬，陈光炬，等．生态资本构成要素解析：基于生态经济学文献的综述[J]．中南财经政法大学学报，2010（5）：3-9.

本数量的增加和质量的提高。生态资本运营的目的是实现生态资本的保值增值，为此，首先必须保持生态资本存量的非减性，在此基础上通过资本运营来实现生态资本的增值。生态资本的增值包括质量的提升和数量的增加两个方面，其中，质量的提升通过生态环境质量的整体改善得以实现，数量的增加则是通过生态资本的积累来完成。生态资本积累直接的结果是形成生态资本的增量，在良性循环的生态资本运营过程中，生态资本的存量因增量而改变，生态资本增量则源于生态建设投资的衍生效应所激活的生态资本存量。

绿色农业生产与生态资本运营方式具有一致性，是一种典型的生态资本增量运营模式。绿色农业生态资本运营是一种通过对绿色农业生态资本使用价值的有效运用过程，即对其运营过程进行有效的计划、组织、实施和控制，依据绿色农业生态资本的消费及其形态的变化，实现绿色农业生态资本长期收益整体最大化而进行的活动。

（一）绿色农业的生态资本运营过程

绿色农业生态资本是指在确保农产品安全、确保农业生态安全、确保农业资源安全以及提高绿色农业综合经济效益的基础上，在自然因素和人为投资双重作用下，实现绿色农业生态环境的生态价值及经济价值。从生态建设的角度看，绿色农业生态资本运营体现了绿色农业生态环境的功能，表现为绿色农业生态服务功能、绿色农业生态环境功能与绿色农业生态资源价值；从经济发展的角度来看，绿色农业生态资本是稀缺的，特别是在绿色农业生态环境状况不佳的地区更是如此。实际上，绿色农业生态资本是通过自然因素和人为投资双重作用形成的资本，从这个意义上说，绿色农业生态建设投入是生产型支出。

绿色农业生态资本运营的核心是立足于本地的绿色农业生态资本，开发各种高生态质量附加值的产品和服务，经营这种高品位的产品和服务，实现绿色农业生态资本货币价值的转化。绿色农业生态资本运营的内容是绿色农业生态资本的运营过程和运营系统。运营过程是一个对绿色农业生态资本进行投入、转换、产出的过程，是一个劳动过程或者价值增值的过程。

绿色农业生态资本运营受收益率递减规律作用的影响。抑制资本收益递减的有效办法是：一靠资本形态创新；二靠技术手段创新。经营绿色农业生态资本管理，一方面要不断发现新的可以资本化的生态要素，发明新的绿色生态技术，降低成本，提高绿色农产品的生态品位，维持较高的收益率；另一方面要不断提高公众环境意识，扩展绿色农产品消费市场。绿色农业企业收益率的提高可支付资本市场较高的利息以吸引资本市场更多资本的供给，形成资本需求与供给良性循环（见图7.3）。

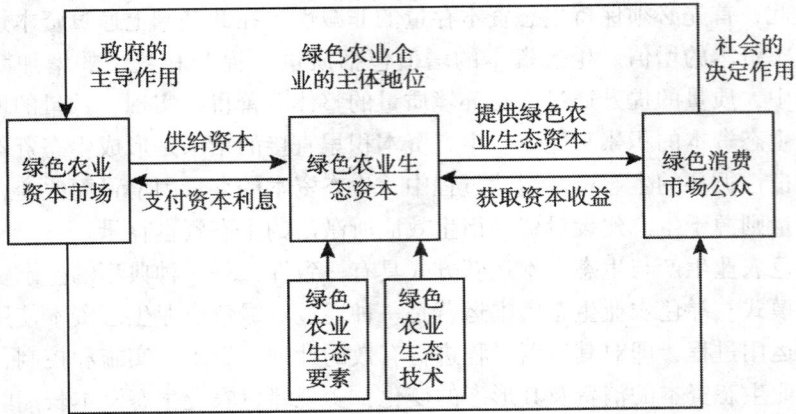

图 7.3　绿色农业生态资本运营过程

（二）绿色农业：典型农业生态资本增量运营模式

1. 绿色农业以农业生态资本的保值为前提

绿色农业的本质要求是通过保护和建设优良的产地环境来保障绿色食品的质量安全，农业生态资本是绿色农业的核心资本，也是绿色农业可持续发展的关键资本。所以，绿色农业始终把实现农业生态资本的保值作为基本前提，无论进行何种形式的绿色农业生产，在其整体设计框架中，绿色农业生态资本应该是增长的，农业生态系统的整体功能应该是增强的。在绿色农业生态资本运营过程中，特别突出保持绿色农业生态资本品质，不得使其降低，如果一种具体的绿色农业生产活动不可避免地减少或者降低了绿色农业生态资本品质，那么一定要划分出一定的运营收益。在临近系统中建设专门生态工程，用以补偿绿色农业生态资本的损失，确保农业生态资本各要素在存量上不减少，流量上更趋于合理，结构上更趋于优化，进而使农业生态资本的总价值得以稳定提高。

2. 绿色农业通过农业生态资本的增量投入提高经济价值

绿色农业的直接目标是实现农业生态资本的货币化，获取远高于常规农业的经济效益。为此，绿色农业必须努力增加农业生态资本的数量、全面提高农业生态资本的质量，通过农业生态资本的增量投入和增量运营来提高绿色农业的综合经济效益。在绿色农业生产过程中，通过生态技术将农业生态资本的价值转移到绿色食品之中，生产出更多优质、安全、高生态附加值的绿色食品，通过提高产品的生态位来获取高额利润，在实现绿色经济价值以后，又反过来投资绿色农业产地环境建设，获取更多更好的农业生态资本，从而以更大规模进行下一轮的绿色农业生态资本运营，实现农业生态资本的增量投入与循环运营。

绿色农业生态资本增量投入的措施主要包括两个方面：一方面是绿色农业产地环境建设，通过农业生态保护、农业生态修复等措施，全面改善农业生态环境质量，提高农业生态环境对绿色农业生产的支持功能，如通过实施水生态修复提高水质标准，确保农业用水的数量和质量；通过土壤修复技术恢复土壤活性与有机质含量，提高绿色食品的营养。农业生态环境建设和认证制度从源头上保障了绿色食品的质量安全，其背后起关键作用的是农业生态资本数量的增加与质量的提高。另一方面是绿色农业生态补偿，通过绿色农业生态补偿激励绿色农业生产者调整种植结构、改进耕作方式，自觉进行农业生态环境保护，减少农业面源污染，弥补绿色农业生产者转产的直接损失和机会成本。绿色农业生态补偿的直接目的虽然是维持绿色农业的可持续发展，但在客观上促进了农业生态资本的增量投入。

3. 绿色农业通过农业生态资本的增量运营保障高产高效

绿色农业是以绿色食品产业为主线的安全、优质、高产、高效的农业发展模式，不仅有利于环境保护，也是一种高产高效的现代农业发展模式。绿色农业生态资本运营主要通过绿色农业企业这个载体来实现，绿色农业企业作为提供绿色农产品及其加工品的组织，致力于用最少的农业投入生产出更多的绿色农产品。绿色农业生态资本投入的多少将影响到绿色农产品的数量和质量，为了确保绿色食品的质量安全，绿色农业生产者必须控制甚至杜绝化肥、农药等生产资料的投入，由此必然降低农产品的产量。在此情况下，为了维持绿色农业的高产，有且仅有加大农业生态资本投入这一措施，利用生态技术创新实现农业生态资本的形态变换，将大量生态环境质量要素和高品位农业生态资源的价值转移到绿色食品中去。所以，应通过绿色农业产地环境保护和建设，提高农业生态资本的存量和增量，以农业生态资本的增量投入和增量运营来实现绿色农业的高产高效，维持绿色农业较高收益率、增加绿色农业企业的利润、促进农业增效、农民增收，最终实现绿色农业的可持续发展。

二、农业生态资本减量运营模式

农业生态资本减量运营模式以循环经济理论为指导，是一种高效农业生态资本运营模式，旨在减少农业生态资源的消耗，提高农业生态资源利用率，通过从源头上减少农业生态资源的投入，实现节约农业资源、促进农业资源循环利用的目的。

（一）农业生态资本的减量投入与循环运营

1. 农业生态资本的减量投入

减量化原则是循环经济的首要原则，其内在要求是尽量从源头减少进入生产和消费环节的物质和能量。在生产过程中尽可能减少原材料和能源的消耗，通过实施清洁生产，最大限度地降低对不可再生资源的耗竭性开采利用，对于已经进入生产系统的资源尽量实现多级循环利用，对废弃物进行资源化再循环和再利用。减量化原则的核心是资源的减量投入和循环利用，改变传统的资源消耗型线性增长方式，尽可能地节约生态资源，不断提高生态资源的综合、循环利用效率，即减少对不可再生资源的生态资本的一次性开发利用，形成一个减少生态资源利用的良性循环系统。

根据减量化原则的要求，农业生态资本运营过程中，应当在农业生产的全过程乃至农产品生命周期中减少农业生态资源的投入，节约农业生态资源，实现农业生态资本的减量投入。具体而言，就是大力发展节约型农业，推行"十节一减"措施，即节地、节水、节能、节种、节肥、节药、节电、节油、节柴、节粮、减人。

"节地"就是要求保护和节约农地资源、遏制耕地面积锐减、防止水土流失、维持和提高土壤肥力，充分实现农地高效利用与集约利用；"节水"就是要求改变"大水漫灌"的粗放式农业灌溉，通过兴修维护农田水利、采取滴灌等先进灌溉技术、调整农作物结构、扩大耐旱作物种植面积等措施，大力发展节水农业；"节能"就是要求推广各种先进的节能技术（设备、产品、工艺）、采用科学管理方法、降低能源消耗、避免能源浪费、提高能源效率、使用新型清洁可再生能源，实现农业生产的低耗高效；"节种"就是要求科学用种、培育优质高产速生种苗、推广旱育稀植和抛秧技术，实现节种增收；"节肥"就是要求大幅度减少化肥使用量、提倡使用绿肥、推广测土施肥、配方施肥等先进技术；"节药"就是要求合理使用农药、严禁过量用药、大力推广农作物病虫害的物理防治和生物防治技术；"节电"要求大力推广各种先进的节电技术、设备、工艺和管理方法，节约广大农村的生产生活用电；"节油"要求降低农业生产和运输设备的油耗，节省农用柴油汽油；"节柴"要求推广先进实用的省柴灶，推广农作物秸秆、稻壳、碎屑废料加工炼油技术，减少薪柴砍伐量；"节粮"要求减少粮食浪费，采用科学的养殖方法提高畜牧养殖业的肉料比；"减人"即减少从事农业生产的农民，不断提高农民素质和技能，转移农村剩余劳动力。

2. 农业生态资本的循环运营

农业循环经济是循环经济理论在农业领域的具体运用，是仿照生态学规律改造和重构农业经济系统，通过对农业资源的循环利用来促进农业可持续发展的一种经济形态。其核心是实行农业资源的"减量化、再利用、再循环"，实现途径是把农业经济活动组成一个"农业资源—农产品—再生资源"的反馈式物质运行流程，主要内容是把农业清洁生产、农业生态建设和农业绿色消费融为一体，中心任务是将传统农业的资源消耗型线性增长方式转变为生态型循环发展方式，在节约资源、保护环境的同时发展现代农业，实现农业经济效益、生态效益和社会效益的协调统一。

农业循环经济的最本质特征是农业资源的循环利用。农业循环经济产业链条包括种植业、林业、渔业、畜牧业并延伸至农产品加工业、农产品贸易与服务业以及农产品消费领域。通过废弃物交换、循环利用、要素耦合和产业联结等方式形成相互依存、密切联系、协同作用的农业产业化网络体系，各产业之间通过中间产品和废弃物的相互交换而互相衔接，从而形成一个比较完整和闭合的产业网络。与传统农业经济相比较，农业循环经济是通过废弃物资源化利用、要素耦合等方式，按照反馈式流程组织农业生产，以实现资源的循环利用和高效利用（如图 7.4 所示）。

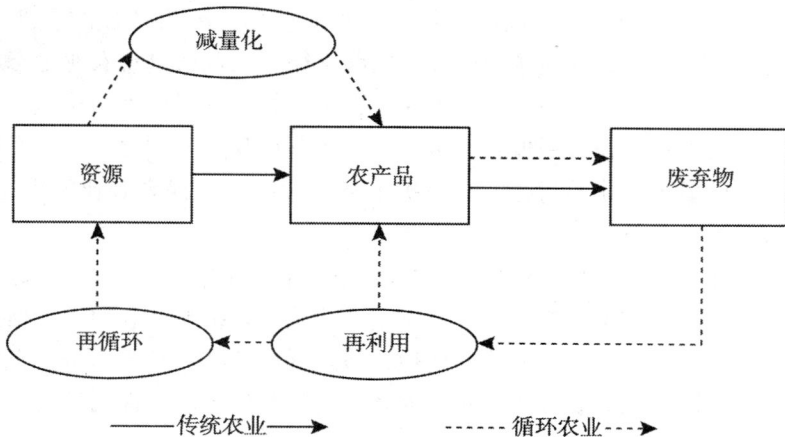

图 7.4 农业资源利用的"反馈式"流程

农业生态资本的循环运营不仅包括农业生态资源的循环利用，还包括农业生态环境质量要素和农业生态系统整体服务功能的循环运营，具体体现在三个方面：一是农业生态环境中的全部生物和微生物均参与到农业生产过程中，以生态食物链的形式循环，使得农业生态环境资本中的各个主体互补互动、共生共利；二是农业生态环境质量要素参与循环，包括大气循环、水循环、土壤有机质和养分循环等；三是农业生态信息和生态文化参与循环，通过农业生态制度建设，拓宽农业生态系统服务功能循环的层次和范围，不仅包括农业内部生产方式的循环，而且包括对农业、工业和服务业的耦合共生、循环互动，如通过农业生态文化旅游、农业体验教育、农产品展销交易会等方式循环利用农业生态系统整体服务功能。

农业生态资本循环运营要求实现农业资源环境的代际公平，这是农业生态资本可持续运营的关键，即当代人对农业生态资本的利用应以不降低后代人利用农业生态资本的能力为前提。在保证农业生态环境资源不贬值的条件下界定农业经济活动的边界，包括使用可再生资源的速度不超过其再生速度；使用不可再生资源的速度不超过其可再生替代物的开发速度；农业生产污染物的排放速度不超过农业生态环境的自净能力。以保持农业生态资源的非减性与非缺性为前提，重点关注代际公平权利在农业自然资源中的行使，把农业经济发展建立在农业生态资本的稳定持续供给能力的基础之上。

（二）循环农业：典型农业生态资本减量运营模式

循环农业是一种以农业资源的高效利用和循环利用为核心，以"减量化、再利用、资源化"为原则，以低消耗、低排放、高效率为特征的农业发展模式，是循环经济理论在农业领域的具体实践。循环农业通过对农业生态经济系统的设计和管理，运用物质循环再生原理，利用物质多层次利用技术，实现农业经济系统自然资源投入最低化、可再生资源利用高效循环化、有害污染物最少化、经济效益最大化的目标，在保护生态环境的同时提高农业的生态效益、经济效益和社会效益。

循环农业要求在保护农业生态环境的基础上，调整和优化农业生态系统内部结构和农业产业结构，提高农业系统物质能量的多级循环利用，严格控制外部有害物质的投入和农业废弃物的产生，最大限度地减轻环境污染，把农业生产经济活动真正纳入到农业生态系统循环中，实现生态的良性循环与农业的可持续发展。

循环农业的实质是将传统农业的"资源—产品—废弃物"线性物质流动方式转变为现代农业的"资源—产品—废弃物—再生资源"循环流动方式，把简单的自然种养模式转变为规模化科学种养模式，把粪便、秸秆和生活垃圾等农业废弃物变成农业生产的肥料、饲料和燃料，从而实现农产品、中间产品和废弃物交互利用、互相衔接，使资源得到最佳配置、废弃物得到有效利用、环境污染减少到较低水平①（如图 7.5 所示）。

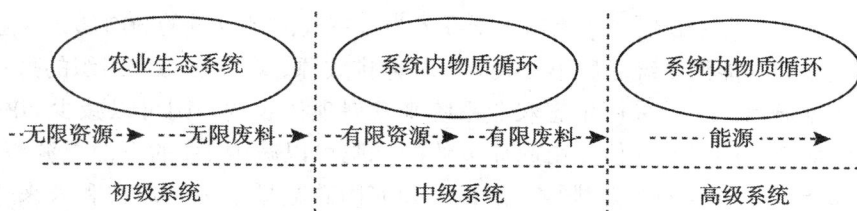

图 7.5　循环农业系统运行机理

实践证明，循环农业不仅是一种资源节约、环境友好型农业，从农业生态资本运营的角度来看，更是一种典型的农业生态资本减量运营模式。在长期的循环农业实践中，生产者探索出了一系列关键农业生态资本减量运营的技术和方法，如通过推广喷灌、滴灌、微灌等节水技术实现水资源减量化投入；通过"沃土工程"建设等措施实现土地资源的节约集约利用；通过综合利用畜禽粪便、农作物秸秆资源实现农业能源投入减量化等。节约农业资源、提高资源利用率、减少农业废弃物排放、改善农业生态环境是循环农业的突出优势。在我国农业资源短缺、农业污染加剧的今天，全面推广循环农业意义重大，刻不容缓，农业生态资本减量运营是保障循环农业可持续发展的根本措施，反过来，循环农业的持续发展又进一步促进了农业生态资本的减量化运营。

三、农业生态资本平衡运营模式

农业生态资本平衡运营模式是在应对全球气候变化挑战过程中发展起来的一种新型农业生态资本运营模式，是以低能耗、低排放为主要特征，旨在节约能源、减少农业温室气体排放、发挥农业固碳功能的一种综合运营模式。低碳农业侧重于生态服务型资本的运营，通过发挥农业生态系统的固碳功能来进行碳汇，目的在于促进生态系统的碳平衡，是一种典型的农业生态资本平衡运营模式。

（一）现代农业的低碳化发展

农业生产是人类最基本的生产方式，农业生产过程的实质就是人类利用自

---

①　李燕凌，李大志．论农业循环经济体系及其技术构建［J］．湖南农业科学，2007（3）．

然环境，依靠生物机能，通过劳动协调生物与环境之间的关系，强化或控制生物的生命活动过程。由于农业是利用土壤、生物和大气环境进行生产，农业生产活动与气候变化存在着密切联系，据联合国粮农组织统计资料显示，耕地释放的 CO_2 大约为 150 亿吨，相当于全球人为温室气体排放量的 30%[①]，农业系统已经成为继能源系统之后第二大温室气体排放源。联合国粮农组织的另一项调查数据显示，如果采用生态农业系统来发展现代农业，则可以减少 80% 由于农业而产生的温室气体，由此而节约的化肥可以减少 1% 的石油能源消耗，同时还能降低 30% 的农业排放。所以，如何固碳减排无疑是现在和未来相当长时期内农业发展的重要目标和努力方向。

气候是农业生产的决定性因素。CO_2 的浓度对农作物产量具有明显的影响作用，因为 CO_2 是植物光合作用的原料，是农作物生长发育的主要生态因子，研究表明：CO_2 的浓度增加，在短时间内会加快作物的生长发育，但随着 CO_2 浓度的持续增加，温度继续上升，植物光合作用就会停止，农作物生长发育速度就会减缓甚至死亡。显然，温室气体增多，会大大降低气候生产力，破坏农业生产环境，改变农业生态系统的稳定结构。而气候恶化所造成的洪涝灾害等极端气候频率增加，又需要大量资金投入来改造或兴修水利工程以提高抵御灾害的能力。气候变化导致土地沙漠化、盐碱化面积扩大，水土流失加剧，土地生产力降低，需要增加投资进行恢复和改造。温度升高导致农业病虫害增加由此导致化肥农药的过多投入，产生了食品安全等一系列问题，严重影响食品安全和农业可持续发展。

农业生态系统既是主要的碳源又是重要的碳汇，气候变化使得农业生产的不稳定性增加，产量波动也随之增大，这就需要调整农业的产业结构以适应现行生态环境的变化。推行以低能源消耗、低环境污染以及低排放量为基础的低碳农业发展模式，这是现代农业发展的内在要求。与此同时，在当前全球气候变暖与生态环境不断恶化的背景下，减少农业温室气体的排放量、提高农业碳汇功能，加快农业由高碳经济向低碳经济转变，是应对气候变化的必然选择。低碳化代表着现代农业发展的新方向，对促进现代农业的低碳化发展具有极为重要的现实意义。

（二）低碳农业：典型农业生态资本平衡运营模式

低碳农业的实质内涵包括两个方面：一是减少农业温室气体排放；二是利

---

① 黄钦海，李沙娜. 我国发展低碳农业的障碍与对策分析 [J]. 重庆科技学院学报，2010（21）.

用绿色植物光合作用进行固碳。通过"一减一固"实现农业生态经济系统碳平衡。针对传统农业高消耗、高排放引起的温室气体，低碳农业的核心是发挥农业生态系统碳汇功能进行固碳，具体模式包括土壤碳汇模式、植被碳汇模式和其他农业碳汇模式①。低碳农业运行机理如图7.6所示。

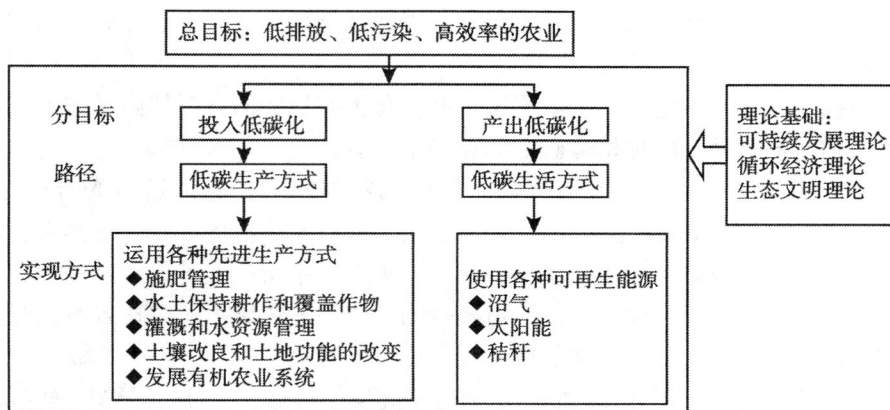

图 7.6　低碳农业运行机理

1. 土壤碳汇模式

土壤碳汇是陆地总碳量的2/3，其碳汇能力是植被碳汇的3倍，因而是最有效的碳汇方式。在农业生产过程中，有机质进入土壤形成有机碳，积累成土壤碳汇。增加土壤碳汇的途径主要有：

（1）免耕法。其土壤扰动小，团聚体稳定，可减少内部有机质分解，抑制过度通气，减少有机碳氧化降解，增加有机碳滞留时间，防止土壤侵蚀。

（2）合理轮作。轮种作物，插种豆科等残茬高的作物，可减少土壤地表水蒸发，加速根茬分解，提高土壤有机质含量和保水能力，增加土壤碳汇。

（3）提高复种指数。休耕会延长地表裸露风蚀时间，引起土壤水分蒸发。合理复种作物可减缓土壤有机质分解，延长地表绿色覆盖时间，保储更多碳汇。

（4）合理施肥。长期单施无机肥，虽能促进根部生长，但易加速土壤有机碳分解、矿化，与有机肥配合施用可增加土壤有机碳总量并能改善土壤物理性。

---

① 罗吉文. 低碳农业发展模式探析［J］. 生态经济，2010（12）.

（5）生物炭碳汇。通过把杂草、秸秆、枯枝落叶等有机质堆积起来，用薄层泥土覆盖，点火熏烟、加温裂解而形成有机碳，储存于土壤中，增加土壤碳汇。

（6）改善土壤水分条件。水分是土壤排放、吸收温室气体的决定因素之一，淹水土壤会向大气排放 CH_4、CO_2，好气土壤会减缓 CO_2 的排放并氧化大气中的 CH_4。采用间歇性灌溉等人为调节措施可提高土壤碳汇水平。

2. 植被碳汇模式

植被通过光合作用吸收和积累碳，并转化为有机物储存于体内，作为其自身生长的营养物质。增加植被碳汇的途径主要有：

（1）发展林业。林木具有吸碳、降碳的特殊功效，它能通过光合作用，将大气中游离的碳固定下来，转变为有机碳。而且它生活周期长，形体大，有较大时间、空间位置，储碳密度高，是调节大气碳平衡的关键。可通过林权改革、退耕还林、天然林保护、实施造林计划、建构绿色廊道、建造各种景观美化林、培育优质苗木等途径增加林业碳汇。

（2）发展草业。草种植物根系发达，抗旱、储碳能力强，储碳速度快。还具有防风固沙、涵养水源、保持水土、净化空气、维护生物多样性等功能。

（3）营造湿地。湿地具有水分过饱和厌氧的生态特性，湿地土壤微生物活动弱，植物残体分解、释碳慢，吸碳功能强于森林和海洋。

（4）保护沙漠植物。沙漠植物以灌木、半灌木和草为主。适宜干旱缺水、寒冷多风的自然环境，对沙漠地区碳汇有特殊意义。

（5）培植水生生物。水生生物具有较强的储碳能力。据测算，小球藻、栅藻和水华鱼腥藻的含碳量分别达到 46.38%、51.28% 和 68.76%，水生高等植物和动物碳汇潜力更大。人工或半人工养殖各种水生生物是增加碳汇的有效方法。

（6）大力发展各种食用农作物。食用农作物是陆地植被碳汇的重要部分，在气候变暖的环境下，应重点培植"固碳型"农作物，培育防洪、抗旱型新品种，以保证在高温、干旱、病虫害肆虐下，仍能扩大碳的吸收存储。

3. 其他碳汇模式

通过碳捕捉技术，将大气中的 CO_2 分离、净化、隔绝、封存，用于保鲜、制造干冰、培养海藻、生产"碳基肥料"、中和地下盐碱水改善水质或注入衰竭的油层提高油气田采收率等。与工业减排和森林固碳相比，其开发利用价值大、综合效益高。特别是"碳基肥料"的生产和使用，价值最大。在植物生长过程中，人们只重氮、磷、钾等矿质肥的作用，而忽视了占植物95%的碳、氢、氧的作用。碳元素作为植物营养的吸收形态主要是 CO_2 和碳酸氢根阴离子，氧、氢元素是水，碳、氢、氧平衡是植物营养平衡的基础。植物通过吸收 CO_2 和水，经光合作用转化为葡萄糖，再水解成有机酸，通过固定铵态氮转化为氨基酸及蛋白质，构成生命的基础。实验表明，CO_2 浓度充足可加速作物生长，减少农药用量，提高作物产量。因此，发展"碳基肥料"可起到减少 CO_2 排放、提高农业产值的双重目的。发展低碳农业是应对气候变暖与能源危急的战略举措，是转变农业增长方式的必然选择。低碳农业对耕作、能源、化肥、农药等投入的减少，可有效抵减高碳农业的高投入高产出，实现农业的转型和高效发展，具有重要的现实意义和长远的战略意义。

综上所述，低碳农业通过投入低碳化和输出低碳化来实现现代农业的低碳化发展，具有其他农业模式所不具备的多元化功能，并突出地体现在生态生产功能、环境保护功能、气候调解功能、生态涵养功能等方面。生态生产功能通过调整农业结构、转变农业生产方式，在不增加气候变化压力下提供生态农产品。环境保护功能通过节能减排技术，发展生物质能源，改善农业生态环境，保障农业安全。气候调节功能通过减少使用化石燃料，减轻农业生产对气候变暖的压力。生态涵养功能通过发展配合农业生产的自然与生态湿地，利用湿地固碳、净化水源等功能，保护水资源，减少面源污染，改善农业生态环境，保护自然生态资源。

近年来，低碳农业在各地蓬勃发展，推进速度之快、范围之广超过了以往任何一种农业模式的发展。在实践中，低碳农业已不仅仅是作为一种农业发展模式而被推广，在很大程度上已被认为是人类应对气候变化的有力武器，全球性的碳产业和碳汇交易市场正在以出人意料的速度竞相成长，无疑大大加快了低碳农业的发展进程。理论与实践表明：低碳农业是一种典型的农业生态资本平衡运营模式，通过利用农业生态系统的整体服务功能，充分发挥农业生产过程中的固碳功能进行碳汇，不仅能够提高农业经济效益，还能有效改善人类生存环境质量，在更大尺度和更广空间上实现农业生态系统整体服务功能的提升，是现代农业多功能性的生动体现。低碳农业是现代农业发展的新阶段与新形式，农业生态资本平衡运营模式是对低碳农业实质内涵的真实反映，更是生态资本运营的发展方向和必然趋势。

小　　结

1. 农业生态资本运营是指在农业生态化发展过程中，农业生态资本的所有者或经营者将农业生态资产作为一种具体的生产要素，投入农业自然再生产和经济再生产过程之中，利用现代生态技术实现农业生态资产的形态变换，通过农业生态产品与农业生态环境服务实现农业生态资产的价值转化，依靠农业生态市场实现农业生态资本的保值增值，科学设计并全面实施对农业生产过程的计划、组织、管理和控制，为最终实现农业生态资本长期收益整体最大化而进行的全部经营活动和管理过程。

2. 农业生态资本运营作为一种农业生产过程和方式，同样具有生态价值、经济价值、社会价值和文化价值，其运营的途径包括农业生态产品开发、农业生态环境开发和农业生态文化信息开发。对于一个完整的农业生态资本运营过程而言，按照过程的递进顺序可以分为四个阶段，也就是四个子过程，本书分别称为准入过程（农业生态资源的资产化）、启动过程（农业生态资产的资本化）、运行过程（农业生态资本的产品化）、实现过程（农业生态产品的市场化）。

3. 农业生态资本运营模式包括增量运营、减量运营和平衡运营三种。农业生态资本的增量是相对于存量而言的一种变化状态，包括农业生态资本数量的增加和质量的提高，以绿色农业为典型代表。农业生态资本减量运营模式以循环经济理论为指导，是一种高效农业生态资本运营模式，旨在减少农业生态资源的消耗，提高农业生态资源利用率，以循环农业为典型代表。农业生态资本平衡运营模式是在应对全球气候变化挑战过程中发展起来的一种新型农业生态资本运营模式，是以低能耗、低排放为主要特征，旨在节约能源、减少农业温室气体排放、发挥农业固碳功能的一种综合运营模式，以低碳农业为典型代表。

关　键　词

生态资本　生态资本运营　农业生态资本运营　整体增值　伴生功能　竞争使用　生态价值　经济价值　社会价值　文化价值　导入过程　启动过程转化过程　增值过程　增量运营　减量运营　平衡运营

复习思考题

1. 农业生态资本运营的内涵是什么？它有哪些特征？
2. 如何理解农业生态资本运营的价值？

3. 农业生态资本运营的途径有哪些？

4. 简述农业生态资本运营的过程。

5. 简述农业生态资本运营的三种模式。

参 考 文 献

［1］曹洪军．资本运营新论［M］．经济管理出版社，2004：3.

［2］程艳霞．我国企业资本运营的模式研究［J］．武汉理工大学学报，2001（9）．

［3］黄爱民，张二勋．环境资本运营——环境保护的新举措［J］．聊城大学学报，2006（6）．

［4］黄铭．生态资本理论研究——以可持续发展为视角［D］．合肥工业大学学位论文，2005：25.

［5］黄钦海，李沙娜．我国发展低碳农业的障碍与对策分析［J］．重庆科技学院学报，2010（21）．

［6］李燕凌，李大志．论农业循环经济体系及其技术构建［J］．湖南农业科学，2007（3）．

［7］刘吉鹏．生态农业资本运作浅析［J］．乡镇经济，2003（6）．

［8］罗吉文．低碳农业发展模式探析［J］．生态经济，2010（12）．

［9］王海滨，邱化蛟，等．实现生态服务价值的新视角（三）——生态资本运营的理论框架与应用［J］．生态经济，2008（8）．

［10］王海滨．生态资本及其运营的理论与实践——以北京市密云县为例［D］．中国农业大学学位论文，2005：42.

［11］王海滨．生态资本运营——生态涵养发展区走向生态文明的价值观和方法论［M］．中国农业大学出版社，2009：138.

［12］严立冬，陈光炬，等．生态资本构成要素解析：基于生态经济学文献的综述［J］．中南财经政法大学学报，2010（5）．

第八章　农业生态经济补偿

【学习目标】农业生态经济补偿是指为保护农业生态环境和改善或恢复农业生态系统服务功能，农业生态受益者给予农业生态服务者（农业生态环境保护者）的多种方式的利益补偿。通过本章的学习，达到以下学习目标：

（1）了解农业生态经济补偿的含义和补偿途径，掌握农业生态经济补偿的政府手段和市场手段。

（2）了解农业生态经济补偿的国内外实践，理解国外农业生态补偿的经验及其对我国的启示。

（3）理解农业生态经济补偿机制的要素，掌握农业生态经济补偿机制的基本类型。

（4）理解农业生态经济补偿政策的作用，熟悉农业生态经济补偿政策的主要类型。

第一节　农业生态经济补偿概述

一、农业生态经济补偿的含义

（一）生态补偿的概念

生态补偿是调节相关方的利益关系，使保护、恢复、维持、改善和利用生态系统服务的行为外部效应内部化，以经济手段为主调节相关者利益关系的手段或制度安排。具体而言，生态补偿是按照受益者付费、受损者得到补偿的原则，让受益者依据其开发利用生态系统服务的获利或其享用的由于受损者的外部经济性所额外增加的生态系统服务价值而向受损者支付费用，受损者依据其受损成本（直接成本、机会成本和发展成本）和受损的额外的生态系统服务价值获得补偿，使保护、恢复、维持、改善和利用生态系统服务的行为外部效应内部化，进而实现可持续利用生态系统服务，促进代内和谐（人与人的和谐，人与自然的和谐）和代际公平的一种手段或制度安排。①

（二）农业生态经济补偿的概念

农业生态经济补偿是生态补偿的一种具体形式，两者的内涵具有一致性，但农业生态经济补偿更具有特定性和针对性。农业生态经济补偿是指为保护农业生态环境和改善或恢复农业生态系统服务功能，农业生态受益者给予农业生态服务者（农业生态环境保护者）的多种方式的利益补偿。② 农业生态经济补偿的概念包含了两层含义：第一，农业生产具有重要的生态保护功能，即农业生产如种植农作物的过程在一定程度上就是防止土壤被侵蚀、保护植被、涵养水源、防灾治洪的过程，此种情况下农业生态效益的"免费"表现得较为隐蔽；第二，通过限制农业生产者利益的方式来促使他们在农业生产中采取环境友好生产措施，积极地参与到农业生态环境保护工程中，此种情况下农业生态效益的"免费"表现得尤为突出。③

二、农业生态经济补偿的途径

农业生态经济补偿途径是补偿得以实现的形式，主要有政策补偿、实物补偿、资金补偿、项目补偿、教育补偿、技术补偿、生态移民等。根据国内外农业生态补偿的实践，补偿的方式应当灵活多样、因地制宜。④

（一）政策补偿

政策补偿是上级政府对下级政府的权力和机会进行补偿。受补偿政府在授权权限范围内，利用制定政策的优先权和优惠待遇，根据不同地域的不同资源、人口、经济、环境状况确定不同的发展方向和发展目标，制定一系列创新政策，着力于地域农业生态环境的恢复和重建，探索地域农业经济可持续发展模式。利用制度资源和政策资源进行补偿十分重要，尤其是在资金贫乏、经济薄弱的西部地区。

（二）实物补偿

实物补偿是补偿主体给予补偿对象一定的物质、劳力和土地等实物，以缓

① 王兴杰，张骞之，刘晓雯，等．生态补偿的概念、标准及政府的作用：基于人类活动对生态系统作用类型分析［J］．中国人口·资源与环境，2010，20（5）：41-50.

② 刘尊梅．中国农业生态补偿机制的路径选择与制度保障研究［M］．中国农业出版社，2012：41-52.

③ 邵江婷．基于社区发展的我国农业生态补偿法律问题研究——以湖北省为例［D］．华中农业大学学位论文，2010.

④ 刘丽．我国国家生态补偿机制研究［D］．青岛大学学位论文，2010.

解补偿对象的部分生产要素和生活要素的紧缺，增强受补偿者的生产能力，改善受补偿者的生活状况，使其恢复生态保护和农业生产能力的一种补偿方式。实物补偿重点是帮助补偿区域群众发展农业生态经济产业，提高农民收入，促进和谐发展。

（三）资金补偿

资金补偿是由政府、资源开发者或受益者出资，用以治理和恢复农业生态环境或补偿受损者的一种补偿方式。资金补偿是最常见的补偿方式，也是最急需的补偿方式。从我国农业生态补偿的实践来看，政府资金在建立农业生态补偿机制中起到了主要作用。从目前的情况来看，资金补偿常见的方式有财政转移支付、补贴、减免税收、退税、信用担保贷款、财政贴息、加速折旧、补偿金、赠款等。

（四）项目补偿

项目补偿是补偿者向被补偿地区提供一些项目，以弥补这些地区为生态保护作出的牺牲，达到生态补偿的目的。以水资源开发为例，上游地区由于农业生态保护的原因重点发展替代能源发展项目、污染零排放项目，不得不放弃一些效益好但污染大的项目。下游地区引进的一些无污染、农业生态企业项目等可以经双方协商转让给上游地区来做。

（五）教育补偿

教育补偿是由补偿者提供智力服务，在知识技能方面向受补偿地区进行补偿，以提高受补偿者的生产技能、技术含量和组织管理水平。如通过人力资源培训给受补偿地域或群体培养技术人才和管理人才等，也包括派送一些技术人才，特别是农业垃圾处理、农业污染防治以及农业生态发展类的人才去协助受补偿地区的经济发展和环境保护工作。

（六）技术补偿

技术补偿方式应该和教育补偿相结合，为农业技术欠发达地区提供先进的农业技术支持。包括提供无偿技术咨询和指导，输送各类专业人才，培养（训）受补偿地区或群体的技术人才和管理人才，以提高受补偿者生产技能水平、生产技术含量和管理组织水平。

（七）生态移民

生态移民是环境保护的重要措施，也是农业生态经济补偿的一种特殊形式。在农业生态保护区内，居民的生产、生活对农业自然环境造成了一定影响，使其自然环境无法真正达到自我发展、自我平衡的状态。鉴于此，资源开发地区应该将保护核心以及保护范围内的居民逐渐迁移出保护区。

三、农业生态经济补偿的手段

（一）政府手段

政府补偿，是以国家或上级政府为实施和补偿主体，以区域、下级政府或农牧民为补偿对象，以国家生态安全、社会稳定、区域协调发展等为目标，以财政补贴、政策倾斜、项目实施、税费改革和人才技术投入等为手段的补偿方式。政府补偿是目前世界各国开展生态补偿最重要的形式，也是目前比较容易启动的补偿方式。具体途径有以下几条：

1. 财政转移支付

财政转移支付是指为了平衡或发展某项事业，中央政府对地方政府或者上级政府对下级政府进行的专项补贴。通过公共财政对生态建设者进行补偿是发达国家的重要补偿形式，如瑞典对劣等地退耕造林的补助率达 50%。我国自1994 年实施分税制以来，财政转移支付成为中央平衡地方发展和补偿的重要途径，巨大的财政转移支付资金为生态补偿提供了很好的资金基础。

2. 差异性的区域政策

我国幅员辽阔，经济发展极不平衡，因此生态补偿要和国家相关的产业政策、扶贫政策、开发政策结合起来。在中国，主要的贫困地区同时也是重要的生态功能区和生态脆弱区，贫困问题和生态环境问题纠缠在一起，增加了环境保护的复杂性。根据各地经济条件、自然资源以及生态功能的不同，应实行差异化的区域政策，利用制度资源和政策资源进行生态建设，避免片面的环境保护或者经济建设带来不良影响，从而达到比较好的补偿效果。

3. 生态保护项目的实施

国家根据生态环境保护的需要，推行一些有利于生态环境保护的项目并提供相应的支持和补贴。通过大量的环保项目建设，将环境保护措施具体化，推动人们进行环境保护。比如农户遵循"循环经济"和生态农业的原理，树立保护环境的可持续发展理念，广泛采用环境友好的新技术和生产模式，提高农业资源利用率，促进农业产业技术的升级换代，同时发展替代产业，增强区域自我补偿能力。通过这些环保项目的实施，培育农业生态环境可持续发展的内生机制，从根本上保护生态环境。

4. 环境税费制度

绿色税收也称环境税收，是以保护环境、合理开发利用自然资源，推进绿色生产和消费为目的，建立以保护生态环境为目标的"绿色"税制，从而保持资源环境的可持续发展。狭义的绿色税收即以保护环境为目的而专门征收的税收和对环境保护起作用的税收。广义的绿色税收则包括收费。生态税费制度主要是针对资源的开发者、利用者和消费者征收生态税或者收取生态费，收费针对不特定的人群进行，在一定程度上也可为生态建设筹集资金。

（二）市场手段

市场作为一项普遍的社会性力量，是农业生态经济补偿机制有效运转的关键。尽管政府是生态效益的主要购买者，市场竞争机制仍然可以在农业生态经济补偿中发挥重要的作用。

1. 一对一交易

市场交易是在交易双方自愿的前提下进行的，一对一的交易是购买者出于自愿动机而非受外在管理压力进行的。交易双方往往经过谈判或者通过中介，确定合理的交易条件和价格。一对一的交易通常限定在一定的范围和透明度内，明晰的产权和可操作的合同是交易可以顺利进行的基础。一对一交易常见于在产权比较明确的森林生态系统及其周边受益地区之间、企业和社区之间、上游村庄及下游村庄之间进行。通过这种交易，生态效益、经济效益和社会效益往往得到最大限度的平衡。

2. 开放的市场交易

开放的市场交易，其交易主体人数众多且不确定，前提是设定一定的生态公共产品限额。在开放的市场交易中，政府或者其管理机构首先为生态系统退化或一定范围内允许的破坏量（生态阈值）设定一个界限，处于这些规定管理之下的机构或者个人可以直接通过遵守规定来履行自己的义务，也可以通过资助其他所有者开展保护活动来动态平衡损失所造成的影响。通过这样的交易方式，生态系统可以维持在一个动态的平衡之中，生态系统的服务功能将得以恢复、维持。

3. 生态标记

生态标记又叫环境标志或绿色标志，是对产品"绿色性能"的一种认可，说明产品在生产、消费和再回收过程中对环境和人类无污染、无害或通过相应措施能够减少其对环境的危害。目前世界上已经有20多个国家建立了生态标志制度，包括节能节水低耗产品、可再生回收产品、清洁工艺产品和低污染低毒性产品等数千种，范围十分广泛。它通过两个具体步骤得以实现：一是通过环境标志向消费者传递一个信息，告诉消费者哪些产品有益于环境，并引导消费者购买、使用这类产品；二是通过消费者的选择和市场竞争，引导企业自觉调整产品结构，采用清洁生产工艺，使企业环保行为遵守法律、法规的规定，生产对环境有益的产品。生态标记是由独立的第三方根据标准认证生态友好产品，消费者根据认证进行选择性的消费从而提供补偿。生态标记虽然不是直接的生态补偿，但是它可以通过绿色、环保等理念，引导消费者改变现有的消费方式，提倡绿色、环保的消费方式，通过这种引导也可间接实现对自然生态系统的补偿。

第二节　农业生态经济补偿的国内外实践

一、国内农业生态补偿实践过程

我国生态补偿政策萌生并发展于 20 世纪 80 年代初至 90 年代中后期。这一阶段的生态补偿政策主要是矿产资源开发生态补偿及森林公益性生态效益补偿政策。进入 20 世纪 90 年代以来，随着生态环境问题的日渐凸显，我国加强了对生态环境的认识和保护，政府出台政策加大对大江大河的治理投入力度，并启动了退耕还林和退耕还草工程，农业补偿政策的生态功能开始显现。在此背景下，我国生态补偿进入了快速发展阶段，生态补偿的研究和实践逐步扩展到流域生态补偿、区域生态补偿、自然保护区生态补偿等各个领域。

（一）国家现行的农业生态补偿政策架构

我国建立统一的农业生态补偿政策体系已具有较好的政策平台，国家现行农业生态补偿政策主要由以下几个方面构成：

1. 建立农业生态补偿机制的宏观政策

2010 年党的十七届五中全会通过的《中共中央关于制定国民经济和社会发展第十二个五年规划的建议》中明确指出：要建立生态补偿机制，按照谁开发谁保护、谁受益谁补偿的原则，加快建立生态补偿机制，积极探索市场化生态补偿机制，加快制定实施生态补偿条例。

2010 年农业部农村经济研究中心研究分析了"十二五"时期我国农业农村发展的目标任务、基本思路和途径措施，并指出：健全农业生态环境补偿制度，形成有利于保护自然资源和农业物种资源的激励机制。[①]

2012 年《中共中央关于推进农村改革发展若干重大问题的决定》明确提出：要健全农业生态环境补偿制度，形成有利于保护耕地、水域、森林、草原、湿地等自然资源和物种资源的激励机制。

---

① 农业部农村经济研究中心．"十二五"时期农业和农村发展挑战与选择 ［EB/OL］．http//www. Chinacoop. gov. cn/HTMl/ 2010/11/08/58438，html.

2. 退耕还林政策

2007 年国务院《关于完善退耕还林政策的通知》、国家发改委等五部委《关于做好巩固退耕还林成果专项规划编制工作的通知》（发改农［2007］36号）规定：退耕地造林每亩每年粮食补助 210 元，现金补助 20 元。退耕地补助到期后延补一个周期，退耕地每亩每年粮食补助 105 元，现金补助 20 元。建立巩固退耕还林成果专项资金，用于基本口粮田、农村能源、后续产业、补植补造、生态移民五个方面建设，标准为 105 元/亩退耕地。

3. 农业清洁生产技术运用的补贴政策

从 2005 年起农业补贴政策的环境保护功能逐步凸显。连续多年的中央"一号文件"反复强调要强化农业直接补贴政策，其中涉及许多鼓励和支持农业清洁生产技术运用的补贴政策。

2010 年农业部办公厅《关于进一步加强重点流域农业面源污染防治工作的意见》中明确提出：要构建农业生态补偿机制，参照发达国家的做法，将补贴与农民采取环境友好型农业技术措施挂钩，对采用清洁农业生产的农户进行适当补贴，控制农业面源污染，实现经济和环境保护协调发展。

2010 年，农业部办公厅《农业部科技教育司 2010 年工作要点》中确定农业农村节能减排工作。明确指出：编制完成"十二五"农村沼气建设规划，统筹抓好户用沼气、大中型沼气工程和沼气服务体系建设。

（二）国家现行农业生态补偿政策安排

从 20 世纪 80 年代生态补偿初步发展阶段开始至今，国家实施了生态环境补偿政策、退耕还林（草）政策、水资源费政策、生态移民政策、矿产资源开发的补偿政策、耕地占用的补偿政策、流域治理与水土保持政策、农业新能源建设政策、耕地保护政策等。[1]

1. 中央补助地方环保专项资金项目

专项资金是部门开展生态补偿的重要形式。国土、农业、林业、水利、环保等部门制定和实施了一系列项目，建立专项资金对一些有利于生态保护和建设的行为进行资金补贴和技术扶助，如生态公益林补偿、农村新能源建设、水土保持补贴和农田保护等。例如，从 2010 年起，中央财政进一步加大投入力度，连续三年安排专项资金 120 亿元，重点支持农村环境整村连片治理，集中资金"投入一批、见效一批"，分批分片滚动推进，确保"以奖促治"政策取

---

① 刘丽 . 我国国家生态补偿机制研究［D］. 青岛大学学位论文，2010.

得实效。①

2. 退耕还林政策

我国最有影响的农业生态补偿政策就是退耕还林补偿政策。我国的退耕还林政策是中国首次实施的大规模生态经济补偿措施，是基于改变农业生态环境的一项措施。退耕还林的补偿包括国家对退耕农户和地方政府两部分，补偿期限一般为 5~8 年。对退耕农户国家无偿提供粮食、种苗费和管护费补助；对地方财政因退耕还林减收部分，国家采取财政转移支付方式进行补偿。在水土流失严重且产量低而不稳的坡耕地和沙化耕地，在具备条件、农民自愿的情况下，对于实行退耕还林的农户给予一定的补偿政策。补偿方式主要是粮食补偿、现金成本补偿。1999 年首先在四川、陕西和甘肃开展了"退耕还林"的试点工作，并在 3 年后制订了退耕还林 10 年规划。

3. 保护性耕作的补偿政策

进入 20 世纪 90 年代，保护性耕作开始在我国北方地区进行大面积的实验研究与推广，并取得了明显成效。早在 2006 年，农业部便已建立了 167 个国家级保护性耕作示范县，示范推广面积 2000 多万亩，取得了良好的生态经济效益和社会效益。

4. 流域治理与水土保持政策

近年来，除了大型的林业工程之外，我国还在其他领域开展了一系列的生态补偿计划或项目，如农村新能源建设、水土保持补贴和农田保护等。② 2007年，中央财政安排小型农田水利工程建设补助专项资金 10 亿元，比上年增加4 亿元。该项目以粮食主产区为重点，加强农村基础设施建设，为提高农业综合生产能力和农民增收提供了有力保障。

5. 农业清洁生产技术运用的补贴政策

（1）农业科技推广补贴。2005 年中央财政安排农业科技信息入户工程、优势农产品重大技术推广、保护性耕作等农业技术推广补贴 2 亿多元。

（2）测土配方施肥技术推广补贴。2005 年，农业部提出推广测土配方施肥补贴。2007 年，中央财政安排测土配方施肥补助资金 9 亿元，新增测土配

---

① 财政部. 加大财政投入力度推进农村环境治理 ［J］. 农村财政与财务，2010
（4）：42.

② 孙新章. 中国生态补偿的实践及其政策取向 ［J］. 资源科学，2006，28（4）：
25-30.

方项目县 600 个。① 截至 2008 年便已经累计投入资金 20 亿元，项目试点县增加到 1200 个，全国覆盖率为 40% 左右。② 2015 年，中央财政继续投入资金 7 亿元，深入推进测土配方施肥，免费为 1.9 亿农户提供测土配方施肥技术服务，推广测土配方施肥技术 15 亿亩以上。

（3）跨世纪青年农民科技培训工程。此工程自 1999 年开始，由农业部、财政部和共青团中央等共同组织实施。2005 年，中央财政累计投入 1.5 亿元，地方财政配套投入 3 亿元，全国有 200 多万名青年农民接受培训。

（4）农村小型公益设施建设补贴项目。2001 年开始对村级供水设施建设、农村能源设施建设、小型水土保持工程等实施补贴。2007 年中央财政支出 194.6 亿元，其中，加强农村"六小"工程建设，支持小型农田水利设施建设和小型病险水库除险加固支出 42 亿元。

（5）农村沼气建设项目。1999 年农业部制定了《农村沼气建设国债项目管理办法（试行）》，规定对农村沼气建设项目进行补贴。2010 年中央投资支持建设 150 万沼气用户，地方补助建设 150 万沼气用户，全年增加沼气用户 300 万户。2010—2012 年基本上实现沼气服务网点全覆盖。

二、国外农业生态补偿实践概况

为了治理生态环境，进一步推动农业的可持续发展，美国、日本、欧盟等分别出台了一系列政策法规，加强对农业的生态补偿。

（一）美国

美国联邦政府从 20 世纪 80 年代初期开始重视与农业生产和开发相关的资源、生态、环境保护，制定了一系列旨在促进农业可持续发展的保护耕地、水等自然资源及生态环境的法规和长期计划。特别是美国 1985 年修订的《农业法》中制订的"农地保护计划"，即大规模实施退耕还草、退耕植树或休耕；截至 1990 年共将 1.18 亿英亩的农地纳入计划，发挥了巨大的生态效益和经济效益。在水资源保护的补偿方面，美国政府于 1971 年提出了一个农村清洁水计划，根据这个计划，政府与那些为减轻无定点污染源而自愿执行最佳管理措施的农场主分摊部分费用。此外，还考虑给予农场主税额减免，发给具有特殊

① 关于 2007 年国民经济和社会发展计划执行情况与 2008 年国民经济和社会发展计划草案的报告.

② 刘黎丹. 统筹城乡视角下的农村生态环境建设研究［D］. 四川省社会科学院学位论文，2010.

优惠权的"绿票"等。

（二）欧盟

欧盟通过以下四个方面对农业环保措施进行补偿：一是价格补贴与环保措施挂钩。主要通过采取休耕、种植可再生原料和实施严格的载畜量规定等措施，引导农民自觉保护环境。二是通过改变农业生产经营方式来减少环境污染。比如：减少化肥和植物保护剂的使用；把农田改作粗放型绿地；降低每块饲料田的牛羊载畜量；使用有利于环境保护的绿色生产技术；培育饲养濒临灭绝的当地畜种。三是植树造林，美化环境。四是调整农业结构，减轻环境压力。欧盟把调整欠发达地区的农业结构和发展山区、欠发达地区的农业与环境保护结合起来，分别于1988年和1993年出台了一系列具体措施，对原农业结构政策进行了改革和修订，以确保山区和欠发达地区的环保措施得以落实。

（三）日本

日本主要通过以下六个方面对农业生态治理提供资助：一是农业改良资金中的环境保护型农业推进资金。对积极从事环境保护型农业导入的农户，由都道府县贷放无息资金，贷款最高额度在都道府县规定额度的80%以内。二是农林渔业金融公库资金的农林渔业设施资金中有关环境保护型农业推进事业的资金。以优惠利率对共同利用设施（畜牧业设施除外）的改良、建造和取得以及对于由主管大臣指定的设施进行贷款。优惠利率为1.9%，偿还期限分别为20年和15年。三是农业生产综合对策事业中增进自然循环功能的事业项目。主要是进行资金补助，补助率分别在1/2、1/3、5.5/10以内。四是促进家畜排泄物管理适当化及其利用的法律配套的新设资金项目。主要是进行长期和低利息的资金融通，优惠利率为2.0%，偿还期限分别为20年和15年。五是家畜排泄物等有机资源再生利用推进项目。六是基于绿肥和堆肥的土壤改造的持续旱作农业项目。此外，政府以建立环保型农户为载体，从政策、贷款、税收上给予支持，以提高环保型农户的经济效益和社会地位。

三、国内外农业生态补偿实践经验

（一）国内农业生态补偿实践经验

1. 我国农业生态补偿的特点

过去30多年里，我国开展了多种形式的农业生态补偿实践，目前已经取得了巨大进展，有些农业生态补偿项目的生态环境效益已经显现。具体地说，我国农业生态补偿作为一种经济手段和制度安排，有其自身的特点。

（1）农业生态补偿主体的单一性。现阶段我国的农业生态补偿的主体主要是政府，其他民间社会主体参与生态补偿较少。农业生态补偿离不开政府的主导，作为公众利益代表，政府具有良好的组织能力和强烈的环保动机。政府是农业生态补偿中的重要的利益相关者，政府以其权威性能够保障农业生态补偿的落实。另外，农业生态环境的基础性也要求一个强大的组织者（政府）来协调生态环境保护与经济发展的关系。但是仅以政府作为主要补偿主体不利于发挥其他社会主体的积极性和创造性。农业生态补偿本身是一个巨大的系统性工程，政府的力量毕竟是有限的，我国应纳入多元化的补偿主体，发动企业、民间团体和个人的积极性，调动全社会的力量来维护农业生态环境。

（2）农业生态补偿客体的多样性。农业生态补偿的客体不仅包括农业生态利益受损者和农业生态环境的保护者，还包括维持、恢复和改善农业生态环境的利益丧失者。这种客体不仅包括经济和物质利益的丧失者同时还包括机会利益的丧失者。从社会公平理论来看，为了维护社会的公平正义，生态利益受损者和利益丧失者理应得到应有的补偿。为了促进生态环境保护者保护生态环境的积极性，对生态保护者进行补偿有利于发动社会力量参与农业生态保护。

（3）农业生态补偿目标的双重性。对农业生态环境进行补偿有两个目的：一是保持、恢复和改善农业生态环境；二是促进农业领域的可持续发展。这两个目标是相辅相成的。维护农业生态环境的终极目的是为农业生产提供良好的发展环境，促进农业经济效益的提高，而农业效益的提升又会反哺生态环境，为维护良好的农业生态环境提供充足的资金和技术支持。

（4）农业生态补偿方式的单一性。目前，我国国内的农业生态补偿方式还仅限于资金补偿和实物补偿。例如《草原法》第48条规定："对在国务院批准规划范围内实施退耕还草的农牧民，按照国家规定给予粮食、现金、草种费补助。"这种直接补偿方式在一定阶段内可以缓解农业生态环境恶化问题，但是不能保证补偿款的落实，即可能会造成补偿资金的浪费。因此，应采用多样性的补偿方式，如政策、技术和智力补偿等，这种"授人以渔"的补偿方式从长远利益看最有利于维护农业的生态环境。

2. 我国农业生态补偿存在的问题

目前，在农业生态补偿方面，我国还没有专门立法，现有的涉及农业生态补偿的法律法规缺乏系统性和可操作性。近年来，有关部门出台了一些生态补偿的政策文件和部门规章，但其权威性和约束力不够。国务院关于生态补偿建设工作情况的报告指出，"我国现阶段关于生态补偿方面的政策法规建设比较滞后，生态补偿机制还没有确立，谁开发谁保护、谁受益谁补偿的利益格局，在促进生态环境保护方面的作用还没有充分发挥"。总之，我国的农业生态补偿制度还处于起步阶段，在农业生态补偿方面还存在着一些问题。①

（1）没有生态补偿专门立法，生态补偿法律体系不健全。农业生态补偿的实施离不开完善的法律制度的支持。当前我国还未建立专门的农业生态补偿立法，致使我国的生态补偿没有严格的可执行的法律依据，这在一定程度上阻碍了生态补偿制度的实施，同时也制约了我国农业经济的发展。缺乏统一的农业生态补偿单行法，导致各地方实行生态补偿的标准不一。从以上法律法规分析来看，在农业生态补偿方面，我国并没有一部具体的可执行的效力等级较高的法律。缺乏这一单行法，导致我国生态补偿方面的法律法规出现了"断层"，不能使上下法律法规相衔接。

（2）生态补偿主体不充足。我国的农业生态补偿模式主要以政府为主导。农业生态环境作为一种公共物品，被个别市场主体所消耗或破坏却由纳税人买单，这并不符合"谁受益谁补偿"的生态补偿原则。纵观我国各项有关生态补偿的条文，均以"国家给予补助"结语，在相关条款中并未涉及其他社会主体的参与。政府主导这种单一的生态补偿模式不利于激发市场活力，使一部分利益相关方置身事外，不能更充分地保护农业生态环境。除去政府，我国还应有更多的主体加入生态环境系统保护的行列。

（3）补偿方式和补偿途径单一。目前我国在补偿主体和手段方面实行的是以政府补偿为主的补偿模式，在补偿形式方面主要是直接补偿。政府并非农业生态服务价值系统唯一的受益者，也不是农业生态系统的破坏者，让作为民事主体的政府为生态破坏付费有损民法公平原则。此外，只依靠政府补偿，不能有效地激发市场的活力，使真正的生态破坏者摆脱了其应负的生态责任，因此，应该让补偿主体多样化，如实行市场补偿、民间补偿和非政府组织补偿。此外，补偿的措施比较单一，以资金补偿和实物补偿为主，缺乏"造血式"补偿（如政策补偿、智力补偿和技术补偿）措施。这种单一的"输血式"补偿，不能将外部补偿转化为自我积累和自我发展能力，也不能从根源上解决农业生态环境恶化的问题。②

（4）缺乏明确的补偿标准，补偿额度不足。补偿标准是顺利实施农业生

---

① 引自刘芳《我国农业生态补偿制度的法律政策探析》。见：中国环境资源法学研究会 2014 年年会暨 2014 年全国环境资源法学研讨会．生态文明法制建设——2014 年全国环境资源法学研讨会（年会）论文集（第二册）［C］．2014：411-415．

② 刘洁．健全农业生态环境补偿制度初探［J］．辽宁工程技术大学学报（社会科学版），2009，11（4）：345-347．

态经济补偿制度的核心。由于各个部门、各个地区的发展情况不一致，补偿对象不一样，从技术层面上制定补偿标准就相对不易。但是没有补偿标准，生态补偿就缺乏相应的科学依据。目前情况下，我国农业生态补偿标准很不规范，基本上是照抄照搬已有的计算标准，不能体现出因地制宜的特征，致使生态补偿执行过程中出现了许多问题和矛盾。① 补偿标准不明确会造成有的地方过分补偿，有的地方却补偿过少甚至没有给予补偿的现象。在现实中，有人建议应以生态保护者的投入成本和机会成本作为补偿标准。此外，在农业生态补偿中，由于补偿对象范围广泛，单靠政府专项拨款的款项数额有限，并不能及时、足额地补偿给生态环境服务者。因此，政府应健全生态补偿机制体系，引导更多的市场主体以及环境 NGOs 参与到农业生态保护中来。

（二）国外农业生态补偿的经验及对我国的启示

美国、欧盟、日本等在制定和实施农业生态补偿方面积累了成功经验，对我国农业生态补偿机制的进一步完善具有十分重要的借鉴与启示作用。

1. 构建具有中国特色的农业生态补偿法律体系

我国现在并没有明确的关于农业生态补偿的法律制度，关于生态补偿的法律制度也是散见于基本法中。结合我国农业生态环境日益恶化进而影响到我国生态文明建设的实际情况，应根据森林生态效益补偿的理论与制度实践，在吸取国外农业生态补偿先进经验的基础上，建立我国特色的农业生态补偿法律制度。首先，坚持生态文明的立法指导思想。其次，提高农业生态补偿法律制度的可操作性。最后，应当充分利用价值规律和经济手段来保护我国的农业生态环境。例如，农业生态补偿资金的筹措应结合政府支持与市场筹集相结合的方法，如现在的碳交易制度、排污交易制度；在补偿方式上使用多种补偿方式相结合的方式。②

2. 构建以社区为载体的农业生态补偿模式

构建以农村社区为载体的农业生态补偿模式就是在农业生态补偿过程中实现社区成员管理。社区是农民自主进行农业生态补偿管理活动的组织，只要与该社区成员有关的农业生态补偿活动，所有的农村社区成员都可以参与协商、决策、执行或监督处理。当然，建立以社区为主要载体的农业生态补偿机制涉

---

① 沈满洪，何灵巧. 外部性的分类及外部性理论的演化［J］. 浙江大学学报（人文社会科学版），2002，32（1）：152-160.

② 邵江婷. 基于社区发展的我国农业生态补偿法律问题研究——以湖北省为例［D］. 华中农业大学学位论文，2010.

及生态保护、建设资金筹措和使用管理等各个方面，具有较大的挑战性。探索多样化的生态补偿方法、模式，建立试点区域生态环境共建共享的长效机制，推动相关生态补偿政策法规的制定和完善，为全面建立农业生态补偿机制提供方法和经验。① 因此，在加强理论研究和借鉴国外先进经验的基础上，我们有必要先进行严密的科学论证，选择具有一定基础的地区进行试点示范，探索建立以社区为主要载体的农业生态补偿标准体系、管理制度规范和补偿渠道。②

3. "技物结合"的补偿模式是生态补偿可持续施行的重要支撑

农业生态补偿体系的建立是一项综合、系统的工程，要使其长期、可持续开展，不但要有宏观层面上的政策支持，还要有相应的技术体系和监督管理体系。而环境友好型科研技术体系是生态补偿的重要组成部分。我国在今后的农业生态补偿措施方面除了提供直接的资金支持以外，还应加大农业生态保护的基础科研力度，建立适合中国农村条件，特别是各地农民不同经营方式的环保型农业技术推广服务体系，促进农业生态环境的保护。③

4. 政府引导和市场机制相结合的生态补偿手段

政府作为推动与具体实施生态补偿的主要力量，尤其是在市场经济发展还处于初级阶段之时，应当主要以政府公共财政资金来补偿服务生态的公共物品。这些公共物品主要是受益面广但利益主体不明的部分。绝大多数情况下，生态保护与建设的主要补偿主体依旧是政府。将市场机制引入生态补偿，是一种创新手段，同时也是保护和建设生态环境的有效途径。我国在建设生态补偿制度的过程中也需要以市场和政府互补的原则为基础，在完善环境税收制度的同时，还应当逐步改善生态环境的交易机制、价格机制、生态标签制度等，从而建立起一个公平、公正、公开的，使生态效益共享、社会责任共担的有效运行机制。④

5. 应把农业补贴政策转向农业和农村的可持续发展

---

① 赵霞，吴方卫. 上海建立农业生态补偿机制的探讨［J］. 上海农村经济，2008（7）：25-27.

② 邵江婷. 基于社区发展的我国农业生态补偿法律问题研究——以湖北省为例［D］. 华中农业大学学位论文，2010.

③ 王欧. 建立农业生态补偿机制的探讨［J］. 农业经济问题，2005，26（6）：22-28.

④ 刘亚男. 我国农业生态补偿法律制度完善研究［D］. 西北农林科技大学学位论文，2013.

把农业补贴方向转向农业和农村的可持续发展，这是美国、欧盟、日本等发达国家和地区农业补贴制度演进历程中的一个重要动向。我国在实施退耕还林等生态补偿措施的基础上，还应制定环境友好型农业生产方式的优惠政策。国外都很重视将农业补贴与环境保护相挂钩，并实行积极的财政补贴政策，同时采取税收等手段来引导农业生产者主动采用环境友好型生产方式。我国从2004 年开始实行的农业直接补贴，与欧美、日本等农业法上的直接支付并不相同，美国和日本的农业法上采用直接支付的主要目的在于构建农业生产者们的收入安全保证网，一般与限产或退耕计划相配套。而我国的农业补贴政策仅仅是在保障农业生产者一定收入水平的基础上，激发其种植特定农产品的积极性，以保证国家食品供应安全，其对环境保护理念的考虑是不充分的，即没有认识到农业补贴对生态环境的潜在影响，因而，政策中没有体现出明确的环境保护目的。我国应借鉴国外的做法，扩大现行农业生态补偿的范围，将农业补贴与环保标准的贯彻挂钩，实施积极的补贴政策。①

第三节　农业生态经济补偿机制

一、农业生态经济补偿机制的概念

（一）机制的概念

"机制"这个概念目前被广泛运用于自然、社会、经济各个领域，诸如灾害机制、生理机制、市场机制、竞争机制、激励机制、约束机制等。机制具有如下一些特征：（1）机制是由多个要素构成的，机制的各构成要素之间有着内在的相互依存、相互作用的有机联系。（2）机制的各构成要素间相互依存、相互作用的关系及各要素相互作用的运行过程是有规律的，这些规律也就是各要素之间内在的、本质的、必然的、稳定的、普遍的联系。（3）自然领域的机制完全是客观的，而社会领域的机制在具有客观性的同时，还具有一定的主观性，这是因为社会领域的机制在其形成过程中有人为的因素，即有人的主观能动性的发挥。（4）机制是一种物质运动的过程，是动态的。综上所述，所谓机制是指一个客观系统内部各要素的组织结构及各要素和各子系统间相互作

---

① 刘尊梅. 中国农业生态补偿机制的路径选择与制度保障研究［M］. 中国农业出版社，2012：56-57.

用的具有规律性的运行过程、运行方式。①

（二）农业生态经济补偿机制的概念和内涵

当将"农业生态经济补偿"与"机制"结合起来时，就形成了为解决现实存在的实际问题而赋予的制度学概念——农业生态经济补偿机制。由二者的概念，可以总结出农业生态经济补偿机制的内涵应包括以下四个方面：

（1）谁是农业生态经济补偿的主体（农业生态保护成果的受益者），即涉及哪些单位、组织和个人；农业生态经济补偿的客体指的是什么（农业生态保护行为或活动）；谁是农业生态经济补偿的对象（农业生态保护者或者损害者）。

（2）研究农业生态经济补偿利益相关方之间的关系及相互作用的过程、方式和规律，以确定农业生态经济补偿的方式和补偿途径等。

（3）通过合理的评估、核算，科学地评估农业生态保护行为的效益和损失，制定合理的农业生态经济补偿标准。

（4）按照农业生态经济补偿的基本原则，协调补偿主体和补偿对象之间的关系，选择实现农业生态经济补偿政策目标的运行路径，实施农业生态经济补偿。

因此，所谓农业生态经济补偿机制就是研究生态经济补偿各组成主体和部门之间相互影响、相互作用的规律以及它们之间的协调关系，通过一定的运行方式和途径，把各构成要素有机地联系在一起，以达到农业生态经济补偿顺利实施的目的。或者说，农业生态经济补偿机制是指以维护、恢复和改善农业生态系统服务功能为目的，以内化相关活动产生的外部成本为原则，以调整相关利益者（保护者、破坏者、受害者和受益者）因保护或破坏农业生态环境活动产生的环境利益及其经济利益分配关系为对象的，具有经济激励作用的一种制度安排。

二、农业生态经济补偿机制的要素

农业生态补偿机制的基本要素是指农业生态补偿机制得以实现的相关构成，包括：谁补偿谁，即补偿主体和对象的问题；对什么补偿，即补偿客体问题；如何补偿，即补偿方式问题；补偿多少，即补偿标准问题。补偿主体、补

---

① 刘尊梅. 中国农业生态补偿机制的路径选择与制度保障研究 [M]. 中国农业出版社，2012：30-32.

偿客体、补偿对象、补偿方式、补偿标准，是农业生态补偿机制的基本要素。

（一）农业生态补偿主体

农业生态补偿主体是指在生态保护建设或活动中能够直接或间接获得利益的群体，也可称为受益方、支付方，主要解决"谁补偿"的问题。农业生态补偿主体主要包括以下几类。

1. 国家

政府作为社会公众的代表，应代表受益群体进行补偿，成为农业生态保护中的补偿主体，包括国家政府中的中央政府和地方各级政府。

2. 社会

社会补偿是指政府之外的对农业生态环境建设和保护给予资助和援助的企业、社会组织和个人等。

3. 农民

农民作为农业生产的主体和农业生态补偿的直接受益者，应该成为自我补偿的主体。即农户等遵循清洁农业生产和农业可持续发展的理念，自觉改变高消耗、高污染的传统农业生产方式，采用环境友好型生产技术和模式，同时发展替代产业，促进农业环境资源的可持续利用，增强农村区域自身"造血能力"，确保农村经济和农业环境协调发展。①

（二）农业生态补偿客体

农业生态补偿的客体指直接参与农业生态保护活动并产生正外部性效益，或者由于控制农业污染导致利益受损而得到一定补偿的单位、组织或个人，主要解决"补偿给谁"的问题。关于补偿客体的界定具有不确定性和多样化的特点，可概括为以下三种。②

1. 农民

农民是生态保护微观层面的最基础主体。对于参与农业环保建设或采用环境友好型农业生产方式控制农业污染的农民，可给予补偿。

2. 农技推广者

农技推广者包括农技推广站、农技服务合作组织及其农技推广人员等。很

---

① 王欧，宋洪远．建立农业生态补偿机制的探讨［J］．农业经济问题，2005，26（6）：22-28.

② 刘尊梅．我国农业生态补偿政策的框架构建及运行路径研究［J］．生态经济，2014，30（5）：122-126.

多推广人员没有受到合格、正规的教育和培训，而且没有及时更新知识和提高技能，也会影响到先进技术的推广应用。① 对农技推广部门给予一定的财政支持，如对农技推广人员实行定额补贴，使其不但在技术推广环节发挥作用，还会在技术服务和后期管理上发挥应有的作用。

3. 其他组织

非政府性质的其他组织，包括科研单位、农技中心等。

（三）农业生态补偿对象

农业生态补偿对象是指因向社会提供农业生态服务或产品而使其正常的生活工作条件、财产利用、经济发展受到不利影响，依照法律规定或合同约定应当得到补偿的社会组织、地区和个人。确定补偿对象就是解决"补偿谁"的问题。国家、地方各级政府和农产品的消费方，即补偿对象包括地方各级政府和直接利益损失者。另外，对农业生产的直接参与者——农民来说，农业生态补偿的对象必然要落实到农民身上。同时农民由于进行生态保护而损失的发展成本也需要国家、受益区域及受益群体对其进行补偿。②

（四）农业生态补偿方式

选择合适的补偿方式是决定农业生态补偿"如何补偿"问题的关键，是补偿得以实现的形式。针对不同的补偿客体、补偿对象，可以采用多种补偿方式。目前比较公认的农业生态补偿方式包括：资金补偿、政策补偿、项目补偿、人才补偿、技术补偿、生态移民及异地开发等。

（五）农业生态补偿标准

农业生态补偿标准是在一定社会经济条件下，依据社会公平原则，农业生态补偿支付的依据。农业生态补偿标准解决"补多少"的问题，它是农业生态补偿中的关键问题，直接关系到补偿的效果。制定生态补偿标准的时候，主要应该考虑农业生态价值因素、成本因素、机会成本损失因素，同时还应当考虑到补偿主体的支付能力。③ 而且，在制定生态补偿标准的时候应该遵循公平原则、适当原则和可行原则。

---

① 朱兆良，孙波，杨林章，等．我国农业面源污染的控制政策和措施［J］．科技导报，2005，23（4）：47-51.

② 孙才志．基于虚拟资源—生态要素流动视角的中国农业生态补偿机制研究［J］．水利经济，2013，31（6）：1-12.

③ 刘亚男．我国农业生态补偿法律制度完善研究［D］．西北农林科技大学学位论文，2013.

三、农业生态经济补偿机制的类型

(一) 农业生态经济补偿的政府机制

政府补偿机制是以国家生态安全、区域协调发展、社会稳定等为目标，以国家或上级政府为实施和补偿主体，以区域、下级政府或农牧民为补偿对象，以公共属性强的生态要素为补偿客体的补偿方式。

1. 政府在农业生态经济补偿中的角色

(1) 政府的组织者和调控者角色。政府在农业生态补偿中应当作为组织者和调控者发挥重要作用。一方面，农业生态补偿需要政府进行组织。保护和改善农业生态环境质量需要投入，而生态保护投资是没有微观效益的，使得微观主体没有动力进行生态保护投资。因此，对地处重要的农业生态功能保护区、江河源头区、自然保护区和生物多样性丰富地区等重要农业生态功能区和农业生态环境敏感地区的保护和建设需要政府组织补偿。另一方面，农业生态补偿需要政府进行调控。农业生态环境在很大程度上是一种公共产品，公共产品具有两个基本的特性，即消费的非竞争性和非排他性。由于市场对公共产品的调节具有局限性，因此，需要政府进行必要的调控。

(2) 政府的补偿方角色。在市场机制发育还不成熟的情况下，政府在农业生态补偿中的作用是绝对主要的。政府是推动和实施农业生态补偿的主要力量，对于一些受益范围广、利益主体不清晰的农业生态服务公共物品，应以政府公共财政资金补偿为主。在很多情况下，政府依然是农业生态保护与建设的"买单人"。[①] 因此，在农业生态经济补偿机制中，政府可以在市场微观主体尚未介入时发挥重要作用，政府可以作为补偿方主导农业生态补偿。

2. 政府生态补偿的具体方式

政府补偿机制是目前世界各国开展农业生态补偿最重要的形式，也是目前比较容易启动的补偿方式。政府补偿机制也被称为直接公共补偿，是以国家或上级政府为实施和补偿主体，以区域、下级政府或农牧民为补偿对象，以国家生态安全、社会稳定、区域协调发展等为目标，以财政补贴、政策倾斜、项目实施、税费改革和人才技术投入等为手段的补偿方式。政府补偿方式包括财政转移支付、差异性的区域政策、生态保护项目实施、环境税费制度等。

3. 政府补偿机制的优越性和局限性

---

① 李静云，王世进. 生态补偿法律机制研究 [J]. 河北法学，2007，25 (6)：108-112.

（1）政府实施农业生态补偿的优越性。政府农业生态补偿的优越性体现在政府作为经济发展和生态保护调控者的优势。经济发展和生态保护是一个矛盾体，在追求高速经济发展的同时，农业环境问题的严重性越发凸显。政府作为公共物品的提供者和经济发展的调控者，在农业生态补偿中扮演着重要的角色。

（2）政府农业生态补偿的局限性。政府补偿虽然在许多国家有着成功的实践经验，但是政府补偿往往存在着一定的局限性，主要有：一是政府补偿的标准往往偏低。政府补偿的标准是受偿主体所支付的经济成本，而不是对作为稀缺资源的农业生态价值进行补偿，即政府以经济价值而非农业生态价值为补偿标准，使得对生态服务市场的供给意愿不强，供给能力低。二是政府支付标准单一。政府对农民单一的补偿标准在人们头脑中根深蒂固，这不利于生态服务供需双方根据市场环境确立公平合理的价格以自由进入市场。同时，单一的补偿标准也容易使市场或私人部门产生生态建设工程是政府的事，应由政府进行合理购买的心理，从而降低了对生态环境服务的支付意愿。三是政府补偿中缺少服务提供者和受益者的积极参与，使双方不能很好地理解农业生态环境服务的意义。四是政府购买模式强化了环境保护是公共产品、应由政府提供的观念。①

（二）农业生态经济补偿的市场机制

1. 农业生态经济补偿的市场机制概念

农业生态经济补偿的市场机制是指在政府制定的各类农业生态环境标准、法律法规的范围内，市场交易主体利用经济手段，通过市场行为改善生态环境的活动的总称。其补偿主体主要是企业和居民，补偿客体是公共属性较弱的农业生态要素。补偿的具体方式包括政府管制下的企业自我补偿、资源利益相关者补偿、排污权交易、绿色保证金制度、生态标记制度等。市场补偿具有补偿成本最小化、补偿的有偿性、补偿的市场激励性以及适用范围更广泛等优势，是未来农业生态经济补偿发展的主要方向。

2. 市场生态补偿的具体方式

市场作为一项重要的社会性力量，是农业生态补偿机制有效运转的关键。尽管政府是农业生态效益的主要购买者，市场竞争机制仍然可以在农业生态补偿中发挥重要作用。政府完全可以利用市场手段和经济激励政策来提高生态效益。市场交易的对象可以是农业生态环境要素的权属，也可以是农业生态环境

---

① 丘煌．农业生态补偿法律机制研究［D］．西北农林科技大学学位论文，2010.

服务功能，或者是农业环境污染治理的绩效或配额。通过市场交易或支付，兑现生态（环境）服务功能的价值。典型的市场补偿机制包括：一对一交易、市场贸易、生态（环境）标记等。

3. 市场补偿机制的优越性和局限性

（1）市场实施农业生态补偿的优越性。市场补偿机制在一定程度上可以缓解政府的压力，促进整个社会的平衡发展。它既能发动多方力量进行环境问题的治理，又能保证经济、社会、环境的协调发展。由于政府补偿机制存在效率低下、渠道单一、容易滋生腐败等局限性，很有必要引进市场补偿机制型的农业生态补偿。市场补偿机制具有运行成本低下、方式动态灵活、成本收益明确等优势，同时还能自下而上地培养农业环境保护的意识。

（2）市场农业生态补偿的局限性。一是市场行为的逐利性，市场机制运转的动力只能是市场活动参与者的经济利益。二是市场交易一般不能提供公共产品和公共服务，市场交易双方不可能进行交易产权模糊不清、交易结果不确定的交易，只有产权界定之后，交易的结果才有可能合理合法，交易的双方也才有可能有利可图。三是市场交易的双方可能存在信息不对称，市场经济行为主体的独立性和分散性，使之不能在任何情况下都获得充分和全面的信息，这将导致市场活动的盲目性。四是市场存在风险和不确定性，市场经济是以无数人的自发活动为基础的，是通过市场机制的自发作用而实现社会资源的配置的，市场经济就是风险经济。①

（三）农业生态经济补偿的社会机制

1. 农业生态经济补偿的社会机制概念

社会补偿机制，是指通过非营利组织，以社会舆论、社会道德和公众参与等非行政、非市场方式进行农业生态环境改善行为的总称。如利用环保群众运动和环境道德舆论去克服环境的外部不经济性。

正是鉴于政府的失效和市场的失灵，越来越多的人主张以社会机制来应对市场调整和政府调整的失败。社会机制，又称非行政非市场调整机制、非营利组织调整机制、治理机制和第三种调整机制。说它是社会机制是因为它主要适用于公民社会或市民社会即非营利组织；说它是治理机制是因为它的主要调整方法是治理；说它是第三种调整机制是因为它区别于传统的第一种调整机制（行政调机制）和第二种调整机制（市场调机制），它以各种公共的或私人的个人和机构的合作和协调为特征，即以非营利、非统治手段的治理为特征。

---

① 　丘煌. 农业生态补偿法律机制研究［D］. 西北农林科技大学学位论文，2010.

2. 社会机制的构成要素

在农业生态经济补偿的社会机制的构建之初，有必要对社会机制的构成要素进行研究。研究社会机制的构成要素应当包括公众环保意识、信息公开制度、公民的环境权、农业生态补偿的非政府组织、公众参与和引导绿色生产消费的相关制度等。公众的农业生态补偿意识为农业生态补偿的社会机制的建立完善提供了社会心理、公众舆论、道德文化方面的基础，只有公众具备一定的农业生态意识、环境权理念、环境保护意识才能有效地参与。政府和企业的信息公开是公众参与的前提和基础，也是农业生态补偿社会机制运行中的一项基本环节。农业生态补偿的非政府组织是环境保护社会机制的主体，是具有农业生态补偿参与意识的公众的聚结体，也是可以与政府和企业等力量制衡，从而弥补政府和市场失灵、更有效地实现环境保护的主体。因而，确立其主体地位并加以培育和发展是构建社会机制的重要任务之一。公众参与是社会机制运行的主要方式和途径，农业生态经济补偿的社会机制的核心是建立健全公众参与机制。

3. 社会机制的功能

虽然政府机制和市场机制各有其优势，两者运用或有机整合运用有利于农业生态补偿问题的解决，但是两者的劣势使其在实际运用中分别存在着"失灵"区域，特别是在两者都失灵的情况下，社会机制的建立和完善显得尤为重要。

（1）建立农业生态补偿的社会机制是弥补政府机制和市场机制"失灵"的需要。解决农业生态补偿问题，一般有两种思路，即政府机制和市场机制，但是这两种机制存在着弱点和缺陷。在市场失灵和政府失灵的情况下，需要有第三种机制，即社会机制来解决农业生态补偿的问题，这样可以有效地克服前两种机制的不足。随着社会的发展、政府职能的转变、民主法治的完善，第三种机制建立和运用的前景十分广阔，在实现资源的合理配置、加强环境保护的监督管理、参与农业生态补偿决策、解决生态环境问题等方面都将大有作为。

（2）社会机制是保障农民利益实现的有效途径。在农业生产中，农民不仅是农业生态污染的产生者，而且是农业生态保护的最直接受益者。建立农业生态补偿的社会机制也就是要实现农民在农业生态保护中责、权、利的对等，激励农民自觉保护环境，制止环境污染行为，监督政府正确履行职责。从某种程度上来说，农民是确保农业生态补偿能够按照农民利益来实施的最可靠的捍卫者和监督者。

第四节 农业生态经济补偿政策

一、政策与农业生态经济补偿政策

(一) 政策

1. 政策的概念

政策是国家、政党为实现一定目标而制定的行为准则。为了实现社会、经济、政治、文化等方面的发展目标，政府可以凭借其权力，通过政策来规范个人、家庭、企业、社会团体的行为，也包括政府部门自身的行为。正因为如此，我们有时将那些为了实现政策目标而采取的措施和行政手段也包括在政策范围之中，由于人们所处的社会地位不同，政府政策与人群的利益的关联度有所区别，同一具体政策所造成的影响也不一样，不同的人会从不同的角度认识政策并试图在力所能及的范围内影响政策的制定和执行。因此，任何一项具体政策的制定、执行和检查修正过程都是个人、家庭、企业、社会团体和政府机构相互活动的结果，其中政府行为占据主导地位。

2. 政策的三大要素及分类

政策主要是指在一定信念、价值观和目标基础上的有计划的工作。它是由三大要素组成的一个严密的逻辑体系，即政策背景、政策目标、政策手段。政策背景是起点，是政策作用对象及其周围环境的现状；政策目标是终点，是政策作用对象后希望其改变成的理想状况；政策手段是起点到终点的桥梁，是政府所采取的如何把其认为不合理的状况改变成理想状况的一系列措施。三者之间的逻辑关系如图 8.1 所示。

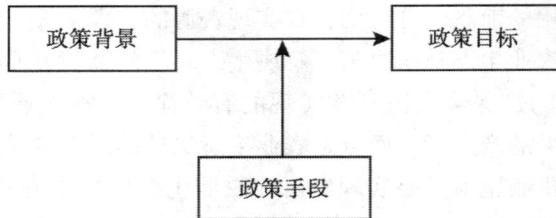

图 8.1 政策的三要素及其逻辑关系

在现代社会经济条件下，政府在政策的制定、执行和检查修正过程中，既要充分发挥个人、家庭、企业和社会团体的积极性，又要积极承担起自身的主导责任，使整个社会的发展既充满活力又协调一致，从而保证社会全体成员福利的最大化。依据政府行为影响范围的大小，一般可以把政府政策分为不同的类型和层次，如社会政策、经济政策、技术政策、农业政策、市场政策等。

（二）农业生态经济补偿政策

1. 农业生态经济补偿政策的概念

"农业生态经济补偿"与"政策"结合时，就形成了农业生态经济补偿政策。当前，我国农业生态环境问题日趋严重，引起了社会各界广泛关注。农业生态补偿是运用经济手段保护农业生态环境的重要措施，农业生态补偿政策是以农业生态恢复和预防为目的的一种经济激励政策，是为保护和改善农业生态环境，农业生态受益者对农业生态保护者进行多种方式利益补偿的一种政策性安排。

2. 农业生态经济补偿政策的实施步骤

实施农业生态补偿政策的实质就是为完善和确保农业生态补偿顺利运行所进行的政策安排，用以解决农业生态补偿中补偿主体与被补偿对象利益矛盾冲突，是对农业生态环境进行保护的有效手段。因此，应明确农业生态补偿政策实施的运行途径，以实现农业生态补偿政策的目标。农业生态补偿政策的实施应包括基本决策层、标准决策层、执行层、效果评价层和目标层五个步骤。

（1）基本决策层。该阶段包括五部分内容：一是农业生态补偿实施所需的相关理论研究工作。二是为实施农业生态补偿政策所需要进行的调查研究数据的统计、整理、分类、汇总、分析等工作。三是由监督方对补偿实施的可行性评估。四是制定农业生态补偿条件。设置一些强制性条件，把农民遵守农业环境保护的规定作为获得农业生态补偿的前提。五是在以上四项基础上，确定补偿机制各构成要素。

（2）标准决策层。该阶段主要是在支付方与受偿者相互博弈的过程中，在监督方的评估下确定补偿标准、方式、期限及资金来源等。一是在补偿标准方面，需对比讨论结果和监督方报告结果。二是在补偿方式方面，应采取多样化，尽量选择现金补偿以外的其他补偿方式。三是在补偿期限方面，可根据实际情况确定。原则上不赞成使用一次性补偿方式，可采取连续补偿与一次性补偿相结合的方式。四是在补偿资金来源方面，应采取补偿资金来源多样化的方式。

（3）执行层。补偿主体（支付方）依据确定的补偿标准、补偿方式，在补偿时间和补偿范围内对补偿对象（受偿方）实施补偿。一是农业生态补偿项目的相关信息发布，包括补偿标准、补偿期限、补偿方式以及项目实施目标和规模、对申请者的要求等信息。二是农业生态补偿合同（计划）的签订。三是奖惩和评估监督措施的制定与执行，包括奖励措施、惩罚措施和评估监督措施。

（4）效果评价层。该阶段主要是对农业生态补偿政策的实施过程以及实施效果进行评价，即对生态补偿实施过程中各个环节的实施情况和生态补偿达到预期效果的评价，为以后其他生态补偿制度的设计做铺垫。主要包括三个方面：一是评价依据。对生态补偿实施效果的评价依据应以生态补偿的目的和价值为依托来确立。二是评价内容。主要包括生态补偿主体、补偿对象的状况；生态补偿实施过程中采用的补偿方式和补偿标准；生态补偿资金到位情况；非资金补偿形式及其实施情况；补偿对地区居民生活状况的改善情况；生态补偿政策制定的合理性及政策制定过程中群众的参与配合情况；补偿机制运行的效率；生态补偿实施后取得的生态效益和环境改善情况等。① 三是评价结果。对生态补偿实施的评价结果可根据评价情况分为若干等级。

（5）目标层。制定和实施适合中国国情的农业生态补偿政策是维持和改善生态环境的重要途径。一方面，农业生态保护者在生态补偿资金、税收优惠等经济激励机制的支持下，自觉改变粗放型和高污染的农业生产方式，采用环境友好型农业生产方式，从而提高了农业资源持续生产能力，达到农业增产增效、农民增收致富的多重效果，也进而能够进一步激励农业生态保护者参与农业生态环境保护的积极性和主动性。另一方面，随着农业生态保护者收入的增加和环保意识的逐步增强，其对补偿激励机制的依赖性也会逐渐降低，在此情况下，受偿地区逐渐形成一个既具有生态效益又具有经济效益的良性循环，支付方的利益也相应得到满足。从整个社会来讲，农业生态补偿得以持续、良好地运行，有利于形成生态补偿激励机制促动下的农业生态补偿良性循环，进而使农业生态系统的结构和功能处于相对协调的平衡状态。

二、农业生态经济补偿政策的作用

实施农业生态补偿政策的实质就是为完善和确保农业生态补偿顺利运行所进行的政策安排，用以解决农业生态补偿中补偿主体与被补偿对象的利益矛盾冲突。其作用具体体现在以下几个方面：

---

① 吴学灿，洪尚群，李风歧．生态补偿评价［J］．资源开发与市场，2005，21（6）：534-535.

(一) 实现农业可持续发展

农业生态系统涉及耕地、水域、森林、草原、湿地、生物物种等诸多资源，它是对人类社会和经济发展影响最为广泛的生态系统。它的生物生产功能为人类提供了生活资料和生产资料，更重要的是它的环境服务功能维持了人类赖以生存的生命支持系统。由于受到生存和发展的压力，长期以来，为了保障粮食安全，我国走了一条摒弃资源以获得农产品的农业发展道路。这种不科学的发展方式导致我国农业生态环境恶化，进而影响到我国农业的可持续发展。为了实现农业可持续发展，必须采取适当的激励措施促使农民采取可持续的生产方式。农业生态经济补偿政策，通过对采取可持续性农业生产方式的农民进行补偿，将农民独自承担的成本社会化，使得农民在采取农业生态系统保护型的农业生产方式之下，既能避免采用传统生产方式所付出的环境污染代价又能获得不低于传统生产方式所获得的收入。

(二) 改善农业生态环境

我国农业生态环境问题突出，主要表现为农业资源锐减、农业生态破坏严重、农业环境污染严重等。通过农业生态补偿政策的制定和实施，鼓励农业生产者自觉遵守环境法律法规，自愿参与各类农业生态补偿项目，以提升农田地力，增强耕地水土保育水平，防止农业污染，保障农产品质量安全，形成农业生态环境和经济活动的良性互动。可在合理农业区域布局的基础上，采用政策补偿和技术补偿方式，依托化肥和农药减施等生态补偿措施有效保护农业生态环境，提高农业综合生产能力，从而保障国家的粮食安全、食品安全和生态安全。

(三) 保障农产品质量安全

农业生态经济补偿政策对农产品质量安全的保障具有极其重要的意义。人们逐渐认识到农业不仅具有生产功能，还具有生态功能。相对于农业生产功能看得见的收益，农业的生态功能不能用农业经济效益或者农民收入来体现。顺利实施农业生态经济补偿政策，可以使得安全优质农产品在供应和消费环节中的搭便车现象得以解决，使得安全优质农产品在生产供应中的外部不经济和公共物品属性得以消除，激励生产者为提升农产品质量安全水准而采用先进生产技术和高规格安全农业生产标准。[①]

---

① 刘亚男．我国农业生态补偿法律制度完善研究［D］．西北农林科技大学学位论文，2013.

（四）减少农业面源污染

中国的农药、化肥消耗量居世界第一，且过度施用现象愈演愈烈。由农药、化肥不合理施用引发的面广量大的农业面源污染极难控制，尤其是在严重污染农村水环境后，对农业的可持续发展造成严重影响。大量小点源排放并存及大面积范围内弥散是农业面源污染的主要特点，农业不规范生产则是农业面源污染的主要诱因，且水是农业面源污染传播的必要媒介。点位特征和时空转移性是污染的显著表现，不同种类污染物的污染途径各不相同。源头控制策略与农业生产息息相关，无论是对农林种植业进行控制还是对畜禽养殖业进行控制，农业生产者的利益分配问题均不可回避。鉴于此，实施农业生态经济补偿政策，有利于从源头减少农业面源污染。

三、农业生态经济补偿政策的类型

（一）农业污染控制补偿政策

农业污染控制补偿政策是指为控制农业面源污染而实施的生态补偿政策。主要是为了解决当下面临的农药、化肥、农用薄膜、禽畜粪便等污染源对耕地、水体等环境要素造成农业污染的问题而制定或实施的政策。包括农业清洁生产方式补偿政策、农业污染控制技术研发补偿政策等一系列政策。农业污染控制补偿政策是我国农业生态补偿实施的核心任务和工作难点，事关生态农业示范工作的推广和可持续发展，该政策的主要内容包括限制农业污染行为补偿和鼓励、支持有利于防治农业污染的生产生活行为补偿这正反两方面。

（二）农业生态保护补偿政策

农业生态保护补偿政策主要是为了达到调整农业种植结构、改进农地耕作方式、引导农户停止破坏并积极保护生态环境的目的而制定或实施的生态补偿政策。包括退耕生态补偿、休耕生态补偿、免耕农业生态补偿、农产品禁止生产区生态补偿等。农业生态保护补偿政策是我国农业生态补偿实施的前提条件，事关生态农业能否成功示范和顺利导入。

（三）农业生态经济补偿的财政政策

1. 农业生态经济补偿的财政支出政策

我国农业生态经济补偿财政支出政策，既有独立的专项用于农业生态补偿的支出政策，又有融入其他环境经济政策中的支出政策。因此，农业生态补偿的财政支出政策，包括三个方面的内容：（1）环境经济政策中有关农业生态补偿的支出政策；（2）通过整合形成的专项农业生态补偿支出政策；（3）专项用于农业生态补偿转移性支出的相关制度。

2. 农业生态经济补偿的财政转移支付政策

我国各地农业经济发展水平的差异以及改善农业生态环境的迫切需求，都需要国家从宏观层面来设计农业生态补偿的转移支付制度，既可以改善各地财力差异导致的各地基本公共服务水平差异太大的问题，又可以达到保护农业生态环境的目的。以生态服务功能为核心的农业生态补偿是一项正外部性显著的公共产品，转移支付制度在农业生态补偿中的作用明显。当前社会各界对农业生态补偿的研究在很大程度上是从转移支付制度来考虑的。①

我国目前的政府间转移支付制度基本上是纵向的，即中央对省（区）的转移支付，包括财力性转移支付和专项转移支付。当前的纵向财政转移支付制度在提升地方财力水平，激励地方政府农业生态环境保护积极性上起到了比较大的作用，但当前纵向财政转移支付制度也存在着一些不足，包括：转移支付形式过多；相互之间缺乏统一的协调机制；税收返还的制度设计不利于区域间财力均等化的进行；一般性转移支付规模过小；制度设计不够完善等。

纵向财政转移支付和专项资金对建立生态补偿机制具有重要作用。但现行的支付方式使得中央政府的财政压力巨大，导致效率和可持续性较低。而农业生态补偿实际上是农业生态效应生产地与受益地两方政府之间的补偿，这种补偿实际上是政府事权的转移问题。为了使双方的财权事权相适应，有必要根据财权同级政府间的转移，建立起横向的转移支付政策来实现这一目标。

3. 农业生态补偿的财政政策的相关配套政策

（1）环境会计制度。环境会计是从社会利益角度出发，计量和报告事业机关、企业等单位的管理情况以及社会活动对环境的影响的一项管理活动，它的目的在于指导经济资源做最佳的调配以及最有效的运用，从而提高社会整体效益。

（2）政府绿色采购制度。政府绿色采购是指采购人在使用政府资金依法采购规定的货物、工程和服务时，优先选择那些对环境危害小的绿色产品以及有利于保护环境的服务。简单地说，就是着意选择那些符合国家绿色标准的产品和服务。绿色标准不仅要求末端产品符合环保技术标准，而且规定产品的研制、开发、生产、包装、运输、使用、循环再利用的全过程均需符合环保要求。

（3）绿色 GDP 核算体系。绿色 GDP（可持续收入）是在现行 GDP 中对

---

① 刘强. 我国生态补偿财政政策研究——以广东省东江流域为例［D］. 湖南农业大学学位论文，2011.

环境资源进行核算，从传统 GDP 中扣除环境成本和对环境资源的保护费用，同时考虑外部影响（包括外部经济性和外部非经济性两方面），依此来衡量扣除自然资源损失后的真正的国民财富。

需要指出的是，尽管农业生态经济补偿的相关法律制度并不属于农业生态经济补偿政策的范畴，但法律却是实现农民生态环境补偿权最强有力的保护措施。农业生态补偿政策法律制度指由国家制定或认可，并由国家强制力保证实施的，调整有关农业环境资源的开发、利用、保护、改善过程中为满足自然生态系统安全需要而发生的资金筹措、使用和管理等农业生态性社会经济关系的政策法律规范的总称，也是关于环境资源的开发、利用、保护、改善过程中各种与农业生态补偿相关的政策、法规和法律渊源的总和。西方国家为促进生态环境保护出台了一系列相应的法律法规，其中就包括农业生态补偿制度。我国农业生态效益补偿的立法落后于生态保护和建设的发展，部分法规条例已经难以适应新的体制变化和经济发展的需要，对新的生态问题和生态保护方式缺乏有效的法律支持。因此，我国应尽快出台农业生态补偿的专项法律法规，在立法上对农业生态的补偿权利进行确认，使生态补偿工作有法可依、有章可循。此外，应建立与农业生态效益补偿机制配套的实施机制和救济机制，对各利益相关者权责的界定、对补偿方式和标准做出比较细致的规定，既要把纸上的权利转化为现实中的权利，还需有一套完善的实施与救济机制。

小　结

1. 农业生态补偿是指为保护农业生态环境和改善或恢复农业生态系统服务功能，农业生态受益者对农业生态服务者（农业生态环境保护者）所给予的多种方式的利益补偿。农业生态经济补偿途径是补偿得以实现的形式，主要有政策补偿、实物补偿、资金补偿、项目补偿、教育补偿、技术补偿、生态移民等。农业生态经济补偿的手段主要有政府手段和市场手段，其中政府手段包括财政转移支付、差异性的区域政策、实施生态保护项目、环境税费制度等；市场手段包括一对一交易、开放的市场交易、生态标记等。

2. 农业生态经济补偿机制是指以维护、恢复和改善农业生态系统服务功能为目的，以内化相关活动产生的外部成本为原则，以调整相关利益者（保护者、破坏者、受害者和受益者）因保护或破坏农业生态环境活动产生的环境利益及其经济利益分配关系为对象的，具有经济激励作用的一种制度安排。农业生态补偿的主体、客体、对象、方式和标准构成了农业生态经济补偿机制。农业生态经济补偿机制主要有三种类型：政府机制、市场机制和社会机制。

3. 农业生态补偿政策是以农业生态恢复和预防为目的的一种经济激励政策，是指为保护和改善农业生态环境，农业生态受益者对农业生态保护者进行多种方式利益补偿的一种政策性安排。其运行途径应包括基本决策层、标准决策层、执行层、效果评价层和目标层五个步骤。它能平衡农业可持续发展与农民经济利益、改善农业生态环境、保障农产品质量安全和从源头减少农业面源污染。农业生态经济补偿政策的类型主要有：农业污染控制补偿政策、农业生态保护补偿政策、农业生态经济补偿的财政政策、农业生态经济补偿的法律制度等。

关　键　词

农业生态补偿　政策补偿　实物补偿　资金补偿　项目补偿　教育补偿技术补偿　生态移民　财政转移支付　生态标记　农业生态经济补偿机制　政府机制　市场机制　社会机制　农业生态经济补偿政策

复习思考题

1. 农业生态经济补偿有哪些途径？
2. 简述我国农业生态经济补偿的特点及存在的问题。
3. 简述农业生态经济补偿机制的概念及其构成要素。
4. 如何理解政府补偿机制的优越性和局限性？
5. 农业生态经济补偿政策的作用表现在哪几个方面？

参 考 文 献

［1］蔡守秋，吴贤静. 农村环境保护法治建设的成就、问题和改进［J］. 当代法学，2009，23（1）：68-76.

［2］王兴杰，张骞之，刘晓雯，等. 生态补偿的概念、标准及政府的作用：基于人类活动对生态系统作用类型分析［J］. 中国人口·资源与环境，2010，20（5）：41-50.

［3］刘尊梅. 中国农业生态补偿机制的路径选择与制度保障研究［M］. 中国

农业出版社，2012.

[4] 邵江婷．基于社区发展的我国农业生态补偿法律问题研究——以湖北省为例［D］．华中农业大学学位论文，2010.

[5] 刘丽．我国国家生态补偿机制研究［D］．青岛大学学位论文，2010.

[6] 财政部．加大财政投入力度推进农村环境治理［J］．农村财政与财务，2010（4）：42.

[7] 孙新章．中国生态补偿的实践及其政策取向［J］．资源科学，2006，28（4）：25-30.

[8] 刘黎丹．统筹城乡视角下的农村生态环境建设研究［D］．四川省社会科学院研究生学院学位论文，2010.

[9] 刘芳．我国农业生态补偿制度的法律政策探析//中国环境资源法学研究会2014年年会暨2014年全国环境资源法学研讨会．生态文明法制建设——2014年全国环境资源法学研讨会（年会）论文集（第二册）［C］，2014：411-415.

[10] 刘洁．健全农业生态环境补偿制度初探［J］．辽宁工程技术大学学报（社会科学版），2009，11（4）：345-347.

[11] 沈满洪，何灵巧．外部性的分类及外部性理论的演化［J］．浙江大学学报（人文社会科学版），2002，32（1）：152-160.

[12] 赵霞，吴方卫．上海建立农业生态补偿机制的探讨［J］．上海农村经济，2008（7）：25-27.

[13] 王欧．建立农业生态补偿机制的探讨［J］．农业经济问题，2005，26（6）：22-28.

[14] 刘亚男．我国农业生态补偿法律制度完善研究［D］．西北农林科技大学学位论文，2013.

[15] 刘尊梅．我国农业生态补偿政策的框架构建及运行路径研究［J］．生态经济，2014，30（5）：122-126.

[16] 朱兆良，孙波，杨林章，等．我国农业面源污染的控制政策和措施［J］．科技导报，2005，23（4）：47-51.

[17] 孙才志．基于虚拟资源—生态要素流动视角的中国农业生态补偿机制研究［J］．水利经济，2013，31（6）：1-12.

[18] 李静云，王世进．生态补偿法律机制研究［J］．河北法学，2007，25（6）：108-112.

[19] 丘煌．农业生态补偿法律机制研究［D］．西北农林科技大学学位论

文，2010.

［20］吴学灿，洪尚群，李风歧．生态补偿评价［J］．资源开发与市场，2005，21（6）：534-535.

［21］刘强．我国生态补偿财政政策研究——以广东省东江流域为例［D］．湖南农业大学学位论文，2011.

［22］李长健，邵江婷，董芳芳．农民权益保护视角下的农业生态补偿法律研究［J］．吉首大学学报（社会科学版），2008（5）：554-558.

第九章 农业生态环境治理

【学习目标】农业生态环境的治理并不是在市场与政府间的非此即彼的简单选择，构建一种包含政府、市场和社会的多元主体治理模式十分必要。通过本章的学习，达到以下学习目标：

（1）了解农业生态环境治理的政府主体、市场主体和社会主体，理解政府是农业生态环境治理的核心主体，掌握政府单一主导的农业生态环境治理机制的缺陷。

（2）理解农业生态环境治理政府责任的基本内涵，掌握政府在农业生态环境治理中的主要作用，熟悉农业生态环境治理政府责任的主要内容。

（3）了解农业生态环境治理中府际关系的概念，理解农业生态环境治理中的横向府际关系和纵向府际关系，熟悉农业生态环境治理中府际关系的协调。

第一节 农业生态环境治理的主体结构

一、农业生态环境治理主体的含义

农业生态环境治理的主体是指农业生态环境治理过程中所涉及的具有相关权利和义务的个体、组织和机构。同时，这些主体又与农业生态环境问题的产生有着密切的关系。农业生态环境治理的主体与生态环境治理的主体大致相同，都呈现多元化趋势。从全球范围看，农业生态环境治理主体包括国家、政府间的国际环境组织、非政府国际环境组织等。其中，政府间的国际环境组织包括联合国环境规划署、世界环境与发展委员会、可持续发展委员会、全球环境基金以及联合国其他与履行国际环境条约相关的组织机构，如联合国粮农组织、国际海事组织、世界气象组织、联合国教科文组织等，此外还包括欧洲共同体（欧盟）、经济合作与发展组织等区域性国际组织和许多专门性的国际环境组织，如亚马孙合作条约组织、东亚及太平洋地区议员环境与发展大会等。而非政府国际环境组织越发成为生态环境治理中的举足轻重者，也可以划分为一般性和专门性的两类，一般性的国际非政府环境组织包括国际标准化组织（ISO）等，专门性的国际非政府环境组织包括著名的绿色和平组织、地球之友、世界自然保护同盟、世界自然保护基金等。从国家或区域的范围看，农业生态环境治理的主体大体分为政府主体、市场主体与社会主体。本章所述的农业生态环境治理主体是从国家与区域视角进行分析的。

二、农业生态环境治理的政府主体

政府作为农业生态环境治理的主体，与市场主体和社会主体相比，具有很大的优越性。政府通过其行政权力、政策规划、治理机制依法对农业生态环境进行保护和改善，实现农业生态与农业经济的协调可持续发展。政府作为农业生态环境管理的核心主体，很重要的一点是其具有人民赋予的行政权，这对于保护农业生态环境，解决农业生态危机，进行农业生态文明建设都具有其他治理主体所没有的决定性优势。政府对农业生态环境的治理是中国农业生态文明建设的关键一环，政府在农业生态环境治理中制定各种农业生态经济政策，使农业经济发展的机制和过程绿色化，保证我国特殊历史时期工业文明和生态文明同时进行，使农业经济和农业生态保持平衡与可持续发展，进而建设农业生态文明。当然，政府在农业生态环境治理上存在许多缺陷，这主要与农业生态环境的公共属性有关。因此，需要辩证地看待政府在农业生态环境治理过程中所扮演的角色。

（一）政府是农业生态环境治理的核心主体

作为一种公共资源，农业生态环境与其他公共产品一样也具有产权不明晰、非排他性等公共属性，在其治理过程中，仅依靠市场的调节作用很难起到相应的效果，因此，需要政府来主导。政府也应该成为农业生态环境治理的核心主体，其原因主要体现在以下几个方面：

1. 农业生态环境的特性使然

可以从农业生态环境资源、农业生态环境问题以及农业生态环境治理三个层面来考察农业生态环境的特点。首先，作为资源的农业生态环境具有典型的公共性，具体表现为非排他性、强制性、无偿性和不可分割性，而农业生态环境资源的公共性所产生的消极后果，最形象的概括莫过于"公地悲剧"。农业生态环境是无法分割、全民共同拥有、无偿使用并且互不相斥的公共资源，加之人类本身的有限理性，往往只注重眼前与局部的利益，而忽视农业生态环境系统本身的规律和承载能力，所以必然导致"所有人无节制地争夺有限的环境资源"，而无序的资源"争夺"必然导致对农业生态环境毁灭性的破坏。其次，农业生态环境问题具有复杂性。从横向看具有多面性，可以说农业生态环境问题既是社会问题、生态问题又是农业问题；从纵向看具有长期性，最突出的就是农业生态环境问题潜伏的长期性，不仅农业经营者对农业生态环境问题的认识需要一个过程，而且农业生态环境从其遭受破坏到问题的表露也是一个渐进的过程。同时，还可能包括农业生态环境问题影响的长期性，因为农业生态环境问题是一个跨越代际的关系到人类子孙数代的问题。最后，农业生态环境治理是一个庞大、复杂的工程，包括保护和配置农业生态环境资源，解决农业生态环境问题以及协调农业生态环境治理过程中的各种社会关系等。在许多情况下，一项农业生态环境治理需要涉及多个地区、国家甚至是全球范围内财力、物力、人力各方面的协调合作，比如气候问题、公共河海流域问题等。农业生态环境的这些特征决定了能够主导农业生态环境治理的主体必须具备公共性及强大的社会动员能力，而且具备在全世界范围内普遍存在及合理分布的特征。政府正是这样一个主体，它是公共权力的代表，具有在全社会范围内调动财力、物力以及智力资源的实力和潜力。更为重要的是，横向分布的各个国家和各个地区的政府与纵向分布的各级政府交织起来的"政府网络"，正是一张普及面最广的"治理网"，这是其他治理主体不能具备的优势。

2. 政府职责的使命所在

政府作为处理公共事务和提供公共服务的权力机构，负有管理公共资源的责任和义务，在农业生态环境治理上有着不可推卸的责任。首先，政府作为社会公共服务的机构，是社会公共行为规则的制定者，并具备强制性实施公共行为规则以及对违反公共规则者采取强制性措施和制裁的权力。因此，从法理上衡量，政府有权力也有义务实施农业生态环境治理。其次，农业生态环境治理是一个涉及多个层面的问题，包括经济、农业、社会、国际等方面，而这些方面也正是政府工作最主要的内容。从经济角度看，农业生态环境治理涉及农业生态经济活动中的生产、消费以及分配等各个环节，它是提供良好的农业生态经济发展环境、转变农业发展方式、创新农业生态经济发展理念、提高农业综合竞争力、实现农业可持续发展的需要。从农业层面看，农业生态环境治理关系到农产品产量的增加、农产品质量安全、农业产业结构的优化，还直接影响着我国农业现代化与"美丽乡村"建设进程。从社会层面看，农业生态环境治理是衡量政府在调整和协调涉农各个主体间的利益关系，处理农业生产与人口、资源、环境、民生之间的关系问题，体现社会公平正义以及社会公共福利等方面是否协调的重要依据。从国际层面上看，农业生态环境治理首先是实现国家对农业自然资源的主权以及农业生态环境事务主权的需要，同时还是各国政府间交流的重要议题，是促进国际沟通协作的重要途径。对此，需要主权政府以国家的名义与生态区域内各国协调处理区域农业生态环境问题。此外，就政府自身而言，农业生态环境治理是提升政府公共服务职能，健全农业立法执法体系，促进农业监察监督能力的重要实践途径。

3. 市场缺陷的必然要求

随着经济全球化的进一步深化，市场这只"看不见的手"在农业环境资源的配置与农业生态环境保护中发挥着越来越重要的作用。在农业生态环境领域中，市场固有的缺陷是其本身无法克服的，即通常说的"市场失灵"。因为市场无法全面反映出农业生态环境的价值，它所体现的仅仅是被商品化的农业环境资源的经济价值。市场以价格机制为杠杆来调节农业生态资源的配置，价格能够反映资源的稀缺性，但在农业自然资源上，价格的这个功能常常是"失灵"的。因为随着科学技术的不断发达，人们勘探和获取资源的能力大大提高，在一定时期内资源获取的相对数量增加，价格也相对下降。事实上，从全球和资源总量上看，绝对数量是在减少，也就是资源变得越发稀缺，但价格却没有反映出这点。调查表明，从 20 世纪初以来，自然资源的实际价格是下降的，如果按照价格规律，意味着随着时间的流逝，自然资源正变得越发丰富，这显然是与现实不符的，不能正确体现农业生态环境资源的价值，是"市场失灵"的一个方面。同时，在农业生态环境治理领域，还存在突出的外部性问题，包括外部的经济性和外部的不经济性两个方面。简单地说，因为农业生态环境具有公共性以及非排他性等特征，在农业生态资源消费中就会存在"搭便车"的状况，即资源被不参与其中的其他主体无偿使用，而使主体的实际成本增加，收益却减少，这就是外部经济性。反之，外部不经济性就是主体不参与农业生态资源的保护，但一样能从中受益，农业生态资源破坏的代价由政府和全社会来承担。因此，若顺其自然发展，"市场失灵"的结果便是"公地悲剧"的全面上演，置农业生态环境于万劫不复的境地。市场的缺陷在某种程度上也决定了农业生态环境治理不能只依靠市场的力量，还需要政府这只"看得见的手"发挥其应有作用。

（二）政府单一主导的农业生态环境治理机制的缺陷

政府是农业生态环境治理的核心主体，是否意味着由政府包办农业生态环境的治理呢？这显然是不行的。前面分析了农业生态环境作为公共产品，在治理过程中，单一的政府包办存在许多缺陷，会严重影响治理的效率。其主要缺陷表现在以下两个方面：

1. 容易越位和缺位，管理不当

所谓政府越位，是指政府执行了职辖范围之外的事情，即应该交由市场处理的事情，政府没有做到放权或进行职能转变，突出表现为政府对农业生态环境修复与维护的过度干预，即干预的力度或范围过大。所谓政府缺位，是指政府因执行力度不够或没有很好地承担本该由自己承担起来的责任。现阶段，政府缺位的一个突出表现就是政府对农业生态产权的界定与保护尚不完善。如果由政府单一主导来治理农业生态环境，会增加人力、物力、财力的投入，加重政府的负担。当政府机构过多、财政压力过大时，就会出现力不从心的现象。而部分区域的农业生态环境治理，由于当地财政能力有限，可能会被搁置。

2. 成本和收入分离，效率低下

在市场活动中，无论政府机构怎样完善，成本和收入总是通过价格有机地联系在一起，这种联系能激励市场活动主体努力降低成本，以最小的耗费获得最大的收益。而在政府活动中，这种联系却是被割裂的，因为维持政府活动的收入，如国家税收、外来捐赠等具有非价格来源性质。维持政府活动的收入与产生这种收入的成本无关，必然导致缺乏降低成本的激励，那么在修复相同的农业生态环境时，政府的支出就会高于甚至远远高于市场手段的投入。也就是说，政府单一主导的治理模式效率低下，很难达到预期的效果。对此，应该走一条由政府主导，市场调节，社会参与的多元化农业生态环境合作治理模式。这样，综合治理的效果才能高效，成效才会显著。

三、农业生态环境治理的市场主体

目前，我国农业生态环境治理主要依靠政府的强制管理，治理手段比较单一，而单一的治理手段已经限制了农业生态环境治理效率的提高。因此，引入市场主体对农业生态环境进行治理，可以使我国农业生态环境治理向着由政府、市场与社会合作的综合治理模式转变。这里所说的市场治理主体，是指企业运用市场调节机制，参与农业生态环境的治理。当前，市场手段的农业生态环境治理主要是通过政府购买出资，引进一些环保企业参与到农业生态环境治理中来，环保企业通过对农业生态环境的修复来获取相应的收益。引入市场机制既可以减轻政府的财政压力，又可以把治理过程中先进的经营理念、管理经验和科学技术引入其他公共物品供给的体系中。通过鼓励和支持国有、民营、社会团体及个人参与农业生态环境治理的投资和经营，形成多种经济成分并存、竞争有序的市场体系。例如，在对农村垃圾处理问题上，政府在进行统一规划和管理的同时，采取对企业奖补的方式，通过企业来对农村垃圾进行统一处理。

显然，引入市场机制对农业生态环境治理具有优势，但是要解决的关键问题是"市场失灵"。由于"农业生态环境"这一产品的产权界定很难明晰，污染者可以肆意排污而不必担心有人会追究责任。经济学中的"科斯定理"是治理环境问题最重要的理论之一，该理论认为政府可以通过行政强制力界定"公共物品"的产权，"优质环境"不再是无人认领的，污染环境必须付出代价，政府通过发放排污许可证或者限定配额来规范市场主体的行为，引入市场机制在治理农业和农村环境污染中是大有可为的。引入市场机制，发挥市场主体在配置资源方面的激励和高效作用，让"看不见的手"替代政府相应的职能，不仅可以提高农业生态环境治理效率，也大大降低了政府的农业生态环境治理成本。

四、农业生态环境治理的社会主体

农业生态环境治理的社会主体不同于政府主体与市场主体，它本身没有行政执法权，在参与农业生态环境治理过程中也不以营利为目的。在农业生态环境治理实践中，环保组织、社会志愿组织、居民都是相对独立的利益相关者，它们之间通过相互合作、彼此监督共同形成了社会治理主体。具体来说，农业生态环境治理的社会主体包含以下类型：

第一，个体形式的公众。个体形式的公众是最普遍意义上的公众，即狭义的公众。这不仅是由于"群体的单位即是个体"，而且也因为不少学者为了问题的简化，已经习惯将"公众"这一概念当作一个"个体"范畴，而将环保社团等非政府组织仅仅看作公众的组织手段或参与途径而非公众本身。但从"公众"（Public）本身的概念和内涵来看，它实际上属于一种"群体"范畴，这种群体范畴包括作为个体的公众——即群体的非组织形态，自然也包括以组织形式出现的公众。因此，从广义上乃至本义上理解，个体形式的公众只是公众的形式之一，它与环保社团等组织形式的公众是并列的。

第二，环保组织，又称环保 NGO（Non-governmental Organization），是指那些独立于政府之外的、不以营利为目的的、志愿性的环保社会组织。许多国家的实践证明，在农业生态环境保护方面，非政府组织具有政府组织无法替代的作用。公众以个人力量参与往往难以形成声势，而环境保护组织改变了公众的弱势群体地位，成为公众参与生态环境保护和治理最重要的组织形式，并且反过来成为公众参与的有力推动者。一些西方国家公众参与的良好运行是与它们众多的环境保护社会团体的推波助澜分不开的。根据社团的宗旨、任务进行分类，可以将我国的环境保护社会团体分为四大类，即：行政协会，如中国野生动物保护协会等；学术团体，如中国环境科学学会等；基金会，如中华环境保护基金会；其他的环境保护 NGO 组织，如自然之友、北京地球村、环境文化中心、中华环境文化促进会等。这些环境 NGO 为社会提供了政府和企业所难以提供的许多环境公共服务，推动着中国环境保护运动的发展。但是，活动经费及自身能力不足、组织管理体系不够完善、政府及社会对 NGO 不够重视，以及对外界流渠道不够通畅等无不阻碍着我国环境保护 NGO 的进一步发展。

第三，农村自治组织。农村自治组织包括农民自治委员会和农民自发组建的、有组织、有目的的生态环境保护组织。与政府和市场相比，农民自治组织具有信息获取更加通畅的优势，对于自己居住地农业生态环境保护的内在需求力极强，对推进农业生态环境治理模式转变的积极性极高，他们需要付出的成本主要集中在体力方面，对于资金的付出很少。但是，由于我国农村自治组织制度发展还存在缺陷，制度还不完善，农村自治组织实际上还受当地乡镇政府的领导，没有达到应有的自治效果。在农业生态环境治理过程中，其行为往往会受到地方政府的干扰，很难按照组织内部人员的诉求进行治理。

第二节　农业生态环境治理的政府责任

一、农业生态环境治理政府责任的基本内涵

随着公众对民主及环境权力的意识越来越强烈，各国政府在处理公共事务中对民主政治的要求也越来越高。民主政治发展的必然结果就是责任政治，切实、有效地履行政府职责是政治统治合法性的必要条件。因此，从合法性角度解释，政府责任强调的是政府应尽的义务、职责及未履行相应职责而带来的不利后果。政府责任不仅包括政治责任、行政责任，更多的应该强调道德责任、诉讼责任以及追究责任等，因此，可将政府责任归结为政府的主要行政义务、立法职责、对公众的回应等各个方面。① 迄今为止，对政府责任的定义主要有以下几种不同的学术流派：

第一，"马克思主义国家学说"。该学说强调政府是国家机器的重要组成

---

① 张成福. 责任政府论［J］. 中国人民大学学报，2000（2）：110-115.

部分，政府责任的核心是政府的政治性。恩格斯指出，"国家就是统治阶级制约被统治阶级的机器"，政治统治是国家的本质形态。① 列宁也认为，"国家是一个阶级领导另一个阶级的机器"。② 由此可见，国家的政治职能是政府责任的根本所在。

第二，"市场失灵论"和"市场缺陷论"。该理论集中体现在《国富论》中。亚当·斯密首次提出了"看不见的手"原理，为以后的市场经济发展提供了必要的理论基础。③ 然而，市场存在着一定的缺陷，基于"市场失灵"现象，该理论强调政府与市场互补的关系。政府不仅要承担政治责任，还有经济责任，如提供公共产品、进行宏观调控等，这些措施对于弥补市场的缺陷具有至关重要的作用。

第三，"社会和公共风险管理理论"。该理论主要体现的是社会契约精神。社会契约论的代表人物卢梭指出，在人类与自然界的竞争中会出现许多我们难以预料且无法抵御的社会风险，在这种情况下需要一种公共权力的引导，以此来抵御风险。每一位公民都拥有自由、健康及财产安全的权利，然而，要保障这些权利就需要政府以立法者的角色制定法律法规来规范社会中的各种公共行为。在市场机制中无法解决的各种风险，必须由政府作为权力主体通过承担社会责任来解决。

从以上三种学派对政府责任的观点来看，"市场失灵论"能较好地解释农业生态环境治理的政府责任的必要性。因为农业生态环境的治理本身就是一种公共产品，很难通过市场机制调节来完全解决问题，需要政府公共部门来提供这种公共产品。其实，对于"责任"一词，主要包括两方面的含义：一是必须要履行的义务，即第一义务；二是在规定的条件下没有完成第一义务而需承担的否定性法律后果，即第二义务。由此可知，政府对农业生态环境治理的责任包含第一义务与第二义务。即政府对农业生态环境这一公共产品的治理具有不可推卸的义务。同时，改革开放几十年来，政府偏重对农业经济的发展，而忽视了对农业生态环境的保护与治理，甚至以牺牲农业环境为代价发展农业经济。政府没有在规定的条件下完全履行好法律赋予自己应该承担的农业生态环境治理的义务。

---

① 中央编译局．马克思恩格斯选集（第3卷）［M］．人民出版社，1995：13-15.

② 中央编译局．列宁全集（第37卷）［M］．人民出版社，1986：66-68.

③ 亚当·斯密．国富论．唐日松，等，译［M］．华夏出版社，2009：16-19.

二、政府在农业生态环境治理中的主要作用

在农业生态环境治理中，政府具有相当重要的作用。一是有利于区域之间农业生态环境治理的协调发展。当前，我国中西部地区经济发展水平落后于东部地区，财政收入有限，加上中西部地区农业生态环境比较脆弱，农业生态环境治理的任务比较重。对此，中央政府就需要起到整合与投入的责任，利用自身掌握的经济和政策资源、公共投资的配置权、国家财政收入的分配权等，加大对中西部农业生态脆弱性地区的财政投入力度。同时，要求东部地区对中西部地区进行援助，从而实现东中西区域之间农业生态环境治理的协调发展。二是有利于农业农村环境的改善。首先，政府对于农村的环境污染治理，以整治村容村貌为起点，推进畜禽粪便污染整治、生活污水整治、垃圾固废整治、化肥农药污染整治、河沟清洁整治和村庄绿化工程，然后积极跟进配套处理设施的建设，全面开展农村环境污染综合整治。其次，政府稳妥推进以整体区域为单位的农村环境服务性基础设施的建设。在引导各地和相关主体关注村容整洁的同时，全面推进社区设施、社区环境、社区服务、社区文化、社区教育、社区福利、社区管理的建设和发展，改善农村的人居环境。最后，政府在村庄整治的过程中充分挖掘当地的可利用资源，把握每一个可以造福于农民的机会，充分开发山水风光、特色农业等形式的现代农业休闲功能，改善当地的自然环境。三是有利于农牧民收入的增加。政府为了改善当地的农业生态环境，需要对当地的农田水利设施进行完善。政府对农业基础设施的投入产生的正外部效应，使当地农牧民能够从政府修建的农田建设、水利灌溉设施得到相应的实惠，农牧民生产的农产品产量增加和质量提高，收入也会随之增加。

三、农业生态环境治理政府责任的主要内容

（一）制度责任

在农业生态环境治理上，必须明确政府在农业和农村环境公共服务相关法规和政策制定方面的主导地位。市场经济是法治经济，环境公共服务市场化也必须符合这个要求。农业生态环境治理的供给过程的法治化是政府职能转变的重要内容。一方面，农业生态环境治理的供给必须要有良好的制度环境，只有在一个有健全的法律法规保障体系的市场环境中，农业生态环境的供给才能降低成本和消除不确定性因素的影响，从而实现农业生态环境治理的良性运行。另一方面，农业生态环境供给本身也必须逐步法治化，依法进行供给是社会发展的必然趋势。政府必须制定相应的法规、政策严格市场准入，规范市场秩

序，通过行政立法来保障农业和农村环境公共服务生产者和消费者的共同利益。当前，我国涉及农业生态环境治理的法律法规有：《环境保护法》、《森林法》、《草原法》、《渔业法》、《矿产资源法》、《水法》、《野生动物保护法》、《水土保持法》、《气象法》、《水污染防治法》、《大气污染防治法》、《海洋环境保护法》等，而这些法律法规大多是 20 世纪颁布的，已经不能完全适应现在农业生态环境治理的情况了。因此，立法机构及相关部门应该对这些法律法规进行修订和完善。

（二）监督责任

政府作为公共部门，要对农业生态环境治理的事前、事中、事后进行监督。一是政府要加强对农业生态环境治理供给单位的资质审查。政府要对所有进入农业生态环境领域的供给主体进行严格的资质审查，对提供农业生态环境供给单位的法人资格、生产目的、单位规模、信誉度、认定标准以及承担该项环境修复的生产供给能力、生产供给经验、承担违约责任能力等方面进行资质审查。此外，政府还要对农业生态环境治理供给单位提供的供给方案和完整的成本效益指标进行可行性分析，以确认其是否具备供给资格。二是政府要加强对农业生态环境治理供给过程的有效监管。政府必须加强对农业生态环境治理供给过程的有效监管，借助国家权力，利用不同的方式和手段，通过不同的途径，建立全方位、多层次的农业生态环境治理监管体系，对农业生态环境治理过程进行强有力的监督。政府要加强法制监督，用法制来规定农业生态环境治理供给的每一个环节，引导社会公众监督，让监督具有广泛的社会基础，同时加强舆论监督，发挥媒体为社会公众、政府服务的功能。三是政府要加强对农业生态环境治理供给绩效的考核评估。政府要建立完善的农业生态环境治理的绩效评估体系，对其效果进行全面考核，考核结果可以对前者进行总结和检查，更重要的是可以为政府下一步农业生态环境治理决策提供依据。同时，政府必须重视农业生态环境治理的结果，对农业生态环境治理的数量、质量以及社会效益是否达到预期的目标进行跟踪。

（三）投入责任

政府的投入责任有广义和狭义之分。狭义的政府投入责任是指政府对农业生态环境治理的直接财政投入；广义的政府投入则是指政府为了维持良好的农业生态环境提供的各种投入的总和，它包括狭义的财政投入、免税以及其他的政策性投入。由于我国地域面积广阔，政府财政收入有限，各地农业生态环境质量差异较大，政府在农业生态环境治理上还需要有所侧重。一是优化农业生态环境治理的投入结构，压缩治理之前的财政补贴，增加对治理有成效的主体的补贴力度，减少交叉和中间环节，提高财政资金的使用效率。二是利用国债资金增加与农业生态环境有关的农田设施、水利设施、气象站、海洋监测设备等基础设施设备的投资比例，同时采取税收优惠、贴息等措施鼓励社会其他力量进入农业生态环境治理领域。三是采取因地制宜、区别对待的政府投入政策，重点加大对水源地保护、基本农田、土地沙漠化较严重的地区治理的财政补助力度。四是适当提高基层从事农业生态环保人员的薪资水准。对于长期从事生态林防护、荒山荒漠生态修复、荒岛驻守的政府人员，要提高他们的基本工资待遇，改善他们的生活环境。总之，政府应切实承担农业环境公共责任，发挥财政投入在农业生态环境治理方面的主渠道作用，这既是公共经济规律的内在要求，也是提高我国农业生态环境治理效果的重要举措。

（四）整合责任

政府的整合责任主要是指政府对与农业生态环境治理有关的资源进行有效整合，以提高农业生态环境治理的效率。在国内，一是需要政府整合与农业生态环境相关的农业、畜牧、海洋、林业等各机构，形成一个统一协调的机构来对农业生态环境进行处理。二是要科学分配各项财政资金到农田、沙漠、海洋、草原、森林等农业生态系统，充分利用好各级政府的资金，提高农业生态环境治理资金的使用效率。三是政府要积极引导民间资本进入农业生态环境治理领域。政府可以采取公私合作、风险共担的形式，也可以采取民间资本独资的形式，引进民间资本参与对农业生态环境的治理与修复。同时，政府还应积极鼓励公益性环保组织参与维护农业生态脆弱地区的环境治理与修复。四是政府要积极与周边国家合作，建立农业生态环境处理的联合与协作机制，积极学习借鉴发达国家对农业生态修复的先进做法，协调处理跨国界的农业生态环境问题。当然，政府在资源整合过程中会涉及诸多利益相关者，不同的利益主体拥有不同的资源。在整合过程中，有些利益相关者的利益可能会受损，从而阻止对资源的整合。对此，政府需要有魄力，敢于大手笔进行整合，冲破利益集团的束缚。

（五）教育责任

政府的教育责任主要是指政府通过教育培训与农业生态环境治理有关的群体，保证农业生态环境治理能顺利开展。一是政府通过新闻媒体大力宣传环保知识，邀请专家讲授农业生态环境保护的知识，引导全社会公民关注农业生态、热爱乡村环境，积极投入农业和农村环境保护的志愿活动中。二是积极教育培训与农业生态环境息息相关的广大农业经营者。当地政府利用农业局、农业技术推广站、畜牧局、林业局、海洋局等平台向当地农牧民提供免费培训，讲授农业投入品的用法用量、农业生态环境对农业生产的重要性、农业生态环境破坏对农业农村可能造成的影响等知识。此外，通过定期培训新型职业农民、家庭农场主、专业大户、农业产业化龙头企业负责人等新型农业经营主体，引导他们利用现代农业科学技术手段，积极走出一条污染少、产量高、绿色化的新型农业生态经济发展路子。三是政府要积极培训与农业生态环境有关的政府内部机构人员。当前，我国政府机构庞大、人员构成复杂，相当一部分人员环境保护意识淡薄，以 GDP 论英雄的思想始终存在。通过对与农业生态环境密切相关的人员培训，提高他们的业务水平，增强他们对农业生态环境治理的重视程度，从而增进农业生态环境主管部门的整体素质。

第三节　农业生态环境治理的府际关系

一、农业生态环境治理中府际关系的概念

"府际关系"一词最早出现于 1935 年美国《社会科学百科全书》。1940年，格雷夫斯在《年鉴》（*The Annals*）中，以"美国的府际关系"为专题，刊发了 25 篇关于联邦与州、联邦与地方、州与州以及地方与地方的相关文章。10 多年后，美国国会相继成立了"府际关系委员会"（1953 年）和"府际关系咨询委员会"（1959 年），"府际关系"的概念开始被广泛使用。但是，直到 1960 年，这一概念才有了较为正式的定义。当时的府际关系意为：美国联邦制度中各类和各级政府单位机构的一系列重要活动，以及它们之间的相互作用。

在我国，谢庆奎较早明确府际关系的概念，认为府际关系是指政府之间在垂直和水平上的纵横交错的关系，以及不同地区政府之间的关系。它所关注的是管理幅度、管理权力、管理收益的问题。因此，府际关系实际上是政府之间的权力配置和利益分配的关系。① 杨宏山认为，府际关系有狭义和广义之分。狭义的府际关系是指不同层级政府之间的垂直关系网络。广义的府际关系，不仅包括中央与地方政府之间、上下级地方政府之间的纵向关系网络，而且包括互不隶属的地方政府之间的横向关系网络，以及政府内部不同权力机关间的分工关系网络。更宽泛地讲，府际关系不仅涉及国内政府间的关系，而且包括主

---

① 谢庆奎 . 中国政府的府际关系研究［J］. 北京大学学报，2000（1）.

权国家政府间的关系。① 任勇提出，府际关系实际上可以定义为各级政府间为了执行公共政策，而围绕提供不同级别的管理和服务所形成的相互复杂关系的互动。在府际的各种关系中，竞争关系是重要的内容。② 在这里，将农业生态环境治理中的"府际关系"定义为：一国政府行政体系内不同层级政府之间、同级政府不同部门之间、不同地区之间以及部门与地区之间的在农业生态环境治理领域的关系。从主体的角度看，简言之就是农业生态环境治理中的块块关系、条条关系和条块关系。府际关系表现在纵向上是农业生态环境治理的府际权限层级关系，横向上是农业生态环境治理的府际分工与协作关系，以及多向的农业生态环境治理府际网络沟通关系。具体到我国，府际关系是指在农业生态环境治理过程中的中央政府与地方政府的纵向关系与地方政府之间的横向关系。

二、农业生态环境治理中府际关系的表现

（一）农业生态环境治理中的横向府际关系

在我国，地方政府间横向关系有两种制度模式：一种是同级地方政府之间的平行关系，例如，湖北省、湖南省、北京市政府之间的关系即如此。另一种是不同级别但又不隶属的地方政府之间的斜向关系，例如，湖北省与青海省海西蒙古族藏族自治州政府之间的关系即如此。地方政府之间的横向关系，不论是平行关系，还是斜向关系，都不存在领导与被领导、管辖与被管辖的关系，而是主要表现为相互交流、竞争与合作的关系。这种横向交流、竞争与合作的关系，使得各级、各类地方政府基于复杂的利益纠葛和利益博弈关系，在相关政策制定和执行过程中，形成相互依赖、资源互惠和利益共生关系，并通过达成制度性的公共政策予以规范，从而形成府际合作的政策网络体系。在农业生态环境治理上，各政府之间互相不受约束，容易各行其是，有着独特的表现形式。首先，农业生态环境涉及的范围较广，参与治理的部门包括农业、环保、渔业、水利等各部门。目前，这些部门之间的权力界限并不十分明确。在实际操作过程中，经常出现"有利可图就上，无利可图就退"的现象，甚至有些时候还存在治理空白。其次，许多农业生态环境问题是跨行政区域的，像海洋生态、区域河流、大气等农业生态环境问题，往往是跨区域的问题，一旦在某

---

① 杨宏山. 府际关系论 ［M］. 中国社会科学出版社，2005：21.
② 任勇. 地方政府竞争：中国府际关系中的新趋势 ［J］. 人文杂志，2005（3）.

一行政区域发生农业生态环境问题，不仅会对本区域农业生态造成影响，而且会将影响扩大到相邻的行政区域。比如，某一个地区处于河流的上游，因为大量使用农用化肥，造成当地的土壤板结，河流水质变差，上游受污染的水流向下游相邻的行政区域，则下游的农业生产因为水质变差而受到影响。

（二）农业生态环境治理中的纵向府际关系

农业生态环境治理中的纵向府际关系是指上下级政府关系，也就是从属与被从属的关系。在我国行政体系中，共有五级行政，分别为中央政府、省级政府、市级政府、县级政府、乡镇政府，当然农村自治组织实际上也被赋予相应的行政权力。由于我国行政级别较多且较复杂，各地区地域差别较大，经济发展水平不一，致使各级政府在农业生态环境治理上的利益诉求迥异。

首先，中央政府对农业生态环境治理的利益诉求。中央政府主要考虑到农业生态环境是农民和城镇居民赖以生存的物质环境和生产资源，农业生态环境的恶化会直接影响我国粮食产量与粮食安全，会对我国农业可持续发展以及农业生态安全构成现实威胁。因此，中央政府极为重视农业生态环境的治理与改善，通过农业生态环境的治理不仅能够提高中央政府的社会形象，还能够稳定社会关系，夯实执政基础。对此，中央政府会长期不断地加大对农业生态环境保护的力度和政策倾斜度。

其次，省、市、县级政府对农业生态环境治理的利益诉求。根据我国现行的财政税收制度，省、市、县级政府在农业生态环境治理中付出的人力、物力等直接成本较高，同时，农业生态环境治理意味着要调整农业经济发展结构，甚至关停一些利润丰厚但对农业生态环境破坏较大的企业，会减少本地财税收入，在加重了地方政府负担的同时也影响地方政府的工作绩效。因此，省、市、县级政府对于农业生态环境治理的积极性并不一定会高，很多情况下可能会消极执行上级政府的行政命令。

最后，乡镇政府对农业生态环境治理的利益诉求。乡镇政府是我国基层行政组织，其主要职能在于辅助上级政府完成政策的执行、中央精神的下达和民意的上传。因此，在农业生态环境治理中，虽然乡镇政府最了解本辖区范围内农业生态环境的具体情况，最清楚哪里需要治理，但考虑到乡镇企业发展以及财政税收的稳定，往往变相执法，多对纳税较少的小型排污企业进行惩罚。

由于各级政府之间在农业生态环境治理上的利益诉求不一样，各级政府之间也会因此而产生博弈，在博弈过程中很难达到利益诉求均衡。因此，纵向的府际关系往往会使农业生态环境的治理流于形式。

三、农业生态环境治理中府际关系的协调

复杂的府际关系，已经影响到了农业生态环境治理的效果。对此，需要推进政府职能转变，完善政绩考核制度，健全法律法规体系，建立多层交流机制，对农业生态环境治理中的府际关系进行协调：

（一）推进政府职能转变

当前，政府职能转变滞后是影响我国府际关系的重要因素。推进我国政府职能的转变，有利于促进农业生态环境治理效率的提高。对于协调府际关系要求来说，首先应该根据市场经济和农业生态文明建设的双重要求重新设计和配置政府权力，强化地方政府的宏观管理和区域经济协调功能，促进区域农业生态经济合作与发展。其次，各地方政府要积极发挥主动性，组建更多的互利双惠的联合体，就农村经济、政治、社会、文化、环境展开交流与沟通，为农业生态环境治理的府际合作营造良好的氛围。最后，加强地方政府高层领导人之间的沟通与交往，增进相互了解，解决只有通过政府合作才能解决的农业生态环境治理问题。

（二）完善政绩考核制度

我国现行的政绩考核标准过于单一，迫使地方官员无暇顾及本地区经济之外的事务，对农业生态环境治理的府际关系合作也往往采取消极态度。因此，中央政府应制定更为科学的政绩考核制度。首先，在评判地方官员政绩时，除了考核其任内辖区经济发展成绩之外，还应把官员任内成绩放到其任前地方现状和任后地方发展的整个过程中去，以引导地方官员抛弃急功近利的思想。其次，注重对其在社会管理、发展教育、社会保障、环境治理等工作中成绩的考察，以引导其注重经济社会的协调发展。最后，综合考核地方官员对本区域经济和府际合作两个方面的贡献，促进府际关系的协调和发展。

（三）健全法律法规体系

政绩考核制度和机制的完善是要引导地方政府做正确的事，而法治体系的完善则是要防止地方政府做错误的事。市场经济是法治经济，法律应明确禁止地方政府用行政手段干预微观市场主体的经济活动、搞地方保护和分割市场，并通过法律诉讼、行政诉讼的方式依法对政府直接干预市场运转和区域合作发展造成的经济损失追究相应的法律和经济责任。只有进一步完善法治体系，地方保护主义才能得到根除，府际关系的和谐才能最终实现，也才更有利于农业生态环境治理中府际关系的协调。

（四）建立多层交流机制

联合协会或行业协会等民间非正式协调组织是较易受政府影响和引导的组织，它们本身不以追求利润为目标，但比政府组织更具灵活性和主动性。从区域经济的发展过程来看，这些民间和非正式组织间的合作往往要先于官方组织间的合作，在现有发展的基础上，只要政府注重整合这些民间非正式组织的协调资源，建立多层次的交流机制，及时加以指导和激励，就能使这些组织的合作更加紧密和富有成效，就能更有利于政府层面上的府际关系的协调，促进农业生态环境治理的多元合作机制的形成。

小　　结

1. 当前，农业生态环境无论是以市场为中心的产权交易治理模式，还是以政府为中心的治理模式，都很难提供有效的治理制度和措施。农业生态环境的治理并不是在市场与政府间的非此即彼的简单选择，构建一种包含政府、市场和社会的多元主体治理模式十分必要。如何在市场和政府间寻求一个平衡点，实现治理成本和产权划分间的平衡，是解决农业生态环境治理效率问题的途径之一。由于角色、立场、价值取向、利益关系的不同，多元的主体必然产生更加多元的认知，包括对农业生态环境问题的认知、对主体自身的认知、对其他主体的认知以及各主体间相互关系的认知等。

2. 政府作为农业生态环境治理的核心主体，承担着更多的责任与义务，主要包括政府的制度、监督、整合、投入与教育五种责任。

3. 农业生态环境治理中的府际关系与一般府际关系一样，分纵向府际关系与横向府际关系。在协调府际关系时，要从政府职能转变、政绩考核、法律体系完善、资源整合等方面入手。

关　键　词

农业生态环境治理　主体结构　政府主体　市场主体　社会主体　政府责任　府际关系

复习思考题

1. 农业生态环境治理的主体有哪些？

2. 如何理解政府是农业生态环境治理的核心主体？

3. 如何理解政府责任在农业生态环境治理中的作用？

4. 如何协调农业生态环境治理中的府际关系？

参 考 文 献

[1] 任维德，乔德中. 当代中国地方治理的政治生态分析：基于府际关系 [J]. 内蒙古大学学报（哲学社会科学版），2010（3）：6-50.

[2] 曹永森，王飞. 多元主体参与：政府干预式微中的生态治理 [J]. 求实，2011（11）：71-74.

[3] 陈冬梅. 生态环境治理政府主沉浮——论政府在生态环境治理主体中的核心地位 [J]. 沈阳工程学院学报（社会科学版），2011（2）：206-208.

[4] 李金龙，王敏. 城市群内府际关系协调：理论阐释、现实困境及路径选择 [J]. 天津社会科学，2010（1）：83-87.

[5] 陈修颖，汤放华. 城乡一体化背景下地方府际关系重构与政府职能转型 [J]. 经济地理，2014（12）：78-84，132.

[6] 胡象明. 当代中国政府与市场关系变迁的逻辑：理论、实践及其规律 [J]. 行政论坛，2014（5）：78-82.

[7] 闫永斌. 农村城镇化进程中生态治理主体的利益异化分析 [J]. 山东农业大学学报（社会科学版），2010（4）：52-56.

[8] 程默. 生态环境治理的第三种主体：社区 [J]. 电子科技大学学报（社会科学版），2005（5）：52-54，81.

[9] 杨澳，刘强，吴宗凯. 我国西部生态环境治理主体的相关问题分析 [J]. 理论导刊，2006（5）：48-50.

[10] 王春凤. 城郊农村生态环境多元主体治理路径探析——基于河北省廊坊市近郊农村的考察 [J]. 理论导刊，2011（12）：65-67.

[11] 吕炜，王伟同. 发展失衡、公共服务与政府责任——基于政府偏好和政府效率视角的分析 [J]. 中国社会科学，2008（4）：52-65.

[12] 郑娟，李刚. 国内近年来对府际关系研究综述 [J]. 宁夏党校学报，2007（5）：37-40.

[13] 赵怡虹，李峰. 基本公共服务地区间均等化：基于政府主导的多元政策协调 [J]. 经济学家，2009（5）：28-33.

［14］廖晓明，黄毅峰．论我国政府在公共服务供给保障中的主导地位［J］．南昌大学学报（人文社会科学版），2005（1）：17-21.

［15］阚如良，詹丽，梅雪．论政府主导与旅游公共服务［J］．管理世界，2012（4）：171-172.

［16］易承志．论转型期我国长三角区域府际关系协调［J］．广东行政学院学报，2010（2）：26-30.

［17］冯亮，王海侠．农村环境治理演绎的当下诉求：透视京郊一个村［J］．改革，2015（7）：120-128.

第十章　农业生态经济安全

【学习目标】农业生态经济安全，系指满足农业生态经济可持续发展的一种态势。通过本章的学习，达到以下学习目标：

（1）了解农业生态经济安全所包含三个层次的内容，理解农业生态经济安全的特征与意义。

（2）理解农业生态经济安全评估应该遵循的原则，掌握农业生态经济安全评估的内容与方法。

（3）掌握常用的农业生态经济安全预警指标，熟悉农业生态经济安全预警的类型。

（4）理解农业生态经济安全维护的目的和原则，掌握农业生态经济安全维护的宏观与微观对策。

第一节　农业生态经济安全的内涵与意义

一、农业生态经济安全的内涵

农业生态经济安全，系指满足农业生态经济可持续发展的一种态势，包含三个层次的内容：农业生态系统结构、功能与需求相一致，农业经济系统结构、功能与需求相一致；农业生态系统结构与农业经济系统功能相一致，农业经济系统结构与农业生态系统功能相一致；农业生态系统与农业经济系统始终处于均衡状态。农业生态经济安全具有如下特征：

第一，将农业生态安全与农业经济安全融为一体，重点强调农业生态安全与农业经济安全的同一时空性。农业生态安全与经济安全之间有很强的依赖性，二者互为基础和保证，但其相互影响具有滞后性，这种滞后性使农业生态安全或农业经济安全的可持续性受到威胁。

第二，农业生态经济安全的形成具有二重驱动力（满足生存和对生存环境的需求、追求经济利益的最大化），二重驱动力的组合方式影响到农业生态经济系统的演替方向和速度，影响到农业生态经济安全形成过程及态势，当这两个驱动力方向一致时，农业生态经济安全具有可持续性，当这两个驱动力方向相反时，农业生态经济安全不具有持续性。农业生态经济系统的演变过程可划分为四个阶段：在阶段一，农业生态系统的边际效用大于农业经济系统的边际效用；在阶段二，农业生态系统的边际效用小于农业经济系统的边际效用；在阶段三，农业生态系统的边际效用等于农业经济系统的边际效用；在阶段四，农业生态经济系统良性循环发展阶段。阶段一和阶段二的两个驱动力未在一条线上，阶段一和阶段二的驱动力是改善农业生态环境、增加粮食产量和提高系统收入。由于物质、能量供给满足不了系统需求，所以两个驱动力下的行为过程和结果不能同时实现，其合力小于两个驱动力之和，在阶段一改善农业生态环境的需求大于对粮食和收入的需求，人类行为主要作用于农业生态系统。在阶段二改善农业生态环境的需求小于对粮食和收入的需求，人类行为主要作用于农业经济系统，其行为过程的出发点和归宿点都在农业生态经济系统的局部，实施效果未考虑系统的整体效应。阶段三和阶段四的两个驱动力在同一条线上，在阶段三，农业生态系统进入良性演替状态，该阶段的主要矛盾是农业生态资源与产业的一致性程度较差，主要驱动力是农业经济收入，其行为作用于农业产业与资源的优化耦合过程。在阶段四，主要驱动力是区域人类的身心健康，即按照身心健康的需求来调控农业生态系统和经济系统，农业生态、经济、社会因素实现了合理配置和有机统一。区域农业生态经济系统在阶段一和阶段二处于不安全状态，在阶段三趋于安全，阶段四处于安全状态。

第三，农业生态经济安全态势下系统具有良好的自控能力。农业生态经济安全意味着系统结构的变化不影响系统功能和系统效应，所以在对系统的干扰不超出"阈值"的情况下，系统可以进行自我调节和恢复。

二、农业生态经济安全的意义

农业生态经济安全是在最近几十年生态问题日益严重、生态质量进一步恶化，对人类的生存和发展构成了广泛威胁的背景下提出来的。农业生态系统只有处于无污染、未破坏、不受威胁的健康状态，才能为整个国家的生态安全提供基础保证。

（一）农业生态经济安全是国家生态安全的基础保证

随着全球生态的进一步破坏，人类的生存环境也随之恶化，由此引发了一系列争夺资源的战争。人们开始关注由环境破坏引发的农业生态经济安全问题，农业生态经济安全在国家安全体系中具有越来越重要的地位。我国农业在国民经济中的基础地位决定了农业生态经济安全对国家生态安全的重要性，它是整个国家生态经济安全的基础保证。农业生态经济安全包括：农业用地的安全、农业用水的安全、农业物种的安全、农产品市场的安全、粮食生产的安全等。这些都是国家生态经济安全所关注的领域，没有这些领域的安全也就无所谓整个农业的安全，而这些领域的安全又构成整个国家生态经济安全的基础。

（二）　农业生态经济安全是全面建成小康社会的重要保障

全面建成小康社会不仅要实现物质文明、政治文明、精神文明，还要实现生态文明。农业的发展不仅仅是为了发展而发展，而是要实现农业的可持续发展，实现农业资源利用效率的显著提高，使农业生产环境得到进一步改善，使农业生产走上文明、协调、可持续的发展道路，这可以为全面实现小康社会这一目标提供农业生态安全的保障。同时，农业的发展不仅要满足农民这个巨大的消费群体，而且要使农民从农业的发展中得到实惠，使农民从经济社会的发展中获得利益，这就必须注重农业生态经济的安全。

（三）　农业生态经济安全是实现农业可持续发展的前提

1991 年 4 月，联合国粮农组织（FAO）拟定了关于农业和农村可持续发展的要领，将其定义为：采取某种使用和维护自然资源基础的方式，以及实行技术变革和体制改革，以确保当代人及其后代人对农产品的需要得到不断满足。这种可持续发展旨在保护土地、水和动植物遗传资源，是一种优化环境、技术应用得当、经济能够维持、社会能够接受的方式。建构农业生态经济安全，旨在保护农业的可持续发展所需的资源安全和技术安全，农业生态安全的构建，可为农业的可持续发展提供安全的农业用水、安全的农业用地、安全的农业种植和养殖物种、安全的农药和化肥施用技术，最终为农业食品的安全提供保证，为几代人的健康发展和农业资源的永续利用提供安全的生态条件，为农业可持续发展提供基本前提，推动农业可持续发展的实现。

（四）　农业生态经济安全是实现我国农业与世界农业接轨的必然要求

长期粗放型的增长方式严重影响了我国农业在国际市场上的竞争力，不仅如此，农业生产过程中过量施用化肥和农药，严重影响了农产品的质量，使我国农产品在进入国际市场的过程中遭受严重阻碍。"绿色贸易壁垒"越来越成为困扰我国农产品出口的最大障碍。因此，注重农业的生态经济安全，提高农产品的质量和"绿色化"，是增强我国农业在国际市场竞争力的迫切需要。

第二节 农业生态经济安全评估

农业生态经济安全评估是对农业生态经济的压力、状态、响应等情况进行评价，主要是分析自然、社会、经济、环境对农业生态经济造成的压力大小、表现状态及作出响应的现时状况，从而判定其当前状况与理想状况的距离。农业生态经济安全评估有其特定的内容，在进行评估时应当遵循相应的原则，根据具体的情况采用适当的方法来进行评估。

一、农业生态经济安全评估的原则

（一）科学性和主导性原则

在进行农业生态经济安全评估的过程中，首先需要建立相应的评估指标体系和评估模型。评估指标体系和评估模型的建立必须科学准确，选取具有代表性且能够反映农业生态经济质量和本质特征的主导性因子作为评价指标。评价指标的概念要明确并具有一定的独立内涵，避免重复设置。其次，评估人员要避免各种先入为主的观念，克服主观随意性和片面性。这是坚持客观性原则的基本前提，也是农业生态经济安全评估公正性的必要保证。深入调查研究是尊重客观事实、尊重客观规律的具体体现。评估人员应当深入农业生态经济发展实际进行调查研究，全面、系统地掌握可靠的农业生态经济的信息资料，这是坚持科学性原则的基本点，也是科学评估农业生态经济安全的基本保证。

（二）系统性和层次性原则

农业生态经济安全评估应全面衡量所考虑系统的农业生态环境要素和经济环境问题，确定相应的评价层次，将各个评价指标按系统论的观点进行考量，构成科学、完整的评价指标体系，进行综合分析和评价。农业生态经济系统是一个开放的系统，在评估过程中要从农业生态经济内部要素的内在联系，从其内部要素与外部条件的广泛联系入手，进行全面的、动态的分析论证，来判断农业生态经济系统的安全级别。

农业生态经济安全评价结构有多种，如线性、网状层次等，应用最广泛的是层次结构。农业生态经济安全评价指标体系由一定层次结构的评价指标组成，在层次结构中，各评价指标表述了不同层次评价指标的从属关系和相互作用，从而构成一个有序、系统的层次结构，使评价指标层次结构能更好地反映农业生态经济系统安全评价功能。

（三）动态性与静态性相结合原则

要求选取能反映农业生态经济安全演变序列和发展趋势的指标，以反映农业生态经济安全的动态变化。与此同时，由于当前农业生态经济安全状况既是过去相关因素作用的结果，也影响着未来农业生态经济安全状况，同样要注意选取能够反映农业生态经济安全的静态指标。

（四）相关性原则

农业生态经济系统中各因子之间有着密切的联系，系统中某一因子发生变化时，会对其他因子产生影响，使之发生相应的变化。因此，在进行农业生态经济安全评价时，应注意研究农业生态经济系统中各因子之间的相互关系、关联性质、关联密切程度等。同时，还应考虑外部胁迫因子同系统内各因子之间的关系，从而判断外部胁迫因子对系统的影响。此外，要对评价指标体系内部的指标属性进行相关性分析，相关性分为纵向和横向之间的关系，要使评价指标的相互关系明了、准确，从而使评价指标之间的结构适应合理评价农业生态经济安全的目的。

（五）区域性原则

农业生态经济安全评估的对象是一个具体的农业生态经济系统，这个系统是属于某一特定区域的。该农业生态经济系统会受到不同区域的各种因素的影响，从而对农业生态经济安全的评估结果造成影响。不同区域具有空间差异性和发展不平衡性。评价区域不同，其环境特点、区域农业生态系统类型、社会经济发展状况等都是不同的，因此，应根据地域的特点选取适当的农业生态经济安全评价指标。

（六）可操作性原则

在进行农业生态经济安全评估时，指标体系的设计应尽可能考虑数据的易获性和可靠性，尽可能利用现有反映农业生态经济系统基本特征的统计指标。在实际操作过程中，指标数据易于通过统计资料及直接从有关部门获得，以便评价结果能提供有效的信息，有利于生产及管理等部门掌握和操作，使理论与实践紧密结合。指标的设置要尽可能利用现有的统计指标，要适应地方农业生态经济安全监测力量和技术水平，尽量与统计指标一致或存在一定的关联，以便纳入国民经济统计指标中。

二、农业生态经济安全评估的内容

（一）农业用地安全评估

农业用地安全评估是指在调查农用地生态现状的基础上评价农用地生态系

统是否安全及其安全度的过程。从目前情况来看，更侧重于现状评价以及评价一个区域的农用地生态安全状况。农用地生态安全评价包括以下几个方面：（1）该评价属于土地质量评价的一种类型。以"生态中心论"为指导思想，以人与自然的和谐发展为重点，评价农用地生态系统自身及其提供的服务对于人类来说是否安全及其安全度。（2）该评价对象是农用地。其评价对象决定了农用地生态安全评价必须根据农用地的特点以及影响农用地生态质量变化的因素进行评价。（3）评价内容。一是农用地生态系统自身结构是否完整及其功能是否完善和稳定，二是农用地生态状况是否能满足人们的需求。（4）该评价的目的是确切掌握农用地的生态安全状况，进而为土地的生态管理、生态预警、生态维护及土地生态政策、法规的制定提供技术支撑和决策依据。①

（二）农业用水安全评估

农业用水是指在一定水质要求下所需的一定数量的水，用以维持正常的农业生产和生活，包括土壤水、空气水和降水。农业用水安全有两层意思：第一层是水资源供给层面，在现有水利工程设施、资源条件和政策管理条件下，所能提供的农业生产所需的保证一定质量和数量的水资源。第二层是农业用水需求层面，它包含农业的类型和发展定位、灌溉的方式和水平等。在一般情况下，供给层面影响农业用水安全的有灌区水资源时空分布、水利工程设施、水资源政策管理等；需求层面影响农业用水安全的有灌溉的方式方法、节水水平、种植面积和种植结构方案等。农业用水安全评估就是评估能否保证提供农业生产所需要的水资源及其保证的程度，其内容主要包括：（1）评估气候变化的因子（如降水、气温、湿度、辐射和风速等）通过影响水资源和农业用水需求改变农业用水安全的状况。（2）评估水资源因子（如地表水、地下水、水利工程、其他水源利用、水资源管理政策等）在受到气候变化和人类活动综合影响的情况下，其对应的时空分布变化对农业用水安全的影响。（3）评估农业需水因子（农业规模和结构、种植面积、种植结构、人口、灌溉水平、灌区管理水平等）在受到气候和人类活动的影响下对农业用水安全的影响。

（三）农业物种安全评估

农业物种安全评估是指危险性外来入侵有害生物、毁灭性高致害变异性动植物病虫害和转基因生物潜在危险的预防控制，以及农业生物多样性保护等工作方面的评估。随着经济全球化和经济竞争高科技化，农业物种安全与政治、

---

① 田克明，王国强. 我国农用地生态安全评价及其方法探讨［J］. 地域研究与开发，2005（4）：80-81.

经济、科学、社会、健康、伦理及国防安全等一系列重大问题交织在一起，事关国家粮食安全、生态安全、经济安全、公共安全和可持续发展。农业物种安全评估的主要内容包括：（1）对危险性外来有害生物入侵的安全评估，主要是评估外来动植物、微生物和海洋生物的种类、数量以及对本国农林牧业和农业生态经济系统的影响。（2）对毁灭性高致害生物的检测和预警，主要是借助宏观和微观相结合的研究方法，改善农林业生态经济系统的结构和功能，加强对有害生物的检测、预测和灾情的预警工作。（3）转基因生物安全评价，主要是评估外源基因安全性、转基因植物对农田生态系统与生物资源的影响以及害虫对抗虫基因的抗性评价等方面的研究。（4）农业生物资源多样性安全评价，主要是评估外来物种对农业野生资源生物多样性的威胁和风险，并建立安全预警系统。①

（四）农产品安全评估

农产品安全评估是风险评估原理与技术在农产品安全领域的应用。农、畜、水产品从农田到餐桌的控制过程，实际上是通过产地环境、生产资料等最终产品的评估，以确定对人、生态的安全风险的过程。② 农产品安全评估是解决当前较为突出的农产品质量安全问题的科学基础。农产品安全评估主要包括微生物的风险评估和化学危害的风险评估，评估的对象主要包括农、畜、水产品中的农药、重金属、兽药、有机污染物、化肥等化学危害和病原细菌、病原真菌、病毒和寄生虫等食源性病原生物危害。农产品安全评价标准体系如图10.1所示。③

（五）粮食安全评估

通常从以下几个方面进行粮食安全的评估：（1）粮食总产量。粮食的综合生产能力直接影响粮食的总产量，这是从数量上评估粮食的安全程度，包括粮食生产的持续增长和波动幅度。（2）粮食自给率。表示一个国家或地区粮食生产量占总消费量的比重，一个国家或地区粮食自给率的高低主要取决于该国或该地区在农业土地、水资源等方面的禀赋条件。（3）粮食储备水平。粮食储备是在新的作物年度开始时，可以从上一年度收货的作物中得到（包括

---

① 戴小枫，吴孔明，万方浩，等. 中国农业生物安全的科学问题与任务探讨［J］. 中国农业科学，2008（6）：1691-1699.

② 宋卫国，赵志辉. 农产品安全风险评估方法及应用探讨［J］. 中国农学通报，2008（2）：101-105.

③ 章力建，张星联，蒋士强. 农产品质量安全风险监测和评估［J］. 中国农业科技导报，2013（4）：8-13.

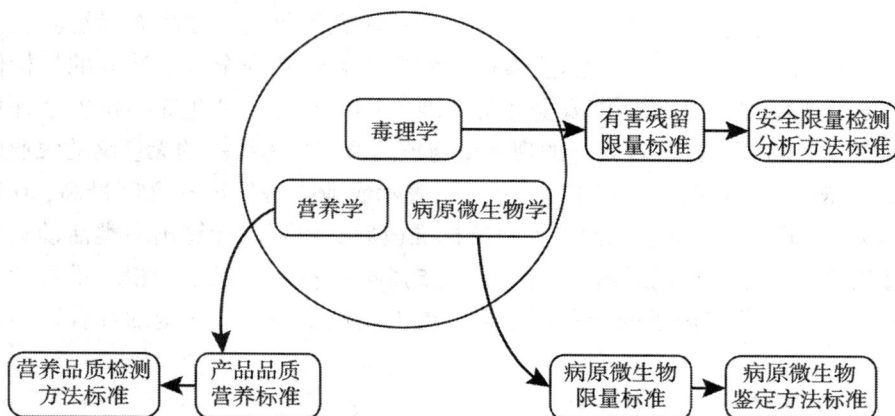

图 10.1　农产品安全评价标准体系

进口）的粮食储备量，粮食储备水平可以用粮食储备率来衡量，粮食储备率＝粮食库存量/粮食消费量。（4）人均粮食占有量。人均粮食占有量越高，粮食安全水平也就越高。（5）低收入阶层的粮食保障水平。在粮食供给量一定的情况下，一个国家或地区粮食安全水平的高低主要取决于低收入阶层粮食需求的满足程度。一个国家或地区虽然大体上粮食供给有余，但可能存在一部分低收入者吃不饱饭或者营养跟不上的情况，增加低收入阶层的粮食供给，可以显著地提高该国或该地区的粮食安全水平。

三、农业生态经济安全评估的方法

农业生态经济安全评估是一项多学科、跨层次的综合性工作，它既要求社会科学与自然科学的综合，又要求决策层、执法层与研究层的配合。目前，农业生态经济安全评估方法大多数处于探索与研究阶段，借鉴了许多其他领域的研究方法，主要有综合指数分析法、层次分析法、遥感与地理信息系统、模拟模型四种方法。

（一）综合指数分析法

综合指数分析法便于横向与纵向的对比分析。综合指数分析法注重以下两个方面：一是考虑多个影响因子之间的协同效应，即多个影响因子同时存在时将会加重影响程度。二是各因子对综合指数的贡献相等，即各影响因子在相同危害及安全程度下的指数相等。指数法简明扼要，且符合人们所熟悉的农业环境污染及环境影响评价思路，其困难之处在于建立表征农业生态与经济发展水平的标准体系，而且难以赋权与准确计量。

综合指数分析方法过程如下：（1）分析研究评价的农业生态经济安全因子的程度与变化规律。（2）建立表征各农业生态经济安全因子特性的指标体系。（3）确定农业生态经济安全评价标准。（4）建立农业生态经济安全评价函数曲线，将评价的环境因子的现状值与预测值转换为统一的无量纲的农业生态经济安全与质量指标，用 1-0 表示（1 表示农业生态经济安全度最高，0 表示最差）。确定了农业生态经济安全的标准值后，就可以计算出人类活动对农业生态经济安全与环境影响的变化值。（5）根据各评价因子的相对重要性赋予权重。（6）将各因子的变化值综合，得出农业生态经济安全的综合影响评价值。

（二）层次分析法（AHP）

层次分析法（Analytic Hierarchy Process，AHP）是美国运筹学家萨蒂（T. L. Saaty）于 20 世纪 70 年代提出的一种定性判断与定量分析相结合的多目标决策分析方法。这种分析方法的特点是将分析人员的经验判断量化，对目标（因素）结构复杂且缺乏必要数据的情况更为实用，是目前系统工程处理定性与定量相结合问题行之有效的一种系统分析方法。AHP 通过分析复杂问题所包含的因素及其相互关系，将问题分解为不同的要素，并将这些要素归并为不同的层次，从而形成多层次结构，在每一层次可按某一规定准则对该层元素进行逐对比较，建立判断矩阵。通过计算判断矩阵的最大特征值及对应的正交化特征向量，得出该层要素对于准则的权重。

层次分析法的主要步骤如下：（1）明确问题。确定评价范围和评价目的、对象，进行农业生态经济因子相关分析，明确农业生态经济安全各因子之间的相互关系。（2）建立层次结构。将被评价关系按其组成层次构筑成一个树状层次结构，一般可分为三个层次：目标层、指标层、策略层。（3）构造判断矩阵。在每一层次上，按照上一层次的对照准则要求，对该层次的元素（指标）进行逐对比较，并用标度 1、3、5、7、9 和 2、4、6、8 以及倒数来比较相对重要性（度）。在每一层次上，按照上一层次的对应准则要求，对该层次的元素（指标）进行逐对比较；依照规定的标度定量化后，写成矩阵形式，即为判断矩阵。（4）层次排序计算和一致性检验。即计算判断矩阵的最大特征根值及相应的特征向量。另外，对层次分析所得结果是否合理，还需要对判断矩阵进行一致性检验。（5）评价标准的选择。通过上述步骤确定区域农业生态经济安全综合评价的指标体系层次结构及各层间的比重，接着确定相应的农业生态经济安全评价标准体系。（6）判别。依据评价结果对区域农业生态经济安全状况进行等级划分。

（三）遥感与地理信息系统

遥感（Remote Sensing，RS）是借助地球人造卫星，以物理、数学、地学分析为基础的综合性技术，具有宏观、综合、动态和快速的特点，是空间数据采集的主要手段之一。遥感用于区域变化，尤其是人类活动对土地覆盖、土地利用的研究，已经成为一个重要的手段，达到很精细的程度，对植被的变化和作物估产的研究也趋于成熟。通过植物光谱响应特征的季节变化规律可以了解植物干物质①的多少，利用气象卫星和陆地卫星系统中绿色植被指数结果的兼容性和可比性，更增加了其分析大范围植被变化与人类活动影响动态的能力。

地理信息系统（Geographic Information System，GIS）是一种以空间数据库为核心，采用空间分析方法和空间建模方法，适时提供多种空间和动态的资源与环境信息的计算机技术系统。利用 GIS 技术结合 RS 手段可以对区域农业环境开发、人类活动对农业生态经济发展的影响进行透彻的分析，对效应的积累、安全性的程度可以在区域、局域和局部进行多层次的转换，并进行细致的分析。GIS 的分析手段能通过展现空间"拥挤"和"破碎"效应来分析人类开发活动累积效应的空间结构变化。

（四）模拟模型

这是一种相当于在计算机上做实验的方法，通常有空间模型和非空间模型两类。这些模型描述环境系统或系统要素的行为特征，或者人类活动对农业生态经济系统的影响。模型模拟的精确度取决于对模拟对象的了解程度和数据的质量，模拟模型对影响源、累积的过程、空间累积、时间累积、结构与功能变化等均能进行较好的分析。但它的应用必须满足以下前提：（1）对农业生态系统的结构与行为有足够的认识；（2）具有足够可信的数据和模型；（3）具备足够的资金、时间和专业技术。

在对农业生态经济安全的影响进行分析的模型中，人地系统动力模型是解释人地关系相互作用动态的基础，也是区分影响农业生态经济安全的驱动力原因。地球表层动力学模型作为人地系统动力模型之一，可以划分为两种表达形式：一种是基于对单一过程有明确结果的动力学所建立的地球表层非线性动力模型；另一种是基于对人地相互作用结果有连续记录所建立的地球表层动力模

---

① 干物质是饲料学、植物生理学、营养学中的一个术语，是指有机体在 60~90℃ 的恒干物质温下，充分干燥，余下的有机物的重量，是衡量植物有机物积累、营养成分多寡的一个重要指标。

型。这两类模型强调地球表层系统的各个因素之间的动力关系，并强调其相互作用结果的动力学关系。

目前，尚无公认的系统的评价方法来解决不同地区、不同尺度的农业生态经济安全评价，现有的评价方法各有其优越性和局限性。指数法简明扼要，且符合人们所熟悉的农业环境污染及环境影响评价思路，但难以赋权与准确计量。利用 GIS 技术结合 RS 手段可以对区域农业环境开发、人类活动对农业生态经济发展的影响效应进行透彻的分析，但是需要的数据形式特殊，对技术要求也很高。模拟模型对影响源、累积的过程、空间累积、时间累积、结构与功能变化等均能进行较好的分析，但它的应用前提难以得到满足。层次分析法具有高度的逻辑性、系统性、简洁性和实用性，特别适用于那些难以完全用定量进行分析的复杂问题，它的主要缺点在于具有一定的主观随意性。

第三节　农业生态经济安全预警

一、农业生态经济安全预警的指标

农业生态经济系统状态的变化有一个从量变到质变的过程。为了确保农业生态经济安全，就必须对农业生态经济安全系统进行全方位的、动态的监测，对农业环境质量、农业经济发展状况和农业生态系统逆向演替、退化、恶化做出预测，进行农业生态经济安全预警，为相关决策部门提供决策依据。农业生态经济安全预警作为农业生态经济安全研究和环境预警的研究内容，具有整治农业环境和服务农业生态建设的科学功能和基础功能。

预警指标因子的选择，与一般评价指标因子的选择既有联系又有区别，可参考一般评价体系选择适宜的指标因子。农业生态经济安全是农业生态经济风险的反函数，可从农业生态经济风险的角度出发来考虑农业生态经济安全评价，但由于农业生态经济风险评价大多局限于分析污染物的影响，因此对于综合分析农业生态经济安全来说具有一定局限性。影响农业生态系统健康的胁迫因子有农药、重金属等环境污染化合物、基因改良等生物技术、生态入侵、不当的农业生产活动以及其他偶发性的自然灾害。耕地质量性状的指标主要有土壤养分含量、土壤容量、pH 值、地下水位等影响耕地生产力的指标和土壤污染物含量等耕地环境质量的指标。农田质量的指标分为农田肥力指标、农田环境质量指标、农田健康质量指标和农田产出能力指标。

在确定农业生态经济安全预警评价体系中的指标因子时，应主要考虑那些受人类活动影响后容易发生退化的因子，这类指标因子研究也较多。总结起来主要有两个方面：一是土壤肥力质量指标；二是土壤环境质量指标。同时还必须考虑到一般描述生产力（或肥力）的农业土壤"质量指标"并不完全适用于污染土壤。

二、农业生态经济安全预警的模型

模型在农业生态经济安全研究中具有预测、解释和推断功能。预警指标因子的常见预测模型有时间序列分析模型、灰色预测模型和回归模型等。具体的预测因子模型有土壤有机质周转计算机模拟模型、阳离子交换量回归预测模型、土壤 pH 值回归预测模型、神经网络模型、重金属回归预测模型、对时间的三种动态模型以及湖泊沉积物计年法、沉积通量预测法、最大吸附容量预测法；农药预测模型有指数回归和线性回归模型、正交多项式逼近、GM（1，1）模型、非线性动力学模型等。农业生态经济系统安全预警很难用一种模型描述，不同的预警指标可采用不同模型。

三、农业生态经济安全预警的类型

假设在某一时间 t 对未来的某一时间 T 的农业生态环境进行预警，以参数 $E(t)$ 表示不良状态预警时质量评分值的临界值；以参数 EP 表示恶化趋势预警或恶化速度预警时质量评分值在时段 Δt 内变化速率的临界值。当农业生态与环境系统（或因子）的状态及相应的质量评分值具有随机性时，以保证率 a 作为预警评价的一个参数。预警的数学模式可表示如下：

（1）不良状态预警：

$$P\{E(t) < EP\} \geqslant \alpha$$

式中，EP = 4 时为较差状态预警；

EP = 2 时为恶劣状态。

（2）恶化趋势预警：

$$P\{E(T) < EP, |E(T) - E(t)| / (T-t) < \Delta EP\} \geqslant \alpha$$

式中，$\Delta EP = 1/10$（1/年）；EP = 4。

（3）恶化速度预警：

$$P\{E(T) < EP, |E(T) - E(t)| / (T-t) \geqslant AEP\} \geqslant \alpha$$

式中，$\Delta EP = 1/10$（1/年）；EP = 4。

第四节　农业生态经济安全维护

农业生态经济安全维护是为了实现农业生态与经济的协调，使农业生态经济系统良性循环，提高当前与长远的、局部与整体的效益，对农业生态经济系统的运行过程进行决策、计划、指挥、组织、调节和监督等人工控制和调节手段。

一、农业生态经济安全维护的目的

我国农业经济的发展目标已经从单纯强调农业的经济效益，转变为同时强调农业发展的社会效益，即经济效益目标与社会效益目标并重，最终实现经济、社会、生态安全相统一的生态经济安全整体目标。农业生态经济安全维护的目的主要体现在以下方面：

（一）农业生态经济系统的高效与集约

从总体上来看，现阶段的农业经济仍然处于低效、粗放的经济安全状态。劳动生产率普遍低于其他产业，也低于发达国家农业经济效率。克服这种低效状态，是农业生态经济安全维护的基本目标。从投入产出的角度要求，农业生态经济系统的高效与集约要包括生物产出量的高效与集约、经济产出量的高效与集约和社会产出量的高效与集约。通过实行农业生态经济安全维护，不但要实现从单一高产量目标向同时兼顾高效和优质的目标转化，而且要在实现农业经济效率、农业社会效率目标的同时，同步提高农业生态效率。同时对农业自然资源产出率、资源持续生产力和资源质量等都要给予足够的重视。

（1）高效与集约的生态维护目标。包括直接的农业生态目标和间接的农业生态目标。直接的农业生态目标包括：农副产品的洁净度、土地理化与微生物特性的改善、农田水质的净化、农田小气候要素的改善、农作物品种的优化、农田生物种群的优化等。间接的农业生态目标包括：农业抗灾能力增强、农业生态风险率下降、农业生态效率持续稳定增长等。

（2）高效与集约的经济维护目标。主要表现为围绕最优化边际效益取向的高投入集约决策选择。在农村经济体制改革深化与完善的过程中，建立有利于提高农业生态经济投资效率、集约投资的机制；协调国家、集体、农户集约投资的合理结构；通过科技进步提高集约经营的持续有效性；实现高效的劳动生产率、土地产出率和投资效益。

（3）高效与集约的社会维护目标。主要表现为农业生态与经济的高效益和集约基础上形成的农业社会效益的稳定与增益。例如，农副产品的商品率与商品总量；农副产品社会供给数量与质量的安全度；农村与农业创造的国民生产总值、国民收入总量及其份额。很明显，农业生态经济安全维护的高效、集约目标，应该是生态、经济、社会效益高效、集约的统一。

（二）农业生态经济系统的协调与和谐

农业生态系统在自然生态规律作用下，通过自身的生态循环过程及同其他生态系统相互交流的生态循环来协调自己的运行。农业生态经济系统包含自然生态的运行过程，又在很大程度上受经济发展、社会需求的左右，即受生态、经济和社会规律的共同约束。使农业生态环境与经济社会发展的矛盾对立尽可能转化为统一，从只开发、不保护，先开发、后治理，重开发、轻维护的传统模式中解脱出来。在农业发展的实践中，农业生态经济的协调与和谐包括以下内容：

（1）生态产业、行业结构与非生态产业、行业结构的协调与和谐。从生态经济观念来评价农村产业、行业，可以区分为生态型、非生态型、中间型三个类型的产业、行业。生态型产业、行业的经济开发和发展经常与实际发生的生态效益正相关。例如，林业建设越发展，在一般情况下产生同向的生态效果，生态经济经常处于协调、和谐状态。非生态型产业、行业则常常相反，在现代科学技术条件下，产业、行业的开发与发展，常常伴随着越来越严重的生态后果。例如，乡镇企业中的大多数造纸、电镀、印染行业就是如此，产业、行业发展与农村生态环境负相关。而农村产业、行业中的大多数则经常处于中间状态或不断变化的状态。在产业、行业开发与发展的过程中，如果管理决策适当，农业生态经济处于和谐状态，农业生态与经济的运行之间就不会形成明显的负变量的消极关系。如果管理决策失误，则随时可能发生负变量的消极关系。在农业生态经济安全维护中，从农业生态经济原理出发，科学地调整不同类型产业、行业的结构比重，使产业、行业结构经常处于良性或中性状态是农业生态经济安全维护的重要目标之一。

（2）农业现代科技措施与生态效果的协调与和谐。现代化已经成为发展中国家和地区农业发展的目标。但是，许多已经推广的农业现代化科技措施并不能兼顾生态效益。例如，化肥、农药是现代农业的重要科技手段，尽管人们都熟知过量施用化肥、农药可能发生的严重农田生态后果和产品生态后果，但化肥、农药的施用量仍在不断增加。因为人们懂得，在现实的科技水平条件下，立即停用化肥、农药会使农业发展陷入什么样的境地。现代农业日益离不开高效率的农业机械作业，但是传统机械作业往往破坏了符合农业生物学原理的土壤结构，带来某些石油污染。此外，农村非农产业的发展也存在类似的生态经济矛盾，由城市向农村扩散而建立的乡镇企业往往是污染行业。农业现代化进程经常处于生态选择与经济选择的十字路口，因此，寻求现代化科学措施与生态效果的统一是农业生态经济安全维护的重要目标之一。

（3）高产与优质目标的协调与和谐。回顾世界各国或地区的农业发展史，由于农产品供给与需求关系的变化，也由于消费水平的变化，农业生产的高产目标与优质目标（包括生态方面的优质目标），经常发生相互冲突，甚至发生两者之间的逆过程。天津小站稻曾是享誉中外的优质产品，在 20 世纪 60 年代之前，每公顷产量 4500kg 就是好收成了，如今每公顷产量 7500kg 已是十分普遍的事情，但米质却始终没有恢复到 20 世纪 50 年代的水平。另外，诸如多穗梁、鲁棉 4 号等农作物品种的品质表现，似乎都在证明同一个结论：优质与低产、次质与丰产是两对不同生态经济后果的孪生子。在畜牧业、水产业中，这一生态经济现象也经常发生，人工饲养条件下的肉牛、肉鸡、禽蛋、鲢、鳙，虽然单位产量在不断提高，但产品的口味、质量却总不如天然条件下的产品。农业生态经济安全维护的目标之一，就在于通过一定的方式正确调控农业技术结构，从而实现农业生产总量与产品质量之间的协调与和谐。

（4）农村非农化进程与土地保护的协调与和谐。随着国民经济的发展和城市化进程的加快，农村非农化趋势不断加强，农业土地资源保护正面临严重的挑战。中华人民共和国成立以来，耕地面积正以年平均 94 万~107 万公顷的速度减少。在开发区建设、房地产开发的浪潮冲击下，一些地区的土地资源衰减速度甚至已经到了失控的境地。对农村、农业生态环境产生了十分不利的影响。农业生态经济安全维护的重要目标之一，就是要协调好农村非农化发展与农业土地资源保护之间的生态经济关系，实现两者的生态经济和谐发展。

（5）乡镇企业发展与农业生态环境的协调与和谐。现阶段，乡镇企业与农业生态环境之间的矛盾，几乎无处不在，尽管其表现形式和严重程度各有不同。如天津的大邱庄以及苏、锡、常的一些乡、村，乡镇企业对农业生态环境的威胁早已敲响了警钟。冶金、采矿、化工、造纸、印染、电镀、石油、制革等都是乡镇企业中生态后果十分严重的行业。而且，多数农村地区的工业设备、工艺技术、行业管理、生态投入都相对落后，更加重了这些行业的生态污染程度。乡镇企业发展与农业生态环境维护之间的协调与和谐，也必将成为农业生态经济安全维护的重要目标。

（三）农业生态经济系统的持续与进化

农业经济的发展不是简单再生产的过程，而是不断扩大再生产的过程。就农业生态经济的要求来看，既包括农业经济的扩大再生产，也包括农业生态环境的扩大再生产，即进行优化与再造的过程。从这个意义来审视，农业生态经济系统的不断进化应该是农业生态经济安全维护中的高层次目标。

农业生态经济系统的进化包括经济系统的进化和生态系统的进化。经济系统的进化包括产业、行业、产品结构的进化，农业工艺技术与管理方式的进步以及投入规模与经营规模的优化等。它能带来经济成果的增长、商品转化率的提高、商品质量的改善、市场流通的顺畅以及经济效益的持续增长，充分反映了农业经济现代化、市场化、效益化的发展过程。农业生态系统的进化包括不可再生资源的合理利用与保护、可再生资源的增值、环境资源的优化、能量的高效转化、物质资源的有效利用以及提高无公害、绿色产品的比重等。实现农业生态目标与经济目标的统一是农业生态经济管理的积极目标，这也是现代农业生态经济安全维护目标与单纯的农业经济安全维护目标和自然主义的农业生态安全维护目标的根本区别。

二、农业生态经济安全维护的原则

农业生态经济系统安全的特殊性及其安全维护目标决定了其维护的原则。农业生态经济安全维护原则应该是生态安全维护原则、经济安全维护原则与社会安全维护原则的统一，是这些单项安全维护原则的有机结合与升华。

1. 整体性原则

整体性原则是农业生态经济安全维护的基本原则，它决定了进行综合农业生态经济安全维护的必然性。农业生态经济安全维护是农业生态经济宏观管理与微观管理的统一，是现代农业生态安全维护与现代农业经济安全维护的融合。农业生态经济安全维护反映上述各个领域安全维护的综合成果，是农业生态、经济、社会目标的最佳组合。农业生态经济安全维护的整体性特征决定了农业生态经济安全维护各个方面的特征。具体表现为：①整体性原则决定了农业生态经济安全维护的理论依据必然是生态科学、经济科学、社会管理科学的交叉与融合，必然是不断发展和丰富的农业生态经济科学。②整体性原则决定了农业生态经济安全维护的任务必然是生态、经济、社会目标相互融合的整体，要尽最大的可能实现三个目标的统一。③整体性原则决定了农业生态经济安全维护的实践应该是现有农业生态安全维护、农业经济安全维护、农村社会安全维护实践的相互完善与促进，而不是相互之间的局限与抵制，更不应是对三项安全维护的简单否定。④整体性原则决定了农业生态经济安全维护的评价不是立足于农业生态观念对经济、社会安全维护效果作出一般的生态评价，也不是立足于经济、社会观念对农业生态安全维护作出一般的经济、社会评价，而是立足于农业生态经济观念对农业生态经济安全维护效果作出整体评价，为农业生态经济安全维护的整体决策提供操作依据。⑤整体性原则也决定了农业生态经济安全维护的考核指标不是农业生态、经济、社会安全维护三大指标体系的简单组合或叠加，而应该是在农业生态经济安全综合维护目标的基础上，形成具有自身特色的综合评价指标体系。

2. 要素互补原则

农业生态经济系统的整体性和各子系统的特殊性是互补的。强调安全维护决策中的整体性，并不否定其中农业生态、经济、社会三个子系统的个性即各自的特殊性，更不是对三个子系统安全维护和独立性的否定或取消。由于共性是个性的综合表现，个性寓于共性之中，整体性也是个性的有机组合，是个性互补的充分体现，因此，互补原则是农业生态经济安全维护的一项重要原则。

在农业生态经济安全维护实践中，之所以要强调互补原则，是因为符合农业生态经济原则的农业生态安全维护和农业经济、社会安全维护决策，能够创造出"1+1>2"的效果。各个维护要素或环节的互补表现在长期与近期、综合与单一、平面与立体以及农业诸行业、工艺、产品等方面的互补，当然也包括农业生态、经济、社会安全维护的互补。农业生态、经济、社会安全维护的互补在于各方本身的有限性，例如科学的"食物链"可以提高农业资源利用的经济效率，而不能完全取代农业经济的效益管理。合理的经济投入结构可以为农业生态安全维护提供一定的经济保证，改善农业生态维护状况，而不能完全取代农业经济的效益维护。因此，实施农业生态经济安全维护互补原则的关键在于变矛盾对立为矛盾统一和优势互补。

3. 适度原则

农业生态经济安全维护是农业生态经济系统各子系统安全维护的统一，不仅强调了统一性，也确认了子系统之间的矛盾。处理各子系统之间的维护矛盾，重要的一点是必须坚持适度原则。因为农业生态、经济、社会安全维护，无论是哪一个子系统维护的极化与失度，都可能导致农业生态经济安全维护整体性的紊乱，这可能就背离了整体性原则和互补性原则。农业生态经济安全维护在一定意义上可以说是适度处理农业生态、经济、社会三个子系统相互关系的管理艺术。因此，实施适度原则不仅要通过实现农业生态经济的布局适度与结构适度，而且还要十分重视规模适度。在维护中，设计科学、合理的农业生态经济链，也包含着各链接的适度规模问题，规模决定各链接之间的匹配及有效利用的传递。因此，调控规模适度是进行农业生态经济安全维护时实现适度原则的一个重要手段。

4. 协同统一原则

维护总是通过一定的程序来实现的，农业生态经济安全维护也不例外。合理维护程序的重心在于选择与实现最优化的程序效率。在任何生态经济系统中，都同时存在着生态安全维护、经济安全维护、社会安全维护的单项维护程序。而从农业生态经济安全维护角度出发，各单项安全维护又总是要纳入农业生态经济安全总体维护程序中进行，单项安全维护程序只是农业生态经济安全整体维护程序的一个环节和侧面。只有实行它们最有效率的结合，才符合农业生态经济安全维护的要求。

在农业生态经济安全维护实践中，处于农业生态经济矛盾状态时，可能出现农业生态、经济、社会安全维护程序的冲突。农业生态经济总体安全维护的任务，不是简单否定某个子系统的维护程序的效率组合。正确的农业生态经济安全维护决策，应该是农业生态、经济、社会安全维护程序的相互保障、保证，实现相互之间的维护增益，获得农业生态、经济、社会三大效率的有机统一与协同提高。

三、农业生态经济安全维护的对策

（一）农业生态经济系统安全维护的宏观对策

1. 逐步推行农业生态补偿制度，树立农业生态经济价值观

农业生态资源作为人类赖以生存的环境和社会再生产正常进行的物质基础，其稀缺性已成为国民经济发展的制约因素。造成资源紧缺的原因之一便是自然资源的无价值观念而导致对资源的浪费和不合理利用。树立农业生态经济价值观，让农业生态资源进入商品经济范畴之中，是当前亟待研究落实的重要问题。国家通过农业生态资源的价格制度、补偿制度、财政投资方向的转变以及税收、贷款政策等经济调节手段来管理农业生态资源，不仅在农业资源利用中"开源节流"，而且要对农业生态经济系统的输出给予补偿，以保证农业生态资源永续利用和农业生态经济的良性循环。

（1）增加农业生态资源保护方面的投资。联合国环境规范署的调查统计表明，要保持经济发展和环境保护相互协调，发达国家每年一般要拿出国民生产总值的0.15%以上的费用，用于环境保护事业。应努力找出符合我国国情的比例数字，通过国家财政拨款来保证农业资源、农业生态环境维护所需的资金。

（2）建立农业生态资源的评价系统，正确反映经济政策对农业生态资源的影响。无论是土地、森林、草原、水产，还是农业生态环境都是有价值的。

制定对农业生态资源进行经济估价的方法和标准，从数量上确定各种农业生态资源在开发利用中可能产生的级差收益和类似绝对地租性质的收益以及间接产生的环境社会效益，并以此为依据正确判定资源有偿占用的付费标准，可以引入西方经济学中所谓的影子价格。影子价格是指参加生产的各种经济资源在最优配置下所应该得到的价格（收益）。因为它是现行价格背后所隐藏的理论价格，所以称为影子价格。通过资源的影子价格，一是可以反映按照农业生态资源稀缺程度来合理配置和使用资源的思想；二是反映了资源的边际生产效益，这就可以遵循影子价格对农业生态资源的现行价格进行调整，以此来限制稀缺资源的过度利用，同时可以刺激生产者对相对过剩的自然资源，诸如荒山、荒坡、滩涂、荒地的开发利用。应根据资源的边际生产力来合理调整产业结构，从而有助于国家对农业生态资源开发进行有效的调节。

（3）通过经济杠杆刺激农业生态资源循环利用的产业和部门的发展。资源与污染物并无严格的区分界线。农业生态资源的利用不可能达到百分之百的再周转，资源使用速度必然和废弃物的产出速度直接相关，同时对于某些利用环境来恢复它们本身的可更新资源来说，废弃物的贮存会限制资源的恢复与更新的速度和程度。减少废弃物污染最有效的办法就是对它的循环再利用。国家要通过税收政策和贷款政策鼓励、扶持这一类废弃物再利用的产业部门的发展。

2. 加强法制建设，逐步制定并完善农业生态环境保护法律体系

要尽快建立适合中国国情的农业生态环境保护立法体系，充实与完善现行的生态环境保护法具体内容，保持不同类资源保护单行法规之间和不同部门的行政统一性，应进行环境保护立法的规划，协调环境立法的工作。随着农业生态经济研究的不断深入，根据经济发展中的实践和经验教训，参照国外经验，逐步建立并完善农业生态环境保护法律体系。

此外，要严格执法，杜绝以言代法、以权压法现象的发生，维护农业生态环境保护法的权威性。首先，要在各级执法机构增加农业生态环保执法人员，为法律的真正实施提供条件；其次，要改革现行的环保体制，实行归口系统领导，通过提高环保部门在各级政府中的权限来强化农业生态环境监督管理职能；再次，要将农业生态环境监督管理和行政管理结合起来，发挥公安机关、检察机关和法院在农业资源和环境保护中的作用；最后，要加强农业生态资源和环境保护法规的宣传教育，使广大人民群众懂得农业生态资源和环境保护的相关法律规定，正确行使拥有的权利，认真履行应承担的义务，从而自觉地服从法律监督、遵守法律规定、参与法律实施。

3. 将农业生态资源环境保护纳入国民经济社会发展规划中，实行统一管理

加强对农业生态经济系统的宏观控制，促进全国性和区域性的农业生态经济系统协调发展，要把农业生态资源和环境保护纳入国民经济和社会发展规划中，通过国民经济综合规划部门来协调各部门、各地区的工作，统筹安排，使国民经济社会发展建立在保护农业自然资源、保持农业生态平衡的基础上。

（1）要进行农业资源数量的清查，从资源的分布结构、数量质量等方面进行综合分析评价，并根据农业生态经济规律做好农业生态经济区划与规划，使之为农业经济建设合理开发和利用资源提供科学可靠的依据。例如，在林业生产中，国营林业局、国营林场应对所经营的林地设立标准地，定期观测、调查，编制森林档案，为主管部门提供森林资源消长的信息。

（2）要建立和健全农业生态经济综合系统。通过对农业生产中的生态过程、资源环境状况进行计量，并对农业生态经济活动进行考核和评价来反映农业经济系统和农业生态系统所发生的变化过程及趋势，克服国民经济发展计划中把追求产值、产量等指标作为唯一目标的缺点。农业生产是经济再生产和自然再生产相结合的典型，农业生态经济综合指标体系的确定是将农业生态系列指标和农业经济系列指标二者有机组合的结果。

（3）国家各级政府计划管理部门通过国民经济计划管理经济全局，因此不仅要统筹兼顾，还要因地制宜、因时制宜，使得不同区域的经济计划与农业生态经济规划得到有效的结合。要实现这一目标，就必须打破计划决策权高度集中的管理体制，使得农业经济管理具有灵活性。此外，为了利用复杂多样的农业资源和差异悬殊的社会经济条件的组合，推动微观、中观区域内农业经济的活跃和发展，国家计划管理部门需要确定一系列衡量农业生态经济效益的指标或参数（包括反映农业资源稀缺程度和合理使用的参数），反映农业资源边际生产力等。作为管理农业生态经济系统的科学依据，各级政府部门应对计划执行和管理活动的结果进行评价；将稀缺的农业资源纳入国家计划，实行全国统一管理；对重点地区和重大项目的开发建设，必须进行农业生态影响论证，充分预测生态后果，实行国家统一的计划管理。

4. 积极开展农业生态经济的技术对策研究，推广运用新技术

随着科学技术的发展和生产水平的进步，人类对农业生态系统的驾驭能力不断提高。农业生态系统的物质循环和能量流动从封闭走向开放，发展至今，可以相对地按照人为预期的目的，通过物理、化学、生物的技术，对农业生态系统进行改造、重建和调节，从而改善农业生态系统的结构与功能，提高农业

生态系统的生产力，增加农业生态经济综合效益。

对农业生态经济系统安全进行科学的维护，应以分析农业生态系统结构和功能为重点，为维护农业资源安全、农业环境技术对策提供理论依据。生态农业的兴起和发展是建立在人们对农业生态系统结构与功能再认识的基础上，通过增加食物链上物质循环的环节，来减少废弃物对农业环境的污染，提高系统内部物质和能量的利用率。

资源的有效性是动态的，科学技术水平决定着资源效用的发挥。遵循农业生态系统平衡规律，在对可更新资源开发利用的过程中，首先要确定资源可以消耗到何种程度——即资源能够再生产和增加的产值，以此为依据安排农业生产活动，也就是说要以农业生态经济理论为指导，以生态农业技术手段提高农业生态系统的生产力，保持农业生态经济健康发展。

（二）农业生态经济系统安全维护的微观对策

农业生态经济安全维护的微观对策就是从某一局部地区、生产单位，或者是某一农业生态系统（农田生态、森林生态等）的角度，根据各地农业环境资源的具体条件，来调节生物种群的布局，使其趋于达到最优的系统转化效率，以实现农业生态经济系统的良性循环。

生物群体对环境资源的最佳转化以及生物种群布局与环境协调一致，是实现农业高产的保证。过去人们认识上的局限性，使有些地区所选择的生物种群及其组合方式与所处的环境特点不完全适应，尽管改造农业环境的投资很大，但农业产量仍不理想。因此，必须从微观的控制和维护上，调节各地区生物种群的布局及其内部的比例关系，建立适应当地特点的合理的农业生态经济系统，这往往能收到投资少、见效快的效果。下面通过两个实例可以具体了解从微观维护的角度调节生物种群布局的效果。

在气候干旱、土地肥力不足的地区，选择不同的生物种群，其产量及所含能量有明显差异，如表 10.1 所示。

表 10.1　　　　　　　　　　不同生物对能量的转化效率

作物品种	亩产量（kg）	全部产品含能量（10^4kJ）	苜蓿与小麦、玉米相比的能量效率（%）
小麦	53.5	177.53	414
玉米	89.5	309.61	237
苜蓿	339.5（干草）	735.01	—

从表 10.1 可以看出，在一定环境条件下，不同生物种群，其单产及能量的转化效率均有很大差异。从农业生态经济的角度考虑，种苜蓿要优于种小麦和玉米，因为苜蓿草的能量转化效率最高，是小麦的 414%，玉米的 237%。用苜蓿草作猪饲料，其能量和蛋白质含量较高，单位重量可多生产毛猪 80kg。另外，苜蓿的根系及猪栏肥在农业生态系统中还将继续起增产作用。

在环境相同的条件下，在 6.67hm^2 土地上由于生物种群配合比例的不同，所取得的经济效益也不大相同，如表 10.2 所示。

表 10.2　　　　　　　　　　　生物种群配比的经济效益

| 单位 | 玉　米 | | 饲料（hm^2） | 猪 | | 花　生 | |
	面积（hm^2）	总产量（10^{4}kg）		数量（头）	产肉（kg）	面积（hm^2）	产量（10^{4}kg）
甲村	46	2.005	1	32	2748.5	1.07	0.23
乙村	3.67	2.135	0.53	44	3714.5	2.47	0.565

表 10.2 说明，虽然乙村的粮食种植面积比甲村少 0.93hm^2，但它的总产量却比甲村多 0.73 万 kg；饲料比甲村少 0.47hm^2，而饲养猪的数量要多 12 头。其原因就在于乙村扩大了花生种植面积 1.4hm^2，从而增加了整个系统的氮、磷、钾的含量（如花生的茎叶等），有助于生猪饲养，增加了粮食产量，达到了粮、肉、油的共同增产，使系统内部的能量转换处于最优状态。

总之，进行农业生态经济安全的维护，要从宏观和微观两方面进行，使系统中物质和能量的转化更加合理，使资源的潜力得到充分发挥。

小　　结

1. 农业生态经济安全系指满足农业生态经济可持续发展的一种态势，包含三个层次的内容：农业生态系统结构、功能与需求相一致，农业经济系统结构、功能与需求相一致；农业生态系统结构与农业经济系统功能相一致，农业经济系统结构与农业生态系统功能相一致；农业生态系统与农业经济系统始终处于均衡状态。

2. 农业生态经济安全评估的原则主要有科学性和主导性原则、系统性和层次性原则、动态性与静态性原则、相关性原则、区域性原则和可操作性原则。农业生态经济安全评估的内容包括农业用地安全评估、农业用水安全评估、农业物种安全评估、农产品安全评估、粮食安全评估。农业生态经济安全评估的方法包括综合指数分析法、层次分析法、遥感与地理信息系统、模拟模型等。

3. 农业生态经济安全预警有整治农业环境和服务农业生态建设的科学功能和基础功能。在确定农业生态经济安全预警评价体系中的指标因子时，应主要考虑那些受人类活动影响后容易发生退化的因子。农业生态经济系统安全预警很难用一种模型描述，不同的预警指标可采用不同模型。农业生态经济安全预警的类型包括不良状态预警、恶化趋势预警、恶化速度预警。

4. 农业生态经济安全维护的目的主要有：农业生态经济系统的高效与集约、农业生态经济系统的协调与和谐、农业生态经济系统的持续与进化。农业生态经济安全维护的宏观对策包括：逐步推行经济补偿制度，树立生态经济价值观；加强法制建设，逐步制定并完善农业生态环境保护法律体系；将农业生态资源的保护纳入国民经济社会发展规划中，实行统一管理；积极开展农业生态经济的技术对策的研究，推广运用新技术。

关　键　词

农业生态经济安全　农业生态经济安全评估　农业生态经济安全预警　农业生态经济安全维护　综合指数分析法　层次分析法　遥感与地理信息系统模拟模型　农业生态安全维护

复习思考题

1. 简述农业生态经济安全的含义。
2. 在进行农业生态经济安全评估时应遵循哪些原则？可采取哪些方法进行评估？
3. 农业生态经济安全预警的类型有哪些？各自的含义是什么？
4. 如何维护农业生态经济安全？

参　考　文　献

[1] 丁举贵，何逦维．农业生态经济学［M］．河南人民出版社，1990：45.

[2] 田克明，王国强. 我国农用地生态安全评价及其方法探讨 [J]. 地域研究与开发，2005（4）：80-81.

[3] 戴小枫，吴孔明，万方浩，等. 中国农业生物安全的科学问题与任务探讨 [J]. 中国农业科学，2008（6）：1691-1699.

[4] 宋卫国，赵志辉. 农产品安全风险评估方法及应用探讨 [J]. 中国农学通报，2008（2）：101-105.

[5] 章力建，张星联，蒋士强. 农产品质量安全风险监测和评估 [J]. 中国农业科技导报，2013（4）：8-13.

[6] 白杨. 敦煌绿洲农业生态安全评价 [D]. 西北师范大学学位论文，2009：13-16.

[7] 刘布春. 河套灌区农业水资源安全评价研究 [D]. 中国农业科学院学位论文，2007：23-26.

[8] 王继军. 黄土丘陵区流域农业生态经济安全问题初探 [J]. 水土保持学报，2007（2）：180-181.

[9] 李铁男. 区域农业水资源安全性评价 [J]. 黑龙江八一农垦大学学报，2011（6）：99-102.

第十一章 农业生态文明建设

【**学习目标**】农业生态文明是使农业生产的自然生态系统和人类发展的经济社会系统和谐共生、良性循环，实现农业生态、经济、社会的全面协调和可持续发展的农业经济发展模式。通过本章的学习，达到以下学习目标：

（1）了解生态文明与农业生态文明的联系，理解农业生态文明建设与新型经营主体培育、农业发展方式转变、农村生态环境保护的关系。

（2）理解新型农业经营主体的基本特征与主要类型，掌握农业生态文明建设中新型农业经营体系构建思路。

（3）了解农业绿色化发展的内涵与表现形式，理解农业生态文明建设中农业绿色化发展的方式，熟悉农业生态文明建设中农业绿色化发展的途径。

（4）了解美丽乡村建设在农业生态文明中的意义，理解农业生态文明中美丽乡村建设的策略。

第一节 农业生态文明建设与"三农"发展

一、生态文明与农业生态文明

（一）生态文明的概念与基本内涵

1. 生态文明的概念

从人类思想学术演进史来看，生态文明作为一个理论概念被明确提出来的时间并不长。德国法兰克福大学政治学系教师伊林·费切尔（Iring Fetscher）教授在 1978 年《论人类的生存环境》中提出了生态文明的概念，用以表达对工业文明和科学技术进步主义的批判。美国学者罗伊·莫里森在 1995 年出版的《生态民主》一书中，明确用生态文明来表示工业文明之后的文明形式，认为它是"人们正确认识和处理人类社会与自然环境系统相互关系的理念"，"表征着人与自然相互关系的进步状态"。① 生态文明中的"生态"一词源于

---

① 贾治邦. 论生态文明［M］. 中国林业出版社，2015：139.

古希腊的 OIKOS，意思是"住所"和"栖息地"。简单地说，生态就是指一切生物的生存状态，以及它们之间和它们与环境之间环环相扣的关系。生态后来还被用来定义许多美好的事物，如健康的、美的、和谐的事物。生态文明中的"文明"是人类在改造自然与社会环境过程中所获得的精神、制度和物质的所有产物。与野蛮相对应，文明反映了人类战胜野蛮的过程，也反映了人类社会的进步历程，它是一个大系统，包括的内容和范围极其广泛。从狭义上讲，文明偏重于文化含义，指国家或群体的风俗、信仰、艺术、生活方式及社会组织。①总体而言，生态文明是人类社会的一种新的文明形态，它以人与自然和谐相处为途径，追求社会的可持续发展；以保证生态平衡和生态安全为主要方式，构建相应的社会制度，谋求文明进步与人类幸福。生态文明与工业文明的根本区别在于，不以牺牲生态环境为代价而追求财富无限增长和生活方面的过度消费。②

2. 生态文明的基本内涵

生态文明的基本内涵可以从三个方面去理解：一是人与自然的关系；二是生态文明与现代文明的关系，三是生态文明建设与时代发展的关系。③ 生态文明体现了人与自然的和谐关系。生态文明是认识自然、尊重自然、顺应自然、保护自然和合理利用自然，反对漠视自然、糟践自然、滥用自然和盲目干预自然，是体现人类与自然和谐相处的文明。生态文明是物质文明、政治文明、精神文明、社会文明的重要基础和前提，没有良好和安全的生态环境，其他文明就会失去方向。生态文明是现代人类文明的重要组成部分，与时代发展紧密相连，党中央、国务院历来高度重视生态文明建设。党的第十八次全国代表大会作出了把生态文明建设放在突出地位，纳入中国特色社会主义事业"五位一体"总布局的战略决策；党的十八届三中全会提出了加快建立系统完整的生态文明制度体系；党的十八届四中全会要求用严格的法律制度保护生态环境；党的十八届五中全会提出了坚持绿色发展的重要理念。2015 年 5 月和 9 月，中共中央、国务院相继印发了《关于加快推进生态文明建设的意见》和《生态文明体制改革总体方案》。上述决定和安排既是落实中央精神的重要举措，

---

① 徐春. 对生态文明概念的理论阐释 [J]. 北京大学学报（哲学社会科学版），2010（1）：61-63.

② 贾治邦. 论生态文明 [M]. 中国林业出版社，2015：141.

③ 谷树忠，胡咏君，周洪. 生态文明建设的科学内涵与基本路径 [J]. 资源科学，2013（1）：2-13.

也是基于中国国情作出的生态文明建设的战略部署，为今后一个时期全国的生态文明建设指明了方向。

（二）农业生态文明的定义

人类文明的发展经历了原始文明、农业文明和工业文明三个阶段。目前，人类文明正处于从工业文明向生态文明过渡的阶段。农业作为人类文明进步的重要物质基础，与自然生态有着天然的联系。农业的发展大体经历了三个阶段：原始农业阶段、传统农业阶段和现代农业阶段。原始农业和传统农业是一种完全的生态化农业，但是其效率低下。工业革命以来，科技进步的成果使农业逐渐摆脱了对自然的极度依赖，却一度走向了"控制自然"的另一端。工业革命使农业摆脱了"靠天吃饭、效率低下"的问题，迎来了农业发展的机械化、技术化、商品化和工业化。但以高投入、高产出、机械化和化学化为基本特征的农业发展模式，需要大量使用以石油产品为动力的农业机械和以石油制品为原料的化肥、农药等农用化学投入品，由此带来了严重的生态环境问题。面对生态环境日益遭到破坏的严峻形势，中国政府提出了建设生态文明的宏伟目标，具有重大的理论和现实意义。农业在我国重要的基础作用毋庸置疑，但农业的自然生态环境的脆弱性也日益突出，因此建设农业生态文明显得尤为紧迫和重要。

目前对农业生态文明没有一个明确的定义，但是大部分学者已达成一个基本认识，认为农业生态文明就是使农业生产的自然生态系统和人类发展的经济社会系统和谐共生、良性循环，实现农业生态、经济、社会的全面协调和可持续发展的农业经济发展模式。农业生态文明包含三个重要的基本特征：较高的农业生态环境保护意识；可持续的农业经济发展模式；更加公正合理的农业经济制度。农业生态文明建设的核心内容就是在提高人们的生态意识和文明素质的基础上，农业生产自觉遵循自然生态系统和经济社会系统原理，运用循环经济理念，积极改善和优化人与自然的关系、人与社会的关系以及人与人的关系，把工业文明时代农业生产对大自然的"征服"、"控制"模式转变为农业生产与自然和谐相处、循环共生、协调发展的模式，① 为实现农业永续发展提供生态资本支撑。

---

① 方杰．农业循环经济：建设农业生态文明的必然选择［J］．西南大学学报（社会科学版），2008（6）：122-124.

二、农业生态文明建设与新型经营主体培育

生态文明是人类文明的新形态，它要求"人们在改造和利用客观物质世界的同时，不断克服由此产生的对自然环境的负面影响，积极改善和优化人与自然的关系，建设有秩序的生态运行机制和良好的生态环境所取得的物质、精神、制度方面的成果的总和"。① 随着时代发展与文明进步，人们对自然界的认识不断加深，从崇拜自然、依赖自然、傲视自然，再到如今的尊重自然、保护自然的生态文明新时期，人类的生产生活方式发生了深刻变化，保护自然、维持生态平衡成为人类共同的责任。农业生态文明是生态文明建设中不可或缺的重要组成部分，发展农业生态文明应贯穿于农业现代化建设的全过程。在农业生态文明建设过程中，仅仅靠提高农民的素质是不够的，还需要建立科学的管理制度、培育匹配的经营主体、构建合理的经营体系，只有从多方面共同努力，才能承担得起农业生态文明建设与农业现代化建设的任务。

培育新型农业经营主体是在"五化同步"发展②、农产品价值链升级、建立完善新型农业社会化服务体系背景下的必然选择。随着我国城镇化进程的快速推进，城乡人口结构、就业结构、社会结构随之调整，以家庭农场、农民专业合作社和农业企业为代表的新型农业经营主体日益显示出巨大的生机与潜力，已成为我国现代农业发展的重要主体。实践证明，新型农业经营主体在经营规模、辐射带动、盈利能力、资金来源、市场导向、产品认证、品牌建设、销售渠道等方面具有明显优势。③

新型农业经营主体是农业生态文明建设的直接参与者。农业生态文明是一个综合性的文明成果，是指"广大农民在进行农业生产与生活时，主动、积极地改善农村内部与农村自身发展、自然与城市的关系，建设良好的农村生态

① 赵成．科学发展观与生态文明建设——生态文明建设的基本原则、行为规范及其意义［J］．科学技术与辩证法，2005（1）：6-9.

② 即工业化、城镇化、信息化、农业现代化和绿色化同步发展。中共中央、国务院发布的《关于加快推进生态文明建设的意见》明确要求，坚持节约资源和保护环境的基本国策，把生态文明建设放在突出的战略位置，融入经济建设、政治建设、文化建设、社会建设各方面和全过程，协同推进新型工业化、信息化、城镇化、农业现代化和绿色化。绿色化首次成为国家现代化建设的重要内涵，当然也是农业现代化的重要遵循和有机组成部分，绿色发展应当成为农业发展的新目标。

③ 楼栋，孔祥智．新型农业经营主体的多维发展形式和现实观照［J］．改革，2013（2）：65-77.

环境，塑造良好的农村面貌取得的一系列物质成果和精神成果的总和"①，当前农民的自身素质无法满足农业生态文明建设的需求，需要加快新型经营主体的培育。新型经营主体的培育有利于农村物质文明、精神文明、政治文明的建设，同时新型经营主体也是对农村基本经营体制的完善与发展，具有集约化、专业化、组织化、社会化的特征，与生态文明建设、农业现代化建设高度契合，肩负着我国农业生态文明建设与农业现代化的重任。

三、农业生态文明建设与农业发展方式转变

生态文明建设的核心命题是如何科学地理解和正确处理人与自然的关系，从而实现人与自然和谐共生、经济社会与资源环境协调发展，而农业生态文明建设的核心是处理好农业发展与农村生态环境保护的关系，既要绿水青山也要金山银山，这体现了农业生态文明与生态文明建设具有相似的发展目标与相同的价值追求。要把农业生态文明建设融入农村经济建设、农村政治建设、农村文化建设、农村社会建设的全过程，也要融入农业生产和农业经济的发展进程中，这就要求转变农业生产方式，强调农业的绿色化发展。农业绿色化发展是农业生态文明建设的关键。从宏观层面讲，农业绿色化就是基于绿色经济理念，以绿色、循环和低碳为主要特征，与发展绿色工业、绿色服务业相对应的可持续的现代农业发展方式。相对于生态农业的概念，农业绿色化的内容更加丰富，它把保护农业生态、资源、环境和发展农业经济置于同等重要的地位，强调为维护整个农业生态系统的平衡而保持生物多样性，把农业发展建立在自然生态系统良性循环的基础上，在农业生产过程中保持人、自然环境和社会经济等诸要素和谐统一。农业绿色化发展不仅充分体现了生态文明建设的要求，而且十分强调以人为本、环境生态优先。农业绿色化发展不仅要讲求尊重自然、爱护自然和保护自然的法则，更要依靠现代技术的支撑和现代管理理念的应用，真正走遵循经济规律的科学发展、遵循生态规律的可持续发展、遵循社会规律的包容发展之路。因此，农业绿色化发展是农业生态文明建设的有效路径，是建设农业生态文明的重要基础，而农业生态文明建设是农业现代化发展的必然要求，是建设美丽乡村的主题与内涵，为农业绿色化发展提供理论与实践指导。②

---

① 戴圣鹏. 农村生态文明建设的实践模式探索 [J]. 南京林业大学学报（人文社会科学版），2008，9（3）：184.

② 黄承梁. 不断深化生态文明建设的认识与实践 [N]. 人民日报，2012-05-22.

四、农业生态文明建设与农村生态环境保护

建设农业生态文明，实质上就是要以农村资源环境承载力为基础、以自然规律为准则、以可持续发展为目标，注重农村生态环境保护，建立资源节约型、环境友好型、生态保育型的美丽乡村。① 美丽乡村是对新农村建设工作的新提法，要求把生态文明的理念融入农村建设的方方面面，形成农民富足、环境优美、生态平衡、人文环境好的和谐乡村。生态文明建设是农业现代化发展不可或缺的组成部分，应该贯穿于农业现代化建设的全过程。正确认识美丽乡村在农业生态文明建设中的重要性，有利于统一思想，更好、更快地开展农村建设工作。从浙江"安吉模式"的中国美丽乡村建设到《美丽乡村建设指南》的提出，标志着党和政府在对社会主义规律认识更加全面深刻的基础上，对中国特色社会主义的科学内涵和现代化的建设目标又达到了新的认识高度，是党和政府对人民群众生态诉求的积极回应，深刻体现了生态价值在从"美丽乡村"到"美丽中国"的过程中空间的拓展性、时间的延续性和内涵的丰富性的辩证有机统一。

美丽乡村是农业现代化建设的精彩篇章，是贯彻落实科学发展观的成功实践，也是建设物质富裕、精神富有、生态优良的美丽中国的生动诠释。生态文明建设离不开农村生态文明建设，农村生态文明建设的好坏直接影响并决定整个生态文明建设的得失成败。这就要求我们秉承党的十八大精神，深入贯彻落实《美丽乡村建设指南》，有条不紊地推进农业现代化发展进程，把生态文明理念融入农业现代化发展全局，大力推进农村生态环境保护和美丽乡村建设。

美丽乡村的构建不仅是农业生态文明建设的载体，也是农业生态文明发展的奋斗目标。美丽乡村的"美丽"不仅仅是党的十六届五中全会新农村建设中提出的"生产发展、生活宽裕、乡风文明、村容整洁、管理民主"的 20 字目标和要求，还赋予了农村新的发展目标。党的十八大提出建设美丽中国，其内涵在于时代之美、社会之美、生活之美、百姓之美、环境之美的生态和谐之美，而美丽乡村是美丽中国的奋斗目标在农村的体现和实施，美丽乡村的"美丽"体现在自然层面、社会层面和人文层面三个层面，是生态良好、环境优美、布局合理、设施完善和产业发展、农民富裕、特色鲜明、社会和谐的有机统一。具体包括五个层面的"美"：生态环境美、社会环境美、人文环境

① 翁伯琦，张伟利．试论生态文明建设与绿色农业发展［J］．福建农林大学学报（哲学社会科学版），2013（4）：1-4.

美、合理布局规划美和体制机制完善美。①

第二节　农业生态文明与新型农业经营体系构建

一、新型农业经营主体及其体系的概念

（一）新型农业经营主体的基本特征与主要类型

1. 新型农业经营主体的基本特征

随着我国工业化与农业现代化进程的不断推进，大量农村劳动力向城镇与非农产业转移，"谁来种地"的矛盾日益凸显。党中央基于国情、农情的研究与判断，在十八大召开时适时地提出"培育新型经营主体，发展多种形式规模经营，构建集约化、专业化、组织化、社会化相结合的新型农业经营体系"，这为未来农业体制机制创新和现代农业的发展指明了方向。农业经营主体是指直接或间接从事农产品生产、加工、销售和服务的任何个人和组织。② 改革开放以来，我国的农业经营主体已由改革初期相对同质性的家庭经营农户占主导的格局向现阶段的多类型经营主体并存的格局转变。③ 新型农业经营主体主要包括专业大户、家庭农场、农民专业合作社、农业企业等，它们是建设现代农业的微观基础。综上所述，新型农业经营主体的基本内涵是：坚持适度规模经营，拥有较先进的生产资料和较高的劳动生产率、资源利用率、土地产出率以及以商品化生产为主要目标的农业经营组织。其主要特征有：

（1）适度规模化。新型农业经营主体要实现一定程度的规模经营。农业适度规模经营是指在一定的社会经济条件下，各生产要素（土地、劳动力、资金、设备、经营管理、信息等）最优组合和有效运行，从而实现最佳的生态、经济、社会效益。

（2）生产专业化。新型农业经营主体生产专业化程度要高。生产专业化是围绕某种农产品的生产培育，将种、养、加工过程和产、供、销环节专业化

---

① 柳兰芳. 从"美丽乡村"到"美丽中国"——解析"美丽乡村"的生态意蕴［J］. 理论月刊，2013（9）：165-168.

② 张义珍. 我国农业经营主体的现状与发展趋势［J］. 新疆农垦经济，1998（5）：7-9.

③ 黄祖辉，俞宁. 新型农业经营主体：现状、约束与发展思路——以浙江省为例的分析［J］. 中国农村经济，2010（10）：16-26.

的经营模式，共同提高产业链的整体效益。

（3）经营集约化。集约化经营是指通过经营要素质量的提高、要素含量的增加、要素投入的集中和要素组合方式的调整来增加综合效益的经营方式，相对于粗放型经营，集约化经营将生产要素进行重新优化组合，用最小的成本实现最大的收益。

（4）高度市场化。农业市场化是指在农业资源配置方式由以政府分配为主转向以市场分配为主的同时，让价值规律在农业产、供、销各个环节都发挥决定性作用。

2. 新型农业经营主体的主要类型

随着时代的发展，大量农村人口进城务工经商，农村土地流转的增加与产业结构的调整，为种养大户、家庭农场、农民合作社、龙头企业等各类农业经营主体的发育和成长提供了土壤，而这些农业经营主体的成长也推动了农业经营体制机制的完善与农业现代化的发展，成为新型农业经营体系的主要构成部分。目前，学者普遍把新型农业经营主体分为种养大户、家庭农场、农民专业合作社、农业产业化龙头企业和经营性农业服务组织。

（1）种养大户。种养大户一般指那些农业生产规模明显大于当地传统农户的专业化农户。但这仅仅是一个习惯性称呼，目前划分种养大户并没有严格的区分标准。由于各个地区的种养水平不一样，各个地区的种养大户标准也不同，不同地区的种养大户差别较大。在现有种养大户中，有一部分仅仅是经营规模较大，但集约化经营水平并不高，有的甚至还带有粗放经营的特征，这并不符合新型农业经营主体的基本内涵。这也是部分学者并不认同将种养大户作为新型农业经营主体的原因。

（2）家庭农场。家庭农场原指欧美地区的大规模经营农户。党的十七届三中全会提出要探索与推广家庭农场发展模式，此后家庭农场引起国内学者的高度重视，并逐渐成为我国新型农业经营主体的一个重要类型。目前部分学者已经对家庭农场的定义进行了概括，即家庭农场是以家庭经营为基础，融合科技、信息、机械、金融等现代农业生产要素和现代经营管理理念，实行专业化生产、社会化协作和规模化经营的新型农业经营主体。它可以使传统农民转型升级为职业化、专业化的法人农民，是一种新型农业经营主体，也是农业现代化的重要组织形式。[1]

---

① 张敬瑞. 家庭农场是我国农业现代化最适合的组织形式［J］. 乡镇经济，2003（9）：18-19.

（3）农民专业合作社。农民专业合作社是在农村家庭承包经营的基础上，同类农产品的生产经营者或者同类农业生产经营服务的提供者、利用者，按照自愿联合、民主管理的原则成立的一种互助性经济组织。农民专业合作社以其成员为主要服务对象，提供农业生产资料的购买，农产品的销售、加工、运输、贮藏以及与农业生产经营有关的技术、信息等服务，不失为解决传统农业规模经济不足问题、推动农业集约化发展的有效途径。

（4）农业产业化龙头企业。农业产业化龙头企业是指以农产品加工或流通为主，通过与农户建立相互联系的利益机制，带动农户进入市场，使农产品生产、加工、销售有机结合，在规模和经营指标上达到规定标准并经政府有关部门认定的企业。相对于其他新型的农业经营主体，龙头企业的经济实力、技术设备、管理水平都具有较大优势，可以更好地适应现代市场发展。

（5）经营性农业服务组织。经营性农业服务组织是指在产前、产中和产后各环节为农业生产提供专业化、市场化服务的经济组织，包括专业服务公司、专业服务队、农民经纪人等。它们为农业生产提供配套服务，例如采购生产资料、防治病虫害、提供技术指导、抗旱排涝等，为农户个体提供力所能及的帮助，从而降低农户生产成本，提高农户的劳动生产率。①

（二）新型农业经营体系的概念与特征

1. 新型农业经营体系的概念

党的十八大明确提出要培育新型经营主体，发展多种形式的规模经营，构建集约化、专业化、组织化、社会化相结合的新型农业经营体系。所谓"新型"，是相对于传统小规模分散经营而言的，是对传统农业经营方式的创新和发展。"农业经营"的含义较广，既涵盖农产品生产、加工和销售各环节，又包括各类生产性服务，是产前、产中、产后各类活动的总称。"体系"泛指有关事物按照一定的秩序和内部联系组合而成的整体，这里既包括各类农业经营主体，又包括各主体之间的联结机制，是各类主体及其关系的总和。综上所述，新型农业经营体系可以被理解为：在坚持农村基本经营制度的基础上，顺应农业农村发展形势的变化，通过自发形成或政府引导，形成的各类农产品生产、加工、销售和生产性服务主体及其关系的总和，是各种利益关系下传统农户与新型农业经营主体的总称。②

---

① 张照新，赵海．新型农业经营主体的困境摆脱及其体制机制创新［J］．改革，2013（2）：78-87.

② 赵海．新型农业经营体系的涵义及其构建［N］．中国县域经济报，2013-05-25.

2. 新型农业经营体系的特征

党的十八大围绕构建新型农业经营体系提出了"四化"的要求，即集约化、专业化、组织化、社会化。在某种程度上，新型农业经营体系就是由集约化、专业化、组织化、社会化四个方面有机结合的产物。

（1）集约化。集约化是相对于粗放经营而言的。在新型农业经营体系中，集约化包括三方面的含义：一是单位面积土地上要素投入强度的提高。二是要素投入质量的提高和投入结构的改善，特别是现代农业科学技术和人力资本、现代信息、现代服务、现代发展理念、现代装备设施等创新要素的密集投入及其对传统要素投入的替代。三是农业经营方式的改善，包括农业要素组合关系的优化和要素利用效率的提高。

（2）专业化。专业化是相对于兼业化而言的。专业化经营和发展旨在顺应发展现代农业的要求，通过更好地深化分工协作，促进现代农业的发展，提高农业的资源利用率和要素生产率。专业化包括两个层面的含义：一是农业生产经营或服务主体的专业化，如鼓励农户家庭经营向专业化发展、支持土地流转、推进农业规模化经营、推广家庭农场、扶持种养大户、加快农业信息服务建设。二是农业的区域专业化，如建设优势农产品产业带、产业区，农业的区域专业化也有利于发展区域农业规模经济。

（3）组织化。组织化是相对于分散经营而言的。农业组织化经营和发展包括三方面的含义：一是新型农业生产经营主体或服务主体的发育及与此相关的农业组织创新。二是引导农业生产经营或服务主体之间加强横向联合与合作，包括发展农民专业合作社、农民专业协会等，甚至支持发展农民专业合作社联合社、农产品行业协会。三是顺应现代农业的发展要求，提高农业产业链的分工协作水平和纵向一体化程度。组织化要解决现阶段农业跟不上市场化要求的问题，将分散的小户整合起来，以适应现代市场经济发展的需要。

（4）社会化。社会化是相对于个体而言的。社会化主要包含两个层面的含义：一是农业生产过程社会化，即一系列的生产个人行为向社会行为转变，体现在农业社会化服务与农业生产过程的有机结合；二是农业产品的社会化，即农产品不是自给自足，而是在市场上通过交换农产品满足各自的需求。现阶段推进社会化的方法，主要是推广农业社会服务，克服农户小规模经营的弊端，通过整合获取较高的经济效益。

二、新型农业经营主体在农业生态文明建设中的作用

生态文明建设已经纳入"五位一体"总体布局，生态文明理念逐渐上升

为统筹谋划解决环境与发展问题的重大理论。因此，新型农业经营主体在参与农村物质文明、精神文明和政治文明建设的过程中，不仅要贯彻生态文明理念，更要统筹考虑，协调推进。

（一） 有利于加强农村的物质文明建设

自党的十六大以来，"三农"问题始终是国家各项工作的重中之重。说到底，"三农"问题实际上就是农民问题，它是我们走向现代化进程中的重要问题，也是全面建成小康社会面临的最大难题。随着我国工业化进程的不断推进，大量农业剩余劳动力向城镇与非农产业转移，"谁来种地"的问题成为农业现代化建设的一道难题。随着农业现代化的深入发展，农业步入了市场化，并与国际市场接轨，这也对我国农业生产发展与农业管理水平提出了更高的要求。这些变化，使原有的以家庭联产承包经营与集体统一经营相结合的农业双层经营体制越来越难以适应现代农业发展的新要求。新型农业经营主体是建立在家庭承包经营基础之上，以市场需求为导向，适应市场经济和农业生产力发展的客观要求，从事专业化生产、集约化经营和社会化服务的现代农业生产经营组织形式。它的规模经营水平和组织化程度较高，能够优化集成利用各类先进的农业生产要素，代表了现代农业的发展方向。[1] 加快新型农业经营主体的培育，发挥新型农业经营体系的主体功能，对农村物质文明建设具有积极作用，也有利于"三农"问题的解决。但是，培育新型农业经营体系绝不是家庭承包责任制的推倒重来，更不是将农民挤出农田，而是对农村基本经营体制的完善与发展。

（二） 有利于加强农村的精神文明建设

在农业现代化建设过程中，有农业物质文明和农业精神文明两个主题，农业物质文明是农业精神文明的基础，农业精神文明引领农业现代化的持续发展。新型农业经营主体作为农业生态文明建设的主体，农民自身素质的提高与经营模式的不断改进是农业生态文明建设的关键。因此，要加快农业生态文明建设，就应该培育新型经营主体，发展多种形式的规模经营，构建集约化、专业化、组织化、社会化相结合的新型农业经营体系。我国农民人数众多，据2014年第六次全国人口普查数据，居住在乡村的人口占总人口的50.32%，达到了6.74亿人，他们的自身素质与搭建的经营模式对农业生态文明建设有着至关重要的影响。只有将农业生态文明建设推上新台阶，才能为农业现代化发

---

[1] 陈晓华. 大力培育新型农业经营主体——在中国农业经济学会年会上的致辞 [J]. 农业经济问题，2014（1）：4-7.

展提供思想保障、精神动力和文化环境。

（三）有利于加强农村的政治文明建设

新型农业经营主体的培育，一是通过科学技术的普及和道德品质的教育来提高农民素质，科学的种植技术是提高农业生产力的直接推动力，农民的思想道德是社会上层建筑意识形态的组成部分之一，抓好上层建筑建设有助于农民形成良好的生产、生活方式。二是对我国现阶段农业经营双层经营体系的改革与发展，有助于形成科学合理的经营体系，引领农民致富与农业现代化发展。我们推行农业现代化建设是以社会主义制度完善为前提的，它的基本原则以及精神价值必须以马克思主义基本理论为指导，从而确保社会主义的道路不动摇。我国农业现代化建设中坚持"以农民为本"的原则，要确保农民在农业建设中的主人翁地位，不能侵犯他们的权益。这在我国培育新型农业经营主体的过程中体现得淋漓尽致，政府并没有盲目地去跟风西方资本主义的农业发展模式，将多数的土地交到少数人手中，而是结合国情提出适度规模经营，要求在农民自愿的情况下进行土地流转，并出台多项政策法规来保证农民的自身利益。

三、农业生态文明建设中新型农业经营体系构建思路

农业生态文明建设与农业现代化建设都需要新型农业经营体系的有力支撑，如何构建新型农业经营体系成为政府亟待解决的难题。具体地，可从以下五个方面入手加快政策调整的步伐。

（一）培育新型农业经营主体

构建新型农业经营体系，需要重点培育新型农业经营主体，要充分发挥各类主体的比较优势，带动小规模农户的发展。专业大户、家庭农场作为农业规模化发展的载体，承担着农产品生产的示范功能，应注重引导其增加技术、资本等生产要素的投入，着重提高农业集约化经营水平，提高农业生产效率。农民专业合作社的发展，有利于整合散户与组织大户联结企业、对接市场，提高农民组织化程度，有助于引领农民进入市场，更好地适应市场化、信息化与现代化的需要。农业产业化龙头企业拥有先进的生产要素，在资金、人才、技术、设备、管理水平等方面都具有比较优势，因此，需要在产业链中承担更多的农产品生产与销售的作用，并为农户提供更多的技术指导和试验示范，在农业产前、产中、产后的各个环节提供相应的技术服务。农业产业化龙头企业在进行土地流转和农产品生产的同时，必须要坚持依法、自愿、有偿的原则，因地制宜、平等协商，不能侵犯农民的利益，也不能刻意打压竞争对手的发展。

（二）坚持适度规模经营

推进农业适度规模经营，在具体的经营方式和推进过程上需要考虑各地实际情况，分类、逐步实施。第一，农业规模经营的方式不是千篇一律的，而是要结合国情、省情走特色化农业适度规模经营的道路。当下，农户承包地的"互换并地"、社会化服务下的农户横向联合、农户间承包地的流转、土地股份合作、工商企业租赁农户承包地等都是农业规模经营的主要方式。在某种程度上，若集约化程度高，小规模经营会因单位面积关键要素投入的增加，也能达到规模经营的标准，如采用设施大棚种植就能通过增加单位面积土地的投入而促进土地产出率的提高。由此看来，发展规模经营绝不能片面地追求土地大规模流转，盲目跟风欧美国家的规模经营道路。第二，农业适度规模经营的推进需要时间，不能一蹴而就，需要工业化、城镇化发展到一定阶段，只有产业对就业的支撑和城市对人口的容纳，才能有力推进农业规模经营。此外，发展农业规模经济要把握适度原则，当规模达到一定程度时，随着劳动生产率的提高，土地产出率不会再提高甚至可能会出现一定程度的下降。由此可见，在发展新型农业经营主体过程中，要因地制宜、结合当地实际发展农业适度规模经营。

（三）加强农业社会化服务

在加强农业社会化服务过程中，要积极培育农业社会化服务组织，并发挥各类组织的比较优势。2012 年中央"一号文件"提出要抓好"一个衔接、两个覆盖"的落实，要求加快公共服务机构的培育。要切实转变公共服务机构的职能，逐步引导其从经营性领域退出，转向农业公益性、外部性、基础性较强且经营性社会化服务机构不愿或不能开展服务的领域，如区域疫病防控、产品质量监管等。经营性社会化服务组织是现阶段的培育重点，是将来社会化服务的主力军。下一步政策的重点在服务主体的多样化、经营性服务的突出短板、农民急需的服务模式上。在主体培育上，要把农资经销企业、农机服务队、农技服务公司、龙头企业、专业合作社、资金互助合作社等纳入政策支持范围。在服务领域上，要加强产后服务这一短板，重点放在农产品的加工储藏和包装、品牌创立和宣传、农业综合信息提供、农村金融完善等服务领域。在服务模式上，要挖掘实践中农民最喜欢、生命力最强、成本最低的服务模式，重点发展"公共服务机构+农资农技服务公司+农户"、"农民专业合作组织+社会化服务组织+农户"、"龙头企业+农户+基地"、"农资经营公司+农户+基地"等服务模式，开展形式多样、内容丰富的农业社会化服务。

（四）探索组织模式创新

探索各类农业经营主体协同发展的新型组织模式，是新型农业经营体系不断发展的基础。在创新组织模式时，需要把握两点：一是小农户只有提高组织化程度，才拥有话语权，一个好的合作社带头人非常重要，因此要对农民合作社的发展给予重视；二是要切合实际，只有一定的利益联结关系，才能推动龙头企业与专业合作社有机结合。因此，要推广"龙头企业+专业合作社（专业协会、集体经济组织）+农户"的组织带动模式，鼓励农村土地有序流转，鼓励农民以承包土地入股合作社或龙头企业，鼓励龙头企业通过利润返还、股份分红等多种途径带动农民增收致富。

第三节　农业生态文明与农业绿色化发展

一、农业绿色化发展的内涵与表现形式

（一）农业绿色化发展的内涵

党的十八大报告指出，要"着力推进绿色发展、循环发展、低碳发展"。党的十八届四中全会通过的《中共中央关于全面推进依法治国若干重大问题的决定》指出，要用严格的法律制度保护生态环境，加快建立有效约束开发行为和促进绿色发展、循环发展、低碳发展的生态文明法律制度。中共中央国务院发布的《关于加快推进生态文明建设的意见》明确提出："坚持把绿色发展、循环发展、低碳发展作为基本途径"，"把生态文明建设融入经济、政治、文化、社会建设各方面和全过程，协同推进新型工业化、城镇化、信息化、农业现代化和绿色化。"中共中央国务院发布的《生态文明体制改革总体方案》要求，坚持发展是硬道理的战略思想，发展必须是绿色发展、循环发展、低碳发展，平衡好发展和保护的关系。《"十三五"规划建议》提出，坚持绿色富国、绿色惠民，为人民提供更多优质生态产品，推动形成绿色发展方式和生活方式，协同推进人民富裕、国家富强、中国美丽。绿色化与工业化、城镇化、信息化、农业现代化在层次上并不是并列的，绿色化引领其他"四化"发展的方向，换句话说，我们追求的是绿色新型工业化、绿色新型城镇化、绿色信息化、绿色农业现代化。

"农业绿色化"不单单指农业绿色发展，而是一种生产方式，也是一种生活方式，更是一种价值理念。绿色原本指颜色，是自然界的一种本真的状态，

代表着生机、舒适、自然、环化的状态，意指改变、革新、发展、转化。农业绿色化就是把绿色的理念、价值观，内化为人的绿色素养；外化为农民的生产方式、生活方式、消费方式；外化为农业的绿色发展模式、绿色产业、绿色产品；外化为农村的绿色管理、绿色治理、绿色教育方式。①

（二）农业绿色化发展的表现形式

农业绿色化发展就是将"绿色化"融入农村经济建设、政治建设、文化建设、社会建设的各个方面和全过程，大力推进农业绿色发展、低碳发展、循环发展，培育生态文化、树立绿色价值理念，把农业生产方式、生活方式的源头转变与末端治理相结合，将农业生态文明建设落到实处。随着农业生态经济的不断发展与农业生态文明建设的继续深入，需要将绿色发展、循环发展、低碳发展有机结合，这也是农业绿色化发展的表现形式。

（1）农业绿色发展是指一种有利于环境保护，有利于农产品数量与质量安全，有利于可持续发展的现代农业发展模式。农业绿色发展不是传统农业的粗放型发展模式，它需要通过采用高新绿色农业技术，形成现代化的农业产业体系，从而实现农业可持续发展和推进农业现代化进程，确保整个国民经济的良性发展，满足城乡居民提高生活质量的需要。推广农业绿色发展是成熟的绿色食品产业发展模式向农业的全面推广和示范的一种精英平民化的发展模式。②

（2）农业循环发展是以奉行资源节约型、环境友好型农业生产方式和农村生活方式为特征的发展方式，是倡导农业经济发展与生态环境和谐统一的发展模式，是效仿生态系统原理，把农业经济系统组成一个具有物质多次利用和再生循环的网、链结构，使之形成"资源—产品—再生资源"的闭环反馈流程和具有自适应与自调节功能的，与农业生态环境系统的结构功能相结合的高效生态型农业社会经济系统。③农业循环发展的重点是解决农业资源永续利用和资源消耗引起的环境污染问题，按照"减量化、再利用、资源化"的原则，加快建立循环型农业体系，提高农业资源产出率。

（3）农业低碳发展是应对全球气候变化农业生产方式的变革，是农业绿色发展的新模式，更是对农业绿色发展的一种创新。低碳农业发展要树立系统

---

① 黄婷婷. 绿色化概念新在哪里 [J]. 环境经济，2015，9 (28).

② 严立冬，屈志光，邓远建. 现代农业建设中的绿色农业发展模式研究 [J]. 农产品质量与安全，2011 (4)：18-23.

③ 郑学敏，付立新. 农业循环经济发展研究 [J]. 经济问题，2010 (3)：81-85.

观和大农业观，不仅包括农产品生产、加工、包装、营销和消费等环节，还包括农业和农村废弃物的回收再利用，农村能源的高效使用，以及对农业物种的保护及其生存环境的改善，涵盖农业生产行为、城乡居民生活、消费行为的各个方面。因此，通过技术创新、体制机制创新、产业转型、新能源开发利用等多种手段，低碳农业发展要尽可能地减少农业生产与农产品加工过程中的能源消耗，减少碳排放，实现农业生产发展与生态环境保护双赢。[①]

绿色发展、循环发展、低碳发展内涵虽各有侧重，内容也有交叉，但本质相同。三者具有相同的发展观、资源观、生产观、消费观，都强调人类在追求物质财富、社会福利、社会公平的同时，要尊重自然、保护自然，在资源环境可承载、资源可更替再生的基础上，实现经济社会与资源环境的协调发展。三者都是符合可持续发展理念的经济社会发展方式，是绿色化发展的特征与表现形式，三者相互关联、相互促进，统一于生态文明建设的实践中，是转变经济发展方式的重点任务和重要内涵，是推进生态文明建设的基本途径和方式。[②]

二、农业生态文明建设中农业绿色化发展的方式

(一) 以政策支持绿色农业发展

加快建立绿色农业发展和生态文明建设相一致的政策体系。在财政安排中，重视对绿色农业发展的投入，形成稳定的多元化资金投入机制，逐步探索建立财政支持农业生态文明建设的长效机制。按照"重点产品、重点区域、重点技术"的原则，建立和完善鼓励生产和使用资源节约与环境友好型技术的税收政策，明确关键环节和直补节点，完善补贴标准，对采用绿色技术的农业生产经营主体给予一定程度的所得税减免或者优惠补贴，以对其环境友好型生产经营行为起到激励作用。

(二) 以创新驱动绿色农业发展

现代绿色农业要贡献于生态文明建设就需要积极发展低碳农业、清洁农业、循环农业等模式，而没有相应的技术创新和技术突破是不可能实现的。要着力于整合大专院校、科研院所、龙头企业等方面的科技资源，突出企业科技创新主体地位和科研单位科技创新主力优势，探索农业产业技术联盟的有效方

---

① 严立冬，崔元锋. 绿色农业概念的经济学审视 [J]. 中国地质大学学报（社会科学版），2009，9（3）：40-43.

② 杨春平，罗峻. 推动绿色循环低碳发展加快国民经济绿色化进程 [J]. 环境保护，2015（11）：18-21.

式，打造高水平科技创新平台和示范基地，加快农业生产绿色技术的研发。注重自主创新与技术引进相结合，在加强自主创新的同时，注意引进国外先进技术，以更好地解决绿色技术滞后问题，推动重大和关键技术的突破。

（三）以制度保障绿色农业发展

制度建设是推进农业生态文明建设的重要保障。要建立国土空间开发保护制度，完善最严格的耕地保护制度、水资源管理制度、环境保护制度。建立资源有偿使用制度和生态环境补偿机制，健全筹集生态保护修复资金长效机制。完善节约资源能源和保护生态环境的法律法规，制定《农业清洁生产法》和《农业面源污染防治法》，为农业资源的合理利用与农业生态环境保护提供法律保障。

（四）以生态意识强化绿色农业发展

增强珍惜农业自然资源、保护农业生态环境的自我约束力和社会影响力，是农业生态文明建设的重要内容。让生态观念深入人心，才能从根本上推进农业生态文明建设。资源和环境危机在很大程度上是文化观念和价值取向出现偏差造成的，要大力弘扬人与自然和谐相处的核心价值观，在全社会牢固树立与保护生态相适应的政绩观、消费观，形成尊重自然、善待自然的良好氛围。在社会公众层面，积极培育农民的生态意识，以政府为主，形成政府、村镇、企业共同参与的农业生态文明宣传教育网络，把农业生态环保意识和理念落实到每一个村庄和农民。党的十八大报告指出，生态文明建设是关系人民福祉、关乎民族未来的长远大计。长久以来存在的过度消耗能源资源、破坏生态环境的发展道路已经不能再走，积极发展绿色农业，实现农业绿色发展转型是建设生态文明的重要途径，必将有力地保证农业生产的经济、社会和生态三大系统的优化和良性运行，实现农业的可持续发展。农业现代化必须是绿色的现代化，在实现农业现代化进程中，只有把生态文明建设放在突出地位，推动其与农业农村经济相融合，才能实现环境与经济的协同发展，实现经济、生态和社会效益的共赢。[①]

三、农业生态文明建设中农业绿色化发展的途径

（一）制定农业生态功能区划

科学制定并实施农业生态功能区划，坚持建设、保护与治理并举，着力打

---

① 翁伯琦，张伟利．试论生态文明建设与绿色农业发展 ［J］．福建农林大学学报（哲学社会科学版），2013 （4）：1-4.

造天蓝、地绿、水净的美好家园。一是要按生态文明建设要求，以保护生物多样性为目标，做好农业生态环境的功能区划。二是要科学合理地划分重点保护区域、平衡开发区域和大力开发区域，明确各区域生物多样性保护和特色农业发展目标，在农业功能区划的前提下，充分合理利用农业资源，引导农业结构调整和推进农业产业化经营。三是农村约有1.8亿公顷的耕地和大量可以开发的荒山、荒坡、盐碱地等，可通过合理挖掘土地潜力，大力发展高效农业、生态农业，进一步增强农业资源和环境的承载能力，发挥农业的环保功能。

（二）推广绿色发展模式

改善农业生态环境，必须转变农业发展方式，提高农业资源的利用率、产出率，为农业可持续发展奠定资源基础。就农业生产实践而言，一是要大力推广绿色农业、循环农业、低碳农业模式，加大"种养结合、林农复合、水旱轮作、粮经简作"等生态农作方式的应用力度。二是要大力推广保护性耕作技术，增施有机肥、轮作、种植绿肥等，实行用地与养地相合，实施秸秆还田战略，不断改良土壤和培肥地力。三是要全面实施绿色生产，大力推广优良品种和高效低毒农药，推广应用农业标准化生产技术。整体而言，就是要强化农业生产的整体观念，能动地协调农业生产与农业资源的关系，使生物与环境、农业与生态之间得到最优化配置，并通过实施废弃物资源的循环利用，进一步促进生态保护与经济发展的良性循环。

（三）构建绿色生产体系

绿色生产体系的关键是要大力开发高效、优质的生态产品。生态产品是人们利用自然力产出的各种高效率的产品。在我国最典型的生态产品就是绿色农产品，如粮食、蔬菜、茶叶、瓜果等。绿色农产品的生产必须是在保护、改善农业生态环境的前提下，运用系统工程方法、现代科学技术和集约化经营的农业发展模式，以发展高产、优质、高效、安全的现代农业为主攻方向，推动农业产业化经营、标准化生产和品牌化建设。绿色农产品由于是人力和自然力相结合的结果，因此是符合自然规律的，是可持续的，也是符合生态文明建设要求的。

（四）推广绿色技术标准

一是要制定严格且完善的标准来指导农产品生产，用标准规范生产技术措施，控制农药残留，减少有害物质投入，推动无公害农产品、绿色农产品和有机食品的生产。二是要加快建设绿色产业的产品开发、技术开发和技术服务体系，建立农产品药物残留快速检测体系，开展农产品准入制度，保证农业生态环境安全及农产品质量安全。三是要依托农产品质量安全风险评估实验室等机构，尽快提高农产品质量和检测技术水平，形成与市场需求相适应的检测、检验和监督能力。

（五）强化面源污染防控

一是力争把污染问题在农业生产内部解决，把农业环境保护寓于粮食增产、农业增效、农民增收之中，实施全程的、综合的控制措施。重点解决突出问题，对部分农产品主产地及污染物实行重点治理。二是通过探索建立农用化学品使用试点，研究制定农用化学品使用环境安全监管制度。推进农村面源氮磷生态拦截系统工程建设，加强农村秸秆还田与综合利用。三是全面推广测土配方施肥，实施农药化肥减施工程，着力提高化肥农药使用率，减少农业面源污染，提高农产品品质，增强农产品市场竞争力，为农业增效、农民增收提供服务。四是重视碳汇，要增强森林、草原、湿地和海洋等的碳汇能力，加快建设强大的"天然碳汇生态屏障"。

第四节　农业生态文明与美丽乡村建设

一、美丽乡村的发展历程

（一）美丽乡村的起源

美丽乡村建设最早源于浙江省安吉县。正当社会主义新农村建设如火如荼的时候，安吉县于2007年首次提出要将生态文明理念融入美丽乡村建设的全过程从而构建"美丽乡村"的思路，引起强烈反响，一时间成为社会的焦点。2008年，浙江省安吉县结合省委"千村示范、万村整治"的"千万工程"，在全县实施以"双十村示范、双百村整治"为内容的"两双工程"的基础上，立足县情提出"中国美丽乡村建设"，计划通过为期10年左右的时间将安吉建设成为"村村优美、家家创业、处处和谐、人人幸福"的模范乡村，构建全国新农村建设的"安吉模式"，这被一些学者誉为"社会主义新农村建设实践和创新的典范"[①]。安吉提出的"美丽乡村"为我国社会主义新农村建设开拓了一条崭新的实现路径，摸索出以中国美丽乡村建设为载体，着力推动农村经济发展转型升级，纵深推进农业生态文明建设切实可行的行动路径，为新农村建设掀开了新的篇章。

---

① 翁鸣. 社会主义新农村建设实践和创新的典范——"湖州·中国美丽乡村建设（湖州模式）研讨会"综述［J］. 中国农村经济，2011（2）：93-96.

（二）　美丽乡村的历程

党中央始终把解决好农业、农村、农民问题作为全党工作的重中之重。加强农村生态文明建设，改善人居环境，建设美丽乡村已多次被写入党中央和国务院的重要文件中。2013 年中央"一号文件"首次提出努力建设美丽乡村的目标。2015 年中央"一号文件"中更加明确提出"中国要美，农村必须美"的要求，重点加大农村基础设施建设力度，提升农村公共服务水平，全面推进农村人居环境整治。党的十八届三中全会发布的《中共中央关于深化改革若干重大问题的决定》强调，政府要"加强发展战略、规划、政策、标准等的制定和实施"。标准作为一种技术规则，具有科学、技术、民主、具体和可操作性等特点，有更为广泛的公众参与度和认同度，是规范人类社会生产和生活秩序的基石，也是提升公共服务和社会管理效能、促进产业发展、提高服务质量的重要技术手段。为发挥标准化在支撑美丽乡村建设的长效机制和模式创新，巩固美丽乡村建设成果等方面的重要技术作用，2013 年国家标准化管理委员会和国家财政部联合开展了农村综合改革标准化试点工作，并确定浙江省安吉县等 25 个单位开展美丽乡村标准化试点。2015 年 5 月，《美丽乡村建设指南》（GB/T 32000—2015）国家标准正式发布，并于 2015 年 6 月 1 日起实施。①

（三）　美丽乡村的突破

随着 2015 年 5 月《美丽乡村建设指南》国家标准正式发布，全国美丽乡村创建进入一个新的阶段。标准的发布实施将有力推动美丽乡村高质量建设、高效率治理、可持续维护、规范化服务、科学化评价，成为"美丽中国"建设的重要技术支撑。② 国家标准《美丽乡村建设指南》的发布实施，响应了中央关于加强"三农"工作的部署，顺应了建设"美丽中国"、实现"中国梦"的时代要求，符合当前我国农村建设的实际需要，本身就是一种工作创新。《美丽乡村建设指南》形成涵盖总则、村庄规划、村庄建设、生态环境、经济发展、公共服务、乡风文明、基层组织、长效管理等九个部分内容的美丽乡村建设标准，标准技术内容采取定性和定量相结合的方法，汇集了财政、环

---

① 赵子军．美丽乡村标准体系是怎样构建的——访《美丽乡村建设指南》国家标准起草人之一、中国标准化研究院食品与农业标准化研究所副所长云振宇［J］．中国标准化，2015（6）：10-13.

② 赵子军．美丽乡村标准的创新和亮点——访《美丽乡村建设指南》国家标准起草人之一、福建省质量技术监督局标准化处处长陆军［J］．中国标准化，2015（6）：14-17.

保、住建、农业等行业部门的相关工作要求，明确了美丽乡村建设在总体方向和基本要求上的"最大公约数"，在村庄建设、生态环境、经济发展、公共服务等领域规定了 21 项量化指标，就美丽乡村建设给予目标性指导，这是国家标准形式上的另一种创新。

二、美丽乡村建设在农业生态文明中的意义

（一）实现了生态空间的拓展

乡村建设是现代化建设的重要战略阵地，从美丽乡村建设的典型模式出发到构建美丽中国，从空间上来看，实现了从农村到城市再到全国的生态空间拓展，体现了矛盾普遍性和特殊性的辩证关系和从局部到整体的辩证统一。中国美丽乡村建设基于典型示范向全国乡村的推广，从典型到普遍，从而实现中国乡村建设的整体生态变迁。美丽中国的提出，则是在美丽乡村建设的基础上，在城乡一体化的实施过程中，实现城市和乡村的整体生态变迁。2008 年，国家环境保护部对 24 个首批国家级生态村进行了公示，标志着我国对于农村生态建设管理和评价进入新的阶段。要从典型生态农村建设模式的视角切入，梳理和研究我国农村生态文明建设典型模式，从而重点研究现代化进程中典型农村进行生态文明建设与政治、经济、文化、社会之间的良性互动关系，并在此基础上总结各地因地制宜建设美丽乡村的实践经验，进一步助力推进生态文明建设和美丽中国建设。

（二）实现了生态时间的延续

从时间维度上来看，党的十八大报告提出实现中华民族的永续发展，其实质是在可持续发展基础上对"美丽中国"的更深一层阐释，是现代化建设从"又快又好"发展到"又好又快"发展再到"又好又美"发展的深刻体现。"美丽中国"的构建要求以自我再生的动态平衡引导发展，既关注当代人的利益，又着眼于未来的发展，强调一个国家、地区在发展进程中的长期合理性，从而扬弃传统片面经济增长型发展模式，在社会发展运动中确立协调理念、切实遵循协调规律、把握协调需求，努力促进人与自然、人与人、人与社会之间的协调可持续发展。具体有两方面的要求：一是要求人类改变传统的征服自然、控制自然的思想观念，转变人与自然之间的异化现象，对自然界进行价值评估，对自然的内在价值、伦理价值与生态价值进行科学审视，把人的发展与资源消耗、环境退化、生态胁迫等联系在一起，体现人与自然之间关系的和谐与协同进化。二是要求人们转变长久以来的"道德顾客"身份，对自然界的自然价值承担相应的道德责任，不仅对当代人而且对子孙后代所应当享有的自

然价值的公平性负有责任和担当。因此，人们只有注重人类活动与自然规律相协调，真正认识和掌握生态运动的规律，把改造自然的行为严格限制在生态运动的规律内，才能解决人与自然环境之间、人与经济社会之间的矛盾，使人与自然和谐相处、人与经济社会和谐发展。

（三）实现了生态内涵的丰富

从内涵来看，美丽乡村建设是以农村生态文明建设为推动点，在农村生态文明建设的总体布局下，解决好人与自然、人与人、人与社会的关系，蕴含着丰富的生态内涵，美丽乡村是美丽中国在农村的具体表现。美丽中国则从自然价值、经济价值、社会价值、美学价值等几个方面进一步丰富了美丽乡村的生态内涵。美丽中国是美丽乡村建设的最终目标和归宿。

美丽中国是一个系统概念，包括绿色经济、健康生态、美好人文、幸福生活、和谐社会，是科学发展在中国的生态实践，是科学发展观指导下的可持续发展、绿色发展、循环发展和低碳发展。具体表现在三个方面：一是对自然界进行价值评估。自然价值通过它本身的固有属性客观存在，属性是客观的，存在方式是普遍的，并且有外在价值和内在价值之分。因此，人应当对自然界承担相应的道德义务，人与自然的道德义务与人对人的道德义务是紧密联系在一起的，对自然负责即对人类自身负责。维持人的生存，就内在地包含了维护作为人的生存根基的生态系统的生存，而保护了生态系统，人的生存也就有了生态保障。党的十八大报告中明确指出，"必须树立尊重自然、顺应自然、保护自然的生态文明理念"。这说明"美丽中国"的构建是以其自然价值的存在为基础的，并对人应当对自然所承担的道德义务指出具体实施路径，如"给自然留下更多修复空间"，"全面促进资源节约"，"加大自然生态系统和环境保护力度"，"加强生态文明制度建设"等。二是对经济价值进行生态评估。"美丽中国"理念的提出是要"实现中华民族永续发展"①，"中华民族的永续发展"必然建立在经济高度发展的基础上，而经济的发展必须摒弃旧发展观中不平衡、不协调、不可持续的发展局限性，要在科学发展观的指导下通过发展绿色农业、创新生态工业等方式实现发展的平衡性、协调性和可持续性，因此，对经济价值进行生态评估成为"美丽中国"构建过程中的应有之义。经济的发展是构建"美丽中国"的前提和基础，但发展的经济必然是建立在科学发展观指导下的可持续发展的经济，实现经济发展的实施路径"要按照人

---

① 柳兰芳．从"美丽乡村"到"美丽中国"——解析"美丽乡村"的生态意蕴［J］．理论月刊，2013（9）：165-168．

口资源环境相均衡、经济社会生态效益相统一的原则"开展。三是对社会价值进行生态评估。"美丽中国"的构建要在处理好人与自然关系的同时处理好人与人、人与社会的关系，从而构建社会主义和谐社会。社会和谐是人类通过实践活动来调整和变革社会发展所得到的结果，所以和谐社会的构建离不开人的活动的自觉能动性，这是一个在确证人的主体地位的前提下，通过人的主体能动作用的发挥，使客体按照人的内在尺度和物的外在尺度发生改变，使自然界、社会、人之间的关系以及人自身获得全面而和谐发展的过程。

三、农业生态文明中美丽乡村建设的策略

（一）科学制订乡村规划，改善农村人居环境

要解决美丽乡村建设建什么、如何建的问题，关键是要以美丽乡村的要素为基础做好规划指引。要按照农村的功能布局，做好各功能区的规划，发动村民积极参与、取得共识，确保规划落地。

（1）搞好功能区的规划建设。一是要科学制订村庄布局规划和建设规划，突出抓好村庄布点、新村建设和旧村改造规划，并能与土地利用总体规划、农村土地综合整治规划、农村住房改造建设规划相衔接。二是要按照农村的功能布局，做好各功能区的规划，明确公共服务区、古村保护区、新村庄区域功能布局划分，打造有农民集中居住区、商贸服务街区、公共服务功能区、绿化景观休闲区和特色产业园区的美丽新农村。三是通过拆除农民的泥砖房，建设居住区规范农村建房，实现集中居住。

（2）加强村庄环境综合整治。生活便利、实施齐全、环境优美是美丽乡村的直观体现。创造美丽乡村的优美生态环境，必须以村庄综合整治为重点，抓好村庄的基础设施建设与环境建设，不断优化农村人居环境。一是开展村庄环境综合整治，按照布局合理、设计科学、风格独特的要求，加强农村居住地景观环境建设，构建以自然村为单元的资源循环利用体系，实现家居环境清洁、资源利用高效和农业生产无害的生态型村庄。二是积极开展农村综合治理的"五化"工程①，切实改善农村生态环境，使农村的路更宽、天更蓝、水更清、地更绿。

（二）发展农村生态经济，夯实美丽乡村基础

农村经济在本质上是生态经济，生态经济是农村经济的根本特征，也是农

---

① 即道路无阻化与光亮化、饮水洁净化、生活排污无害化、垃圾处理规范化、村容村貌整洁化。

村经济的优势所在。生态经济是一种以生态平衡为出发点、追求生态效益、保障生态与经济和谐发展的可持续发展经济，能使农村的生态资源和文化资源得到更加充分的利用。

（1）把发展农村生态经济作为第一要务。一是积极推进农村生态经济化，在生态建设中引入市场机制，依靠现代科技和管理理念，将生态环境优势尽快转化为经济优势，实现生态资源的经济化。二是大力推进农业经济生态化，通过传统产业的生态化改造，孵化成一批经济高效、环境和谐、社会适用的农村生态产业。三是推行农业清洁生产，发展农业循环经济，使农业资源的利用率达到最大，环境的污染降到最低，实现村域经济的综合生态化。

（2）发展高效生态型农业。生态型农业是农村生态经济的支柱，发展生态型农业能化解农村资源紧张、资金困难等矛盾，也是提高农产品质量、增加农产品价值的主要手段。生态型农业还能保护农村的生态环境，为农村生态经济发展创造基础平台。生态型农业维护农业与生态环境的平衡，是农业可持续发展的基础，是农民长效增收的有效途径。当前，建设美丽乡村，要注重培育和发展生态产业，鼓励发展有特色、有效益、有前景的生态产业循环环境链，着力构建农村生态产业发展新格局。一是要按照高产、优质、生态、安全的要求，优化农业产业结构与布局。二是要完善农业质量安全检测体系以及有机食品、绿色食品认证体系和市场推介，提高农产品安全水平。三是要根据不同地区的自然条件和生态环境承载能力，合理选择发展方向，确定适合当地实际的发展模式，形成各具特色的生态产业体系。四是要鼓励农村大力发展农家乐、生态休闲、生态种植等产业，以生态带动农民致富，推广逐渐兴起的观光农业、农家乐休闲、生态旅游等，使农村经济发展与文化和生态交融，实现良好的经济效益、社会效益与生态效益。

（三）推进生态文化建设，树立生态文明新风

生态文化是物质文明与精神文明在自然生态与社会关系上的具体表现，是农村生态文明建设的原动力。农村生态文化建设的目的在于构建体现生态理念、创新生态意识、传统与现代相结合的生态文化体系，形成全体农民群众共同参与农村生态文明建设的自觉行动。

（1）提高农民的生态文明素养，树立低碳环保的生态文明新风尚。美丽乡村的外在美主要体现在山美、水美、田美、房屋美等方面，但外在美的创造与维护却要靠农民文化素质的提升和生态文明素质的养成，这实际上是乡村的另一种美——内在美。为此，在美丽乡村建设过程中，一是要以生态文明村镇的创建为载体，在农村广泛开展形式多样、内容丰富的基层生态示范创建活动，如生态文明村、绿色学校、绿色家庭等。二是要结合农民技能培训，深入开展思想道德、法制观念教育，不断增强农民的生态环保意识和责任，使农民养成节能、环保、减排、循环的"低碳经济"意识。三是政府部门（特别是基层农业部门、环保部门等）要重视对农民的生态文明教育，要以引导农民提高生活质量、崇尚环保生活方式为目的，着力提高农民的生态文明素养。

（2）通过加大农村文化基础设施建设，挖掘与传承地方特色文化等方式，推进农村生态文明新风尚，弘扬农村生态文化。一是要以农村书屋、文化广场、文化室等建设为重点，加大对农村文化基础设施的建设投入。二是通过把文化积淀与美丽乡村建设项目相融合，实现文化传承和特色展示的目的。三是要高度重视对农村非物质文化遗产的保护，集中打造"绿色文化"、"乡土文化"等文化品牌，形成农村生态文明与乡村文化相互交融、相互促进的局面。

（四）完善生态制度体系，推进美丽乡村建设

人与自然的关系需要制度来调节，制度文明是生态文明的重要内容，也是生态文明建设的根本保障。党的十八大报告指出，"保护生态环境必须依靠制度。要把资源消耗、环境损害、生态效益纳入经济社会发展评价体系，建立体现生态文明要求的目标体系、考核办法、奖惩机制"。因此，搞好农村生态文明建设，走绿色低碳、节约资源、环境友好的特色发展之路，必须建立和完善生态规章制度（如资源配置机制、财政转移支付和生态补偿机制、组织保障机制和分类考核机制等长效机制），为发展农村生态文明，建设美丽乡村提供可靠的制度保障。

（1）建立和完善生态规章制度。政府决策者和管理者要严格执行农村生态文明建设所要求的生态资源保护管理制度、监督审核制度等相关规章、制度、政策，树立"生态为政"的理念，建立高效、廉洁、绿色的行政管理体系，努力打造生态文明型政府，使农业生态文明建设走上新的台阶。

（2）建立、健全农村生态恢复与补偿制度。一是巩固对生态环境进行补偿的排污收费政策，完善生态破坏限期恢复制度及环境污染限期治理制度。二是对农村生态破坏和环境污染行为做出行政决定，限定破坏者在一定期限内完成对已破坏生态系统的恢复以及污染者在一定期限内完成对污染环境的治理。三是考虑生态资源的保护、恢复、更新，坚持运用"谁开发谁保护，谁破坏谁恢复，谁使用谁付费"的原则制定资源价值补偿制度，保证农村生态资源环境的永续利用。

（3）建立并完善农村生态资源保护管理制度。一是建立并实施自然资源开发建设项目的环境影响评价制度，对农村重大建设项目的规划与启动执行听证会制度（要有全体村民参加）。二是建立农村环保重大决策事项落实反馈机制，建立和完善农村自然资源使用许可证制度，并逐渐将许可证制度应用到所有利用农村自然资源的领域。三是要加强政府人员和社会公众生态道德人格的养成机制建设，制定生态道德教育制度，建立农民生态道德监督评价制度，加强农村社区居民自我管理监督制度，使生态文明理念真正深入民心。①

小　　结

1. 农业生态文明是生态文明的重要组成部分。生态文明的基本内涵可以从三个方面理解：一是人与自然的关系；二是生态文明与现代文明的关系；三是生态文明建设与时代发展的关系。农业生态文明就是使农业生产的自然生态系统和人类发展的经济社会系统和谐共生、良性循环，实现农业生态、经济、社会的全面、协调、可持续的农业经济发展模式。

2. 新型农业经营体系培育是农业生态文明建设的基石。新型经营主体是对农村基本经营体制的完善与发展，具有集约化、专业化、组织化、社会化的特征。它与生态文明建设和农业现代化建设高度契合，有利于我国农村物质文明、精神文明、政治文明的建设，是我国农业生态文明建设与农业现代化的主体。可以通过加快培育新型农业经营主体，充分发挥各类主体的比较优势；坚持适度规模经营，结合国情，不盲目跟风；加强农业社会化服务，积极培育社会化服务组织；探索组织模式创新，积极挖掘合理的新型组织模式。

3. 农业绿色化发展是农业生态文明建设的基本路径。农业绿色化发展就是将"绿色化"融入农村经济建设、政治建设、文化建设、社会建设的各个方面和全过程，大力推进农业绿色发展、低碳发展、循环发展，培育生态文化、树立绿色价值理念，把农业生产方式、生活方式的源头转变与末端治理相结合，将农业生态文明建设落到实处。可以通过制定政策、绿色创新、完善制度、提高生态意识等途径来推进绿色化发展，化作具体措施我们可以制定生态功能划区、推广绿色发展模式、构建绿色生产体系、推广绿色技术标准、强化农业面源污染防控等，以此来实现绿色化发展。

4. 美丽乡村建设是农业生态文明建设的目标与载体。美丽乡村的"美丽"体现在自然层面、社会层面和人文层面三个层面，是生态良好、环境优美、布

---

① 黄克亮，罗丽云 . 以生态文明理念推进美丽乡村建设［J］. 探求，2013（3）：5-12.

局合理、设施完善和产业发展、农民富裕、特色鲜明、社会和谐的有机统一。美丽乡村实现了生态空间的拓展、生态时间的延续、生态内涵的丰富，是农业生态文明建设成果的直接映射。可以通过科学制订城乡规划，改善农村人居环境；发展农村生态经济，夯实美丽乡村基础；推进生态文化建设，树立生态文明新风；推进生态制度建设，推动美丽乡村建设等策略来综合推进美丽乡村建设。

关　键　词

生态文明　农业生态文明　"五位一体"新型农业经营主体　新型农业经营体系　适度规模经营　绿色发展　低碳发展　循环发展　美丽乡村

复习思考题

1. 生态文明与农业生态文明之间的关系是什么？
2. 如何通过新型农业经营主体培育推动农业生态文明建设？
3. 如何将农业绿色化发展与农业生态文明建设相结合？
4. 美丽乡村建设在农业生态文明建设中扮演什么样的角色？为什么？

参　考　文　献

[1] 徐春. 对生态文明概念的理论阐释 [J]. 北京大学学报（哲学社会科学版），2010（1）：61-63.

[2] 谷树忠，胡咏君，周洪. 生态文明建设的科学内涵与基本路径 [J]. 资源科学，2013（1）：2-13.

[3] 方杰. 农业循环经济：建设农业生态文明的必然选择 [J]. 西南大学学报（社会科学版），2008（6）：122-124.

[4] 赵成. 科学发展观与生态文明建设——生态文明建设的基本原则、行为规范及其意义 [J]. 科学技术与辩证法，2005（1）：6-9.

[5] 戴圣鹏. 农村生态文明建设的实践模式探索 [J]. 南京林业大学学报（人文社会科学版），2008，9（3）：184.

[6] 楼栋，孔祥智. 新型农业经营主体的多维发展形式和现实观照 [J]. 改革，2013（2）：65-77.

［7］黄承梁. 不断深化生态文明建设的认识与实践［N］. 人民日报，2012-05-22.

［8］张义珍. 我国农业经营主体的现状与发展趋势［J］. 新疆农垦经济. 1998（5）：7-9.

［9］黄祖辉，俞宁. 新型农业经营主体：现状、约束与发展思路——以浙江省为例的分析［J］. 中国农村经济. 2010（10）：16-26.

［10］叶兴庆. 促进农业走上绿色发展之路［N］. 中国经济时报，2015-06-01.

［11］张敬瑞. 家庭农场是我国农业现代化最适合的组织形式［J］. 乡镇经济，2003（9）：18-19.

［12］张照新，赵海. 新型农业经营主体的困境摆脱及其体制机制创新［J］. 改革，2013（2）：78-87.

［13］赵海. 新型农业经营体系的含义及其构建［N］. 中国县域经济报，2013-05-25.

［14］陈晓华. 大力培育新型农业经营主体——在中国农业经济学会年会上的致辞［J］. 农业经济问题，2014（1）：4-7.

［15］黄婷婷. 绿色化概念新在哪里［J］. 环境经济，2015（9）：28.

［16］严立冬，屈志光，邓远建. 现代农业建设中的绿色农业发展模式研究［J］. 农产品质量与安全，2011（4）：18-23.

［17］郑学敏，付立新. 农业循环经济发展研究［J］. 经济问题，2010（3）：81-85.

［18］严立冬，崔元锋. 绿色农业概念的经济学审视［J］. 中国地质大学学报（社会科学版），2009，9（3）：40-43.

［19］杨春平，罗峻. 推动绿色循环低碳发展加快国民经济绿色化进程［J］. 环境保护，2015（11）：18-21.

［20］翁伯琦，张伟利. 试论生态文明建设与绿色农业发展［J］. 福建农林大学学报（哲学社会科学版），2013（4）：1-4.

［21］翁鸣. 社会主义新农村建设实践和创新的典范——"湖州·中国美丽乡村建设（湖州模式）研讨会"综述［J］. 中国农村经济，2011（2）：93-96.

［22］赵子军. 美丽乡村标准体系是怎样构建的——访《美丽乡村建设指南》国家标准起草人之一、中国标准化研究院食品与农业标准化研究所副所长云振宇［J］. 中国标准化，2015（6）：10-13.

［23］柳兰芳．从"美丽乡村"到"美丽中国"——解析"美丽乡村"的生态意蕴［J］．理论月刊，2013（9）：165-168.

［24］黄克亮，罗丽云．以生态文明理念推进美丽乡村建设［J］．探求，2013（3）：5-12.

第十二章　农业生态经济管理

【学习目标】农业生态经济管理包括计划管理与经济计划，计划管理是对农业生态系统的管理，经济计划是对农业生态经济发展的计划。通过本章的学习，达到以下学习目标：

（1）了解农业生态经济管理的含义，掌握农业生态经济管理的原则及原则。

（2）理解农业生态经济管理的人口管理、资源管理、环境管理等重点领域，掌握农村环境管理的内容与措施。

（3）理解农业生态经济管理的法律手段和教育手段，掌握农业生态经济管理的行政手段和经济手段。

第一节　农业生态经济管理的含义与原则

一、农业生态经济管理的含义

农业生态经济管理应包括计划管理与经济计划，计划管理是对农业生态系统的管理，经济计划是农业生态经济发展的计划。完善农业生态经济管理体系，要制定国家的农业生态经济标准和评价农业生态经济效益的指标体系，做出农业生态环境经济评价；要改革不利于农业生态与经济协同发展的管理体制与政策，加强农业生态经济立法与执法，建立农业生态经济的教育、科研和行政管理体系。农业生态经济管理包含宏观生态经济管理、中观生态经济管理与微观生态经济管理。

（一）农业生态经济宏观管理

宏观农业生态经济管理是根据生态经济规律的要求和我国农业现代化总体战略的需要，确立我国农业生态经济发展战略，制定以农业生态环境保护与建设产业化为中心的中长期农业生态经济管理目标，谋求建立农业生态（包括人口、资源、环境）与农业经济相互协调发展的模式，走出一条农业市场经济与生态经济紧密结合与协调发展的新路子。我们既要抑制农业经济活动对资源环境的过度需求，增加自然生态系统的总供给能力，努力调节好有限的日趋减少的农业生态资源和无限的日益增长的农业经济需求之间的矛盾，又要解决好不断增加的排污量和相对缩小的农业生态环境容量即有限的净化能力之间的矛盾，从而实现农业经济系统的总需求与农业生态系统的总供给之间的基本平衡，保持农业生态经济稳定、持续和健康发展。

（二）农业生态经济中观管理

中观农业生态经济管理是针对工业和城市发展对农业生态经济影响的管理，是我国农业生态经济管理的重点领域。它的主要目标是逐步建立起适应农业可持续发展要求的生态经济管理体系，加强对工业和城市大气、水体、固体废物和噪声污染的控制与治理，以及城市生态环境的综合整治，减缓环境污染对农业生态环境的威胁，使农业生态环境质量有所改善，逐步实现工业和城市经济、农业生态经济的协调发展。

（三）农业生态经济微观管理

微观农业生态经济管理是根据现代农业"优质优构低耗高效"的生产力发展规律的基本要求及现代农业总体发展的需要，科学组织农业生产力布局，寻求农业生产生态要素的最佳结合，优化农业生态经济系统结构，节约物化劳动和活劳动，提高农业资源转化率和可持续发展能力，实现最佳的农业经济效益、社会效益和生态效益的统一。在我国经济体制转变和经济快速增长时期，农业生态经济微观管理要着重完成以下具体任务：（1）按照我国农业可持续发展战略要求和市场需要，制定农业生态经济发展目标和规划，推进农户农业行为向生态经济模式转换。（2）建立农业生态经济管理相关制度，健全农业经营管理体制机制。（3）加强农业生态经济微观管理，把生态环境纳入农业管理的轨道，使农业管理由过去单一的管理农业经济系统转变为多样化的农业生态经济管理系统。①

二、农业生态经济管理的特点

从一般意义上讲，农业生态经济管理是指农业经营者运用经济、技术、法律等手段，通过对农业生态经济系统的调节、控制，提高农业生态经济系统生

---

① 陈勇．我国社会主义市场经济条件下的生态经济管理问题探讨［J］．商场现代化，2010（30）：104.

产力，实现农业生态经济持续协调发展的活动。农业生态经济管理的内涵包括三个方面的内容：一是管理的主体与客体；二是管理的方式与手段；三是管理的目标与取向。但管理的核心始终是农业生态经济的协调发展。从本质上讲，农业生态经济管理就是要努力使农业经营主体的农业生态经济行为达到这样一种规范：即能使农业生态系统的物质、能量资源得到充分的开发利用，以满足农业经济增长的需求，又不超越农业生态系统自我稳定机制所允许的阈限，以维持系统的动态平衡和持续生产能力。这就是农业生态系统与农业经济系统的协调发展。很显然，农业生态经济管理的深层含义正是寓于农业生态经济协调发展的命题之中。

作为生态经济管理系统的重要组成部分，农业生态经济管理自身是一个有着独特运行方式和作用机理的开放系统。根据系统功能原理，农业生态经济管理系统具有进展交替、协同扩张、循环增值等功能，主要体现在系统的要素构成秩序及其与外部环境之间的物质、能量和信息的输入与输出的转换能力与交换关系之中。具体来说，农业生态经济管理的特点包括如下几个方面：

（一）质态协调

主要反映农业生态系统与经济系统在微观层次上互相协调的一种关联状态。这种关联状态的表现形式是农业技术、经济、生态联系的统一。农业技术联系是具有一定科学知识的农业劳动者和机器相结合而作用于农业生态系统创造的生产力，表现为物资流和劳动流。农业经济联系是农业生态经济系统各组成要素由农产品生产到消费经过的分配、流通、交换等环节的劳动补偿，表现为商品流和价值流。农业生态联系是组成农业生态经济系统的生物——环境——农业经营者三者之间的能量传递和物质补偿，表现为能量流和物质流。而与这些流同步循环的还有信息流。正是这些物质流、能量流、价值流、信息流将农业生态系统与经济系统有机联系起来，由此形成能够自我调节、自我修复的组织能力。质态协调，旨在协调和加强农业生态系统与经济系统之间的循环增值功能，促进农业生态经济系统内部的良性循环。

（二）量态协调

主要指农业生态经济系统各构成要素之间在数量配比上的协调。农业生态经济系统的投入产出物，都是系统在特定的属性组合方式下共同作用的结果，只有系统诸要素组合有序、结构合理，才能保持农业生态经济系统的持续生产力，这是量态协调的第一层含义。第二层含义是指人们对于农业生态系统的干预调控。对于自然资源的开发利用必须有一个数量界限即适合度问题。农业生态经济管理就是通过调整农业经营主体的生态经济行为，达到或者是"逼近"

农业生态经济的最适度。

（三）空间协调

主要指农业生态经济系统在地域空间上的分布和协调。不同地区由于自然条件、资源状况、生产力水平、社会发展程度等方面的差异，形成功能各异的区域农业生态经济系统，不同区域的农业生态经济系统的管理方式、手段、措施等不尽相同。因此，农业生态经济管理的空间协调，就是要根据农业生态经济区划原理和要素配置方式变化的要求，自觉地、科学地选择和控制农业生态经济系统要素的空间组合方式，加速要素位置的合理转移，以获得经济上的互补与生态上的共生之实效。

（四）时间协调

主要指农业生态效益与经济效益的同向运行与协调。由于农业生态效益与经济效益被激发的条件不同，各自遵循的运动规律不同，再加上形态特征的差异，在时序上二者往往是不同步的，或者是不一致的。时间协调，一方面是要在农业生态经济管理活动中，正确地运用农业生态经济规律，处理好农业生产过程中生态效益与经济效益的辩证关系，并使之相互促进、同向增长；另一方面就是要在兼顾农业生态效益与经济效益的基础上，不断弱化农业生态效益阻滞农业经济发展的负效应，减少农业经济效益的衰落性递减波动，强化农业生态效益促进农业经济发展的正效应，保证农业生态经济效益的持续稳定提高。①

三、农业生态经济管理的原则

（一）可持续原则

农业可持续发展是指在一定的农业区域内，以农业自然资源得以持续利用和环境承载能力不断提高为目标，既能满足当代人对农产品的需要，又不损害后代人满足其需求的能力；既满足一定区域内的人群对农产品的需求，又不损害其他地区的人群满足其需求能力的一种农业发展方式②。农业可持续发展强调区域内农业经济、农业生产、农业资源环境、农村社会和农业技术五个方面的协调与统一发展。农业可持续发展的核心是在合理利用农业资源的基础上，采用适宜的农业技术，提高农业生产效率，同时兼顾环境的保护与保持，从而

---

① 陈池波.微观生态经济管理探析［J］.中南财经大学学报，1994（6）：95-98.
② 陈佑启，陶陶.论可持续农业的评价指标［J］.农业现代化研究，2000，21（5）：271-275.

不影响后代发展的需求及长远的发展目标。①

（二）系统性原则

系统性原则也称为整体性原则，它要求把决策对象视为一个系统，以系统整体目标的优化为准绳，协调系统中各分系统的相互关系，使系统保持完整与平衡。因此，在决策时，应该将各个小系统的特性放到大系统的整体中去权衡，以整体系统的总目标来协调各个小系统的目标。农业资源与环境是多因素、多结构、多功能的综合体，其组成因素构成相互依存、相互制约的有机整体。农业区域开发必须根据自然条件与自然资源的空间分异及社会对农产品多方面的需求，综合开发并形成产业，实现以经济效益为中心的三大效益的统一。

（三）互补原则

差异是互补的基础，不同地区农业发展的阶段不同，其在农业资源、技术、人才、劳动力、市场管理等要素上的差异，使得彼此之间进行农业合作可以互利互补。互补原则要求在农业生态资源调度、技术引进、人才流动、劳动力分配、市场管理等方面坚持优势互补、全面发展、产业升级的原则。②

（四）适度原则

适度原则是指事物保持质和量的限度，是质和量的统一，既要防止"过"，又要防止"不及"，通过采取正确的方法，使实践活动取得成功。农业生态经济管理中的适度原则是指人们在一定的环境和社会经济条件下，实现各生产生态要素（包括劳动、资本、土地、水资源等）的最优组合，其核心是适度规模发展，其实质是使生产生态要素配置达到最佳的综合效益。

（五）效率原则

效率原则的基本含义是：经济组织在行使其职能时，要力争以尽可能短的时间，尽可能少的人员，尽可能低的经济耗费，办尽可能多的事，取得尽可能大的社会效益、经济效益。现阶段，我国农业管理体制虽经几次改革，管理职能得到逐渐加强，但由于多方面的制约，现行农业管理体制还很不完善，部门分割和管理脱节严重，形成政出多门、程序繁琐、成本高、效率低的管理情

---

① 崔和瑞．基于循环经济理论的区域农业可持续发展模式研究［J］．农业现代化研究，2004（2）：94-98．

② 李慈军．充分发挥农垦优势　扩大桂台经贸合作［J］．中国农垦，2006（10）：27-29．

况，已到了深入改革的关键时期。① 只有不断完善农业生态经济管理体制机制，才能使农业生态经济发展效率得以提高。

（六）协同原则

协同原则是指由于协同作用而产生的结果，是指复杂开放系统中大量子系统相互作用而产生的整体效应或集体效应。农业生态经济协同管理的目的在于通过审视农业生态产业链的各个环节，对照其价值链进行分析，识别出高附加值环节、低附加值环节和零附加值环节，尽量减少无附加值环节，保留并强化高附加值环节，从而获得产业链的增值。②

第二节 农业生态经济管理的重点领域

一、人口管理

农村人口是农村各种经济、社会、文化活动的主体。农村人口的变动和发展，对农村乃至整个中国社会的发展有着根本性的影响。同时，农村人口问题又与农村社会治安、社会保障、农村教育等问题存在紧密联系。因此，在当前中国社会发生急剧变化的背景下，加强对农村人口的管理显得尤为迫切和必要。

（一）人口管理的概念

农村人口管理就是农村基层政府对人口变动和人口发展进行决策、计划、组织、指挥、监督、调节等一系列活动的总和。农村人口管理是一项综合性很强的管理活动。首先要根据农村人口的现状以及未来发展变化的趋势制定出一套方针政策；其次是根据人口与资源环境、经济、社会等方面的关系，对人口发展进行管理，使人口的发展顺利进行，并且使人口发展同其他方面的关系得到协调。农村人口管理是由政策的制定、实施、监督、反馈、调节等一系列活动组成的一个完整过程。农村人口的管理是一个十分复杂的问题，只有把这些相关活动作为一个整体来进行管理，才能解决好这个问题。全面理解农村人口管理的含义，必须明确以下几点：一是农村人口管理的主体是乡镇政权机构及

---

① 朱立志，等．关于农业管理体制改革的建议［EB/OL］．中国农业科学院网，2014.

② 桂寿平，张霞．农业产业链和 U 型价值链协同管理探讨［J］．改革与战略，2006（10）：78-80.

各职能部门，即以行政隶属关系和行政命令手段来进行管理。二是农村人口管理的客体是农村人口，农村人口是相对城市人口而言，它泛指居住在农村地区的人口，是居住和生活于农村社区的一定数量的人的总称。三是农村人口管理是一个长期的过程，这是由农村人口存在和发展的规律所决定的。尤其是在我国，农村人口将长时间大量存在，只要存在农村人口，就存在农村人口的管理问题。

（二）人口管理的基本内容

农村人口管理活动是一项目的性很强的活动，就是为了达到一定的社会发展目标，对人口发展进行计划或控制，以保证既定目标的实现。另一方面，由于个人生命的有限性，整个人口的发展也呈现一定的阶段性，每个人都会经历出生、死亡、婚姻、生育、迁移流动等过程。与农业生态经济管理相关，并为了实现某一特定目的的农村人口管理，具体表现为人口计划管理、计划生育管理、人口登记管理和统计管理、流动人口管理等各个方面。

1. 人口计划管理

人口计划管理是对农村人口发展进行计划和规划，使人口发展与生态环境、经济发展计划及规划相协调。农村人口计划管理是农村地区在国家计划的指导下，从本地区的人口状况出发，在分析影响未来人口发展诸因素的变化和实际可行性的基础上确定的人口计划。它应该既保证完成国家人口计划提出的任务，又符合本地区的实际情况。人口计划可分为短期人口计划、中期人口计划和长期人口计划。短期人口计划主要是年度计划，一般低于 3 年；中期人口计划一般是 5~10 年；长期人口计划一般超过 10 年。

2. 人口生育管理

人口生育管理不单单是有计划地控制人口数量，更重要的还应包括提高人口质量，改善人口结构，使人类自身繁育在数量、质量、结构等方面逐步适应社会发展的客观要求。控制人口数量，是人口生育管理工作的基本目标，而提高人口质量是人口生育管理工作的最终目标。

3. 人口登记与统计管理

人口登记与统计管理的主要内容有：（1）人口登记管理。包括出生与死亡登记、婚姻登记、迁移登记等。（2）人口身份登记管理。（3）人口统计管理。即在一定时间和地点对人口数量进行统计，配合国家做好各项人口调查统计。（4）人口信息管理。即人口数据、资料的收集和利用等。

4. 流动人口管理

流动人口管理的主要内容有：（1）流动人口居住管理。包括流动人口的租房管理和买房管理。（2）流动人口的就业管理。（3）流动人口的综合治理。

5. 人口资源管理

人口资源管理的主要内容有：（1）人口数量管理。要求准确掌握人口总量、人口分布、人口流动迁移等基本动态指标。（2）人口素质管理。要求对农村中残疾人口所占的比重、青少年身高和体重、农村文盲率、就学率、每万人所拥有的医生数、床位数、人均卫生费、人均食用肉类、奶类、食物数、卫生用水、人均住房面积、体育、文娱事业的普及程度、环境污染情况、电视、书刊、报纸等数量进行统计和管理。（3）劳动力资源管理。该项管理的目的是实现劳动力在各地区、各部门及各行业之间的自由流动。

（三）人口管理的意义

不断加强和完善人口管理，使人口发展从无序走向有序，实现与社会经济的协调发展，具有十分重要的意义。

1. 有利于实现农村人口与环境的协调发展

人口增长必须与环境资源保持一定的平衡，否则就会出现人地关系紧张，导致生态系统失去平衡。

2. 有利于整个社会的稳定发展

在农村人口占绝大多数的中国，农村的稳定对社会的稳定有着举足轻重的作用。有效地进行农村人口管理，能够缓解农村流动人口数量增多、速度加快以及农村职业分化加剧带来的不稳定因素，从而为整个社会创造一种协调、稳定的良好氛围。

3. 有利于解决各种人口社会问题

合理的人口管理有助于解决人口数量和质量问题、种族人口问题、民族人口问题、婚姻家庭问题、人口老龄化等问题。

二、资源管理

（一）资源管理的内容与特点

1. 资源管理的内容

农村资源管理是人们在开发利用资源的过程中逐渐形成的。农村资源管理既包括自然资源中的可更新资源的恢复和扩大再生产以及不可更新资源的合理利用，又包括社会经济资源中的社会、经济、技术等方面的质量管理。其主要内容有：农村资源的家底管理、资源的供应调配管理、资源权属管理、资源增值管理以及资源税费管理等。农村资源管理当前遇到的问题主要是自然资源使用不合理和浪费严重，社会经济资源开发利用与管理没有引起人们的高度重视。资源的不合理使用是由于没有谨慎选择资源使用的方法和目的，浪费资源是不合理使用资源的一种特殊形式，不合理使用和浪费资源有两个结果，即"掠夺"和"枯竭"。因此，有必要合理利用现有农业资源，并尽力采用对资源环境危害最小的农业生态经济发展技术。同时，根据土地、气候、水、生物等自然资源以及人口、劳动力、物质技术装备等社会经济资源的量化价位，来设计一个新的农村生态经济管理系统。

2. 资源管理的特点

一是农村资源管理的差异性。由于地理位置、人类活动方式、经济发展水平和环境质量的好坏，资源问题存在明显的地区差异性。二是农村资源管理的综合性。现代资源管理是资源科学、管理科学、管理工程交叉渗透的产物，具有高度的综合性。这种综合性表现在两个方面：一方面是管理对象和内容的综合性。农村资源管理包括自然资源和社会经济资源的管理，是由资源、环境、科技、政治、法律等要素共同组成农村资源管理系统；另一方面是资源管理手段的综合性。资源管理的实质就是合理利用现有农业资源，以取得最大的农业经济、生态和社会效益。对降低或损害农业资源经济效益的行为要加以限制或禁止，对维护和提高农业资源经济效益的行为则应加以鼓励，这种限制、禁止或鼓励要采取经济、法律、技术、行政、教育等多种手段，并要加以综合运用。三是农村资源管理的全民性。农村资源及其环境质量，是农村经济持续发展的物质基础，直接影响着农村生产水平、农产品质量及人体健康。农村资源管理活动如果没有公众的合作是难以解决的，如保护农业水资源、珍惜每寸土地、节约农村能源、尽量采用无废技术开发利用农业资源、维护农村资源生态系统的生产能力等。因此，农村资源的环境管理不能单凭技术，还要广泛动员群众，通过资源保护教育，推广有效的群众监督管理组织形式，不断总结经验，加强群众参与资源管理工作的积极性。

（二）资源管理的关键问题

在农业生态经济发展的资源管理中，资源效益问题、环境质量问题、管理方法问题是几个重要的关键环节。

1. 资源效益问题

农业资源管理的目标是最大限度地追求资源效益。农业资源效益包括农业资源的利用率、可再生资源的永续利用、可循环使用资源的重复利用率、可综合利用资源的综合率、耗竭性资源注销后的场地复垦和二次回收等。农业资源效益与国家经济和社会发展密切相关，有很大的环境影响作用，但遗憾的是农业资源效益问题还没有被人们广为接受。在国家经济、社会管理的总目标中，农业资源效益这一资源管理目标还没有明确的地位，如在国家经济社会管理活动中，通常只提经济、社会、环境三个效益，并不提及资源效益。另外，一些带来经济繁荣的政策往往也在破坏资源效益，使得有些资源开发利用从方针上置资源效益于不顾，后果极为严重，如矿产资源上的"有水快流"。

经济效益、社会效益和环境效益并不总能体现资源效益。在讲经济效益、社会效益、环境效益三者统一时，应当对贯穿其中的资源效益作出明确的解释。在现代农村资源管理中，在讲三个效益的基础上，应增加一个资源效益，即经济效益、社会效益、环境效益、资源效益四者统一。在考核农业经济效益的同时也要考核资源效益，并建立相应的农业资源效益考核指标体系，确保合理开发利用农业资源。有关资源效益指标应由资源管理部门制定，或者由有关产业部门制定，经资源管理部门审批。资源效益与经济效益、社会效益、环境效益有一致的方面，也有不一致的方面，特别是在短期经济行为比较严重的情况下，经济效益与资源效益有时很不一致，甚至是互相对立的。若追求近期经济效益，不顾资源效益，将不利于农业生态经济持续、稳定、协调发展。

2. 环境质量问题

许多发达国家开始把注意力从资源管理转向经济增长所需的物质资料的基础设施，转向非有形资源问题，也就是关注环境质量和生活质量。随着社会经济的发展，环境质量问题已成为我国农村资源管理中的一个关键问题。资源在环境中包括许多方面，而不是原来所认为的仅仅是资源本身。这样，就出现了环境美化工作、自然保护区、动植物学会等。这种认识上的改变，在农村资源系统管理上有两方面的意义。一是资源在农村生活各个方面的适用性和必要性都要做适当的考虑。因为农业资源管理不善与利用不合理，不但造成资源浪费，而且还会引起农业生态环境恶化，降低生活质量。二是某些地区的部分资源相对于另一些地区更加传统性的资源来说，似乎是无形的。现阶段的农业资源管理在总体结构和农村荒地开发利用上，似乎是体现其自身的特有权利。由于环境质量成为资源管理中的一个关键问题，因而使农村资源决策的目标得到了进一步扩展。传统目标在资源分配和发展中，在很大程度上是基于成本——利益的估价上，现阶段决策者已着手把货币估价方法放在抽象资源上，例如，荒地的利用、未开发地区的生活方式以及环境质量等。在农村资源管理中，社会与环境因素常常与资源分配及管理中争论的经济问题相联系，会受到政治以及市场的干预。因而，在现阶段农村资源管理决策目标中，应重视和加强资源环境保护工作，把资源环境质量问题作为制定农村资源管理战略的考核标准之一。

3. 管理方法问题

农村资源管理在解决各种农村资源问题的过程中，需要运用科学的方法，寻求解决农村资源经济问题的最佳方案。农村资源管理的一般程序分为五个阶段，各步骤可采用不同的方法进行，这些步骤之间相互关联，但并非总是依次进行的。

在农村资源管理过程中，经常要进行各种资源的供应与需求以及资源的流向与流量方面的预测。预测过程是在调查研究或科学实验基础上的科学分析，包括通过对过去和现状的调查和科学实验获得大量材料、数据，经过分析研究找出能反映事物变化规律的真实情况，借助数学、电子计算技术等科学方法，进行信息处理和判断推理，找出可以用于预测的规律。农村资源管理预测就是根据预测规律，对人类经济活动中的资源数量与质量的动态变化进行预测。预测技术或称预测方法在资源管理中的应用日益广泛。经常应用的预测方法有：一是定性预测法。如农村人口、劳动力资源的素质预测，土地、水资源的质量预测等均可采用定性预测法。二是定量预测法。如农村土地资源利用预测、水资源需求量预测等一般采用定量预测法。

没有正确的决策也就没有正确的农业资源政策和资源开发利用规划。当前一些国家或地区农村资源之所以出现萎缩，短缺矛盾日益突出，其主要原因就是资源管理决策失误，造成资源破坏退化与枯竭。从农业资源开发利用和保护管理决策来看，分为战略决策和战术决策。战略决策是指为了农村的长期发展，确定资源开发利用的经营目标和经营方针所作的决策（长期规划）。战术决策是指为了实施战略决策，对各种农村资源的分配利用所作的决策（短期计划）。此外还有资源政策的决策方法，以及资源质量管理的决策方法等。经常遇到的决策是农业资源开发利用规划方面的决策。①

（三）　资源管理的运营原则

（1）整体性原则。农业资源管理系统是由农业资源开发、资源利用、废弃物排放三方面组成的一个大系统，在管理上要以系统分析的原理和方法为指导，注重三方面的利益与自然生态环境的协调统一。

（2）协调共生原则。农业生态系统各子系统之间和各生态要素之间相互影响、相互制约，不仅影响到系统的稳定性，而且直接关系到系统的结构和整体功能的发挥。因此，在农业资源管理中必须遵循协调共生的原则。共生是不同种类的子系统合作共存、互惠互利的现象，在农业生态系统中，指正确利用

---

① 严立冬. 浅谈农村资源管理［J］. 生态经济，1992（3）：32-35.

不同产业和部门之间互惠互利、合作共存的关系，合理地进行农业产业结构调整和生产力布局。其结果是所有共生者都大大节约了原材料、能量、资金和运输量，系统获得了多重效益。协调共生就是要保持各利益相关部门的有序、协调和合理组织，使系统效益最优。

（3）反馈原则。系统发展一般都受两种机制控制。一种是正反馈，它导致系统的无止境增长；另一种是负反馈，它使系统不断衰退。正负反馈作用相当时，系统维持在稳态，一般来讲，系统发展的初期正反馈占优势，晚期则负反馈占优势。在农业资源管理中需要不断增强正反馈，修正负反馈，使系统向良性的方向发展。

（4）循环原则。物质的循环是农业生态系统的基本功能。农业生态系统在长期的生态演替中形成了高效稳定的循环体系，保障了系统的健康发展。农业资源的生态管理就是要构建资源流在整个系统中的良性循环，使农业生态系统与经济系统得到协调发展。

（5）和谐发展原则。发展是一种渐进的、有序的系统发育和功能完善的过程。系统演替的目标在于功能的完善，而非结构或组分的增长；系统和谐发展原则就是保持农业经济效益、社会效益和生态效益的协调统一。①

三、环境管理

近年来，农村城市化进程加快及乡镇企业的快速发展，给农村环境管理带来了新的问题。保护和改善农村环境，加强对农村环境的管理和立法，对促进农业生态经济的持续发展，具有十分重要的意义。

（一）农村环境管理的内容

环境管理是通过对人们自身思想观念和行为进行调整，以达到人类社会发展与自然环境的承载能力相协调的管理过程。也就是说，环境管理是人类有意识的自我约束，这种约束是通过行政的、经济的、法律的、教育的、科技的手段来进行的，它是人类社会发展的基本要求和根本保障。对于农村而言，环境管理不到位，就会严重破坏农村生态环境，污染农村人居环境，给农业生态经济发展造成影响。农村环境管理的内容可分为四个部分：（1）农村自然资源的环境管理。自然资源通常是指在一定技术、经济条件下人类所能开发的资源。农村自然资源的环境管理就是促进其合理开发和保护，以便为农业生态经

---

① 施晓清. 产业生态系统及其资源生态管理理论研究［J］. 中国人口、资源与环境，2010（6）：80-86.

济发展奠定良好的资源基础。（2）农业生产的环境管理。农业生产污染指农业生产自身产生的污染，主要是由于不适当地使用农药、化肥、农膜等造成对土壤、大气、水体及农副产品的污染，也包括农业结构、布局不合理等造成的生态破坏。农业生产污染的环境管理，就是要解决农业生产过程中造成的环境污染和生态破坏，消除其对农业生态经济发展的不利影响。（3）乡镇企业的环境管理。乡镇企业对农村环境的污染与日俱增，要通过监督管理使其污染与危害得到有效控制。（4）农村生活的环境管理。农村生活环境指农村人口集聚的小城镇和村落的周边环境，包括饮水、用电、交通和通信四个方面。农村生活环境管理就是要促使乡镇、村落等的合理规划及综合整治，加强"美丽乡村"建设。

（二）农村环境管理存在的问题

随着农业生态建设的推进，农村人居环境问题已经引起了人们的广泛关注。在农村环境管理这一环节上，由于基层干部和农民环保意识不强，村庄规划不合理，农村公共基础设施和服务设施不完善，农村环保资金投入不足，法律制度不健全及农村环境管理体系不完善，使农村生态环境和人居环境质量逐渐恶化。

1. 基层干部、农民环保意识较差

一方面，虽然政府对农业生态经济有了进一步认识，提出"绿水青山就是金山银山"的理念，但由于农村基层干部自身素质的局限性以及目前党政干部政绩考核还是侧重与 GDP 增长挂钩，农村环境保护问题没有受到足够的重视。另一方面，由于农民自身受教育水平较低，农村环境宣传投入不足，环境保护知识没有得到普及，因此农民对环境污染的危害性没有充分认识，对环境保护法律法规知之甚少。如生活垃圾随处堆放或向江河倾倒，人、畜粪便和加工作坊废水不经生化处理直接外排，直接或间接地汇入江河，从而污染流域水体。

2. 缺乏合理的乡村统一规划

农村的住宅建设没有统一的规划，往往是由农民按照自己的喜好，进行"一阵风"式的建造，没有根据本地的自然和人文状况，形成自己的特色和风格，也造成资源的巨大浪费。

3. 农村公共基础设施不完善

20 世纪 90 年代以来，我国虽然加大了农村基础设施建设的力度，但并没有从根本上解决农村交通规划、农村能源供给、农村水利设施建设滞后等问题。许多乡镇还缺乏必要的基础卫生设施，如公厕、垃圾箱、垃圾运输车等，严重威胁着当地居民的安全和健康。

4. 农村环保资金投入不足

农村环保任务还比较艰巨，集中表现在：农村居民的饮用水源被工业、养殖业或生活污水污染；人畜混杂，留下人畜共患病的公共安全隐患；在泄洪区、泥石流区和地下采空区建造住宅；厕所搭建不合理。这些农村环境问题的解决在很大程度上都要依赖资金的投入。但从总体上来讲，农村环境保护资金投入有限，渠道不畅通，这在一定程度上制约着农村环境建设的有效开展和人居环境质量的改善。

5. 环境法律法规体系不健全

相对于城市环境保护和工业污染防治，农村环保工作起步较晚，基础较为薄弱，尚未建立起完全适应农村环保实际需要的法律法规体系，已有的法律法规也缺乏可操作性，有些法律法规还是在计划经济体制下制定出来的，已经不适应农村的环境状况和社会经济条件。

6. 农村环境管理体系不完善

目前，全国基层环境保护机构尚不够健全，农村环境保护的技术支持还很有限。全国县级环境检测站建设滞后，多数乡镇企业只配有一名专职或兼职的环保员，管理和服务不到位，甚至有名无实。在这种情况下，农村环境保护、环境规划和环保宣传也无从谈起。

（三）农村环境管理的措施

1. 提高环保意识，规范环境管理

一是增强广大农民的环保意识。各村要根据实际情况，研究制定出"环保公约"，对有损村容村貌的不文明行为作出明确规定，如农户产生的垃圾不允许在房前屋后和路边随意堆放，要倒入垃圾箱或指定位置。二是提高乡镇企业家的环保意识和环境管理能力。采取法律、经济、行政、技术和教育等诸多方式，对乡镇企业家进行培训，提高他们的环保意识，从而达到限制和防止乡镇企业破坏环境的行为。三是提高乡村领导干部的环保意识。乡村领导干部是上级政策的执行者与推动者，他们的环境意识提高了，就会用科学的态度指导和教育农民群众。可以通过培训、考察、参观等形式，增加他们的环保知识，积累实践经验，从而更好地指导本地区的农村环保工作。

2. 加强村庄规划，进行合理整治

一是科学确定村庄整治的对象。从我国村庄数量大、规模小的实际情况出发，面对农村人口逐步减少、资源投入有限等状况，集中力量整治中心村，增加必要的生产、生活和环保设施，引导农民逐步向条件较好的中心村集中。二是明确村庄整治的主要内容，扎实推进村庄人居环境治理。要把重点放在乡村道路规划上，同时建设配套的供水设施、排水沟渠及垃圾集中堆放点。此外，要清理村内闲置宅基地和私搭乱建房屋，治理人畜混杂和露天粪坑，建设村庄防灾设施与公共消防设施等。三是创新村庄整治的组织机制与后续管理机制。从建设社会主义新农村和"美丽乡村"的目标要求出发，逐步建立和完善村庄建设的管理机制，是保证搞好农村人居环境治理工作取得成效的关键，更是农村人居环境得到持续改善的制度保证。村庄整治的管制机制包括以下具体内容：第一，村庄整治的调控引导机制。各级政府通过编制县域村庄整治选点规划和制定村庄整治指导性目录，科学确定村庄整治的帮扶对象和内容，把握村庄整治的方向，调控村庄整治的力度和范围。第二，村庄整治的实施组织机制。重点是建立起农民主体、民主决策、社会支持、技术指导、农民利益保护、监督检查的机制，切实保护农民的环境权益，引导农民积极参与村庄整治。第三，农村人居环境整治的长效机制。这包括村庄规划建设管理机制、农村公共设施建设运行维护的多元化投资体制、公推民选的驻村指导员制度、农民骨干培训制度等。

3. 完善公共设施，抓好安全建设

一是要加大农村环保和村容村貌建设的资金投入，加强农村基础卫生设施的建设，使每个村庄都逐步达到"六有"，即：有路灯、有公厕、有垃圾箱、有垃圾运输车、有垃圾堆放场、有清洁服务队。只有这样，才能解决村民乱倒垃圾的问题，从根本上改善农村的卫生面貌。二是防止山洪、泥石流等灾害对村庄的危害，加强水利、公路桥梁建设，加强农村消防宣传工作，提高村民消防安全意识。

4. 治理农村污染，促进生态循环

在治理农村工业污染方面，要坚决淘汰落后的高污染企业，逐步实现农村工业集聚。并以集中供热，集中治污为突破口，以清洁生产为重点，大力发展农村循环经济。在治理农业污染方面，要想方设法在更高层次上重建农业经济循环模式，指导和帮助农民合理使用农药、化肥，积极采用生物农药和生物防治技术，实现生态种植、养殖，减少种植和养殖所带来的污染。

5. 加强法制建设，提高执法能力

环境保护是我国的一项基本国策。严格执行农村环境保护政策和法规，是环境保护工作的中心环节。为此，必须加强农村环境保护的法制建设，完善农村环境保护的法律法规，从法律制度上保护农村环境不受污染。此外，还必须加大农村环境保护执法监督力度，使环境执法与群众监督、人大政协监督、社会舆论监督有机结合，切实提高农村环境执法能力。

6. 完善管理体系，加大环保投入

在完善农村环境管理体系方面，一是要建立健全县、乡两级环境管理机构，培养专门的农村环保人才，使农村环境管理由单纯的"管、卡"变成"引、帮、促"及服务工作。二是要发动村民参与，利用村民自身的力量进行农村环境保护。村民参与主要表现在"决策、行动、受益、监督"四个方面，村民有了参与决策的权力，就可以在决策中表达出自己的想法和愿望。为了保证乡村可持续发展决策的严格执行，村民有必要对村干部的行为进行监督，最大限度地保证资源合理开发和环境保护政策得到实施。此外，必须加大农村环保投入。农村环保投入的实质是对农村生态环境的一种补偿，是实现农村环境质量改善的重要保证。为此，要积极拓展农村环境保护资金投入渠道，设立农村环境保护基金，用于专门解决乡（镇）、村环境治理，重点解决所辖地区污水和生活垃圾的处理。

第三节 农业生态经济管理的主要手段

一、行政手段

（一）行政手段的必要性

农业生态行政管理是农业生态经济管理的中心环节，对农业生态经济管理具有主导作用。所谓农业生态行政管理，是指政府按照统筹人与自然全面、协调、可持续发展的要求，遵循农业生态规律与经济社会规律，依法行使对农业生态环境的管理权力，全面确立政府加强农业生态建设、维持农业生态平衡、保护农业生态安全的职能，并实施农业生态环境综合管理的行政行为。

第一，加强农业生态行政管理是应对农业生态危机的需要。由农业生态危机所引起的各种问题深刻而普遍，它不可能仅靠科学技术来解决，更不可能单纯依靠市场法则来解决。其全局性、综合性、历史性、长期性决定了农业生态问题是人类面临的重大公共问题，必须由政府出面，整合各个方面的资源，设计农业生态环境管理公共政策，履行政府农业生态环境管理公共职能，加强农业生态环境公共管理，才有望得到解决。

第二，加强农业生态行政管理是农业生态经济发展的客观要求。随着农业生态危机的日益加剧，市场和消费者在农业生态安全方面的需要正在逐步提高，环保这根"指挥棒"使农业经济发展越来越生态化，传统市场经济正在向生态市场经济发展。世界贸易组织一方面不断要求各国政府降低关税，提高市场开放度；另一方面又高筑"绿色贸易壁垒"，不符合环境标准的物品不准进入贸易领域，而且标准越来越多，范围越来越宽。在国际市场上，无公害农产品、绿色食品、有机食品的价格，高于其他农产品。现代农业科技所带来的农产品高附加值，也越来越体现在农业生态功能上。政府要履行促进农业生态经济发展的职能，就必须顺应这一趋势，运用政策手段、行政手段和示范手段，引导农业经营者发展绿色农业和农业生态经济。

第三，加强农业生态行政管理是政府自身改革的需要。我国政府行政管理体制虽然经过几次比较大的改革，但在许多方面还不能适应社会主义市场经济体制的要求，不能适应国际政治经济生态化的发展趋势。农业生态行政管理体制改革的核心是转变政府职能，全面履行农业生态经济调节、生态市场监管、生态社会管理、公共生态服务职能，尤其是要加强农村生态社会管理和公共生态服务职能，形成行为规范、运转协调、公正透明、廉洁高效的农业生态行政管理体制机制。

第四，加强农业生态行政管理是政府创新的需要。行政管理从适应于计划经济转变为适应于社会主义市场经济的一个重要标志是从以管制为主转变为以服务为主，建设服务型政府。而从适应于向自然界索取资源的传统工业化社会的行政管理转变为适应于人与自然和谐相处、可持续发展的行政管理，其重要标志是从部门管理为主转变为综合协调为主，建设生态型政府。这也是农业和农村经济生态化、绿色化发展的客观需要。

（二）行政手段的基本原则

农业生态行政管理是全新的管理理念和管理制度，这就要求政府明确农业生态行政管理的原则，指导农业生态行政管理实践。

（1）科学原则。要综合运用多学科研究成果，将农业自然科学与农业社会科学有机融合，找到农村人与环境、农村社会与自然、农业生产力与农业生态资源的平衡点。

（2）积极原则。农业生态行政管理的目的不是限制农村社会经济的发展，而是积极推动农业可持续发展。农业生态行政管理是一种新形态的发展行政，是按照农业生态规律行事的农业行政管理。

（3）整合原则。正如行政管理是连接政治和经济的结合部一样，农业生态行政管理是连接农村经济社会各个层面对农业生态诉求的一个中坚力量。农业生态行政管理要立足于整合农业生态资源，致力于协调人与自然的关系。农

311

业生态行政管理不是哪一个部门的管理工作，而是整个政府的基本任务。

（4）弹性原则。农业生态行政管理面对的是许多不确定性的复杂系统，如农业生态系统退化的阈值，农业生态功能与人类利用的临界点，研究开发替代农村能源的边际效用等。农业生态行政管理只能以一定的弹性应对这些不确定性。

（5）反馈原则。农业生态行政管理不仅要具备足够的管理弹性，以适应农业生态的生物物理状态的多变性、人类认识和改造自然的能力的提高，以及人与自然关系的调整等，而且还需要不断进行自身的修复、改善，即管理者从自己的工作经验中学习、提高，从错误中汲取教训，修正谬误。因此，农业生态行政管理应该是一个具有反馈功能的、可灵活调节的、非僵化非线形的系统。①

（三）行政手段的实现途径

农业生态行政管理的目标是以科学为依据，以法律为基础，以政企分开为切入点，以农业生态环境治理为重点，形成机构人员网络化、管理职能集合化、政策措施配套化、执法工作程序化、管理方式信息化的有机整体管理架构，并形成统一协调与各负其责结合、预防为主与治理应急结合、中央宏观调控与地方微观管理结合工作方式。其要点是：

（1）建立与市场经济相适应的农业生态资源管理制度和农业生态行政管理体制。政府中负责农业生态政策决策的机构与管理农业生态资源配置的机构要分开设立。决策部门主要负责农业生态宏观管理，不承担农业生态资源的利用和增值职能。国家应专设农业生态资源监督管理机构，作为政府法定机构，实行类似于"证监会"、"银监会"、"国资委"的管理运作方式，负责组织农业生态资源的综合调查、评估、规划和指导综合开发利用，根据农业经济政策以及有关农业生态资源的稀缺状况，对一些重要的农业生态资源实行统一规划、集中管理。但是，政府的这个法定机构一般也不直接负责经营农业生态资源。

（2）坚持依法行政，落实农业生态保护一票否决制度和一把手负总责制度，实现政府管理的整合。各级政府及其所有部门都肩负农业生态行政管理的重任。中央政府对全国的农业生态行政管理负责，地方政府既要对本地区的农业生态行政管理负责，同时也要服从全国农业生态行政管理。为了切实加强对

① 中国可持续发展林业战略研究项目组. 中国可持续发展林业战略研究总论［M］. 中国林业出版社，2002.

全国农业生态管理综合协调能力，建议在中央政府设立一个直接为总理服务的农业生态管理办公室，如美国白宫环境政策办公室，负责为领导人从事咨询顾问性工作。在一级政府内部，要建立由主要负责人主持的、各有关部门负责人参加的农业生态行政管理联席会议制度，交流信息，充分研讨，监督农业生态管理的各项法律法规政策的执行，促进农业生态经济各类计划间的配套衔接与运行。

（3）提高农业生态行政决策科学化水平，有效降低决策失误率。为保证决策的正确性，需要建立三道"保障线"。第一道是决策民主。重大决策要启动民主决策程序，包括举行行政听证、专家咨询、国际合作等。第二道是决策反馈。根据农业生态行政决策在执行过程中出现的正效应、负效应，随时做出反馈和调整。第三道是决策评估。为了对重大建设项目决策的农业生态效果进行评估，必须建立综合考核制度，农业生态环境的评价指标体系，以量化考核农业生态状况。

（4）注重农业生态行政管理理论研究。研究农业生态行政管理，要组织多学科专家和实际工作者，从相关学科的前沿领域出发，走交叉、协同的新路，探索农业生态行政管理的基本规律、职能模式、运行流程、发展方向等重大理论和实践问题，为农业生态行政管理提供理论指导。①

二、法律手段

（一）法律手段的内涵

长期以来，我国一直习惯采用行政手段管理农业和农村环境，而如何运用法律手段管理农业和农村环境，这是我国社会主义法制建设中出现的新课题。应当说，最近几年，我国的环境立法和环境司法工作均取得了不少成就，但也有不少地方单位出现有法不依、违章办事的情况。农业生态建设不仅需要农业生态法律理论的创新，更需要具体农业生态法律制度的健全和完善。农业生态法是综合性极强的法域，它涉及农业法、民商法、经济法、行政法、刑法、诉讼法等诸多领域。因此，农业生态法律制度建设也必须综合治理，多管齐下。

法律手段是管理农业生态经济的关键环节。首先是要加强农业环境立法，把现有的比较成熟和符合实际需要的各种农业生态环境保护的路线、方针、政策和措施以法律形式固定下来，做到有法可依、有章可循。其次要加强农业环

---

① 高小平．落实科学发展观 加强生态行政管理［J］．中国行政管理，2004（5）：45-49.

境司法体制的研究和建设，这是有法必依、执法必严的前提。同时，还要加强农业环境法律的宣传教育工作，这是人们自觉守法的必要途径。法律手段是行政手段和经济手段的准绳和保障，离开行政手段和经济手段的配合和具体运用，农业环境法律的规定也将成为一纸空文。在实践中，一定要把行政手段、经济手段和法律手段结合起来，把行政责任、物质利益和法律责任挂钩，同时辅以必要的宣传教育和工程技术等手段。只有这样，才能真正把农业和农村环境管理工作做好，实现农业环境效益、经济效益和社会效益的统一。

（二） 法律手段的作用

法律手段是指把农业环境管理比较成熟、比较定型的带有成熟性的政策原则、制度和方法，由国家以法律的形式规定下来，作为调整国家各级农业环境管理部门、企事业单位和个体生产经营者之间在农业环境管理活动中产生的各种社会关系的法律规范，并由国家的强制力来保证实施。法律手段的最主要特点是具有强制性和相对稳定性。

法律手段在农业生态经济管理过程中发挥着重要作用，主要表现在：（1）它明确规定了社会组织和农业经营者的行为，引导他们按照社会主义经济规律和农业生态平衡规律的要求进行活动，使农业农村环境管理工作朝着有利于农业经济建设和环境保护协调发展的方向进行。（2）依照这种作为农村社会规范的农业环境法律，人们可以预先估计到他们互相间在农业环境管理活动中将如何行为，以及国家对这一行为的反应和态度，便于促使社会组织和公民个人自觉按农业环境法律规定的要求办事，同时为国家进行宏观的农业环境管理和农业经营者制定具体的环境管理规划、准则提供可靠的依据。（3）农业环境法律为人们提供了一个用来判断某种行为是否合法的较为客观且稳定的标准尺度。

（三） 法律手段的类型

1. 管制型立法

从调整手段上看，传统环境法主要是"管制型立法"，即主要依靠行政主管部门的管制手段来加强环境保护工作。随着社会经济的不断发展和政府治理方式的不断改进，在传统命令控制式的管制手段之外，在农业生态环境保护领域越来越多地出现了以激励引导为取向的促进式手段，其典型立法代表是《清洁生产促进法》和《循环经济促进法》。所谓"管制型立法"，也称为"管理型立法"，是为了应对市场失灵而引入的政府宏观调控或政府干预手段，从而对经济和社会生活予以管理的立法模式。这种立法模式强调政府强制性和命令性以及相对人的义务和服从，是一种传统的立法模式，符合现代政府管理职能张扬的理念，容易被政府、社会接纳。管制型立法主要是通过行政规制的方法让农业生态经济发展有规则地运行，其具体措施包括强制、限制、禁止、监督、检查、惩戒等，强调权利、义务与责任的对应，即权利的享受以义务的承担为条件，履行义务就要承担相应的法律责任。

2. 促进型立法

相对于"管制型立法"而言，"促进型立法"是一种新型立法模式。它通常是针对那些社会关系尚未得到良好发育、市场规模并未形成而急需鼓励形成市场规模的领域，采用大量的任意性规范、授权性规范和鼓励性规范。促进型立法主要是通过引导的方法鼓励农业生态经济的发展，其具体措施主要包括指导、鼓励、扶持、推动等。比如金融政策优惠（如低息贷款）、财政政策优惠（如财政补贴、财政转移支付）、税收政策优惠（如税收减免）、竞争政策优惠（如垄断适用的排除）、产业政策优惠（如投资鼓励）等。因而"促进型立法"主要解决"供给"问题，具有积极的市场导向和社会导向功能，对农业生态经济发展具有直接的引导意义。①

三、经济手段

（一）经济手段的内涵

经济手段是指为改善农业生态环境而向环境污染者自发的和非强迫的行为提供金钱刺激的手段。经济手段的根本特点是国家依据农业经济规律的作用，通过价格、成本、利润、税收等与价格形式有关的各种经济方法，影响和调节农产品的生产、分配、流通及消费，从而实现农业生态与经济的协调发展。

首先，经济手段以市场为基础，通过间接宏观调控，改变市场信号，影响控制对象的经济利益，引导其改变行为。这种间接宏观管理模式，不需要全面监控控制对象，从而大大降低了控制成本。

其次，经济手段通过市场中介，把保护农业生态环境、改善农业生态环境的责任从政府转交给环境责任者，不是用行政法规强制他们服从，而是把具有一定的行为选择余地的决策权交给他们，使农业生态环境管理更加灵活，适用于具有不同条件、能力和发展水平的控制对象。

最后，经济手段可以有效地配置保护农业生态环境所需要的资金，这些资金不仅可投资于对农业生态环境有利的项目，还可以用于纠正其他不利于农业可持续发展的经济政策。

（二）经济手段的运用原则

在农业生态经济管理中经济手段的运用，要遵循以下主要原则：

---

① 林翰章. 论环境管理的行政手段、经济手段和法律手段［J］. 中国环境管理，1988（5）：7-9.

（1）灵活运用原则。运用经济激励手段要结合实际情况。农业环境保护经济手段本身比较灵活，不像法律条文那样有明确的界限，各地区、部门需要结合实际作出判断和决定。

（2）调整和完善原则。一项农业环境保护经济手段的出台，需经过详细的论证，制定完善的实施办法。经济手段实施后，还要根据实际情况不断加以调整，通过农业生态环境保护实践来检验，并由实践进行丰富和完善。

（3）监督和维护原则。对农业环境保护经济手段的运用要加强监督，尤其是财政、审计和环境管理部门，要及时了解情况，防止农业生态环境保护政策传递中的阻塞。

（4）符合市场经济规律原则。市场经济规律既是经济激励手段设计的初衷，也是经济激励手段发生作用的保障。农业生态经济管理也要遵循市场经济规律。

（三）经济手段的基本内容

1. 税费调控

控制农业生态经济的税费政策是针对农业不合理生产方式和行为，通过环境经济分析，按照标准向农业经营者征收费用，目的是限制其使用有损农业生态环境的生产方式和行为，减少农业污染的产生，使其转变传统农业生产方式，选择经济效益和环境效益双赢的生态化农业之路。

与农业排污量相比，导致农业污染产生的输入要素常常是可监测和可掌握的。因此，采取间接手段通过约束和规范农用化学品向田地的输入要比直接限制径流流失来控制农业污染更为可行和有效。其中，制定合理的"农用化学品输入税"是一种有效手段，如对化肥、杀虫剂、剧毒农药和农用薄膜收取产品费。产品收费的目的是给那些环境友好的产品创造有利的价格竞争优势，促使人们放弃会造成环境污染的产品，替换成对环境不污染或污染相对较小的农用化学品。例如，为控制农业污染，经济合作与发展组织（OECD）的许多成员国已开始对农用化肥和杀虫剂征税；奥地利从 1986 年开始征收化肥税，尽管税收水平很低，但对化肥使用量有明显的影响；丹麦对杀虫剂按 20% 的税率征收；芬兰在 1990 年和 1992 年分别开征磷肥税和氮肥税，实行杀虫剂登记和控制收费；瑞典对化肥生产和化肥进口征税。① 此外，增加农用化学品收费还可引导产农业转型，如在常规化肥农药与一些少污染、无污染的生物农药和微生物化肥之间的税率差可激励农业经营者使用无污染的产品。

---

① 刘润堂，等. 农业面源污染对湖泊水质影响的初步分析［J］. 中国水利，2002（6）.

税费手段还有增加收入的作用，可为社会筹集农业生态环境保护资金，为农业环境技术开发和农村环保公共设施供给等提供必要的资金来源。税费手段的增加收入作用有利于国家通过资金再分配，缩小农业环境经济政策带来的城乡不公平和调动农业经营者环境保护的积极性。

2. 补贴引导

补贴是监管者给予生产者的某种形式的财务支持。税费政策旨在抑制和改变不利于环境的农业生产方式和行为，而补贴政策则倾向于鼓励和引导农业经营者采取有利于环境的农业生产方式和行为，二者都是通过经济激励来控制和削减农业污染。例如，瑞典通过提供基金来检验农药喷洒设施的有效性，以减少农药对环境造成的负担，并为农场提供虫害预警服务、财务支持和技术帮助，训练农药喷洒技术并增强农药的技术开发。值得注意的是，越来越多的国家正逐步减少乃至取消对不可持续农业经济活动的补贴。例如，孟加拉国就减少了化肥生产补贴。

多年来，我国一直对化肥实施价格补贴，在促进农业生产发展的同时也造成了严重的环境污染。为了实现农业可持续发展目标，我国应将农业补贴的重点放在环境保护方面。根据补贴对象的不同，可将补贴分为三种类型：对正外部性行为的补贴、对减少负外部性行为的补贴及产品价格补贴。

（1）对减少负外部性产生的农业生产方式和行为进行补贴。通过补贴，刺激农业经营者减弱生产强度或改变生产生活方式，从而减少负外部环境效应的产生。享有这种补贴的对象有：科学施肥施药者、采取最佳农业环境管理措施者、采用农业生物技术防治病虫害者、主动进行农业环境污染处理且达标排污的畜禽养殖者等。[1]

（2）产品价格补贴。对环境友好型农业投入品进行价格补贴，降低这些产品的价格，刺激农户选购环境友好型产品。如长久以来，农民一直依赖化肥的方便和速效，盲目施用造成农产品质量下降和环境污染。要想转变农民对肥料的依赖，目前可行的政策是对有机肥进行补贴，使有机肥价格等于甚至低于化肥价格，增强有机肥的市场竞争力，激发生产者生产有机肥的主动性和农民购买有机肥的积极性。补贴对象可以是商业有机肥生产者，以降低单位产量有机肥的生产成本，或者在销售过程中对无害化有机肥购买者直接进行补贴。[2]

---

[1] 贺缠生，等．非点源污染的管理及控制［J］．环境科学，1998（19）．

[2] 王晓燕，曹利平．农业非点源污染控制的补贴政策［J］．水资源保护，2008（1）．

（3）正外部性的农业生产活动补贴。对退耕还林还草、构建人工湿地与氧化塘、生态型农业工程、建立农村废水垃圾处理场和畜禽粪便处理加工场等进行补贴。

3. 信贷支持

中国农业发展银行应该大力发挥信贷支持生态型农业的作用，其信贷支持的重点应该从粮食流通部门向农村的环境保护基础设施建设、农业生态建设转移；从退耕还林还草领域扩大到纯天然、无污染、高品质的绿色食品、有机食品生产基地的支持。同时，也对农业发展中污染控制项目提供强有力的信贷支持，如对沼气池的建立、秸秆汽化工程等大型建设项目提供贴息贷款。

生态型农业建设是一项宏大的系统工程，治山治水、作物的品种改良、产品的加工增值、城乡消费市场设施的建设均需要大量的资金投入，需要安排一定份额的专项资金扶持。此外，应发挥政府资金的带动作用，引导社会各方资金投向生态型农业项目的建设，形成多元化的投资格局，从而降低农业污染，促进生态型农业的发展。

4. 押金保障

产生污染产品的购买者要付出一笔额外费用，即押金，当他们将用过的产品或容器送到再循环中心或指定堆放地点时，这笔钱会返还给他们。这种方法使得人们能自觉采取环保行动。多年以来，世界上许多国家都采用押金退还制度来处理饮料瓶。这种制度，还能用于防治废旧电池处理过程中向环境排放有毒物质，以及用于减少塑料焚烧剩余物和杀虫剂的空瓶的污染。实行押金退还制度，还能刺激安全废弃物市场的出现。这个制度鼓励人们寻找机会回收废物，如果有人把瓶瓶罐罐随便丢弃，那么别的人就会有动机去把它们捡回来上交。从经济的观点来看，押金退还制度是有效率的，它为农业环境保护行为提供了经济利益，并为破坏农业环境的行为增加了成本。从监管的角度来看，押金退还制度同样也是有效率的，其应用范围会越来越广泛。在农业污染防治中具体适用对象可包括剧毒农药瓶、农用塑料薄膜、农用物质包装物等。①

四、教育手段

（一）生态教育的内涵

农业生态教育是指使受教育者掌握农业生态环境系统（包括森林生态系

---

① 刘冬梅，王育才，管宏杰. 农业污染控制的经济激励手段［J］. 农村经济，2009（5）：87-90.

统）和农业经济系统的性质及规律，重新认识人与自然、农业生态与经济的关系，认识农业生态环境在人类生活中的地位，克服对农业生态环境冷漠无知的态度，灌输与自然协调发展新观念的教育活动。其基本内涵有可持续发展观、协调自然观、适度消费观和综合效益观。

1. 可持续发展观

可持续发展的内涵十分丰富、深刻，其核心内容可概括为三点：一是整体发展，即把农业生态、经济、社会系统的矛盾或利益加以整合，使之协调发展；二是持续发展，是指农业经济和社会发展不能超过资源与环境的承载能力，以确保子孙后代的发展；三是公平发展，包括代内公平、代际公平以及人类对自然的公平。可见，可持续发展不仅是一种新的发展观，而且是一种新的文明观，具有丰富的、全新的伦理道德内涵。它要求人们不应为了自己的发展而无节制地掠夺自然，也不应为了自己的发展而无限制地透支后代人的利益。

2. 协调自然观

全球都市化正在改变人类的物质生活和社会环境，同时也加快了全球的资源危机和环境危机。诸如，人均耕地面积锐减、水资源日益紧张、森林毁损、物种灭绝以及日益严重的能源困境。一切自然物都具有作为资源被人们开发和利用的属性，同时，它还作为环境要素存在于自然界中，起着稳定环境和平衡生态的作用，如水、空气、土壤、岩石等都具有稳定农业生态系统的作用。人们必须认识到生物在环境和自然界中的地位和作用，把人看作与自然密切相关的统一体。

3. 适度消费观

随着人类获得物质财富能力的增强，"消费主义"、"享乐主义"在全世界范围内越来越泛滥。人的需求应是全面的，物质需求是基本需求，但绝非唯一的需求，还应有精神需求。人类应该树立"全面需求"与"适度消费"的观念，例如：在保护农业环境资源的前提下要有节制地安排农业生产；农村生活生产方式要走生态道路；培植生态消费的新观念；避免能源过度消耗等。

4. 综合效益观

科技发展与社会进步速度越来越快，农业正从传统农业向现代农业转变，人们对农业的地位、功能、特点均有了新的认识。农业具有三大效益，即经济、生态和社会效益。在三大效益中，生态效益在农业综合效益中占据着越来越重要的地位。人们必须深刻领悟生态效益的内涵，协同发展经济效益和社会效益，进而有效发挥农业的综合效益。

（二）教育手段的基本特点

农业生态教育就是以生态哲学整体论的世界观和方法论为指导，借助于教育理论和教育实践两种手段，进行农业资源保护和环境管理的教育，从而提高农业经营者和社会公众的生态意识和生态素质，实现农业可持续发展、建设农业生态文明的目的。① 农业生态教育包括以下几点：

一是以农业经营者和社会公众为教育对象。社会公众主要包括个人和各种社会群体，他们是农业生态文明建设的直接实施者和受益者，其行为将在人们社会生活的各个领域和各个方面起到决定性的作用。因此，良好的农业生态环境建设是千千万万人的事业，需要每一位社会成员的参与，同时也必须调动全社会的力量，充分发挥人民群众的主动性、积极性和创造性。可以说，公众生态意识的培育与生态素质的提高直接影响到农业生态文明建设的大局。

二是以家庭教育、学校教育、社会教育为主要方式。开展农业生态教育，家长应该重视和掌握农业生态教育内容，在家庭中形成重视农业生态教育的氛围，使家庭中每个成员在耳濡目染中树立农业生态意识，并在工作和生活实践中自觉践行生态道德行为，养成应有的生态道德素质。学校作为育人的场所，应将农业生态教育纳入学校教育的内容。一方面，通过教育可以加深学生对自然界的认知，把握人与自然关系的规律性。同时使学生认识到人与自然的关系及对个人行为的要求，从而将农业生态知识和改造自然的价值取向结合起来，提高学生的农业生态素质。另一方面，学校教育要使生态责任与道德责任相统一。学校进行的农业生态知识教育使农业生态学的准则成为学生的行为规范，生态教育赋予这种行为规范以道德伦理意义，唤起学生的良知与信念，使二者紧密结合。此外，还要运用社会教育，通过广播、电视等新闻舆论工具，宣传农业生态环境的重要性，激发社会公众参与农业生态保护的热情和责任心，形成农业生态教育的浓厚氛围。

三是以生态道德教育、生态知识教育、生态实践教育为重点内容。农业生态教育中不仅要考虑让公众获得知识，而且更要注重公众获得乡情的体验、技能的掌握，从而促进公众生态道德的培养。这不仅能帮助公众了解动物、植物、微生物、人类各自的生存条件、相互关系以及人类在生存发展过程中所带来的环境破坏，理解人类与自然之间的鱼水关系，而且更要注重教会公众一些

---

① 刘燕娜，罗志雄，余建辉. 加强生态经济教育　提高生态经济素质 [J] . 生态经济，2001（12）：169-170.

保护农业环境、保护农业资源的方法，端正对待自然万物的态度，从而使公众的情感受到感染，学会辨别利弊善伪，能够制止自己与他人做不利于农业生态平衡的事。农业生态教育是全民教育、终身教育，是农业生态文明建设过程中的一项基本内容，也是保证农业生态文明建设顺利进行、促进农村社会文明不断进步的一项战略任务。

（三）教育手段的实施路径

1. 完善农业生态教育体制

农业生态意识的培养并不是一朝一夕就能完成的，培养21世纪的人才必须把这一任务作为一个系统工程来抓，建立完备的农业生态教育体制。应坚持全面、发展和联系的立场，使公众从整体的角度培养农业生态环境保护意识，获得系统的农业生态知识以及适应现实变化所需要的思维和观点，从而能够在实践中正确思考和对待农业生态环境问题。进行农业生态教育，实际上是普及农业生态科学知识的过程，中、小学及幼儿教育应结合有关教学内容普及农业、农村环境保护知识，高等院校应有计划地设置有关农业、农村环境保护的专业或课程，把农业生态教育贯穿于公民终身教育的全过程。同时，运用广播、电视、报刊等各种新闻媒体，广泛宣传绿色农业、绿色消费、生态城市等有关生态文明建设的科普知识，将生态文明的理念渗透到生产、生活的各个层，增强公众的生态意识，树立公众的生态文明观、道德观、价值观，形成人与自然和谐相处的发展模式。

2. 营造农业生态教育氛围

实施农业生态教育，离不开公众的广泛参与和支持。只有抓好公众的农业生态教育，培育公众的农业生态意识，营造良好的社会氛围，才能建构健康有序的农业生态运行机制，创造和谐的农业生态化发展环境，实现农业经济、社会、生态的良性循环，促进人与社会的全面发展。首先，政府在发展农业经济的同时应采用多种形式开展农业生态环境保护的宣传教育。例如，积极宣传环境污染和生态破坏对农业的危害；普及农业环境科学和环境法律知识；建立健全农业生态教育的法律法规和标准体系；加大农业生态教育资金投入；为农业生态教育提供政策支持；充分利用市场机制建立合理多元的投入机制等，通过以上诸多方式营造全民教育、全程教育和终身教育的良好社会氛围。其次，环保部门担负着不可推卸的宣传教育责任，要向社会深入宣传具体的法律、政策，利用部门优势普及环保的相关科学知识，尤其是通过宣讲生活中的典型案例来增强人们的环保观念，培养自觉的农业生态意识。

3. 创新农业生态教育手段

在我国，农业生态教育才刚刚起步，不论从内容上还是形式上，都存在比较"表层化"的问题，这就要求我们通过多种途径创新农业生态教育手段。要借鉴其他国家在开展农业生态教育过程中的有益经验，进行农业生态教育创新。首先，以学校教学改革为动力，推动学校农业生态教育发展，在教学思想、师资培养、教学内容、教学方法上进行改革和创新。学校作为育人的场所，应将农业生态教育纳入学校教学的内容。一方面，通过课堂教学进行农业生态知识教育。把农业生态教育渗透到政治、语文、生物、音乐等课程中，联系当前的农业、农村环境现状，延伸扩展教学内容。另一方面，让学生走出校园，在实践中培养学生的农业生态意识。比如，配合世界环境日、粮食日、爱鸟周、无烟日等特殊日子开展公益性活动，使学生接触社会，增强学生保护农业生态环境的自觉性，激发其参与农业环境保护的积极性。其次，发挥家庭教育的优势，及早培养儿童的农业生态意识。家庭是一个特殊的教育环境，其作用往往是学校教育和社会教育所不能代替的。家长应抓好时机对儿童进行保护农业环境方面的教育。最后，运用社会教育及监督，开展全民农业生态教育。一方面，利用广播、电视、互联网等新闻舆论工具，广泛宣传人与自然协调发展的重要性，宣传节约资源、维护良好的农业生态环境对人类长远利益的重要意义。另一方面，加强对政府工作人员的农业生态教育，把保护农业生态环境的政绩纳入考核体系中，树立正确的政绩观与发展观，增强在社会实践中保护农业生态环境的自觉性，从而提高其农业生态环境保护能力。

4. 重视农业生态教育实践

首先，农业生态教育的实践，要有法律的支撑。也就是人们在保护农业环境时，必须有法可依、有章可循。近年来，我国政府先后颁布了《环境保护法》、《森林法》、《草原法》、《野生动物保护法》等一系列法律法规。这些法律法规在农业生态文明建设过程中发挥着重要的作用。然而，它们也具有一定的局限性，要在社会生活中充分发挥效力，还须作出巨大的努力。那些虽不符合法律要求而又不触犯法律的行为，必须依靠道德的力量，强化生态道德意识，把维护农业生态平衡内化为人们的自觉行动。其次，农业生态教育的实践，关键在于每一个公民参与。农业生态教育的目的不仅在于培育人们的生态意识，提高人们的生态素质，更重要的是动员人们投身到农业生态保护运动中，时时处处做一个地球村公民。因此，在新形势下实施农业生态教育，还必须善于从日常生活中找寻丰富的教育资源，激发公众参与的积极性。只有这样，才能把实施农业生态教育的任务落到实处，从而加快农业生态文明建设的进程。①

小　结

1. 农业生态经济管理包括计划管理与经济计划，计划管理是对农业生态系统的管理，经济计划是农业生态经济社会发展计划。可进一步划分为农业生态经济宏观管理、农业生态经济中观管理和农业生态经济微观管理。农业生态经济管理，就是要努力使农业经营者的生态经济行为达到这样一种规范：既能使农业生态系统的物质、能量资源得到充分的开发利用，以满足农业经济增长的需求，又不超越农业生态系统自我稳定机制所允许的阈限，以维持系统的动态平衡和持续生产力。农业生态经济管理具有质态协调、量态协调、空间协调、时间协调的特点，需要遵循可持续原则、系统性原则、互补性原则、适度原则、效率原则和协同原则。

2. 农业生态经济管理的重点领域包括人口管理、资源管理、环境管理三个领域。农村人口是农村各种经济、社会、文化活动的主题。农村人口管理就是农村基层政府对人口变动和人口发展进行决策、计划、组织、指挥、监督、调节等一系列管理活动的总和。农业生态经济的人口管理涉及人口计划管理、人口登记与统计管理、流动人口管理、人口资源管理。农业资源管理是人们在开发利用资源的过程中逐渐形成的。农业资源管理既包括自然资源中的可更新资源的恢复和扩大再生产以及不可更新资源的合理利用，又包括社会经济资源中的社会、经济、技术等方面的质量管理。环境管理是通过人们自身思想观念和行为进行调整，以求达到农业经济发展与农业环境的承载能力相协调。也就是说，环境管理是人类有意识的自我约束，这种约束通过行政的、经济的、法律的、教育的、科技的手段来进行，它是农业生态经济发展的根本保障和基本内容。其中，环境管理分为农业资源的环境管理、农业生产的环境管理、乡镇企业的环境管理和生活环境管理。面对现阶段农村环境的种种问题，要切实提高环保意识，加强环境管理；规范村庄规划，进行合理整治；完善公共设施，抓好安全建设；治理农村污染，促进生态循环；加强法制建设，提高执法力度；完善管理体系，加大环保投入。

---

① 刘静. 生态教育的内涵、意义及实施路径［J］. 哈尔滨市委党校学报，2010（6）：92-95.

3. 农业生态经济管理的主要手段有行政手段、法律手段、经济手段和教育手段。行政手段是农业生态经济管理的中心环节，在管理的过程中需要遵循科学原则、积极原则、整合原则、弹性原则、反馈原则。法律手段是农业生态经济管理的关键环节，其基本类型有管制型立法与促进性立法。经济手段是指为改善农业环境而向环境污染者自发的和非强迫的行为提供金钱刺激的手段，它需要遵循灵活运用原则、调整和完善原则、监督和维护原则和符合市场经济规律原则，通过税费调控、补贴引导、信贷支持和押金保障等方式影响和调节农产品的生产、分配、流通及消费。农业生态教育是以生态哲学整体论的世界观和方法论为指导，借助于教育理论和教育实践两种手段，通过以农业经营者和社会公众为教育对象，以家庭教育、学校教育、社会教育为主要方式，以生态道德教育、生态知识教育、生态实践教育为重点内容来进行农业生态经济教育。

关　键　词

农业生态经济管理　人口管理　资源管理　环境管理　行政手段　法律手段　经济手段　教育手段

复习思考题

1. 为什么需要加强农业生态经济管理？
2. 如何理解农业生态经济管理的内涵？
3. 农业生态经济管理的重点是什么？
4. 农业生态经济管理的手段有哪些？
5. 你对我国现行农业生态经济管理有何看法？

参 考 文 献

［1］陈勇. 我国社会主义市场经济条件下的生态经济管理问题探讨［J］. 商场现代化，2010（30）：104.

［2］陈池波. 微观生态经济管理探析［J］. 中南财经大学学报，1994（6）：95-98.

［3］陈佑启，陶陶. 论可持续农业的评价指标［J］. 农业现代化研究，2000，

21（5）：271-275.

［4］崔和瑞．基于循环经济理论的区域农业可持续发展模式研究［J］．农业现代化研究，2004（2）：94-98.

［5］李慈军．充分发挥农垦优势　扩大桂台经贸合作［J］．中国农垦，2006（10）：27-29.

［6］朱立志，等．关于农业管理体制改革的建议［EB/OL］．中国农业科学院网，2014.

［7］桂寿平，张霞．农业产业链和U型价值链协同管理探讨［J］．改革与战略，2006（10）：78-80.

［8］严立冬．浅谈农村资源管理［J］．生态经济，1992（3）：32-35.

［9］施晓清．产业生态系统及其资源生态管理理论研究［J］．中国人口、资源与环境，2010（6）：80-86.

［10］中国可持续发展林业战略研究项目组．中国可持续发展林业战略研究总论［M］．中国林业出版社，2002.

［11］高小平．落实科学发展观　加强生态行政管理［J］．中国行政管理，2004（5）：45-49.

［12］林翰章．论环境管理的行政手段经济手段和法律手段［J］．中国环境管理，1988（5）：7-9.

［13］刘润堂，等．农业面源污染对湖泊水质影响的初步分析［J］．中国水利，2002（6）.

［14］贺缠生，等．非点源污染的管理及控制［J］．环境科学，1998（19）.

［15］王晓燕，曹利平．农业非点源污染控制的补贴政策［J］．水资源保护，2008（1）.

［16］刘冬梅，王育才，管宏杰．农业污染控制的经济激励手段［J］．农村经济，2009（5）：87-90.

［17］刘燕娜，罗志雄，余建辉．加强生态经济教育　提高生态经济素质[J]．生态经济，2001（12）：169-170.

［18］刘静．生态教育的内涵、意义及实施路径［J］．哈尔滨市委党校学报，2010（6）：92-95.

第十三章　农业生态经济制度

【**学习目标**】农业生态经济制度是指适应和促进农业生态经济发展的社会制度的综合，包括土地制度、生产组织、经营方式和与之相配套的社会化服务体系、运行机制以及政策制度、法律法规等。通过本章的学习，达到以下学习目标：

（1）了解农业生态经济制度的内涵，理解农业生态经济制度建设的意义。

（2）理解农业生态经济发展的财政补贴制度、生态补偿制度、金融支持制度和价格支持制度，掌握农业生态经济财政补贴政策。

（3）了解农业生态经济发展的产权管理制度、生产管理制度、营销管理制度和环境管理制度，掌握农业生态经济发展的保障体系。

第一节　农业生态经济制度建设的意义与内容

一、农业生态经济制度的含义

制度是行为主体在行动决策过程中应遵循的一系列规则①，而社会则是由许多相互关联的制度所构成。对于社会发展而言，良好的制度具备正向激励与引导作用。然而，制度并非先天存在或本身天然具备正向激励功能，其发展与演进被新制度经济学家称为制度变迁，制度创新则可以被视作制度变迁过程中的一个节点，具体而言，就是由制度创新者将法律法规、产业政策、组织条款以及社会习惯、道德规范等加以组合，以引导相关参与方的行为决策。

农业生态经济在不断发展的过程中，可能受到经济、社会、生态环境等多方面的影响，要想确保农业生态经济的健康快速发展，就必须建立相应的制度作为保障。农业生态经济制度是指适应和促进农业生态经济发展的社会制度的

---

① 戴维·L. 韦默. 制度设计 [M]. 费方域，朱宝钦，译. 上海财经大学出版社，2004：16.

总和，包括土地制度、生产组织、经营方式和与之相配套的社会化服务体系、运行机制以及政策、法律法规等。

二、农业生态经济制度建设的意义

建立健全农业生态经济制度体系不仅有利于保护农业生态环境，而且对中国目前紧张的人与自然的关系、区域之间的关系、发展与保护之间的关系的改善都具有十分重大的意义。

第一，建立健全农业生态经济制度体系有利于调节农业生态经济系统背后利益相关者的关系，达到农业生态经济环境的好转与促进社会和谐发展的目的。现行许多政策在其制定过程中，体现得更多的是政府的，尤其是中央政府的意志，缺乏利益相关者的广泛参与，这种政策的实施就难免会偏离实际，收不到预期的效果，甚至会违背政策制定的初衷。农业生态经济环境的不断恶化，不仅破坏了人与自然之间的协调关系，更对人与人之间的和谐相处提出了严峻的考验。特别是在农业生态经济环境的既得利益者和受害者之间，这种利益冲突更为尖锐。虽然现阶段中国各个地方针对地方实际探索并建立了不同的农业生态经济制度，但是都没有形成系统化的可以推广的体系。并且目前学术界对如何运用马克思主义关于解决利益冲突的理论，解决农业生态经济系统中的利益比较和利益协调问题，还未作出系统的探索和研究。为了适应农业生态文明建设等新形势的要求，不仅需要进一步加强对农业生态经济制度的理论研究，还要在具体的制度体系构建和完善过程中展开实践探索。

第二，从生态层面看，健全中国农业生态经济制度，可以从制度上给予农业生态经济协调发展以足够的保障。农业生态文明是整个社会主义生态文明的重要组成部分。社会主义生态文明的发展成果离不开农业生态文明的发展贡献。党的十七大将生态文明确立为全面建成小康社会奋斗目标的新要求，就是要求社会主义现代化必须成为生态现代化。当前，中国农业生态经济环境在整个经济现代化和农业现代化推进过程中产生了诸多问题，主要表现在：过度开发而导致的植被破坏后果严重；水土流失影响广泛；土地荒漠化问题突出；耕地面积大量减少；自然灾害频发；水资源紧缺；土壤肥力下降等。若不解决农业生态经济环境中存在的这些问题，农业生态经济的现代化就不可能顺利推进，社会主义的生态现代化也不可能实现。从生态层面看，应尽快建立健全农业生态经济制度，从制度上给予农业生态经济系统最大程度的保障，这是社会主义生态文明建设的必然要求。

第三，从社会发展层面看，健全农业生态经济制度，可以改善中国当前广大农村的民生问题，化解社会利益矛盾，从而构建社会主义和谐社会。农业生态经济发展中的环境问题与农村民生问题息息相关。长期以来，农业和农村生态环境问题一直没有得到应有的足够重视，更没有看到由农业生态环境破坏对农民民生问题所产生的严重影响。耕地面积的减少、土壤肥力的下降、农业自然灾害的频发都会直接或间接影响农民收入水平的提高，而各种污染也严重影响着农村居民的身心健康，这些问题的产生都直接关乎农村民生与农民生计，并进一步加剧农村教育、医疗、养老、就业等多方面的问题。党的十八大以来，党和政府将改善民生问题放在了更加突出的位置，尤其是广大农村地区的民生更是重中之重的改善对象。因此，要把保护农业农村生态环境与改善农村居民民生结合起来，在改善民生的过程中改善农业农村生态环境，以改善农业农村生态环境促进民生的改善，使二者相互促进、相得益彰。

三、农业生态经济制度建设的内容

农业生态经济发展在保护农业生态环境的同时，提供生态产品和生态服务，具有公共产品属性和正外部性，为了激励农业生态经济发展主体、培育和管理绿色农产品市场、保障农业生态经济健康发展，应重点加强农业生态经济发展的激励制度、管理制度和保障制度建设。激励制度包括财政补贴、生态补偿、金融支持、价格支持制度，管理制度包括产权管理、生产管理、营销管理、环境管理制度，保障体系包括政策保障、组织保障、技术保障和法律保障制度。

第二节　农业生态经济发展的激励制度

一、财政补贴制度

政府通过财政对农业生态经济发展给予有效补贴，是当今世界许多国家尤其是发达国家普遍采取的旨在保护和发展农业生态环境的一项重要制度。对农业生态经济的大量补贴保证了农业经营者收入水平的稳步提高，促进了农业的持续稳定发展，同时，农产品出口影响和控制国际农产品市场价格，成为干预他国政治、经济、生活的一种重要手段。WTO《农业协议》与多哈回合谈判框架协议规定，农业补贴可以划分为三类：一是"绿箱"政策。其主要内容包括政府一般性服务、与生产不挂钩的收入补贴、粮食安全储备补贴、农业生产者退休或转业补贴、自然灾害救济补贴、农业环保补贴、农业资源储备补贴和地区援助补贴等。这些补贴不会对农产品的价格和贸易产生明显扭曲，任何国家都可免除削减义务。二是"黄箱"政策。其主要内容包括对特定农产品提供的价格支持与对非特定农产品提供的价格支持。在中国，前者主要指对小麦、玉米、稻谷和棉花的价格支持，后者主要涉及农业税制度以及农业投入品价格补贴政策。这些补贴会对农产品价格和贸易产生显著扭曲，因此需要做出削减和约束承诺。依照规定，中国"黄箱"补贴数额应在年度农业生产总值的8.5%以内。三是"蓝箱"和"新蓝箱"政策。世界贸易组织允许一国给农民的直接补贴"不对生产进行要求"，但数额应在该国年度农业生产总值的5%以内。[①]

农业生态经济发展的财政补贴是财政支农政策的重要组成部分，当前中国的农业财政补贴主要有粮食直补、良种和农机补贴、农资综合直接补贴等，实践证明，这些惠农政策起到了促进粮食增产和农民增收的效果。但是现行的农业财政补贴政策仍存在一些问题，如补贴的资金总量不足、补贴范围小、补贴结构不尽合理、资金分散降低激励效果等。为充分发挥农业财政补贴的导向和支持作用，应进一步完善中国农业财政补贴制度和政策。一是完善补贴结构，增加直补资金量。调整农产品生产领域补贴与流通领域补贴比例，降低农产品流通环节的间接补贴，提高补贴透明度，不断增加直补资金量。二是改进补贴方式，提高补贴效率。即进一步扩大农民直接补贴的规模和范围，使直补的"特惠制"向"普惠制"推进。在直补方式上，既可考虑不与农业产量挂钩的直接收入补贴，也可考虑与农业产量挂钩的直接补贴方式，还可以考虑选择某些对农业增效和农民增收作用明显的生产环节进行补贴，如机耕机收补贴、推广旱作农业节水灌溉技术补贴等。三是向农业高新技术推广倾斜。采取多种形式扶持农业高科技的创新，如设立农业高新技术产业风险基金，采取贴息的方式引导金融部门或企业投资农业高新技术；建立全国农业高新技术信息网并提供信息咨询服务；以股本投入的方式为农业科技企业提供资本金支持；加大对农业产业化龙头企业的直接科研资助等。四是扩大农业财政补贴政策扶持范围。在原有分项补贴的基础上，不断建立和完善诸如禁牧休牧生态补偿机制、农业灾害保险制度、农业农村资源循环利用和环境保护的补贴政策、农业生态经济发展项目小额贷款财政贴息政策等。

---

① 李传健，何伦志. 农业多功能性与我国的农业补贴［J］. 农业经济，2007（5）：21-22.

二、生态补偿制度

农业生态补偿是对农业生态产品和生态服务支付补偿费用的一种制度安排。通过向农业经营者支付生态保护、生态修复、生态发展的直接成本和机会成本，激励农业经营者改变高消耗、高污染的传统农业生产方式，采用绿色、低碳化生产方式，以达到保护和改善农业生态环境、增强农业生态服务功能、提高农业综合效益的目的，最终实现农业经济效益、社会效益和生态效益的和谐统一。建立健全农业生态经济的生态补偿制度要求明确补偿的主体和对象，确定合理的补偿标准，通过恰当的补偿方式和途径，构建完整的补偿网络体系。①

农业生态经济的健康发展为现代农业的可持续发展提供了良好的基础。农业生态化发展倡导以农产品标准化、绿色化生产为手段，推行清洁生产，实施"从土地到餐桌"的全程质量控制，限制或禁止使用化学合成物及其他有毒有害的农业生产投入品，要求使用可更新资源、可自然降解和回收利用的原材料，保障人体健康和农业生态环境不受污染，其生产过程表现出典型的正外部性特征。农业生态经济的健康发展能够在保障农产品安全、生态安全和资源安全的同时，提高农业综合效益；在保证农产品数量安全和质量安全的前提下，向全体社会成员提供优质安全、营养丰富的农产品，其提供的农产品和生态功能服务具备公共产品的一般属性。农业的多功能性决定了农业生态经济生态服务价值的多元化，通过水土保持、涵养水源、防风固沙、调节气候、维护生物多样性、防止农业面源污染等多种途径，提供有形和无形的生态服务，其生态服务价值集中体现在生态保护、生态修复和生态发展等诸多方面。

（1）农业生态保护补偿。这是构建农业生态补偿制度的初级阶段，其宗旨是遏止破坏并保护农业生态环境。通过激励农户转变传统的农业生产方式，导入生态型农业生产方式，通过采取退耕休耕、禁伐限伐、禁牧限牧、造林种草等多种措施，达到调整农业种植结构、改进农地耕作方式、转变畜禽养殖模式的目的，引导农户停止破坏并积极保护农业生态环境。补偿内容包括农户因环保转产而闲置停用的原有农机具设施设备费用、因导入可持续农业生产而需添置的工具及农资费用、农户转产期间直接损失的农业收益等。补偿方式包括政策补偿、资金补偿、实物补偿、技术补偿等，其中资金补偿以一次性补偿为

---

① 严立冬，刘新勇，孟慧君，罗昆．绿色农业生态发展论［M］．人民出版社，2008.

宜。补偿标准按农业生态保护的成本计算，包括农户为保护生态环境的直接投入成本、间接损失成本和机会成本等。

（2）农业生态修复补偿。这是农业生态补偿制度的中级阶段，其宗旨是治理和修复农业生态环境。通过激励生态型农业生产者积极治理农业环境污染、持续修复农业生态环境，通过大力发展绿色、循环、低碳农业模式，推行农业清洁生产和标准化生产，采取控制化肥农药施用量、使用安全农业投入品、实施水生态修复等措施，以达到净化水质、改良土壤、调节气候的目的。补偿内容的重点为化肥农药减施补偿项目、畜禽类粪便无害化处理及资源化利用补偿项目、水源地及湿地修复补偿项目等。补偿方式应包括国家补偿、区域补偿、产权补偿和生态移民补偿等。补偿标准按农业生态破坏的修复成本计算，主要是水生态修复成本、土壤改良及耕地复垦成本、农业污染废弃物处置成本等。

（3）农业生态发展补偿。这是农业生态补偿制度的高级阶段，其宗旨是创新和发展农业生态系统服务。实行补偿目的是体现农业生态服务价值、激励人们投资农业生态保护，通过实行生态产品认证制度、完善生态环境资源价值核算体系等措施，逐步培育起生态产品交易市场，最终实行生态服务付费制度。补偿主体为全体农业生态服务受益者，包括政府组织、经济组织及自然人，政府已不再是农业生态服务的唯一购买者。补偿内容包括农产品价值补偿、农业生态环境功能价值补偿、农业文化旅游综合服务价值补偿。补偿方式包括生态产品公共补贴、生态服务市场交易、生态资源限额转让交易等。补偿标准按农业生态受益者的获利计算，即按农业生态产品或农业生态服务的市场交易价格乘以交易数量的方法计算。

三、金融支持制度

制度经济学认为，金融制度是一种节约交易费用与增进资源配置效率的制度安排，其产生与变迁既不是随意的，也不是按照某种意志与外来模式人为安排的，它并不仅仅是一种有形的框架，而是一系列相互关联的演进过程的结晶。目前，中国农村地区对金融服务的需求日益多样化和专业化，但目前的农村金融体系所提供的金融支持与金融服务远远不能适应其要求，出现农村金融排斥。虽然农村金融排斥的原因很多，但农村金融的制度缺陷是农村金融排斥的一个重要根源。一般认为，农村金融支持的缺失与农村经济的发展水平和市场化程度不高密切相关，但从理论上讲，相关的制度安排不合理以及缺乏必要的政策引导也是不容忽视的因素。也就是说，中国农村金融扶持的缺失很大程度上是由制度因素引起的。因此，中央连续多年的"一号文件"都提出要加快改革和创新农村金融体制，提出要针对农村金融需求的特点，按照建设社会主义新农村和"美丽乡村"的要求，建立一种既能弥补"市场失灵"，又能避免"政府失效"的充满生机和活力的融资机制，引导社会资金回流农村，建立健全功能齐全、结构优化、产权明晰、机制完善、监管有力、具有可持续发展能力的农村金融体系，加强和改善农村金融服务，促进农村社会经济全面发展，满足农业生态经济和农村经济发展的合理资金需要。

信贷资金在农业生态经济和农村经济持续发展中十分重要，曾在很大程度上缓解了中国农业生态经济投入波动造成的不稳定状态。但由于金融系统的商业化，农村信贷资金开始大幅减少，制约了农业生态经济和农村经济的可持续发展。现代农业的生态发展离不开大量的资金投入，除了政府财政和农户投入外，信贷资金同样发挥着重要作用。增加信贷资金对农业生态经济发展的投入要从以下几方面着手：

一是要确立农村合作金融组织的主体地位。国家要进一步加大对农村合作金融的扶持，确立其在现代农业生态化发展资金投入中的主体地位，帮助其理顺管理体制，提供有利的外部环境，剥离和处置不良资产，早日走出困境。进一步完善小额信贷业务，适当提高小额贷款的信贷规模，延长贷款期限，增加信贷品种。同时，农村合作金融组织自身也应该借鉴现代管理理念，完善经营管理，强化内部控制，扩大产品营销，树立经营品牌，改进服务手段，改善服务态度，加强人员培训，不断提高自身的综合实力。

二是要加大商业银行的投入力度。一方面通过政策性银行的金融杠杆作用，引导商业银行加大对农业生态经济发展方面的投入；另一方面可通过优质的农业生态经济发展产业化项目吸引商业银行投入，同时国家可规定商业银行向农业投放贷款的最低限额或比例。

三是要加大政策性银行的投入力度。建议完善中国农业发展银行职能，不断扩大业务范围，将中国农业银行农业开发贷款、扶贫贴息贷款，国家开发银行农业信贷业务等划为农业发展银行经营，并统一对支农资金进行管理，由中国农业发展银行进行存管和统一拨付。通过发行农业生态经济金融债券、建立农业生态经济发展基金面向农民筹资、境外筹资等方式改变目前农业政策性金融资金来源渠道窄、资金来源不稳定的现状。拓宽农业发展银行信贷支农领域，加大对绿色农业建设、农村生态环境、农村基础设施、农业技术推广、农业综合开发等大型项目的信贷扶持力度。

四、价格支持制度

农业生态经济发展的价格支持制度主要是绿色农产品的价格支持制度。农产品价格支持是政府通过稳定农产品价格来支持农业生产者的一种手段，为了稳定农业生产和保证农业生产者的收入，政府设立一个由市场供求变动决定的"支持价格"或"保证价格"。农业既是国民经济的基础又是弱质产业，对农业给予相应支持和保护，是新形势下中国实施"以工补农、以城带乡"方针、统筹城乡发展、构建社会主义和谐社会的重要体现，也是切实转变中国农业调控方式的重要内容。当前，中国农业生态经济发展的各项基础仍不牢固，而且面临生态资源约束增强、国际农产品竞争加剧、消费需求增加等多重压力，要面对自然风险和市场风险双重挑战。确保国家粮食与食物安全，促进中国农业生态经济稳定发展、农民持续增收、统筹城乡发展的任务十分艰巨，必须加快建立健全中国农业生态经济产业支持的政策体系。建立健全中国农业生态经济产业支持保护的政策框架体系，应从"支持、保护、调控、促进"等方面进一步发展。"支持"，即进一步增加国内农业生态经济发展支持的总量。"保护"，即通过关税、贸易救济、进出口管理等手段，依据国内外市场环境的变化对中国农业生态经济进行有效保护，还包括在对外贸易谈判中争取更大的政策调控空间。"调控"，即对绿色农产品进出口给予宏观调控。"促进"，即通过完善贸易条件，支持对外企业发展等措施，不断扩大中国绿色农产品出口。①

第三节　农业生态经济发展的管理制度

一、产权管理制度

产权是指使自己或他人受益或受损的权利②，是一种排他性权利。由于产权所有者攫取权利的机会和能力不同，产权归属是一个动态演进的博弈过程，因此，产权不是指人与物之间的关系，而是指由物的存在及关于它们的使用所引起的人与人之间相互认可的行为关系，是社会中每个人相对于稀缺资源使用

---

① 郭建军."十二五"期间我国农业支持和保护政策体系 ［J］. 经济研究参考，2010（45）：14-15.

② 德姆塞茨. 关于产权的理论 ［J］. 经济社会体制比较，1990（6）：50-58.

时的经济地位和社会关系①。产权安排确定了每个人相对于物的行为规范，每个人都必须遵守本人与其他人之间的关系，或承担不遵守这种关系的成本。人类社会发展过程中产权及其制度的产生、发展与演变大体上经历了三个阶段：一是建立排他性产权制度，人类社会早期的历史在某种程度上讲，就是一个建立排他性产权制度的历史；二是建立可转让性产权制度，产权的交易、转让与社会分工、市场经济制度的发展常常是联系在一起的；三是建立与各种组织形式创新联系在一起的产权制度，如股份公司制度的建立使产权的分割、交易、转让等更加容易，从而使产权制度效率得到不断提高，并与各种经济组织形式的创新紧密地联系在一起。农业生态经济产权也是通过投资获取的，即谁投资谁就拥有农业生态经济的产权。从这个意义上说，农业生态经济投资本质上是农业生态经济产权投资。

农业生态经济产权的形成受多种因素的影响，主要包括农业技术因素、人口压力因素、农业生产要素和农产品相对价值的长期变动等状况。在进行农业生态经济管理创新时，应了解影响农业生态经济产权形成的因素。根据马克思的观点，社会制度结构基本上是以技术为条件的。私有产权的确立特别需要的条件是：产权所有者得自产权的收益要大于他排除其他人使用这一产权的费用。当费用过高时，财产将成为共同所有。在生态化发展时代，一些农业生态创新技术的发明，可降低实行所有权的费用。因此，可以说农业生态技术因素是制约农业生态经济产权制度演变的一个重要因素。

在人口压力因素方面，人口变化与农业生态经济产权形成也有着较为密切的关系。在人类社会早期，公共土地就像空气和水资源一样大量存在。此时没有必要建立排他性产权。但随着人口的增长，一些农业生产要素逐步变得稀缺起来，人口增长与农业生产要素的矛盾也就必然促使人们建立排他性农业生态经济产权。当动植物相对于人类的需求较为丰盛的时候，也就没有激励机制去承担因建立对动植物的产权所产生的费用。人口变化也将影响土地和劳动的相对价格，并在农业生态经济产权和改变农业经营组织中起着决定性的作用。

农业生产要素和农产品相对价格的长期变动是历史上多次产权制度安排变迁的主要原因之一。某种生产要素价格的上升，会使这种生产要素的所有者相比其他要素所有者而言能获得相对多的利益。一种农产品价格的上升，将会导致用来生产这种要素的独占性，包括建立更明确的排他性农业生态经济产权。

①　R. 科斯，等. 财产权利与制度变迁——产权学派与新制度学派论文集［M］. 刘守英，等，译. 上海三联书店，1991：204.

在人类历史上，相对价格变动在提高农业生态经济资源配置的效率方面，往往伴随着农业生态经济产权及制度的变迁。换句话说，一些价格变动如果不伴随产权及其制度变迁，不仅不能提高农业生态经济资源配置效率，反而可能导致农业生态经济资源的更低效使用。从可持续发展的视野看，无限制地使用农业生态经济资源，将会导致农业生态经济资源利用的不可持续性，并最终导致农业生态经济资源的枯竭。目前世界上最大的"公共资源"要算公海的水产资源。现在只有少数发达国家有技术、有能力到公海捕鱼，一些国际组织与这些国家就捕捞的数量、时间等达成协议，但是一旦能到公海去捕鱼的国家数量增加，达成协议的交易费用就会大大增加，过高的交易费用可能使任何协议都难以达成，这将是国际社会未来面临的主要难题之一。

上述分析表明，了解农业生态经济产权形成的影响因素，对进行农业生态经济管理制度创新，推进农业生态经济市场的建立，解决农业生态环境污染等问题有着重要的指导意义与促进作用。

二、生产管理制度

在食品安全问题越来越成为人们关注的焦点的背景下，绿色农产品受到人们的广泛关注。与功能相同的普通农产品相比，绿色农产品具有农业生产资源消耗少，排放废弃物少，对人体无害或危害小的特点。一般来说，绿色农产品可分为绿色用品和绿色食品两大类，较高标准的环境质量只有在产权可以界定时才被认为是绿色产品。绿色用品是指在使用过程中不产生或少产生对环境或人体有害的废弃物的产品。其衡量指标为是否可循环使用，是否容易分解，对环境和人的影响度、能耗指标等。由于各国经济发展水平的差异，绿色产品的定量标准有所不同，这将是阻碍世界经济一体化进程的一个重要因素。为此，国际标准化组织（ISO）制定了跨国界的绿色用品 ISO14000 环境国际系列标准，旨在推动国际贸易的进一步发展。绿色食品一般是指在特定的技术标准下生产和加工出的产品，其特定的技术标准，包括产地环境质量标准、生产过程标准、产品标准、包装标准及其他相关标准。衡量绿色食品的本质要反映清洁、安全、营养、口感等四个方面。

绿色农产品生产制度，要求绿色农产品生产要按照生态规律进行各种农业生态经济资源的可持续开发与保护，并在开发中保持和实现农业生态经济系统的良性循环，在农业生态经济系统良性循环的基础上达到农业生态经济资源的可持续利用。绿色农产品生产与一般的物质生产有着本质的区别。一是追求目标的不同。物质生产的目标只局限于社会经济的最快速发展，不考虑生产资源的有限性与稀缺性；而绿色农产品生产则把经济发展与农业生态环境质量的提高、农业资源的保护与增值联系起来，追求二者的协调发展。二是采用生产技术的性质不同。物质生产中个人经济利益最大化目标对外部效应的忽视，从根本上导致了其生产技术的短期性、掠夺性；而绿色农产品生产则以农业可持续发展为核心，因而更乐于接受具有长期效益的绿色农业生产技术，其绿色农业生产技术一般具有节约、清洁、无污染等特点。三是生产产品的属性不同。绿色农产品生产与物质生产的产品虽然具有经济效用上的相似性，但从使用价值和价值的属性看，绿色农产品与一般的产品却有着本质的区别。从使用价值上看，绿色农产品不仅具有一般产品的使用价值，即满足人们在物质上的需求这一属性，而且还具有在保护、修复和建设农业生态环境上的有用性。从价值上看，绿色农产品比一般产品具有更高的价值。凝结在绿色农产品中的劳动较一般产品更为高级、更为复杂。由于绿色农产品减少了消费过程中及消费后对环境的污染，即减少了未来污染治理所需投入的劳动，降低了未来社会清洁环境的成本，这也就提高了绿色农产品的价值。

三、营销管理制度

农业生态经济的健康发展要求进行农产品的绿色营销。农产品的绿色营销是指绿色农产品市场主体为实现社会、经济、生态三者利益的统一，在保护农业生态环境和人类健康的基础上，通过创造及与其他市场主体交换绿色农产品和价值，以满足自身需求和欲望的一种社会管理过程。绿色营销行为既要满足顾客的需求，又要满足社会与生态的需求，还要满足市场主体自身盈利的需求。通过实施农产品绿色营销，以不损害人类自身生存环境及后代需要为条件，以满足消费者和社会安全、健康、无公害为中心，合理应用各类农业生产条件和农业生态资源，进行清洁化、无害化农产品服务的生产与经营活动，从而实现社会顾客、生态环境、市场主体"三赢"的目标。

农产品绿色营销的特点主要表现在：一是营销的观念是"绿色"的。它以节约农业生态资源、保护农业生态环境为中心，强调整个人类当代和后代的社会效益与生态效益。二是营销的环境是"绿色"的，要求农业经营具有良好的生态环境和人文环境，树立农业经营的绿色理念和绿色文化思想。三是营销的环节是"绿色"的，从农业生产技术、农产品包装、农业废弃物处理、农产品营销过程和消费过程要注重保护环境，树立"绿色"形象。四是营销的农产品是"绿色"的，即农产品应有节约能源、节约资源、健康安全、无污染、无公害的特性。

　　建立农产品的绿色营销制度，要求农产品营销必须做到：搜集农产品的绿色信息、制订绿色计划、开发绿色资源、研制绿色产品、制定绿色价格、开辟绿色通道、鼓励绿色消费、弘扬绿色文化、培植绿色标志品牌、完善绿色法规等。农产品的绿色营销是一种新的理论、观念和手段。它要求农业经营主体要在保护农业生态资源环境与人类健康的基础上，实现农业社会、经济、生态三者利益的统一。通过创造、提供与其他市场主体交换农产品的价值，为顾客提供绿色农产品需求，为社会创造生态效益，为自身创造经济效益。当然，农产品的绿色营销制度的建立，需要通过载体才能实现，这种载体理所当然应是农业经营主体所生产的绿色农产品。通过绿色农产品开展绿色营销，不但可以满足顾客日益增长的绿色消费需求，而且还可以创造社会效益和生态效益。此外，农业经营者还可获得较好的经济效益。

四、环境管理制度

　　农业生态经济发展的环境管理制度主要包括农业环境保护目标责任制度、"三同时"环境影响评价制度、污染集中控制制度、排污许可证制度、限期污染治理制度、强制淘汰制度等内容。

　　环境保护目标责任制度，是绿色环境管理思想发展到一定阶段的产物。中国环境管理思想的演变，大体上经历了由单纯治理为主到以管促治；由点源单项治理到区域综合防治；由定性为主的浓度控制到以定量为主的总量控制的发展过程。这种转变的实质就是把环境管理由微观操作变为宏观控制，逐步使污染物从无组织排放变为有组织排放，进而减少排放。要实现上述转变，就必须转变环境管理机构的职能，分清部门职责，明确责任主体，实行目标管理。

　　"三同时"环境影响评价制度，主要是为控制新的污染而提出的。中国第一次全国环境保护会议审议通过的《关于保护和改善环境的若干规定》中明确规定："一切新建、扩建和改建的企业，防治污染的项目，必须和主体工程同时设计、同时施工、同时投产，正在建设的企业没有采取防治措施的，必须补上，各级主管部门要会同环境保护和卫生等部门，认真审查设计，做好竣工验收，严格把关。"在"三同时"环境管理制度的基础上进行农业项目环境影响评价，弥补了这一管理制度的不足，体现了"预防为主"的思想治理理念，对保护环境起到了积极的作用，有力地促进了农业生态经济与环境保护的协调发展。

　　污染集中控制制度有利于集中人力、物力、财力解决城市或一个区域的重点污染问题；有利于采用新的农业生态技术，提高环境污染治理效果；有利于提高农业生态经济资源利用率，加强有害废弃物资源化利用；有利于节约防治污染的总投资。治理污染的根本目的应是谋求整体环境质量的改善，而不应是追求单个污染源的处理率和达标率。集中控制和治理污染物，用尽可能小的投入获取尽可能大的生态、经济和社会效益，不仅符合中国国情，也有助于调动社会各方面治理环境污染的积极性。

排污许可证制度是借鉴国外的经验，结合中国国情而确立的一种环境管理制度。该制度的主要职能是，以污染物总量控制为目标，依据目标规定排放单位可排放的污染物品种、排放量及排放去向等。推行排污许可证制度，首先要进行申报登记，通过申报登记摸清各污染源的排放情况，以此作为确定污染物总量的基础。其次，在确定污染物总量的基础上，制定污染物排放总量控制指标，再依据总量控制指标划定出污染物总量削减分配指标。

限期污染治理制度的主要职能是对污染危害严重，群众反映强烈的污染物、污染源、污染区域，采取限定治理时间、治理内容、治理效果的"三治理"强制性措施。强制淘汰制度要在限期污染治理的基础上，按照国家定期公布的禁止生产和淘汰的工艺、设备和产品目录，明令禁止使用，以严格限制或禁止污染产品，促进技术先导型和资源节约型的农产品的生产，进而达到保护农业生态资源与环境的目的。

第四节 农业生态经济发展的保障体系

一、政策保障

农业生态经济发展的政策保障涵盖绿色农产品开发、生产、流通、贸易、消费及农业投入品生产等全过程，其目的是促进农业生态经济系统结构合理、功能完善与动态平衡。重点从以下几方面着手：一是调整和优化农业产业结构。在借鉴中国绿色食品产业发展成功经验，并进行总结、扩展和延伸的基础上，构建合理的包括绿色种植业、绿色林业、绿色畜牧业和绿色渔业在内的大农业生态经济系统及其发展模式。二是完善促进农业生态经济发展的资金投入政策，保持农业资金投入政策的系统性和稳定性，明确农业资金投入重点，提高农户和金融机构对农业投入的积极性，拓宽农业融资渠道。三是从保障供给、富裕农民、改善环境的角度出发，建立宏观调控与微观协调相结合的资源、生产、经济、社会与环境良性循环的农业生态经济系统，因地制宜、分类指导，保护农业生态经济资源，形成有利于农业可持续发展的合理生态结构和生态基础。① 四是大力推进农业产业化经营。要实现中国农业发展、农村繁荣与农民致富，只能在发展思路方面寻求突破，在体制机制创新方面增添动力。农业产业化经营是切实转变农业发展方式、改革农业经营机制和管理体制、统筹工农关系和城乡关系的必然要求。在加强农业产业化经营龙头企业、生产基地、主导产品开发和主导产业培育的基础上，搞好农业产业化经营的规划布局，采取合理的区域发展模式，完善农业产业化经营的组织形式和运行机制，运用财政、金融手段给予农业产业化经营资金支持，制定农业产业化经营发展的国家和区域战略。②

二、组织保障

世界著名经济学家西奥多·舒尔茨对世界各国农业生产体系研究后指出，任何不能提供活力的市场经济组织都不能使农业生产、农业劳动和企业家才能达到最优，农业潜在生产力在许多国家没能实现的原因就是组织无效性。③ 因此，市场经济条件下的农业生态经济发展，不是单个农户的自组织行为，为了保证农业生态经济健康发展，组织创新必不可少。

（一）加强农业合作经济组织建设

农业合作经济组织是农民尤其是以家庭经营为主的农业小生产者为了维护和改善各自的生产及生活条件，在自愿互助和平等互利的基础上，遵守合作社的法律和规章制度，联合从事特定经济活动所组成的企业组织形式。农业合作经济组织的成员是具有独立财产所有权的劳动者，并按自愿的原则组织起来，对农业合作经济组织的盈亏负无限或有限责任。农业合作经济组织的成员之间是平等互利的关系，组织内部实行民主管理，农业合作经济组织的工作人员可以在其成员内聘任，也可以聘请非成员担任。农业合作经济组织是具有独立财产的经济实体，并实行合作占有，其独立的财产包括成员投资入股的财产和经营积累的财产，农业合作经济组织实行合作积累制，即有资产积累职能，将经营收入的一部分留作不可分配的属全体成员共有的积累基金，用于扩大和改善

---

① 严立冬，等．绿色农业导论［M］．人民出版社，2008：221-224.

② 严立冬，邓远建，李胜强，杜巍．绿色农业产业化经营论［M］．人民出版社，2009：26-31.

③ 刘志文．西部大开发中生态经济与农业可持续发展［M］．中国环境科学出版社，2005：286.

合作事业，增加全体成员利益，农业合作经济组织的盈利以成员与农业合作经济组织的交易额分配为主。

农业合作经济组织必须有共同的经营目标、自负盈亏、实行独立的经济核算。那些不以盈利为目的、无经营内容、不实行严格独立核算的农民技术协会，则不属农业合作经济组织的范畴。通过农业合作经济组织加强对农业生态经济发展的支持，因地制宜地研究制定促进农村生态环境保护的政策，抓好农村合作经济组织的人员培训；搞好农村合作经济组织的规范管理；坚持以农民群众自愿互利为基础，建立自己的合作章程和良好的运行机制，即"民办、民管、民受益"，建立合理的利益分配机制；提高农民的组织化程度，增强农民的生态保护意识和合理开发农业生态资源的能力。

（二）　加强农业经营服务组织建设

农业服务作为现代农业的重要内容，不仅在推动现代农业发展中担当着重要的角色，也是发展农业生态经济的一个重要切入点。农业服务部门经营服务组织承担着全面服务农业的职责，包括为广大农民提供粮食、畜禽、水产、苗木等优质高效种子种苗；提供化肥、农药等农业生产物资服务，保证农民用上放心农资；提供农业科技服务，培育新型农民，拓宽农民增收致富道路；提供党和政府的各项富农政策、市场行情及先进高效种养技术等急需的信息服务。通过发展农产品批发市场、农产品超市等物流载体，为广大农民及时提供优质安全的农产品交流平台和服务，对农民的种养产品实施政策性及商业性保险，减轻农民在灾害面前的经济损失，增强农业应对各种灾害的能力。

农业生态经济系统的健康发展需要农技、农经、林业、兽医、供销等部门共同参与、密切配合，通过对农业生态环境与资源的生态识别，不断发现生态型农业生产要素，利用农业生态技术实现农业生态资源的形态变换和价值转化，生产优质安全的生态农产品。此外，通过经营服务组织领办型服务吸纳农户参加，为农户提供物资供应、技术服务、生产作业服务、产品营销服务等技术经济实体或准公益性组织，在帮助农民致富的同时，把新的有利于农业生态经济系统可持续发展的农业技术带到农民中去。

（三）　培育农业产业化经营组织

农业产业化龙头企业是指以农产品加工或流通为主，通过各种利益联结机制与农户相联系，带动农户进入市场，使农产品生产、加工、销售有机结合、相互促进，在规模和经营指标上达到规定标准并经政府有关部门认定的企业。农业产业化龙头企业是加快农业产业化发展的重要力量，支持和引导龙头企业做大做强，充分发挥龙头企业资金、技术和管理优势，带动农户发展，是农业产业化实现双赢的有效途径。为此，政府应着力提高农业产业化扶持资金的使用效率，将农业产业化专项资金用于扶持重点龙头企业和成长性好的涉农企业，更多地采取贴息、担保、提供风险保证金等办法，增强农业产业化龙头企业的创新能力，进一步推动龙头企业与科研院校合作，提高农业科技转化成果。

在推动农业生态经济发展的过程中，以农业企业为龙头，组织农户共同参与而连接成为一种经济联合体，特别是以"公司+农户"模式最为典型，由公司组织新的农业技术推广，生产销售高质量的绿色农产品，建立符合农业产业化经营的新型农村经营体制和政策，为农业生态经济的发展奠定良好的组织基础。

三、技术保障

（一）推进农业科技体制改革

深化现有农业科技体制改革，建立完备的农业科技体制。积极鼓励农业科研机构、推广机构和科技人员进行农业科技开发、农业科技承包、农业科技咨询、农业科技培训、农业科技扶贫等多种形式的农业科技推广应用活动。积极支持、组织、创建各种形式的农业科研生产联合体和农业科技推广联合体。积极扶植和发展农业科研和生产一体化的群众性科技组织。

（二）建立健全农业技术推广体系

（1）农业技术推广方法。农业技术推广方法比较多，包括以下几种主要形式：①按制定的农业技术推广项目推广农业技术。由农业科技部门按照各自职责，相互配合，组织实施。②农业科研单位和有关学校应研究生产上急需解决的问题，其成果可以自己推广，也可以通过农业技术推广机构推广。③向农业劳动者推广的农业技术，必须在推广地区经过试验证明具有先进性和实用性。④农业劳动者根据自愿的原则应用农业技术。任何组织和个人不得强制农业劳动者应用农业技术。⑤农业技术推广机构、农业科研单位、有关学校以及科技人员，以技术转让、技术服务和技术承包等形式提供农业技术的，可以实行有偿服务，其合法收入受法律保护。此外，国家农业技术推广机构向农业劳动者推广农业技术实行无偿服务。

（2）农业技术推广体系。农业技术推广实行农业技术推广机构与农业科研单位、高等院校、群众性科技组织、农民技员相结合的推广体系，这是目前农业技术推广体系的主体要形式。农技推广的辅助补充形式，是鼓励和支持供销合作社、乡镇企事业单位、社会团体以及社会各界的科技人员，到农村开展农业技术推广服务活动。二者结合便构成了农业技术推广体系的模式。

（三）加大农业科技投入力度

各级政府要建立农业生态经济发展基金且重点用于农业生态科技投入，包括生态型农业科研、推广、培训等，为农业生态科技开辟稳定的资金来源渠道。要多方面开辟技术推广资金渠道，建立农村科技推广基金。国家的综合性科研计划、科学基金以及攻关项目、新技术开发项目等，都要增加对农业生态科技的投入，保证有相当比例的经费用于生态型农业科研与开发项目。

各级财政、银行和其他金融机构以及农业主管部门，在增加农业投入时要向农业生态科技领域倾斜。对农业生态科技推广应用项目，可安排专项贷款或低息贷款。要积极引进外资，提供服务及技术合作，以弥补国内资金和技术的不足。要鼓励、引导农业开发服务经济实体、社会团体以及农民增加对农业生态科技应用的投入。要制定一些优惠政策，帮助各种农业生态技术服务组织提高资金积累能力，以增加对农业生态科技成果推广项目的投入。

四、法律保障

与农业生态经济协调可持续发展有关的立法是农业生态经济健康发展和政策定型化、法制化的途径。没有法律手段的强制力和威慑作用，经济政策和经济手段也不能发挥有效作用。通过法律、法规规范绿色农业生产、绿色农产品流通、农业生态建设和环境保护等行为，迫使生产者向保护农业生态资源和环境方向转变，使法律成为推进农业生态经济协调可持续发展的重要手段。

从1980年以来，中国逐步加强了与农业可持续发展有关的立法，初步建立了有利于农业生态经济健康发展的法律法规体系。先后制定和实施了《农业法》、《农业科技推广法》、《水法》、《森林法》、《森林法实施细则》、《草原法》、《环境保护法》、《土地管理法》、《基本农田保护条例》、《水污染防治法》、《水土保持法》、《大气污染防治法》等法律法规，加入了《生物多样性保护公约》等多项与农业有关的国际条约。这些法律、法规在一定程度上也体现了农业生态经济发展的原则和要求，对农业生态经济系统良性运营起到了一定的保障作用。但是，还需要对已有的法律、法规进行审查和评价，看它是否与其他法律有矛盾之处，是否符合农业生态经济发展的原则与要求，然后进行调整和完善；制定相应的法律实施细则、条例和管理办法，把法律规定的原则具体化，增强其可操作性。此外，需要加强地方政府的立法能力建设和审查地方法规是否与国家战略相协调；需要与国际立法和惯例接轨，提高农业国际化速度；需要进一步扩大农民、公众和社会团体在农业生态经济发展立法中的作用。

小　结

1. 农业生态经济制度是指适应和促进农业生态经济发展的社会制度的综合，包括土地制度、生产组织、经营方式和与之相配套的社会化服务体系、运行机制以及政策制度、法律法规的集合。建立健全农业生态经济制度有利于调节农业生态经济系统背后利益相关者的经济利益关系，达到农业生态经济环境的好转与促进社会和谐发展的目的；有利于从制度上给予农业生态经济发展足够的保障；有利于改善中国当前广大农村民生问题，同时也可以化解社会利益矛盾，从而构建社会主义和谐社会。

2. 农业生态经济的财政补贴主要包括"绿箱"政策、"黄箱"政策、"蓝箱"政策和"新蓝箱"政策。农业生态经济的生态补偿包括农业生态保护补偿、农业生态修复补偿和农业生态发展补偿。在对农业生态经济进行金融支持时，应当确立农村合作金融在现代农业生态经济发展资金投入中的主体地位，同时要加大商业银行和政策性银行的投入力度。

3. 农业生态经济生产管理制度强调要大力推广绿色农产品，要求国内农产品逐步与 ISO14000 环境国际系列标准接轨。农业生态经济营销管理制度推行绿色营销，绿色营销行为既要满足顾客的需求，又要满足社会与生态的需求，还要满足市场主体自身盈利的需求。通过实施农产品绿色营销，实现社会顾客、生态环境、市场主体"三赢"的目标，以不损害人类自身生存环境及后代需要为条件，以满足消费者和社会安全、健康、无害为中心，合理应用各类农业生产条件和资源，进行清洁化、无害化农产品服务的生产与经营活动。农业生态经济环境管理制度主要包括农业环境保护目标责任制度、"三同时"环境影响评价制度、污染集中控制制度、排污许可证制度、限期污染治理制度、强制淘汰制度等内容。

4. 农业生态经济组织保障制度强调要加强农业合作经济组织建设、加强农业服务部门经营服务组织建设、大力培育农业产业化经营组织。农业生态经济技术保障制度要求推进农业科技体制改革、建立健全农业技术推广体系、加大农业科技投入力度。

关　键　词

农业生态经济制度　财政补贴制度　生态补偿制度　金融支持制度　支持

制度 产权管理制度 生产管理制度 营销管理制度 环境管理制度 政策保障 组织保障 技术保障 法律保障

复习思考题

1. 简述农业生态经济制度的意义与作用。
2. 如何理解农业生态经济财政补贴中的"绿箱"政策、"黄箱"政策、"蓝箱"政策和"新蓝箱"政策？
3. 分别论述实行农业生态经济发展的激励制度和管理制度的必要性与可行性。
4. 如何贯彻落实农业生态经济发展的保障制度？

参 考 文 献

[1] 戴维·L. 韦默. 制度设计［M］. 费方域，朱宝钦，译. 上海财经大学出版社，2004：16.

[2] 李传健，何伦志. 农业多功能性与我国的农业补贴［J］. 农业经济，2007（5）：21-23.

[3] 严立冬，刘新勇，孟慧君，罗昆. 绿色农业生态发展论［M］. 人民出版社，2010.

[4] 郭建军."十二五"期间我国农业支持和保护政策体系［J］. 经济研究参考，2010（45）：14-23.

[5] 李昌碧. 我国低碳农业发展的主要路径与制度安排［D］. 武汉理工大学学位论文，2012：50-52.

[6] 哈罗德·德姆塞茨，银温泉. 关于产权的理论［J］. 经济社会体制比较，1990（6）：49-55.

[7] R. 科斯，等. 财产权利与制度变迁——产权学派与新制度学派论文集［M］. 刘守英，等，译. 上海三联书店，1991：204.

[8] 张燕. 我国发展生态农业的保障制度研究［J］. 农村经济，2010（5）：102-105.

[9] 赵康杰. 资源型地区农村可持续发展的制度创新研究［D］. 山西财经大学学位论文，2012：40-42.

[10] 严立冬，等. 绿色农业导论［M］. 人民出版社，2008：221-224.

[11] 严立冬，邓远建，李胜强，杜巍. 绿色农业产业化经营论［M］. 人民

出版社，2009：26-31.

[12] 刘志文．西部大开发中生态经济与农业可持续发展［M］．中国环境科学出版社，2005：286.

[13] 罗平．"两型社会"背景下的都市农业发展研究［D］．华中农业大学学位论文，2011：30-34.

第十四章　农业生态经济战略

【学习目标】农业生态经济发展战略是指一个国家或地区在一定时期内具有全局性、决定性、长远性的有关农业生态经济发展重大问题的筹划与决策。通过本章的学习，达到以下学习目标：

（1）了解农业生态经济发展的战略阶段，掌握农业生态经济发展战略的内涵、目标与原则。

（2）理解农业生态经济发展的战略定位，熟悉农业生态经济发展战略的步骤及重点内容。

（3）掌握农业生态经济发展战略的财政政策、人才政策与科技政策，理解农业生态经济发展的战略措施。

第一节　农业生态经济发展的战略目标与定位

一、农业生态经济发展的战略阶段

"战略"一词很早就存在了，是相对于"战术"而言的。该词是由古希腊语"Strategos"演变而来的，其原本的含义是指"将军指挥军队的艺术"。迄今为止，战略已经普遍存在于政治、军事、战争、经济、管理等领域，泛指决定全局的策略。虽然战略在农业生态经济领域的应用时间不长，但相关的研究成果逐渐增多。

农业生态经济发展战略是指一个国家或地区在一定时期内具有全局性、决定性、长远性的有关农业生态经济发展重大问题的筹划与决策。农业生态经济发展战略通常包括战略背景、战略问题、战略目标、战略重点、战略内容、战略步骤、战略措施等方面的内容。在实际决策与应用过程中，农业生态经济发展战略通常是农业、生态与经济长期发展规划中的核心内容。农业生态经济发展战略在一定程度上的决策和实施效果决定了农业的发展速度和综合效益，科学的发展战略与农业可持续发展是相互促进的。随着经济社会发展和人们生活水平的提高，世界各国都制定了符合自身发展特点与要求的农业经济发展战略，在竞争日益激烈的背景下，要想立足于世界之林就必须制定和实施符合中国实际和特定发展阶段要求的农业生态经济发展战略。农业生态经济发展要有正确的发展目标、确切的发展方式以及适宜的发展战略，从而凸显自己的竞争优势，谋求自己的市场地位，保持和扩展应有的市场份额。

农业生态经济发展战略包括战略分析、战略选择、战略实施和战略评价四个阶段，这四个阶段是相互联系、相互制约、相互作用的，恰当处理好它们之间的关系可以有效地提高农业生态经济发展战略的执行效率。

（一）战略分析阶段

战略分析阶段包括农业生态经济发展战略的背景分析和环境分析，以及评价农业、生态、经济三者发展过程中存在的重大战略问题和障碍因素。农业经济的发展会随着外界环境的变化而发生变化，而这种外界环境包括自然、政治、经济、文化等多方面，所以制定农业生态经济发展战略时应充分把握外界环境的变化可能造成的影响。一般情况下，外界环境变化对农业生态经济发展带来的影响可能是机会和威胁并重，这就要求从主观上对两种影响都要给予重视，只有这样才能在激烈的竞争环境中保证农业经济与农业生态协调发展。除了外界的影响因素，农业生态经济发展还受到自身内部环境要素的影响，即农业必须认识到自身的优势和劣势，这是农业发展突破自身束缚的关键。只有通过准确把握机会和优势、回避威胁和劣势，农业生态经济才会顺着战略制定者规划的发展道路即农业生态经济发展战略方向向前发展。

（二）战略选择阶段

战略选择是在战略分析的基础上作出适宜的抉择以符合战略目标实现要求的过程，因此，它是一个主观抉择的过程。通过战略分析，战略制定者能充分了解农业生态经济发展面临的机会和威胁、优势和劣势，在客观评价其利弊的基础上，选择一套最适合某个区域、某个时期的农业生态经济发展战略方案是这个步骤中最重要的环节。根据战略制定者的主观愿望，结合农业、生态、经济三者之间的价值要求和取向，考察和评价可供选择的战略方案的优缺点，从而抉择出最适合实现预期目标的战略方案。战略制定者在建立一套合理的评价体系的基础上，对每一个备选方案可能出现的结果进行预测和评价，对比分析各个方案的优缺点，从而选出最优的方案。确定最终的方案并没有固定的选择标准，由于各个国家和各个地区农业与经济的发展水平、速度、方向、目标不同，在不同的内外部环境下必定会出现不同的战略方案。另外，选择战略方案并不意味着选择了一套方案就完全舍弃了其他方案，毕竟任何一套方案都有它存在的理由，也可能存在某种局限。恰当的做法是在确定一套战略方案的基础上，同时选择其他的一个或多个作为替代方案。

（三）战略实施阶段

战略实施是将战略方案付诸具体行动的过程。农业生态经济发展战略是将制定好的战略转化为具体的农业、生态与经济协调发展的过程。具体来说，是通过预算农业资金支出、实施农业生态生产措施、建立农业经济运行程序从而将战略方案转化为具体的农业生产活动和农业生态保护行为，从而获得农业发展成果与生态产品的过程。农业生态经济发展战略的实施需要高层决策者和农业经营者的共同努力和全力合作，在战略实施中，具体的战略方向和实施过程要将战略目标和单位个体的目标有机结合起来。制定战略和实施战略的最大区别在于：前者主要依赖于战略制定者的判断能力和洞察力，而后者主要取决于主管机构的管理艺术和农业经营者的一线运作能力。在战略实施阶段，整合组织结构、主管部门和创建农业生态文化是工作中的重点，要将农业生态经济发展的总体战略和农业利益相关者的具体发展目标相结合，分步骤、分阶段地贯彻实施战略方案。如果农业经营生产者能够确立一个共同的奋斗目标，而这个目标又能够与农业、生态、经济协调发展，那么农业经营者的价值观就构成了总体战略的价值取向，这样将有利于农业生态经济发展战略的顺利实施。

（四）战略评价阶段

农业生态经济发展战略实施过程中应该不断地对其进行监督、指导和评价，以应对突发事件的发生，必要时还要对战略进行适当修正，以保证战略目标的实现。战略评价是与战略实施同步进行的，在战略评价前要制定明确的符合实现战略目标的评价标准和评价体系，分析战略计划的实施和取得预期目标的效果。有效的战略评价有利于农业生态经济发展战略的顺利实施以及灵活应对实施过程中外部环境的变化。

二、农业生态经济发展的战略目标

农业生态经济发展作为一种经济再生产与自然再生产相融合的过程，以农业生态学理论与可持续发展理论为指导，主要致力于提升粮食安全和增强现代农业的生态生产能力和可持续发展能力。我国作为世界主要农业大国，自改革开放以来，农业发展取得了显著成就，这为农业生态经济又好又快发展提供了良好的物质条件。当前，我国农业生态经济发展的战略目标也随着农业的发展和经济社会形势的变化有了重大改变，即战略目标由以前的单一经济目标向经济、生态、社会等多元目标转变。

（一）农业生态经济发展战略的经济目标

农业生态经济作为一种新兴的现代农业经济发展方式，首先应该具有追求经济效益的最基本的产业功能。由于高技术、严管理等特征，农业生态经济发展能够为社会提供安全、新鲜、优质的绿色农产品生产提供保障，从而获得显著的经济效益。农业生态经济作为一种高效、生态的现代农业生产方式，在全社会对生态、绿色、环保的追求持续升温的情况下，其发展将会吸引更多的农产品生产者、农业生产资料供应商、农产品销售商的积极参与，农业生态经济发展所带来的经济效益也会越来越高。因此，我国在发展农业生态经济过程中，既要追求生态效益，还要积极追求经济效益，要在促进农业经济发展方式转变的基础上提升农业生产经营水平。

总体上看，为了缓解我国人多地少、农村有效劳动力人口供给减少、耕地面积持续减少、农业生产要素和资源短缺等矛盾，我国农业生态经济发展战略的经济目标应是走出一条"低能耗、低物耗、低污染、高效益"的新型农业发展之路。这就要求我国必须推进农业经济发展方式转变，通过积极发展绿色农业、循环农业、生态农业、低碳农业等新型现代农业可持续发展模式，以最小的资源消耗、生产成本和生态环境代价实现农业发展综合效益的最大化。现阶段必须以提升农业经济效益为目的，在以农业生态经济发展方式来引领我国农业经济发展方式转变的基础上，调整农业产业结构，转变农业生产经营思路，推动生态导向的农业现代化进程。

（二）农业生态经济发展战略的生态目标

农业生态经济发展不仅注重生产环节的可持续发展，而且更加重视食品安全、消费者利益和农业经营者的长期经济效益，是一种既追求经济效益，又维护农业生态平衡的新型农业可持续发展模式。现代农业生态经济由于实现了农业生产经营的生态化、资源投入的减量化和回收再利用，提高了农业抵御市场风险、自然灾害风险的能力。因此，农业生态经济发展战略的生态目标是降低农药、化肥等化学生产要素的投入，减少农业面源污染，提高农业的绿色化程度，实现农业可持续发展。这就要求在农业生产过程中多使用物理防虫法、多施用农家有机肥，加大对农业生产产前、产中、产后的质量监管，积极开展"三品一标"的认定，促进农业发展方式转变。

（三）农业生态经济发展战略的社会目标

农业生态经济发展战略的社会目标比经济目标和生态目标更加复杂，即通过发展农业生态经济实现农村经济的发展、农牧民收入的增加、农村社会生活的和谐和农村生活环境的美化。之所以这么确定农业生态经济发展战略的社会目标，主要是因为发展农业生态经济的最终目标就在于实现农业现代化、工业化和生态化的有机结合，通过延长农业产业价值链，增加农产品附加值，促进农民增收。同时，通过推进农业经济发展方式的转变，提高农业的绿色、生态、高效和综合生产力水平，减轻农业生产中废弃物排放对农村生态环境的污染和破坏，从而更好地推动社会主义新农村和"美丽乡村"建设。

三、农业生态经济发展的战略原则

农业生态经济发展是中国农业可持续发展的重要内容，是促进可持续发展的基本措施，是一项复杂的系统工程。在农业可持续发展建设中，要坚持以下几个原则：

（一）坚持因地制宜与分类指导相结合原则

中国农业生态经济比较复杂，各地的发展模式和标准不一。在发展过程中除了要坚持统一规划和标准外，也要结合不同区域的实际情况搞好区域布局，因地制宜地实行分类指导。针对各地农业生态经济发展面临的问题，综合考虑各地农业资源承载力、生态系统承载力、生态资源类型和发展基础等因素，将全国划分为优化、适度、保护三种类型的农业生态经济发展区域。

（二）坚持全面发展与突出重点相结合原则

一是坚持山、水、田、林、路和农村生活垃圾等农业生态环境的综合治理；二是坚持林、草、果、粮、菜的全面开发，将种草与造林相结合、河流与耕地治理相结合、水土流失治理与农业产业开发相结合；三是要突出重点地区和重点措施，地区上要重点抓好黄河中上游、长江中上游及三江源头地区、三北风沙区、草原区，措施上要重点抓好投资少、见效快、效果好的小微型工程技术。

（三）注重科技推广与健全政策法规相结合原则

一是农业生态经济发展要在加强基本农田、水利设施、农业机械化等建设的同时，着力抓好科研技术和农艺措施的推广与应用；二是农业生态环境建设要建立健全生态环境保护的政策及法律法规体系，充分发挥政策和法规对农业生态环境建设的保护作用。

（四）坚持农业生产经营与管理并重的原则

农业生态经济发展是一项复杂的系统工程，必须加强管理。一是要创造条件实行农业建设项目法人责任制和招投标制度，推进农业投资体制改革，以适应社会主义市场经济体制的要求；二是在发展过程中，对农业生产要加强管理，以适应农业发展方式转变的要求；三是要实行集约节约经营，提高土地、水资源等生产要素的利用率，确保在搞好农业生态环境建设的同时，稳定提高农业综合生产能力。

（五）坚持综合利用与加强保护相结合的原则

一是对新开发利用的农业资源，要采取利用与保护并重的方针，防止新的农业生态环境恶化和资源浪费；二是在开发的同时要加强保护，注意工程措施与生物措施的紧密结合，特别是在农业生态经济发展过程中，要坚决杜绝农业化学投入品的过量使用，以免造成农业面源污染。

（六）坚持农业生态环境建设与农村经济社会发展相结合的原则

生态环境建设的目标总体上与广大农民的利益要求是一致的，但在短期及局部利益上可能会出现矛盾，因此，必须把农业生态建设与农业经济发展结合起来。要大力发展高效农业，按照产业化发展的思路，在农业生态环境建设的过程中，确立适合当地资源优势、有广阔市场前景的主导产业和产品，千方百计地增加农民收入，以充分调动农民的积极性，形成农业生态环境建设与农业经济发展良性循环的运行机制。

四、农业生态经济发展的战略定位

自改革开放以来，我国区域之间农业经济的发展水平越来越不平衡，区域差距有进一步扩大的趋势。这就要求我们因地制宜地选择区域发展模式，调整国家农业生态经济战略布局，制定相应的引导政策与扶持措施。根据我国经济社会发展与农业生态文明建设的需要，分别从东部、中部、西部与东北地区四个区域来阐述我国农业生态经济发展的战略定位。

（一）东部地区

东部地区粮食生产要保证在当地农村居民粮食基本自给的基础上，严格保护耕地，走资本密集型、资源节约型的道路，发展"工厂化"农业和"外向型"农业，可在部分山区种植热带与亚热带特色农产品，形成农业"特色化"经营，大幅度提升农业发展的市场化水平。其战略定位包括：（1）农业国际化。东部地区的经济基础和区位条件有利于农业国际化的发展。长江三角洲地区要重点发展蔬菜、花卉、名特优水产品等农产品，建成规模化、标准化的农产品出口创汇基地；东南沿海地区要以高标准设施化栽培和工厂化规模养殖为主，大力发展资本密集型和技术密集型农产品生产，重点发展面向港澳台地区、东南亚和欧美市场的优质高档"菜篮子"产品，促进热带、亚热带花卉、水果、中药材等名特优农产品的规模化生产；环渤海地区主要面向日韩等东亚市场，着力开拓俄罗斯和欧盟市场，重点发展蔬菜、水果、海水养殖等产品，提高农产品加工深度和附加值。(2) 农业"工厂化"。东部地区要发挥其资本充足、农产品消费市场高档化的区位优势，实施高投入、高产出、高效益的"三高"农业发展方向，用现代工业理念武装农业，在全国率先实现农业现代化，积极推行设施种植业、设施畜牧业和设施水产业，发展安全、绿色的农业模式，把农业转向现代高新技术农业、工厂化农业的发展道路。如上海等地区应突出农业的生态绿化、旅游休闲、出口创汇、科普教育和辐射示范功能，大力推动生态农业、观光农业、休闲农业、设施农业、高效工厂化的设施农业发展。(3) 农业"特色化"。东部山区接近消费市场和国际市场，山区类型多样，适合发展特色农业，如进行热带、亚热带作物种植。因此，应积极推动农业"特色化"发展战略，与中西部发展特色农业构成有机整体，这也是带动山区人民致富的重要途径。

（二）中部地区

中部地区已经初步形成了水稻、小麦、"双低"油菜、棉花、肉牛肉羊、水产品等六大优势产业。在巩固农业主产区地位的同时，要积极建立围绕农业发展的新型产业格局，形成从绿色农业、生态农业到食品加工业再到出口农业等的产业链条，有条件的地方应大胆发展农业装备技术，全面提升农业机械化水平。当前，中部地区农业发展应实行如下战略定位：（1）扶持构建区域优势农业体系。根据中部六省自然环境的地理变化和农业自然资源最佳开发利用方式的区域差异，以及主要农产品在地区分布上的交叉重叠等特点，构建以中部三大平原农业区为重点、以两湖平原为主的农业区，以黄淮平原为主的农业区和以洞庭湖为主的农业区，结合三大区域的农业发展特色，构建具有区域优势的农业生态经济协同发展产业体系。（2）推动农业产业化经营。一是发展优势农产品，壮大区域性支柱产业。在中部的水稻、小麦、棉花及"双低"油菜优势产区，引进、培育和推广优良品种，推广一批降本增效农业新技术。二是培育农业产业化龙头企业，科学选择多种产业化经营模式，扶持有条件的龙头企业在优势产区建设农产品生产、加工、出口示范基地，加强基地与农户、基地与合作社、基地与企业之间的联动与合作，促进小农生产模式向"农户+基地+企业（农民专业合作组织）"的农业产业化经营模式转变。（3）以农业产业创新为动力，发展农业生态经济。围绕具有优势的农产品资源，提高精深加工水平，挖掘地方农产品加工技术，形成优质、高效、特色的农产品加工业，以促进资源节约型农业发展、农业产业化清洁生产、农业废弃物的资源化利用，从而推动农业生产技术方式和组织方式的变革，大力发展农业循环经济和区域农业产业创新，进而使农业成为中部地区农民增收的重要源泉。

（三）西部地区

西部是我国的生态脆弱区，是国土生态与边境安全的重点保障区，现阶段农业生产水平相对较低，农民增收速度缓慢，但资源开发的潜力大，具备发展特色农产品、草地畜牧业和生态农业的优势。结合西部自然条件和资源禀赋，可重点实施以下战略定位：（1）特色农业。加快发展优质棉花、糖料、水果、蔬菜、花卉、中药材、牧草、烟叶、茶叶、蚕桑、脱毒种薯和名特优水产品等具有传统优势的农产品生产，建设特色农产品生产示范基地，大力发展特色农产品加工业，将地方民族风味和传统特色融入农业发展和农产品生产中。（2）绿色农业。西部地区的大气、水、土壤等自然环境状况明显优于我国的东部及中部地区，因地制宜地选择发展西部绿色农业最佳发展模式，将西部绿色农业发展与开发特色绿色农产品相结合。西北地区重点发展旱作绿色农业，推进以水资源节约利用为核心的农业循环经济，大力推动马铃薯、特色小杂粮的生产。西南地区重点利用丰富的草山草坡资源，发展草食畜牧业，大力发展生物质能源作物，开发非粮食作物的甘蔗、木薯等种植基地。（3）农业生态保护与建设。继续推进退耕还林还草等政策的落实，积极发展资源节约型、环境友好型和生态保育型农业，加强风沙区、水源保护区的生态建设与恢复，在西南等地区积极推动以农业废弃物资源综合利用为主的农村清洁能源工程（沼气），保护当地的林地资源。

（四）东北地区

东北地区农业生态经济发展要充分利用工业的思维谋划农业，发展以农业产业化、规模化为主的现代农业是东北振兴的重要路径和新的经济增长点。应充分发挥东北的农业资源优势，运用现代科学技术和现代机械装备，利用现代管理手段来进一步强化东北农业在国家农业发展战略中的地位，把东北建成我国最大的粮食安全保障基地、最大的粮草结合型精品畜牧基地和现代高效绿色农业科技示范推广基地，重点实施以下战略措施：（1）推动粮食转化与加工增值。在保障国家粮食安全目标的前提下，由单一生产转变为粮食、经济作物、饲料作物协调发展格局，加大优质、高效农产品的比重，依托粮食资源组合优势，培育新的增长点。按照区域化布局、专业化生产、一体化经营、企业化管理的农业产业化经营模式，形成扶龙头、建基地、带农户的农业产业化经营发展格局和体系，从而推动粮食的转化与加工增值。（2）推动精品畜牧业发展。在农业缺乏市场拉动和工业拉动的东北地区，应在"粮仓"优势基础上，以市场为动力，推进畜牧业跨越式发展，把畜牧业建设成为东北农区的支柱产业，扶持发展奶业，再打造"肉库或奶油"优势，不断延长和扩大产业链，发展大宗农产品经济。（3）实施以耕地质量建设为核心的资源保护。广阔的地域和肥沃的黑土地是东北地区农业规模化和现代化的根本。因此，要保护东北地区的以耕地为代表的农业自然资源，加强耕地质量建设，同时提升水资源的利用效率，加强农业基础设施建设，为农业生态经济协同发展提供生态支撑。

第二节　农业生态经济发展的战略步骤与重点

一、农业生态经济发展的战略内容

农业生态经济发展要按照全国农业可持续发展规划，结合各地区农业和农村经济发展实际，走出一条具有自身特色的发展道路。由于我国地域辽阔，各地区经济社会与农业发展水平相差甚远，资源禀赋迥异，因此，我国的农业生态经济发展战略的具体内容与战略定位一样，应该从东部、中部、西部、东北四大区域分别阐述，从战略上引导农业的优化布局与合理分工、合作，依照种植业、养殖业、加工业等产业层次要求，制定合理的区域发展目标，并根据农业资源状况作出战略部署，推进农业生态经济有序发展。

（一）东部地区

东部地区作为我国主体功能区中的主要优化开发区与重点开发区，应该以发展都市农业、生态农业为主。一是珠三角（含福建）重点发展以花卉、苗木、水产、热带特色果品等为代表的出口创汇农业和高效益农业，以满足外贸出口和城市供应的需要，全面发展畜牧、水产、蔬菜、水果、花卉等优质绿色农产品生产及深加工基地，成为向港澳台地区和东南亚地区提供出口的外向型农业基地。二是推动长三角地区规模养殖业、水产业、设施农业等高档农业和都市农业的发展，用于出口和满足内需。大中城市周边地区主要采取生态农业与循环农业相结合的农业发展模式，积极发展环保型都市农业；中小城市周边地区重点发展通过市场带动的农产品生产、加工为一体的农业发展模式；浙北、苏中地区重点发展规模化农业。三是京津冀地区大力发展规模化生产和精细农业，主要用于满足周边大城市发展的需要，同时要重点建设农业生态屏障。四是山东半岛在保护粮食生产能力的同时，大力发展蔬菜种植、加工、海洋养殖业。推进大型商品粮基地建设，提高农业综合生产能力，同时大力发展高产、优质、高效、生态、安全的畜牧和水产业，不断提高其占农业总产值的比重，从而实现由常规性传统农业向优质、高产、高效农业的转变，由内向型农业向外向型农业的转变。

（二）中部地区

中部地区要依托长江黄金水道优质的农业自然资源，重点推动长江中游（四省）水稻、棉花种植优势化、淡水产品养殖规模化，提高农产品精深加工水平；在黄淮地区（山西、河南）重点推动优质小麦生产、规模化养殖以及农产品深加工。同时，积极发展绿色食品，包括发展无公害粮油、蔬菜、畜禽、水产品及其加工产品。首先，加快建立以"两湖平原"（江汉平原和洞庭湖平原）为主的生态农林牧渔农业区。调整种植业结构，发展优势突出的优质双季稻和"双低"油菜；扩大芝麻、花生、苎麻、中药材的种植规模；发展以牛、山羊、猪、鸭、鹅为主的畜牧业；发展以茶叶、板栗、银杏、油茶、油桐为重点的经济林。其次，大力发展黄淮平原（包括山西省）以冬小麦、棉花、花生、芝麻、烟叶、中药材以及牛、羊、猪、鸡等现代农牧业，进一步加快农作物优良品种的更新换代步伐，加强以水、肥、土壤耕作为中心的栽培管理，大力推广实用先进农业技术，努力提高农业单产水平，强化优势农作物生产，优化农作物结构。最后，在以长江中下游为主的农业区，应优化农作物结构，重点发展优质双季稻、"双低"油菜等；畜牧业应该充分利用丰富的作物秸秆与饲料资源，重点饲养牛、山羊、猪、鸭、鹅等。

（三）西部地区

西部地区地域广阔，包含 12 省（市、自治区），资源条件差别大，农业发展各具特色，农业生态经济发展重点也各不相同。根据西部地区农业资源状况，可划分为五个区域，各区域战略定位布局如下：（1）内蒙古及长城沿线区。坚持以畜牧业为重点，强化农牧结合。在加强草原和高标准基本农田保护建设的基础上，重点发展特种优质谷物和以甜菜为主的经济作物生产，加强奶业产业化基地建设。（2）西南地区。在综合治理和改善生态环境的基础上，大力加强烤烟、甘蔗、茶叶、中草药材、花卉、冬春绿色蔬菜等特色农产品的生产基地建设，积极发展特色农产品加工业，进一步发展以养猪为主的优势畜牧业和草食畜牧业，推动肉制品加工业能力的提升。（3）黄土高原区。加大退耕还林还草力度，大力治理水土流失。在强化高标准基本农田建设、努力提高单位面积产量的基础上，积极发展特色经济林果业，推动果品加工业的发展。（4）甘新区，即甘肃、新疆地区。大力发展集约化的绿洲农业与牧区畜牧业，加强优质高产的糖、棉、瓜果基地和以羊为主的畜牧业基地建设，推动棉花、小麦生产的规模化和现代化。扶持发展具有传统优势并在国内外享有盛誉的番茄、葡萄、香梨、啤酒花、枸杞等特色农产品，推动农产品加工业的发展。(5) 青藏区，即青海、西藏地区。以保护草地天然生态系统为主，加强和改良草地植被；加强人工草场建设，调整畜群结构，提高牲畜的出栏率和畜产品品质；在三江河谷地区发展油菜等特色农业。

(四) 东北地区

东北要依托三江平原大面积的湿地生态资源优势，建设大型优质安全水稻生产基地；利用中部平原区充裕的粮食生产资源，发展以淀粉和豆类制品为主导产品的粮食规模化加工业；依托丰富的山地森林生态优势，开发利用林特产资源，加大食用菌、人参、林蛙等林特名牌产品的培育与开发。各区域战略定位布局如下：(1) 依托独特的生态环境条件，在辽东半岛和辽西及丘陵地区发展绿色水果生产基地。(2) 以松嫩平原、三江平原畜牧业产业链和生态畜牧产品精深加工业基地为重点，强化优质畜牧产品加工基地建设。(3) 中部平原农区的秸秆资源和玉米、大豆等饲料粮生产优势，是畜牧业规模化发展的重要保障。应以乳制品工业为龙头，优化农业种植结构，发挥农区种草的比较效益，建设"舍施养殖"基地，带动玉米种植与奶牛养殖业的整合发展。(4) 西部牧区要利用草场改良和发展人工草羊和肉羊基地的契机，以优质肉制品企业为龙头，建成西部肉牛、细毛羊生产基地。

二、农业生态经济发展的战略步骤

农业生态经济发展是一个长期过程，我国农业生态经济发展更是任重道远。根据我国国情，到 21 世纪中叶，通过农业生态经济发展战略的全面实施，将建立起适应国民经济和社会发展需要的农业生态经济良性循环系统。依据我国农业生态经济发展的现状，结合国际农业生态经济发展的基本趋势，以及各地区农业生态资源情况，我国农业生态经济发展战略步骤可以分为三步，分别为近期、中期与远期。

(一) 近期

从 2016 年到 2020 年，用 5 年时间，进一步扩大绿色农业覆盖面，改善粮食主产区、水土流失地区、生态脆弱地区农业生产条件，基本扭转农村生态环境恶化势头，保护农业自然资源，控制农业面源污染，促进农业生态系统良性循环。为保证实现上述目标，近期必须完成以下重点建设任务：一是改善农业生产条件，努力建设"保水、保土、保肥"基本农田，确保 18 亿亩耕地面积，保证口粮绝对安全。同时，加大对边疆荒漠地区的生态补偿力度，改善边区农业的发展态势。二是加大对农业生态环境的治理力度。全面实施农村垃圾回收补贴制度，强化对农村环境的整治。科学合理使用农药、化肥等农业化学投入品，全面实施农业面源污染防治。

（二）中期

从 2021 年到 2030 年，用 10 年时间，巩固生态农业、循环农业、旱作节水农业和农村绿色能源工程建设成果，使得全国农村生态环境治理水平得到显著提高，生态脆弱区农业生产条件和生态环境明显改善，以及部分地区农业生态系统步入良性循环的轨道。具体目标任务是：到 2030 年全国基本实现农业废弃物趋零排放；农田有效灌溉率达到 57%；全国耕地基础地力提升 1 个等级；全国草原综合植被覆盖率达到 60%。

（三）远期

从 2031 年到 2050 年，用 20 年时间，通过在全国普及绿色农业技术以及优化农业生产要素组合，使农业生态环境得到全面治理，草地、森林、荒漠、海洋等农业生态系统得到全面恢复，农业自然资源得到有效保护与开发，以及农村用能高效化、优质化、清洁化。到 21 世纪中叶，建立起适应国民经济和社会发展需要的全国农业生态经济良性循环系统。

三、农业生态经济发展的战略重点

（一）提升农业产能，保障粮食安全

我国人口日益增长与耕地日趋减少的矛盾要求充分提升农业的总体产能，充分发挥科技创新驱动的作用，积极实施科教兴农战略，落实《中国制造2025》中关于支持农机装备的政策措施，鼓励科研院所根据当地农业生产实际进行农业科技创新与推广应用，力争在良种培育和农业资源高效利用等技术领域率先突破。此外，积极培育发展新型农业经营主体，引导农村耕地科学合理流转，加大对家庭农场、种养大户、农民专业合作社、农业产业化龙头企业的补贴力度，不断发展与丰富多种形式的适度规模经营。

保障粮食安全是我国今后相当长时期的一项基本国策。一是要加强粮食生产的基础设施建设，增强农业抵抗自然灾害的能力。要调整、优化农业产业结构，合理开发、利用、保护和管理粮食资源，统筹规划食物资源的开发和整治，依法保护并合理利用土地、水、草原和海洋资源。二是要充分利用我国传统农业的精华和现代农业科学技术，不断挖掘各种食物资源的价值潜力，形成食物资源在生态和经济上的良性循环。三是要依靠农业科技进步，推广适用的

新技术成果，提高粮食资源保护与开发的综合效益。要按照农业生态学和农业生态经济学的原理，采取常规技术、先进技术与高新技术相结合的农业技术路线，充分利用农业生态环境建设的有利条件，大力发展绿色农业。四是要多渠道筹措资金，引入市场机制，建立稳定的食物生产投入保障机制。坚持国家、地方、集体、个体联合保障的思路，多渠道、多层次、多方位筹集农业发展资金，综合开发利用各种食物资源，并按照"谁投资、谁经营、谁受益"的原则，吸引和鼓励社会各类投资主体积极向粮食主产区进行农业生态环境建设投资。

（二）节约高效用水，保护耕地资源

水资源作为农业生产必不可少的农业生产要素，是农业生态经济发展的必要条件。在农业生态经济发展过程中，要认识到水资源对农业发展的重要性。一是要积极推广节水灌溉技术，加大粮食主产区、西北干旱区和生态脆弱地区的节水灌溉工程建设力度。其中，要在干旱地区大力发展旱作农业，通过良种培育，培育出用水少、产量高、品质优的新品种；在半干旱、半湿润偏旱地区积极发展雨养农业，通过建设农田集雨、集雨窖等设施，推广地膜覆盖技术，开展粮草轮作、带状种植。二是正确处理农业经济发展、耕地保护和农业生态建设的关系，进一步加强对农用地特别是耕地的保护，严格控制建设用地总量，优化土地利用结构，提高土地资源集约利用水平，稳定并提高粮食生产能力。三是积极推进土地整理与复垦，适度开发土地后备资源。在全面保护的基础上，重点加强经济发达的沿海地区和城市近郊区、粮棉油生产基地县的耕地保护，进一步提高耕地总体质量，确保耕地生产能力稳步提高。四是严格控制城乡居民点和各类开发区建设用地，对建设用地进行全面规划、分期建设，推动和加快旧城改造，限制城市规模盲目扩张。

（三）发展生态农业，提高农业绿色化水平

积极推进生态农业建设。一是改善生态脆弱区的农业生产方式。通过提高边疆沙漠等生态脆弱地区的植被覆盖率，确保水土流失的趋势得到进一步控制，同时促进特色农产品的迅速发展，建立资源环境和社会经济协调发展的典型模式。二是优化农业主产区和发达地区的农业生产方式。通过调整农业产业结构、降低农用化学品投入量、合理利用农业废弃物、有效控制农业面源污染等途径，力争用较短的时间实现农产品从农田到餐桌的全过程绿色化管理。三是制定切实有效的政策措施，充分调动社会各界开展生态农业建设的积极性。在生态农业示范区的监测、评估、培训、表彰和命名等管理工作方面，建立以农业生态环境建设与保护为目标的微观激励与约束机制，调动农民、企业和社

会发展生态农业的积极性。四是加快农业绿色化进程。全面实施药肥施用减量计划，加快跨界技术的融合推广应用，减少化肥、农药的使用量，提高化肥、农药施用效率，从而推动农业面源污染控制方式方法的创新变革。五是加大对"三品一标"的宣传力度，积极引导品牌农产品的认证。处理好农业各类资源的资本化与农业绿色化之间的关系，积极推进绿色农业生态资本化运营，同时加快培育新型职业农民，使其成为农业绿色化发展的重要推动者。

第三节 农业生态经济发展的战略政策与措施

一、农业生态经济发展的战略政策

(一) 农业生态经济发展战略的财政扶持政策

财政政策作为国家调控农业的主要政策工具，在促进农业生态经济发展中发挥着积极的作用。自改革开放以来，我国的财政支农政策经历了三个阶段，即改革初期的财政支农政策、改革深化期的财政支农政策和新时期的财政支农政策。近年来，财政支农政策在统筹城乡方面的思路逐步清晰，公共财政政策取向逐步形成，财政支出政策法制化建设逐步健全。尽管财政政策对我国农业发展起到了很大的扶持作用，但财政支农政策对农业生态经济支持较少、起步较晚、支持力度较轻，主要表现为：一方面，我国财政支持农业生态经发展的政策还有待完善，农业生态经济发展的财政支出规模相对较小，财政支出结构还不够合理，财政支出方式还不健全，农业生态经济发展的财政支出资金管理方式还比较落后，对农业生态经济财政支出资金使用绩效还缺乏有效的考核机制。另一方面，财政政策在扶持农业生态经济发展过程中对于农村经济制度创新的引领作用不强，在拓宽农民融资渠道、促进土地适度规模化经营和创新农村组织方面缺乏有效支持。

需要对农业生态经济发展战略的财政政策进行优化，具体优化措施包括：一是需要进一步完善财政支持农业生态经济发展的支出政策，加大农业财政支出对农业生态经济发展的支持比例，大力扶持生态农业、绿色农业发展。二是优化财政对农业生态经济发展支出的结构，加大对基础设施、教育卫生和科学技术的投入。三是改进财政支持农业生态经济发展的支出方式，加强财政支出法制化建设，统一规划财政支持农业生态经济发展的资金，实现财政农业资金更多地向从事生态农业的新型农业经营主体倾斜。四是健全财政支持农业生态经济发展的资金绩效考核机制，确立考核主体和层次，设计合理的考评指标和考核内容，并定期跟踪反馈。五是加大财政对农村经济制度创新的支持力度，进一步拓宽农民融资渠道，引导农村土地适度规模化经营，支持农村合作组织制度创新和管理创新。

（二）农业生态经济发展战略的人才支持政策

人才是农业生态经济发展战略的关键要素，人才政策能否落到实处，直接影响到我国农业生态经济发展的进程。因此，在农业生态经济发展过程中，应该重视人才对农业生态经济发展的支持作用，尤其是加大对农业生态经济发展实用人才培养的力度。对于农业生态经济方面的人才，要从数量与质量两方面入手实行对人才的培养。一方面，要适应农业生态经济发展的要求，努力扩大农业生产型科技人才的数量和规模，加大对生产型农业科技人才的培养，结合当地实际培养符合当地农业农村经济发展要求的实用型人才队伍。此外，重点培养一批熟悉和掌握农业产前、产中、产后各环节生产技术和标准化操作的各类种养能手，鼓励这些能手通过扩大生产规模、引进先进技术来提高农业经济效益，优化农业产业结构，推进区域农业现代化进程，保障各类农业产品的有效供给。另一方面，要实现农业现代化，完成新农村建设的目标，就必须加快农业科技进步，这要求我们适应农业生态经济发展的要求，加快对技术推广型和技能带动型农业科技人才的培养。目前，我国农业科技推广体系尚未完善，迫切需要培养一批掌握现代农业生产技术，并能够示范、推广和引领先进农业生产的科技人才，传播农业生产知识、传递农业生产信息，为农业产前、产中和产后提供技术支持。此外，技术推广型与技能带动型农业科技人才的培养重点应放在农业实用技术的操作上，努力提高其专业技术水平以充分发挥他们在农业现代化进程中的推进作用。还应改善基层农业经济推广人才的薪资待遇和报酬，提高晋升空间。对于长期在基层从事农业生态经济推广的工作人员，应适当提高他们的薪资水平，依据工作年限给予相应的基层补助。在职称晋升与职务晋升方面，要优先考虑基层农业推广人员。同时，对下基层锻炼的农业科研人员，应保留原有的工作单位关系不变，鼓励结合当地农业资源情况，开展切合实际的农业科学研究。

（三）农业生态经济发展战略的科技支撑政策

农业生态经济发展战略的科技政策对农业生态经济发展过程进行规范，既能保障农业科技活动的组织和管理，又能保障农业生态经济的正常进行。科学有效的科技政策对提升现代农业的综合生产力、保障粮食安全、转变农业发展方式、加快我国现代农业发展进程、促进农业生态经济可持续发展、缓解资源环境压力、提高农业国际竞争力有着积极深远的意义。一要加大农业科技政策支持力度。明确政府在农业科技投入中的主体地位，加大政府对农业科技的资金投入；鼓励形成多元化农业科技投入格局，积极吸收社会资金，坚持在以政府投入为主体的基础上，积极推进个体、企业、政府和社会资金对农业科技投资的互补作用。二要完善农业科技推广政策体系。发展农业生态经济应将农业科技推广摆在重要位置，建立健全农业科技政策推广体系，切实提高农业科研成果的利用率；建立畅通的农业科技推广信息平台，创新农技推广方式，完善农技推广队伍，引入奖惩机制促进农业科技推广。三要健全农业科技政策信息反馈体系。对农民反馈的信息进行充分的搜集、整理、归纳、分析和总结，为农业生态经济科技的研发和应用提供可靠依据，从而确定决策的目标和发展方向。目前，我国农业经济正处于向现代农业经济发展的过程，建立和完善农业生态经济科技政策信息反馈通道，可为农业生态经济的持续快速发展提供信息保障，促进农业发展向科技驱动型转化，使科技成果更好地转化为现实生产力。

二、农业生态经济发展的战略措施

（一）建全政策法规制度，加强执法守法教育

实施农业生态经济发展战略的关键在于将政府意志转化为有效的农业经营行为，建立和完善适于农业可持续发展的政策体系和法律保障体系尤为重要。实施农业生态经济发展战略的首要任务是开展对现行政策和法规的全面评价，逐步调整和取消那些不利于农业、经济、生态协调发展的政策和制度，建立与农业生态经济发展相配套的政策、法律、法规体系，建立并完善同社会主义市场经济相适应的环境法体系、土地法体系、农业法体系，使一些涉及农业的重要领域都有法可依、有章可循。在加快立法的同时，必须严格执法，把加强执法监督放到首要位置。一要加强法制教育与宣传，提高广大涉农人员的法制意识，使他们能自觉遵守农业方面的法律、法规和政策；二是提高执法人员的素质，依法办事，严格执法，维护国家政策和法律的权威性。

（二）加速农业技术进步，提高科技服务能力

重视农业科学技术，加强农业科学管理，努力提高科技进步在农业经济增长中所占份额，切实提高农业生态经济发展战略的实施效果。一是要多方面增加农业科技投入，加强对科技进步的宏观管理，贯彻落实"科教兴国"与"科技兴农"的战略思想，鼓励高校与科研院所结合农村经济发展实际进行科学研究，鼓励科技人员实行技术承包，使农业经济增长由依靠财力、物力的投

入转为依靠人力、智力的投入。二是要组织农业高新技术的攻关，重点抓好良种繁育、高效施肥等实用、关键技术的推广应用，实现科学技术向生产力转化，依靠科学技术对传统农业进行技术改造，推进农业水利化、机械化、电气化的进程，使我国农业步入高效优质发展的新阶段。

（三）调整农业产业结构，提升农产品附加值

调整农业产业结构，采取符合农业生态经济发展要求的发展模式，以高效、低耗、少污染的集约型发展方式取代过去粗放型农业发展方式。一是要加快调整农业产业结构，在稳定粮食生产、保证食物供给安全的前提下，调整粮食作物和经济作物的比例，发展优质、高产、高效农业。二是延长林、牧、副、渔业的产业链，加大下游农产品的生产与加工，大力进行副业生产，提高产业附加值，促进新型农业经济结构体系的形成。三是解放思想，创新观念，合理配置农业资源，根据国内外市场需求的变化，提高农业生态经济发展战略的经济保障能力。

（四）发展"三型"农业，打造农业生态经济发展示范区

探索农业生态经济协调、可持续发展的可行路径，在保护中发展，在发展中保护，加快发展资源节约型、环境友好型和生态保育型农业，使土壤板结、地力下降、面源污染、环境恶化和食品安全等现实问题不断得到解决，加快建设和打造一批农业生态经济协调、可持续发展的先行示范区。建设和打造农业生态经济协调、可持续发展示范区的核心内容就是在提高农业经营者的生态意识的基础上，使农业生产自觉遵循自然生态系统和社会经济系统原理，运用高新科技，积极改善和优化人与自然的关系、人与社会的关系、人与人的关系。其中，改善和优化人与自然的关系是基础，即把工业文明时代的农业生产对大自然的"征服"、"挑战"，变为生态文明时代农业生产与自然和谐相处、共生共荣、共同发展。

小　结

1. 农业生态经济发展战略的目标既有经济目标，又有生态与社会目标，三者应该协调发展。农业生态经济发展战略需要坚持因地制宜、分类指导，防治结合、突出重点，改善条件、注重科技和政策法规，农业生产经营与管理并重，综合利用与保护并重，生态环境建设与经济社会发展相结合六大原则。农业生态经济发展战略可以按东部、中部、西部与东北四大区域进行战略定位。

2. 农业生态经济发展战略的内容与农业生态经济发展战略的定位一样也

是分四大区域实行的。农业生态经济发展战略的步骤分为近期、中期与远期三期实施，到 2050 年，实现我国农业生态经济发展战略的总体目标。农业生态经济发展战略的重点主要包括：提升农业产能，保障粮食安全；节约高效用水，保护耕地资源；积极发展生态农业，提高农业绿色化水平。

　　3. 农业生态经济发展战略的政策包含财政政策、人才政策与科技政策。农业生态经济发展战略的措施：建全政策法规制度，加强执法守法教育；加速农业技术进步，提高科技服务能力；调整农业产业结构，提升农产品附加值；发展"三型"农业，打造农业生态经济发展示范区。

关　键　词

　　农业生态经济战略目标　农业生态经济战略原则　农业生态经济战略定位
农业生态经济战略重点　农业生态经济战略内容　农业生态经济战略政策

复习思考题

1. 什么是农业生态经济发展战略？它可以划分为哪四个阶段？
2. 农业生态经济发展的战略原则有哪些？
3. 简述农业生态经济发展的战略步骤与重点。
4. 如何健全与优化农业生态经济发展的战略政策？

参 考 文 献

[1] 刘友兆，高永年．农业可持续发展战略实施能力初探［J］．经济纵横，2002（1）：36-39.
[2] 周应华．中国新时期农业可持续发展战略与对策研究［D］．中国农业科学院学位论文，2002.
[3] 顾时贵．河北省太行山区农业可持续发展能力分析与发展战略研究［D］．中国农业大学学位论文，2005.
[4] 祝海波，尹少华．湖南生态经济发展战略的对策思考［J］．商业研究，2007（357）：132-134.
[5] 刘文勇，杨军．中国农业可持续发展战略目标确定与制度创新［J］．农业科研经济管理，2003（9）：20-21.

［6］温军．中国农业可持续发展战略研究述评［J］．西北民族学院学报（哲学社会科学版），2001（3）：6-18.

［7］尹昌斌，周颖，邱建军．我国区域现代农业发展途径与战略重点［J］．农业现代化研究，2007（6）：641-647.

［8］张广翠．东北地区农业可持续发展的道路选择［J］．人口学刊，2005（149）：51-55.

［9］傅龙波．实现江苏农业可持续发展的基本战略构想［J］．南京农业大学学报，2000（1）：93-96.

［10］聂呈荣．佛山市生态经济发展战略研究［J］．佛山科学技术学院学报（社会科学版），2010（6）：23-29.

［11］傅晨．基本实现农业现代化：含义与标准的理论探讨［J］．中国农村经济，2001（2）：4-15.

［12］王德中．企业战略管理［M］．西南财经大学出版社，2009：235-367.

［13］林宪斋．金融危机背景下河南经济结构调整的战略思考［J］．中州学刊，2010（1）：72-75.

［14］林祥金．世界生态农业的发展趋势［J］．中国农村经济，2003（2）：26-28.

［15］林鲁生．我国农业产业结构演变趋势分析［J］．合作经济与科技，2009（3）：19-20.

［16］胡树华，陈丽娜，杨洁．我国中部地区循环经济发展的现状、战略与对策［J］．经济纵横，2005（7）：18-21.

［17］郭志鹏．鹤壁市循环经济发展的战略思考［J］．华北水利水电学院学报（社科版），2010（2）：46-48.

［18］陈阜．农业生态学［M］．中国农业大学出版社，2003：235.